Excel 2010 Professional

© 2010 by
TEIA AG - Interner Akademie und Lehrbuch Verlag
Salzufer 13/14
10587 Berlin

Tel. 030/726 298 - 515
Fax 030/726 298 - 510

www.teialehrbuch.de
buero@teia.de

ISBN 978-3-942151-30-6

Lutz Hunger

Excel 2010 Professional

An Beispielen lernen. Mit Aufgaben üben.
Durch Testfragen Wissen überprüfen.

Vorwort

Liebe Leserinnen und Leser,

unter dem Motto *Auf den Punkt gebracht!* werden unsere Lehrbücher zu
Word, Excel, PowerPoint, Access und Outlook Ihnen helfen, sich interaktiv
mit diesen Programmen vertraut zu machen.

Alle Beispiele und Aufgaben orientieren sich an den alltäglichen Arbeits-
situationen der Stadtlupe GmbH. Die Stadtlupe GmbH ist eine Stadtzei-
tung, die regelmäßig über die Kultur-Szene mit Berichten, Kommentaren
und Kritiken informiert.

Die Stadtlupe GmbH beschäftigt in den Abteilungen Verwaltung, Verlag,
Redaktion und EDV über 50 Mitarbeiter. Überall werden Anwendungen
aus MS Office 2010 eingesetzt. Alle Mitarbeiter benötigen Kenntnisse in
Word und Outlook - wenn auch in unterschiedlicher Tiefe. Excel wird
hauptsächlich von den Mitarbeitern aus der Buchhaltung, dem Vertrieb,
dem Fuhrpark, der Kleinanzeigenabteilung sowie der Programmredaktion
eingesetzt. Die Marketingabteilung, aber auch der Chefredakteur und der
Chef vom Dienst benötigen für ihre Arbeit häufig Powerpoint. Die Mitarbeiter vom Archiv, der Bildabteilung und der Kleinanzeigenabteilung brau-
chen sehr gute Kenntnisse in Access. Welche Schulungsunterlagen, Lehrbücher und Lernprogramme Sie auch von uns einsetzen, überall werden Sie
den Mitarbeitern der Stadtlupe begegnen.

Alle Übungsdateien für die Beispiele und die Aufgaben finden Sie auf
den Lernprogramm-CDs bzw. auf der Übungsdateien-CD. Diese CD liegt
den Lehrbüchern bei; sie kann aber auch für 4,95 Euro bei der *TEIA AG,
<http://www.teialehrbuch.de/MS-Office/>* bestellt werden. Außerdem können die
Übungsdateien bei den kostenlosen Online-Kursen heruntergeladen werden.

Die Lernprogramme können als Browser- oder als Scormversion bestellt
werden. SCORM ist ein international anerkannter Standard für Lernsoftware. Er ist eine Schnittstelle zwischen Lernplattformen und Lernsoftware. Die TEIA bietet unter der Produktbezeichnung SCORM Lernsoftware
für scormfähige Lernplattformen (z.B. moodle oder ilias). Die Lernsoftware
enthält zumeist ausführbare Verständnistests, deren Ergebnisse zur Auswertung an die Lernplattform übertragen werden können. Im Gegensatz zu den
anderen Produkten werden für SCORM Lizenzen pro Benutzer verkauft.

In den Lernprogrammen wird anhand von Lernkapiteln, Übungen und Tests der Umgang mit Excel trainiert. Im Übungsteil selbst arbeitet der Anwender direkt in Excel. Im Testmodus schließlich löst der Anwender Fragen zum Gelernten. Schnell sieht er hier, was wiederholt werden muss und was er bereits begriffen hat.

Sie können das Buch, das eBook und/oder das Lernprogramm (Browserversion) *Excel 2010 Professional* über jede Buchhandlung oder direkt über die TEIA AG - Internet Akademie und Lehrbuch Verlag - beziehen. Das Lernprogramm in der Scormversion können Sie nur über die TEIA AG beziehen.

Viel Erfolg und Freude wünscht Ihnen

Lutz Hunger

Vorbemerkung

Excel 2010 Professional beinhaltet 132 Beispiele, 54 Aufgaben und 84 Verständnisfragen. Im ersten Kapitel lernen Sie *weitere Funktionen* kennen. Da alle festen Mitarbeiter der Stadtlupe leistungsbezogene Prämien erhalten, hat der Betriebsrat unterschiedliche Modelle zur Bestimmung der Prämienhöhe vorgelegt. Für diese Modelle wurden die logischen Funktionen Und, Oder und Wenn sowie die Matrixfunktionen Sverweis und Wverweis eingesetzt. Karin Kelber aus dem Vertrieb ermittelt die Anzahl der verkaufstärksten Verkaufsstellen sowie deren prozentualen Anteil an allen verkauften Exemplaren. Dabei greift Sie auf die mathematischen Funktionen Ganzzahl, Zufallszahl und Summewenn sowie die statistischen Funktionen Zählenwenn, Stabw und Stabwn zurück. Darüber hinaus werden die Datumsfunktionen Arbeitstag, Nettoarbeitstage und Kalenderwoche genutzt.

Im zweiten Kapitel lernen Sie eine Reihe von Methoden zur *Datenanalyse* und zur Voraussage von Ergebnissen kennen. Oftmals kennen Sie zwar das Ergebnis einer Formel, jedoch nicht die erforderlichen Eingabewerte, um dieses Resultat zu erreichen. Ein solches Problem können Sie mit Hilfe der Zielwertsuche lösen. Manchmal liegen die Probleme noch etwas anders: Sie wollen mehr als eine Formel auswerten. Sie wollen Systeme von linearen und nicht-linearen Ungleichungen und Gleichungen lösen. Sie wollen eine minimale oder maximale Lösung anstatt einen genauen Zielwert finden, wobei die Werte bestimmten Nebenbedingungen genügen sollen. In all diesen Fällen hilft Ihnen der *Solver*. Mit Hilfe von *Szenarien* können verschiedene Ergebnisse erreicht werden, die durch unterschiedliche Wertannahmen für Variablen erzielt werden. Es werden also Werte in einem Datenmodell verändert und die Bedingungen und Ergebnisse in verschiedenen Szenarien gespeichert.

Im dritten Kapitel erfahren Sie, wie mit Excel Daten verwaltet werden können. Dieser Teil von Excel kann zwar nicht mit klassischen Vertretern dieser Programmgruppe wie beispielsweise Access konkurrieren, aber die wichtigsten Elemente eines Datenbankprogramms sind vorhanden. In vielen Beispielen werden Sie mit den wichtigsten Schritten beim Arbeiten mit der Datenverwaltung vertraut gemacht. Sie werden zuerst Datensätze eingeben, korrigieren und löschen sowie Datensätze sortieren. Danach werden Sie Datensätze mit dem Autofilter, mit dem Spezialfilter sowie durch Abfragen mit Hilfe von Teilergebnissen oder Pivot-Tabellen selektieren. Pivot-Tabellen sind interaktive Tabellen, in denen Sie Daten aus einer vorhandenen Liste oder Tabelle zusammenfassen und analysieren können.

Benötigen Sie häufig ähnliche Formatierungen, Tabellen oder Formulare, sind die Mustervorlagen arbeitserleichternde Werkzeuge. Mustervorlagen in Excel sind mit den Dokumentvorlagen in Word vergleichbar. Mustervorlagen werden verwendet, wenn Tabellen gleiches Aussehen, gleiche Inhalte, Formeln oder Tätigkeiten erfordern, aber jeweils unter einem anderen Namen gespeichert werden sollen. Das ist das Thema des vierten Kapitels *Vorlagen*.

Im fünften Kapitel wird auf den *Datenaustausch* zwischen Excel und Word, Excel und Access sowie Excel und PowerPoint eingegangen. Im sechsten Kapitel erhalten Sie eine Kurzeinführung in VBA (Visual Basic für Applikationen).

Im letzten Kapitel zeigen wir Ihnen *Tipps, Tricks und Nichtalltägliches*, unter anderem wie Sie Grafikobjekte erstellen, Kommentare einfügen oder Zellen benennen.

Im *Anhang* finden Sie eine Liste der Kurzbefehle, die Lösungen der Verständnisfragen sowie ein Stichwortverzeichnis.

Schriftbild und Konventionen

Um Befehle, die Sie in Excel eingeben sollen, vom übrigen Text zu unterscheiden, werden folgende Konventionen verwendet:
Register, Symbole, Befehle und Namen von Dialogboxen werden in der Schrift Courier dargestellt. Datei- und Ordnernamen, selbst einzugebender Text und Ähnliches werden *kursiv* hervorgehoben. Tasten werden in runde Klammern gesetzt, z.B. (Alt). Müssen zwei Tasten gleichzeitig gedrückt werden, so wird dies durch ein Pluszeichen zwischen beiden Tasten ange-

zeigt. (Strg)+(z) bedeutet, dass Sie die (Strg)-Taste gedrückt halten und dazu die (z)-Taste drücken. Falls die Tasten nacheinander gedrückt werden müssen, so wird dies durch ein Komma angezeigt. (Alt), (d) bedeutet, dass Sie zunächst die Taste Alt drücken und wieder loslassen und danach die Taste d. Tasten werden unterschiedlich benannt. Die (Eingabe)-Taste heißt auch (Return), die (Umschalt)-Taste auch (Shift) und die (Strg)-Taste auch (Ctrl). Um eine Dialogbox aufzurufen, wechseln Sie in das genannte Register und klicken in der genannten Gruppe auf das kleine Kästchen rechts unten. Beispiel: Öffnen Sie im Register Start, Gruppe Schriftart die Dialogbox Schriftart.

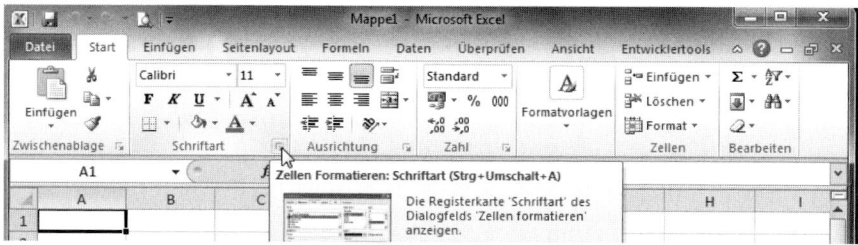

Abb 1 *Die Dialogbox Zellen formatieren wird aufgerufen*

Wenn Sie nicht alle Daten per Hand eingeben möchten, so sollten Sie alle Übungsdateien, die in den Beispielen und Aufgaben benötigt werden, von der beiliegenden CD auf Ihre Festplatte kopieren. Sie finden die Übungs- und Lösungsdateien auch in unserem Lernprogramm (Digitales Seminar Excel 2010 Professional) in den entsprechenden Ordnern.

Inhalt

1 Fortgeschrittene Funktionen

Im diesem Kapitel arbeiten Sie mit *fortgeschrittenen Funktionen*. Da alle festen Mitarbeiter der Stadtlupe leistungsbezogene Prämien erhalten, hat der Betriebsrat unterschiedliche Modelle zur Bestimmung der Prämienhöhe vorgelegt. Für diese Modelle wurden die logischen Funktionen Und, Oder und Wenn sowie die Matrixfunktionen Sverweis und Wverweis eingesetzt.

Karin Kelber aus dem Vertrieb ermittelt die Anzahl der verkaufstärksten Verkaufsstellen sowie deren prozentualen Anteil an allen verkauften Exemplaren. Dabei greift Sie auf die mathematischen Funktionen Ganzzahl, Zufallszahl und Summewenn sowie die statistischen Funktionen Zählenwenn, Stabw und Stabwn zurück.

Dieses Kapitel umfasst folgende Themenbereiche:

Die logischen Funktionen Und, Oder und Wenn

Die Matrixfunktionen Sverweis und Wverweis

Mathematische und statistische Funktionen wie Zufallszahl, Summewenn, Zählenwenn, Stabw und Kgrösste

Die Datumsfunktionen Arbeitstag, Nettoarbeitstage und Kalenderwoche

Formeln analysieren mit dem Detektiv

Übungsaufgaben

Verständnisfragen

1.1 Die logischen Funktionen Und, Oder und Wenn

Alle festen Mitarbeiter der Stadtlupe werden zukünftig leistungsbezogene Prämien erhalten. Der Betriebsrat soll der Geschäftsführung unterschiedliche Modelle zur Bestimmung der Prämienhöhe vorlegen. Für diese Modelle werden die logischen Funktionen Und, Oder und Wenn eingesetzt.

Sie können mit folgenden Beispielen lernen:

Beispiel 1: Prämienberechnung mit der Funktion Wenn

Beispiel 2: Die verschachtelte Wenn-Funktion

Beispiel 3: Prämienberechnung mit Wenn und Oder

Beispiel 4: Prämienberechnung mit Wenn und Und

Beispiel 5: Lohnberechnung mit Wenn und Rest

1.1.1 Beispiel 1: Prämienberechnung mit der Funktion Wenn

1. Alle festen Mitarbeiter der Stadtlupe werden zukünftig leistungsbezogene Prämien erhalten. Der Betriebsrat will der Geschäftsführung ein für alle Mitarbeiter einheitliches Modell vorlegen.

2. Die Datei Prämien ist geöffnet. Wenn der Monatsumsatz größer oder gleich 330.000 beträgt, wird eine Gesamtprämie in Höhe von 30.000 Euro unter alle Mitarbeiter der Stadtlupe aufgeteilt. Ist der Monatsumsatz geringer, erhalten die Mitarbeiter keine Prämie, also 0 Euro.

3. Für solche Berechnungen ist die logische Funktion Wenn ideal. Wenn die Bedingung *Monatsumsatz>=330000* wahr ist, dann erhalten die Mitarbeiter eine Gesamtprämie in Höhe von 30.000 Euro. Sonst bekommen sie 0 Euro. Die Syntax der Funktion lautet *=Wenn(Bedingung;Dann-Wert;Sonst-Wert)*.

4. Positionieren Sie den Cursor auf B21. Da in B13 der Monatsumsatz und in B16 der geforderte Mindestumsatz steht, geben Sie *=wenn(B13>=B16;30000;0)* ein. Trennen Sie die Argumente mit einem Semikolon.

5. Als Ergebnis erhalten Sie 30000, da im Januar der Umsatz größer als 330.000 war.

6. Ändern Sie die Formel, so dass sie nach rechts bis D21 kopiert werden kann:

7. Da auch im Februar und März auf den vorgegebenen Mindestumsatz von B16 zurückgegriffen werden soll, müssen Sie die Adresse B16 absolut eingeben, also mit $-Zeichen.

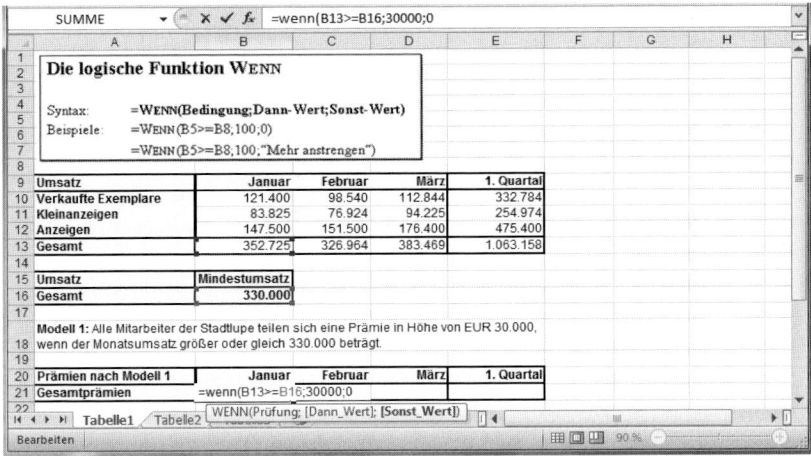

Abb 2 *Die logische Funktion WENN*

8. Berechnen Sie in E21 auch die Gesamtprämien für das 1. Quartal.

9. Nach *Modell 2* erhalten die Mitarbeiter der Stadtlupe eine monatliche Prämie in Höhe von 0,1 % des Gesamtumsatzes, wenn der Monatsumsatz größer oder gleich des vorgegebenen Mindestumsatzes in B16 ist. Ist der Umsatz geringer, soll der Text *Anstrengen!* erscheinen.

10. Soll als Dann-Wert oder als Sonst-Wert Text erscheinen, so muss der Text in Anführungszeichen gesetzt werden.

11. Wie lautet in B26 die allgemeingültige Formel, die Sie bis nach D26 kopieren können?

12. Sie lautet =*Wenn(B13>=$B$16;0,1%*B13;"Anstrengen!")*.

13. Speichern Sie die Arbeitsmappe unter `Prämien1`.

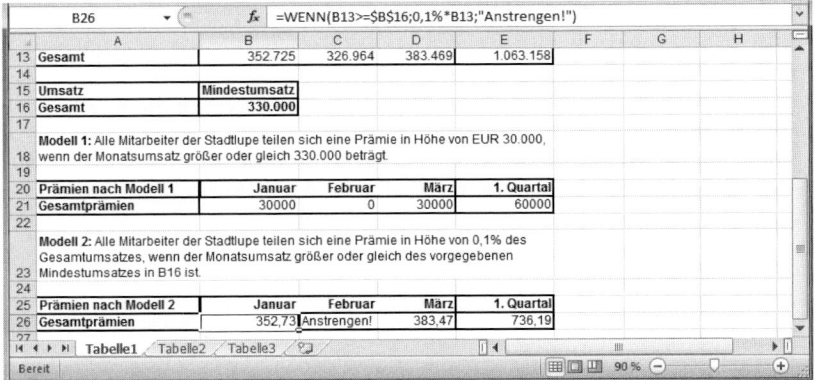

Abb 3 *Berechnete Prämien in der Ergebnisansicht*

1.1.2 Beispiel 2: Die verschachtelte Wenn-Funktion

1. Die Datei `Prämien2` ist geöffnet. Nach *Modell 5* sollen die Mitarbeiter differenzierte leistungsbezogene Prämien erhalten.
2. Wenn der Umsatz ihrer Abteilung größer als der vorgegebene Umsatz2 ist, erhält ihre Abteilung 5 % ihres Monatsumsatzes als Gesamtprämie; wenn er größer ist als Umsatz1, 2 % ihres Monatsumsatzes. Ist der Monatsumsatz geringer, erhalten die Mitarbeiter keine Prämie, also 0 Euro.
3. Für solche Berechnungen verwendet man eine verschachtelte `Wenn`-Funktion. Die Bedingung der ersten Wenn-Funktion ist *Monatsumsatz > Umsatz2*, der Dann-Wert *5%*Monatsumsatz*. Der Sonst-Wert ist eine zweite Wenn-Funktion: Wenn der *Monatsumsatz > Umsatz1*, dann *2%*Monatsumsatz*, sonst *0*.
4. Geben Sie also in B15 die Formel ein:
5. = *Wenn(D2>C2;5%*D2;Wenn(D2>B2;2%*D2;0))*
6. Um eine kopierbare Formel zu erhalten, notieren Sie sich noch die Formel für C16 auf einen Zettel. Betrachten Sie ganz genau die Koordinaten. Vor gleichen Koordinaten, also den Spaltenkoordinaten der Umsätze 1 und 2, muss ein $ eingegeben werden.

	B15		f_x	=WENN(D2>$C2;5%*D2;WENN(D2>$B2;2%*D2;0))		
	A		B		C	
14	Gesamtprämien für		Januar		Februar	
15	Redaktion	=WENN(D2>$C2;5%*D2;WENN(D2>$B2;2%*D2;0))				
16	Kleinanzeigen				=WENN(E3>$C3;5%*E3;WENN(E3>$B3;2%*E3;0))	
17	Anzeigen					

Abb 4 *Die Formeln in B15 und C16*

7. Ändern Sie entsprechend die Formel in B15 um in:
8. = *Wenn(D2>$C2;5%*D2;Wenn(D2>$B2;2%*D2;0))*
9. Kopieren Sie die Formel nach B15:D17 und berechnen Sie die Prämien für das 1. Quartal.

	B15		f_x	=WENN(D2>$C2;5%*D2;WENN(D2>$B2;2%*D2;0))			
	A	B	C	D	E	F	G
1	Umsatz	Umsatz1	Umsatz2	Januar	Februar	März	1. Quartal
2	Verkaufte Exemplare	100.000	120.000	121.400	98.540	112.844	332.784
3	Kleinanzeigen	80.000	90.000	83.825	76.924	94.225	254.974
4	Anzeigen	140.000	160.000	132.500	151.500	176.400	460.400
5	Gesamt	320.000	370.000	337.725	326.964	383.469	1.048.158
7	Umsatz	Zugeordnete Abteilungen					
8	Verkaufte Exemplare	Redaktion					
9	Kleinanzeigen	Kleinanzeigen					
10	Anzeigen	Anzeigen					

Modell 5: Die Mitarbeiter einzelner Abteilungen erhalten eine leistungsgerechte Prämie. Wenn der Umsatz ihrer Abteilung größer als der vorgegebene Umsatz2 ist, erhält ihre Abteilung 5% ihres Monatsumsatzes, wenn er größer ist als Umsatz1, 2% ihres 12 Monatsumsatzes.

	A	B	C	D	E
14	Gesamtprämien für	Januar	Februar	März	1. Quartal
15	Redaktion	6.070	0	2.257	8.327
16	Kleinanzeigen	1.677	0	4.711	6.388
17	Anzeigen	0	3.030	8.820	11.850
18	Gesamt	7.747	3.030	15.788	26.565

Abb 5 *Berechnete Prämien mit einer verschachtelten WENN-Funktion*

10 Speichern Sie die Arbeitsmappe unter `Prämien5`.

1.1.3 Beispiel 3: Prämienberechnung mit Wenn und Oder

1. Die Datei Prämien2a ist geöffnet. Die Mitarbeiter einzelner Abteilungen erhalten leistungsgerechte Prämien. Wird der Mindestumsatz ihrer Abteilung *oder* der Mindestgesamtumsatz erreicht, so erhalten sie 5% des Monatsumsatzes ihrer Abteilung.
2. Um diese Prämien zu berechnen, benötigen Sie neben der Funktion Wenn die Funktion Oder.
3. Die Bedingung der Wenn-Funktion ist eine Oder-Funktion. Die Argumente einer Oder-Funktion sind verschiedene Werte, von denen einer wahr sein muss. Das erste Argument ist *Abteilungsumsatz >= Mindestumsatz der Abteilung*, das zweite *Gesamtumsatz >= Mindestgesamtumsatz*.
4. Die Funktion lautet also =Wenn(Oder (C2>=B2;C5>=B5);5%*C2;0).
5. Um eine kopierbare Formel zu erhalten, notieren Sie sich die Formeln für B15 und C16 auf einen Zettel. Betrachten Sie ganz genau die Koordinaten. Vor gleichen Koordinaten muss ein $ eingegeben werden. Die kopierbare Formel lautet =Wenn(Oder(C2>=$B2;C$5>=$B$5);5%*C2;0).

	B15		f_x	=WENN(ODER(C2>=$B2;C$5>=$B$5);5%*C2;0)	
	A		B		C
14	Gesamtprämien für		Januar		Februar
15	Redaktion	=WENN(ODER(C2>=$B2;C$5>=$B$5);5%*C2;0)			
16	Kleinanzeigen			=WENN(ODER(D3>=$B3;D$5>=$B$5);5%*D3;0)	
17	Anzeigen				
18	Gesamt				

Abb 6 *Die Formeln in B15 und C16*

6. Kopieren Sie nun die Formel nach B15:D17 und berechnen Sie noch die Prämien für das 1. Quartal.

	B15		f_x	=WENN(ODER(C2>=$B2;C$5>=$B$5);5%*C2;0)			
	A	B	C	D	E	F	G H
1	Umsatz	Mindestumsatz	Januar	Februar	März	1. Quartal	
2	Verkaufte Exemplare	100.000	121.400	98.540	112.844	332.784	
3	Kleinanzeigen	80.000	83.825	76.924	94.225	254.974	
4	Anzeigen	160.000	132.500	151.500	176.400	460.400	
5	Gesamt	340.000	337.725	326.964	383.469	1.048.158	
6							
7	Umsatz	Zugeordnete Abteilungen					
8	Verkaufte Exemplare	Redaktion					
9	Kleinanzeigen	Kleinanzeigen					
10	Anzeigen	Anzeigen					
11							
12	Modell 3: Die Mitarbeiter einzelner Abteilungen erhalten eine leistungsgerechte Prämie. Wird der Mindestumsatz ihrer Abteilung oder der Mindestgesamtumsatz erreicht, so erhalten sie 5% des Monatsumsatzes ihrer Abteilung.						
13							
14	Gesamtprämien für	Januar	Februar	März	1. Quartal		
15	Redaktion	6.070	0	5.642	11.712		
16	Kleinanzeigen	4.191	0	4.711	8.903		
17	Anzeigen	0	0	8.820	8.820		
18	Gesamt	10.261	0	19.173	29.435		

Abb 7 *Berechnete Prämien mit den Funktionen WENN und ODER*

7. Speichern Sie die Arbeitsmappe unter Prämien3.

1.1.4 Beispiel 4: Prämienberechnung mit Wenn und Und

1. Die Datei Prämien2b ist geöffnet. Die Mitarbeiter einzelner Abteilungen erhalten leistungsgerechte Prämien. Wird der Mindestumsatz ihrer Abteilung *und* der Mindestgesamtumsatz erreicht, so erhalten sie 5% des Monatsumsatzes ihrer Abteilung.
2. Um diese Prämien zu berechnen, benötigen Sie neben der Funktion Wenn die Funktion Und.
3. Die Bedingung der Wenn-Funktion ist eine Und-Funktion. Die Argumente einer Und-Funktion sind verschiedene Werte, von denen alle wahr sein müssen. Das erste Argument ist *Abteilungsumsatz >= Mindestumsatz der Abteilung*, das zweite *Gesamtumsatz >= Mindestgesamtumsatz.*
4. Die Funktion lautet also = *Wenn(Und(C2>=B2;C5>=B5);5%*C2;0).*
5. Um eine kopierbare Formel zu erhalten, notieren Sie sich die Formeln für B15 und C16 auf einen Zettel. Betrachten Sie ganz genau die Koordinaten. Vor gleichen Koordinaten muss ein $ eingegeben werden. Die kopierbare Formel lautet = *Wenn(Und(C2>=$B2;C$5>=$B$5);5%*C2;0).*
6. Kopieren Sie nun die Formel nach B15:D17 und berechnen Sie noch die Prämien für das 1. Quartal.

	B15	▾ (	f_x	=WENN(UND(C2>=$B2;C$5>=$B$5);5%*C2;0)				
	A	B	C	D	E	F	G	H
1	Abteilungsumsätze	Mindestumsatz	Januar	Februar	März	1. Quartal		
2	Verkaufte Exemplare	100.000	121.400	98.540	112.844	332.784		
3	Kleinanzeigen	80.000	83.825	76.924	94.225	254.974		
4	Anzeigen	160.000	132.500	151.500	176.400	460.400		
5	Gesamtumsätze	340.000	337.725	326.964	383.469	1.048.158		
6								
7	Abteilungsumsätze	Zugeordnete Abteilungen						
8	Verkaufte Exemplare	Redaktion						
9	Kleinanzeigen	Kleinanzeigen						
10	Anzeigen	Anzeigen						
11								
12	Modell 3: Die Mitarbeiter einzelner Abteilungen erhalten eine leistungsgerechte Prämie. Wird der Mindestumsatz ihrer Abteilung *und* der Mindestgesamtumsatz erreicht, so erhalten sie 5% des Monatsumsatzes ihrer Abteilung.							
13								
14	Gesamtprämien für		Januar	Februar	März	1. Quartal		
15	Redaktion		0	0	5.642	5.642		
16	Kleinanzeigen		0	0	4.711	4.711		
17	Anzeigen		0	0	8.820	8.820		
18	Gesamt		0	0	19.173	19.173		

Tabelle1 / Tabelle2 / Tabelle3

Abb 8 *Berechnete Prämien mit den Funktionen WENN und UND*

7. Speichern Sie die Arbeitsmappe unter Prämien4.

1.1.5 Beispiel 5: Lohnberechnung mit Wenn und Rest

1. Bei den Mitarbeitern des Fuhrparks wird der Lohn über die abgeleisteten Stunden berechnet, wobei es für Sonntagsarbeit einen höheren Stundenlohn gibt.
2. Die Datei Abrechnung Fuhrpark ist geöffnet. Sie wollen in C13 eine allgemeingültige Formel eingeben, die nur noch nach unten kopiert werden muss, obwohl es unterschiedliche Stundenlöhne gibt. Dazu benötigen Sie die Funktionen Rest und Wenn.
3. Der Tageslohn ergibt sich aus dem Produkt *Stunden mal Stundenlohn*, wobei der Stundelohn an Sonntagen höher ist als an Werktagen.
4. Wir benötigen also eine Formel wie *Wenn A13 ein Sonntag ist, dann B13*B11, sonst B13*B10.*
5. Da jeder siebte Tag ein Sonntag ist, hilft uns die Funktion Rest herauszubekommen, an welchem Tag der Stundenlohn für Sonntags herangezogen werden soll.
6. Positionieren Sie den Cursor auf D14 und geben Sie die Formel =*Rest(A14;7)* ein. Formatieren Sie diese Zelle über den Kurzbefehl (Strg)+(!) als Zahl, so erkennen Sie den Rest 1.
7. Die allgemeingültige Formel in C13 muss also lauten: =*Wenn(Rest(A13;7)=1;B13*$B$11;B13*$B$10)*, wobei B11 und B10 absolut genommen werden müssen.

	C13		f_x	=WENN(REST(A13;7)=1;B13*$B$11;B13*$B$10)				
	A	B	C	D	E	F	G	H
1								
2	**Die mathematische Funktion REST**							
3	liefert den Rest einer Division							
4								
5	Syntax:		=rest(Zahl;Divisor)					
6	Beispiele:		=rest(a13;7) ergibt 3					
7			=rest("6.1.2008;7") ergibt 1					
8								
9	**Kangowski**		**Stundenlohn**					
10	**Werktags**		9,40					
11	**Sonntags**		11,15					
12			**Stunden**	**Lohn**				
13	Samstag, 01.01.11		6,00	56,40				
14	Sonntag, 02.01.11		5,00	55,75	1,00			
15	Montag, 03.01.11		2,00	18,80				
16	Dienstag, 04.01.11		0,00	0,00				
17	Mittwoch, 05.01.11		8,00	75,20				
18	Donnerstag, 06.01.11		8,00	75,20				
19	Freitag, 07.01.11		8,00	75,20				
20	Samstag, 08.01.11		8,00	75,20				
21	Sonntag, 09.01.11		0,00	0,00				

Abb 9 *Lohnberechnung mit den Funktionen WENN und REST*

8. Kopieren Sie die Formel nach unten und speichern Sie die Datei unter Abgerechneter Fuhrpark.

1.2 Die Matrixfunktionen Sverweis und Wverweis

Wenn-Ausdrücke können, wie in dem obigen Beispiel geschehen, ineinander verschachtelt sein. Es dürfen jedoch höchstens sieben Verschachtelungen benutzt werden. Benötigen Sie mehr Verschachtelungen bzw. sind Ihnen schon zwei oder drei Verschachtelungen zu unübersichtlich, helfen Ihnen die Matrixfunktionen Sverweis (=senkrechter Verweis) und Wverweis(waagerechter Verweis).

1.2.1 Beispiel 6: Prämienberechnung mit der Funktion Sverweis

1. Die Datei Prämien6 ist geöffnet. Nach Modell 6 teilen sich alle Mitarbeiter eine Prämie, die mit Hilfe einer vorgegebenen Prämientabelle und des Monatsumsatzes berechnet wird.
2. Die Funktion Sverweis (=senkrechter Verweis) prüft, ob die erste Spalte einer Matrix einen bestimmten Wert enthält, und liefert dann den Wert, der rechts neben der angegebenen Spalte steht.
3. Kann die Funktion Sverweis den als Suchkriterium angegebenen Wert nicht finden, liefert sie den bezüglich Suchkriterium nächst kleineren Wert. Das Suchkriterium darf nicht kleiner als der kleinste Wert in der Matrix sein. Deshalb sollte immer mit dem kleinsten möglichen Wert begonnen werden, beispielsweise mit dem Umsatz 0.
4. Mit Hilfe der Prämientabelle können die Prämien berechnet werden. Wie hoch ist die Prämie für die Belegschaft im Januar? Da der Wert 352.725 in der Prämientabelle nicht vorkommt, muss der nächst kleinere Wert herangezogen werden. Ab 350.000 liegt die Prämie bei 12.000.
5. Die allgemeingültige Formel, also die Formel, die kopiert werden kann, lautet: *=sverweis(B10;$A$13:$B$20;2)*.
6. Geben Sie die Formel in die Zelle B25 ein und kopieren Sie die Formel nach rechts bis zum Juni.
7. In der Zelle B10 steht der Umsatz für Januar. Das zweite Argument in der Funktion, die „Matrix A13:B20", muss immer absolut genommen werden, wenn die Formel kopiert werden soll. Das dritte Argument, die „2", verweist bei einer gefundenen Umsatzhöhe in der ersten Spalte auf die in der gleichen Zeile befindliche Provision in der zweiten Spalte.
8. Hinweis: Gäbe es in der Prämientabelle keinen Eintrag 0, so würden Sie in der Zelle C25 (Umsatz kleiner als 330.000. Dafür gäbe es keine Provision.) die Fehlermeldung #NV erhalten.

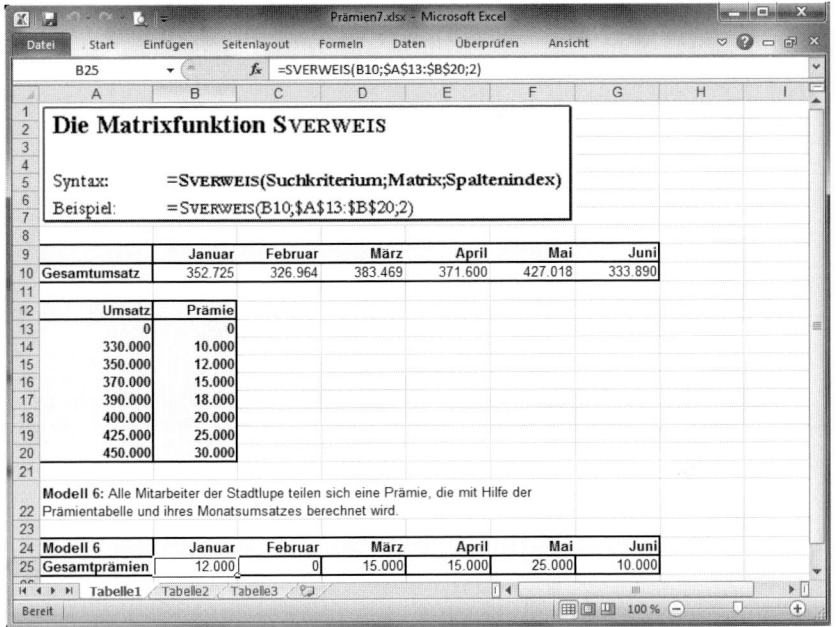

Abb 10 *Berechnung von Prämien mit der Matrixfunktion SVERWEIS*

9. Speichern Sie die Arbeitsmappe unter *Prämien7.*

1.3 Mathematische und statistische Funktionen wie Zufallszahl, Summewenn, Zählenwenn, Stabw und Kgrösste

In diesem Abschnitt wird auf die mathematischen Funktionen Ganzzahl, Zufallszahl und Summewenn sowie die statistischen Funktionen Zählenwenn, Stabw und Stabwn eingegangen.

Karin Kelber aus dem Vertrieb will zunächst die Anzahl der verkaufstärksten Verkaufsstellen sowie deren prozentualen Anteil an allen verkauften Exemplaren ermitteln. Dann wird sie die Standardabweichung der Verkaufszahlen in Charlottenburg berechnen. Die Standardabweichung ist ein Maß dafür, wie weit die jeweiligen Werte um den Mittelwert (Durchschnitt) streuen. Mit den Funktionen Kgrösste und Kkleinste können Sie die n-größte bzw. n-kleinste Zahl eines Bereiches berechnen.

> **Sie können mit folgenden Beispielen lernen:**
>
> *Beispiel 7: Die Funktionen Zählenwenn und Summewenn*
>
> *Beispiel 8: Standardabweichungen mit den Funktionen Stabwn und Stabw schätzen bzw. berechnen*
>
> *Beispiel 9: Zufallszahl mit den Funktionen Zufallszahl und Ganzzahl bzw. Ab- oder Aufrunden erzeugen*
>
> *Beispiel 10: Die Funktion Kgrösste*

1.3.1 Beispiel 7: Die Funktionen Zählenwenn und Summewenn

1. Die Datei Verkaufszahlen Charlottenburg10 ist geöffnet. Karin Kelber aus dem Vertrieb will wissen, welchen Anteil an verkauften Exemplaren die Verkaufsstellen haben, die überdurchschnittlich viele Exemplare verkaufen.

2. Um die Anzahl aller Verkaufsstellen zu ermitteln, die überdurchschnittlich viele Exemplare verkauft haben, benötigt sie die Funktion =Zählenwenn(Bereich;Suchkriterium).

3. Der *Bereich* ist der Zellbereich, von dem Sie wissen möchten, wie viele seiner Zellen einen Inhalt haben, der mit dem Suchkriterium übereinstimmt. Das *Suchkriterium* gibt das Kriterium in Form einer Zahl, eines Ausdrucks oder einer Zeichenfolge an.

4. Zum Beispiel kann ein Suchkriterium als 49, ">=49" oder "Friedenau" formuliert werden. Ausdrücke und Zeichenfolgen müssen in Anführungszeichen gesetzt werden.

5. Da die Anzahl der durchschnittlich verkauften Exemplare bei 48,8 liegt, können Sie in E12 die Funktion =ZÄHLENWENN(B4:B36;">=49") eingeben. Sie erhalten 14 Verkaufsstellen.

6. Berechnen Sie in E13 deren prozentualen Anteil innerhalb aller Verkaufsstellen: =E12/E5.

7. Formatieren Sie das Ergebnis über `Prozentformat` als Prozentzahl.

8. Um von diesen Verkaufsstellen deren Gesamtanzahl an verkauften Exemplaren zu berechnen, benötigen Sie die Funktion = `Summewenn` *(Bereich;Suchkriterium)*. Ist das Suchkriterium ein Ausdruck oder eine Zeichenfolge, so muss das Suchkriterium in Anführungszeichen gesetzt werden.

9. Geben Sie in E14 die Funktion =SUMMEWENN(B4:B36;">=49") ein.

10. Berechnen Sie in E15 deren prozentualen Anteil von allen verkauften Exemplaren: =E14/E4.

11. Formatieren Sie das Ergebnis über das Symbol `Prozentformat` als Prozentzahl.

12. 74% aller verkauften Exemplare werden von 42% der Verkaufstellen umgesetzt.

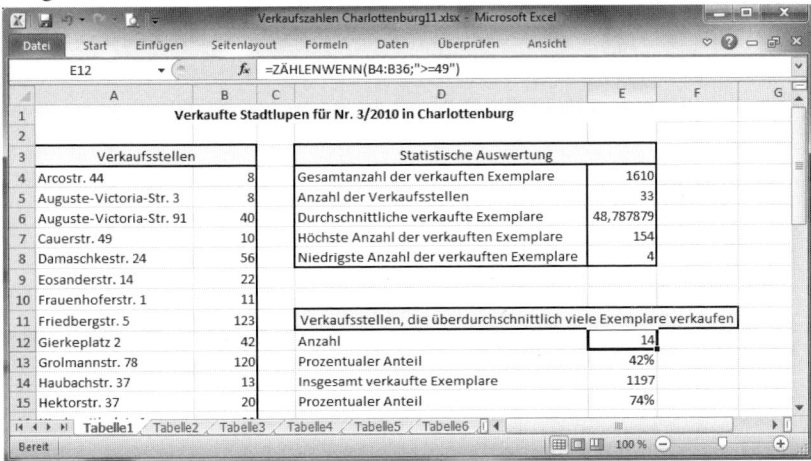

Abb 11 *Berechnung der Anzahl der Verkaufsstellen, die überdurchschnittlich viele Exemplare verkaufen, mit der Funktion ZÄHLENWENN*

13. Berechnen Sie auch die Werte für die Verkaufsstellen, die unterdurchschnittlich viele Exemplare verkauft haben.

14. Speichern Sie die Arbeitsmappe unter `Verkaufszahlen Charlottenburg11`.

1.3.2 Beispiel 8: Standardabweichungen mit den Funktionen Stabwn und Stabw schätzen bzw. berechnen

1. Die Datei Verkaufszahlen Charlottenburg11 ist geöffnet. Karin Kelber will die Streuung der Verkaufszahlen um den Mittelwert berechnen, die so genannte Standardabweichung.

2. Sind die aufgeführten Verkaufsstellen alle Verkaufsstellen in Charlottenburg, so wird die Standardabweichung mit der Funktion Stabwn(Bereich) berechnet.

3. Hinweis: Die Funktion Stabwn wurde in Excel 2010 durch die neue Funktion Stabw.n ersetzt, die ein genaueres Arbeiten ermöglicht und deren Namen die Verwendung besser widerspiegelt. Zwecks Kompatibilität mit früheren Versionen von Excel ist die Funktion Stabwn weiterhin verfügbar. Wenn jedoch keine Abwärtskompatibilität erforderlich ist, sollten Sie ab jetzt die neu Funktion Stabw.n verwenden, da sie eine genauere Beschreibung der zugehörigen Funktionalität bietet.

4. Geben Sie in E25 die Funktion =*STABWN(B4:B36)* ein.

5. Stellen die aufgeführten Verkaufsstellen eine aus einer Grundgesamtheit gezogene Stichprobe aller Verkaufsstellen in Charlottenburg dar, so wird die Standardabweichung mit der Funktion Stabw(Bereich) geschätzt.

6. Hinweis: Die Funktion Stabw wurde in Excel 2010 durch die neue Funktion Stabw.s ersetzt, die ein genaueres Arbeiten ermöglicht und deren Namen die Verwendung besser widerspiegelt. Zwecks Kompatibilität mit früheren Versionen von Excel ist die Funktion Stabw weiterhin verfügbar. Wenn jedoch keine Abwärtskompatibilität erforderlich ist, sollten Sie ab jetzt die neu Funktion Stabw.s verwenden, da sie eine genauere Beschreibung der zugehörigen Funktionalität bietet.

7. Geben Sie in E29 die Funktion =*STABW(B4:B36)* ein.

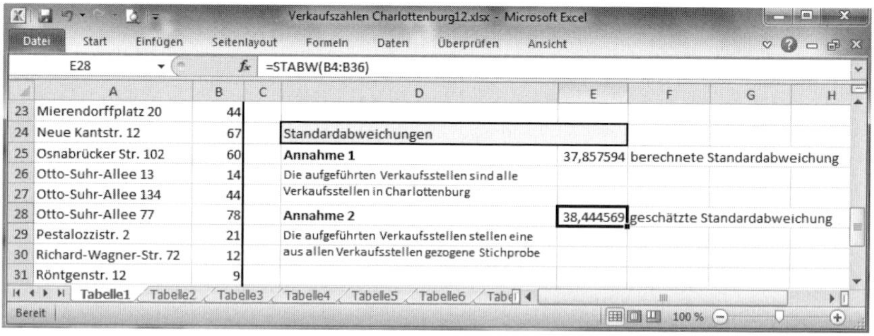

Abb 12 *Die Standardabweichung der Verkaufszahlen in Charlottenburg*

8. Speichern Sie die Arbeitsmappe unter Verkaufszahlen Charlottenburg12.

1.3.3 Beispiel 9: Zufallszahl mit den Funktionen Zufalls- zahl und Ganzzahl bzw. Ab- oder Aufrunden erzeugen

1. Hanns Friede, der gerade seine Ausbildung zum Bürokaufmann für Datenkommunikation in der Stadtlupe begonnen hat, spielt jede Woche für 1,75 Euro Lotto in der Annahmestelle Leonhardstr. 13. Immer zwei Tipps.

2. Hanns kreuzt dabei nicht einfach zweimal 6 Zahlen an, sondern führt mit Excel eine eigene Ziehung durch. Diese Zahlen kreuzt er später an.

3. Dazu benötigt er die Funktionen ZUFALLSZAHL und GANZZAHL bzw. AUFRUNDEN.

4. ZUFALLSZAHL liefert eine Zahl zwischen 0 und 1, also eine Zahl, die größer als Null und kleiner als 1 ist.

5. GANZZAHL oder ABRUNDEN rundet eine Zahl auf die nächst kleinere ganze Zahl ab, AUFRUNDEN rundet auf die nächst größere ganze Zahl auf.

6. Multiplizieren Sie eine Zufallszahl mit 49, so erhalten Sie immer eine Zahl, die echt größer als 0 und echt kleiner als 49 ist.

7. Die Arbeitsmappe Zufallszahlen ist geöffnet.

8. Geben Sie in B1 *=Zufallszahl()* und in B2 *=B1*49* ein.

9. Addieren Sie dazu noch 1, so erhalten Sie eine Zahl zwischen 1 und 50. Tragen Sie in Zelle B3 *=B2+1* ein.

10. Nehmen Sie von diesem Ergebnis die Ganzzahl, so erhalten Sie eine selbst gezogene ganze Zahl aus der Zahlenreihe 1 bis 49. Tragen Sie in Zelle B4 *=GANZZAHL(B3)* ein.

11. Alternativ können Sie *=ABRUNDEN(B3;0)* oder *=AUFRUNDEN(B2;0)* eingeben.

12. Geben Sie in B6 die Formel *=AUFRUNDEN(ZUFALLSZAHL()*49;0)*, so erhalten Sie sofort eine ganze Zahl zwischen 1 und 49.

13. Was könnten Sie alternativ dazu eingeben? *=GANZZAHL(ZUFALLSZAHL()*49+1)*

14. Hinweis: Geben Sie auf Ihrem Arbeitsblatt in irgendeine Zelle neue Daten ein, so wird die Zufallszahl neu generiert.

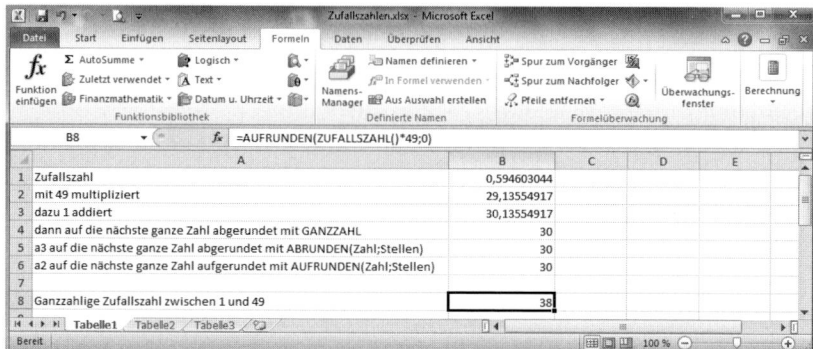

Abb 13 *Erzeugte Zufallszahl in der Ergebnisansicht*

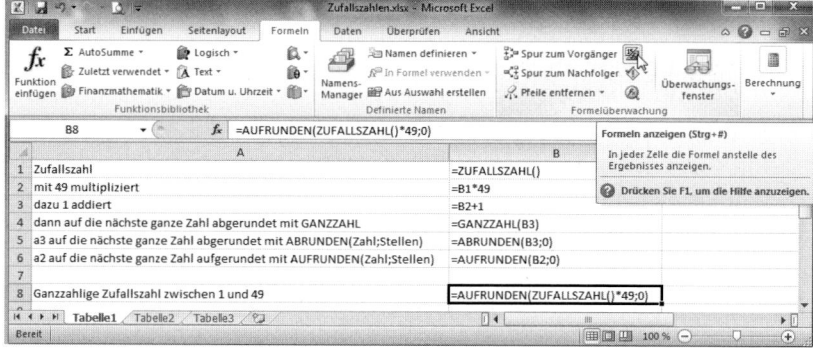

Abb 14 *Erzeugte Zufallszahl in der Formelansicht*

1.3.4 Beispiel 10: Die Funktion Kgrösste

1. Die Mappe `Versetzungsliste` ist geöffnet.
2. Schüler, die in einem Fach eine 6 oder in zwei Fächern eine 5 erhalten, werden nicht in die 11. Klasse versetzt.
3. Die schlechteste Note wird mit der Funktion `Max` berechnet. Geben Sie in G10 die Formel *=max(c10:f10)* ein und kopieren Sie diese nach unten.
4. Für H10 benötigen wir eine Formel, die die zweitschlechteste Note ausgibt. Den zweitgrößten Wert einer Reihe erhalten Sie mit der Funktion =Kgrösste(Liste der Werte;2), den drittgrößten Wert einer Reihe mit der Funktion =Kgrösste(Liste der Werte;3), usw.
5. Geben Sie in H10 die Formel *=kgrösste(c10:f10;2)* ein und kopieren Sie diese nach unten.

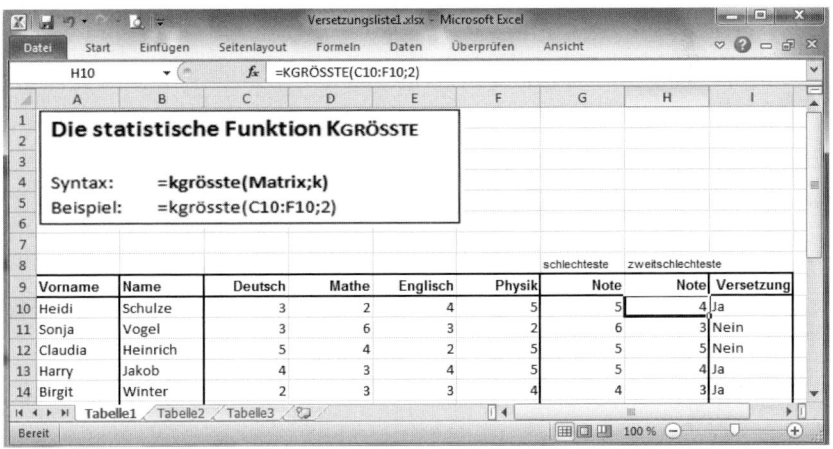

Abb 15 *Die statistische Funktion Kgrösste*

6. Um zu berechnen, wer nicht versetzt wird, benötigen wir für die Spalte I eine verschachtelte `Wenn`-Funktion. Wenn die schlechteste Note eine 6 ist, wird der Schüler nicht versetzt. Wenn die schlechteste Note keine 6 ist, aber die zweitschlechteste eine 5 ist, wird der Schüler ebenfalls nicht versetzt.
7. Die Formel für I10 lautet also:
8. =wenn(g10=6;"Nein";wenn(h10=5;"Nein";"Ja")
9. Kopieren Sie diese nach unten.
10. Die endgültige Versetzungsliste finden Sie auch unter `Versetzungsliste1`.

1.4 Die Datumsfunktionen Arbeitstag, Nettoarbeitstage und Kalenderwoche

Die Funktion `Arbeitstag` gibt die fortlaufende Zahl des Datums vor oder nach einer bestimmten Anzahl von Arbeitstagen zurück, die Funktion `Nettoarbeitstage` die Anzahl ganzer Arbeitstage zwischen zwei Datumsangaben.

Die Funktion `Kalenderwoche` wandelt eine fortlaufende Zahl in eine Zahl um, die angibt, in welche Woche des dazugehörigen Jahres das angegebene Datum fällt. Das Jahr umfasst mindestens 52 durchnummerierte Kalenderwochen (KW), wobei es bei den Wochen-Nummerierungen unterschiedliche Variationen gibt. In den USA ist die erste Woche des Jahres jene, in die der 1. Januar fällt. In Europa ist die erste Woche jene, in die mindestens vier Tage des neuen Jahres fallen (DIN 1355 / ISO 8601). Die deutschsprachige Kalender-Industrie hält sich ausnahmslos an die internationale Norm ISO 8601. Danach beginnt die Woche mit einem Montag und die erste Woche eines Jahres umfasst mindestens vier Tage.

> **Sie können mit folgenden Beispielen lernen:**
>
> *Beispiel 11: Die Funktion Kalenderwoche*
> *Beispiel 12: Die Funktion Nettoarbeitstage*
> *Beispiel 13: Die Funktion Arbeitstag*

1.4.1 Beispiel 11: Die Funktion Kalenderwoche

1. Ein Jahr umfasst mindestens 52 durchnummerierte Kalenderwochen (KW). Die Funktion Kalenderwoche gibt die Kalendernummer der Woche für ein bestimmtes Datum zurück.

2. In den USA ist die Woche, die den ersten Januar umfasst, die Kalenderwoche mit der Nummer 1. Dazu verwenden Sie die Funktion `Kalenderwoche(Datum)`.

3. In Europa ist die Woche, die den ersten Donnerstag umfasst, die Kalenderwoche mit der Nummer 1. Dies entspricht der in ISO 8601 spezifizierten Methode, die im Allgemeinen als europäisches Wochennummerierungssystem bezeichnet wird. Dazu verwenden Sie die Funktion `Kalenderwoche(Datum;21)`.

4. Geben Sie in der Zelle A2 das Datum 15.09.2011 ein.

5. Geben Sie in B2 die Formel *=kalenderwoche(a2;21)*, um als Ergebnis die Kalenderwoche nach dem europäischen Wochennummerierungssystem

zu erhalten. Mit *=kalenderwoche(a2)* erhalten Sie die in USA gültige KW-Nummer.

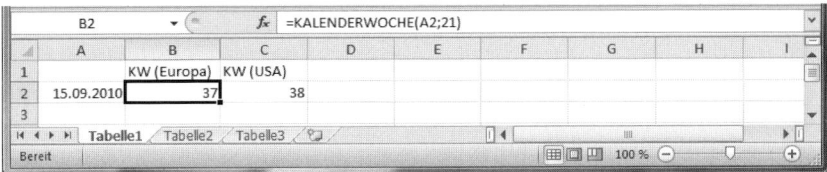

Abb 16 *Die Datumsfunktion Kalenderwoche in der Ergebnisansicht*

Abb 17 *Die Datumsfunktion Kalenderwoche in der Formelansicht*

1.4.2 Beispiel 12: Die Funktion Nettoarbeitstage

1. Die Mappe `Nettoarbeitstage` ist geöffnet. Die Nettoarbeitstage eines bestimmten Zeitraumes können Sie mit den beiden Funktionen `Netto-arbeitstage` und `Nettoarbeitstage.intl` berechnen.

2. Der Unterschied zwischen den beiden Funktionen besteht darin, dass in `Nettoarbeitstage.intl` bestimmt werden kann, an welchen Tagen das Wochenende ist. Während in `Nettoarbeitstage` immer das Wochenende Samstag/Sonntag (Wochenendnr. 1) ist, können Sie in der anderen Funktion auch bestimmen, dass das Wochenende Sonntag/Montag (Wochenendnr. 2) oder nur der Sonntag (Wochenendnr. 11) ist.

Wochenendnummer	Wochenendtage	Wochenendnummer	Wochenendtage
1 oder nicht angegeben	Samstag, Sonntag	11	Nur Sonntag
2	Sonntag, Montag	12	Nur Montag
3	Montag, Dienstag	13	Nur Dienstag
4	Dienstag, Mittwoch	14	Nur Mittwoch
5	Mittwoch, Donnerstag	15	Nur Donnerstag
6	Donnerstag, Freitag	16	Nur Freitag
7	Freitag, Samstag	17	Nur Samstag

Abb 18 *Wochenendnummern für die Wochenendtage*

3. Geben Sie in C10 die Funktion *=nettoarbeitstage(a10;a39)* ein. Sie erhalten 22 Nettoarbeitstage, also 30 Tage abzüglich 8 Wochenendtage (4 Samstage und 4 Sonntage).

4. Geben Sie in C11 die Funktion =*nettoarbeitstage.intl(a10;a39;1)* ein. Sie erhalten 22 Nettoarbeitstage, also 30 Tage abzüglich 8 Wochenendtage (4 Samstage und 4 Sonntage).

5. Geben Sie in C12 die Funktion =*nettoarbeitstage.intl(a10;a39;2)* ein. Sie erhalten 21 Nettoarbeitstage, also 30 Tage abzüglich 9 Wochenendtage (4 Sonntage und 5 Montage).

6. Geben Sie in C13 die Funktion =*nettoarbeitstage.intl(a10;a39;1;d17:d18)* ein. Sie erhalten 20 Nettoarbeitstage, also 30 Tage abzüglich 8 Wochenendtage (4 Samstage und 4 Sonntage) und abzüglich 2 freier Tage (Feiertage am 1. und 17. November).

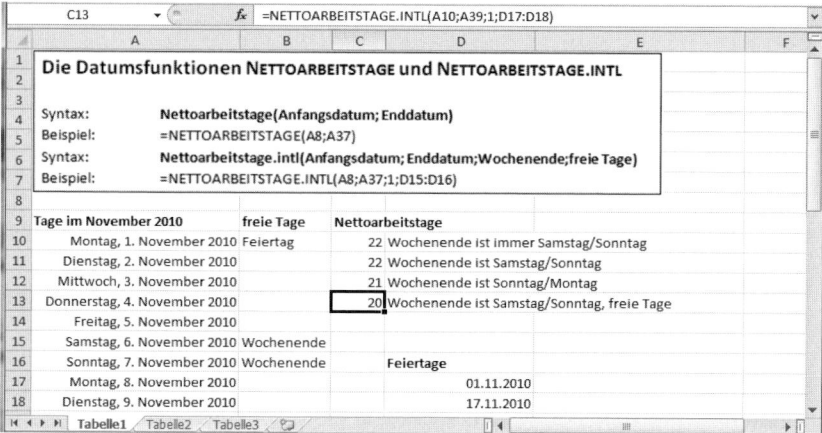

Abb 19 *Nettoarbeitstage in der Ergebnisansicht*

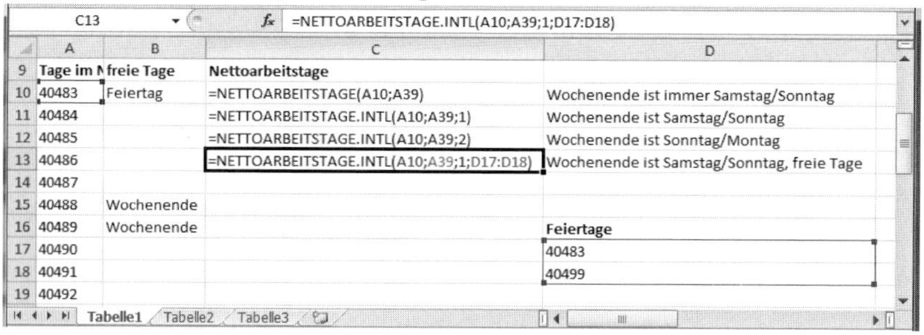

Abb 20 *Nettoarbeitstage in der Formelansicht*

7. Die berechneten Nettoarbeitstage finden Sie auch unter `Nettoarbeitstage berechnet`.

1.4.3 Beispiel 13: Die Funktion Arbeitstag

1. Die Mappe `Arbeitstag` ist geöffnet. Nach Angabe des ersten Arbeitstages und der Anzahl der Nettoarbeitstage können Sie den letzten Arbeitstag mit den beiden Funktionen `Arbeitstag` und `Arbeitstag.intl` berechnen.

2. Der Unterschied zwischen den beiden Funktionen besteht darin, dass in `Arbeitstag.intl` bestimmt werden kann, an welchen Tagen das Wochenende ist. Während in `Arbeitstag` immer das Wochenende Samstag/Sonntag (Wochenendnr. 1) ist, können Sie in der anderen Funktion auch bestimmen, dass das Wochenende Sonntag/Montag (Wochenendnr. 2) oder nur der Sonntag (Wochenendnr. 11) ist.

Wochenendnummer	Wochenendtage	Wochenendnummer	Wochenendtage
1 oder nicht angegeben	Samstag, Sonntag	11	Nur Sonntag
2	Sonntag, Montag	12	Nur Montag
3	Montag, Dienstag	13	Nur Dienstag
4	Dienstag, Mittwoch	14	Nur Mittwoch
5	Mittwoch, Donnerstag	15	Nur Donnerstag
6	Donnerstag, Freitag	16	Nur Freitag
7	Freitag, Samstag	17	Nur Samstag

Abb 21 *Wochenendnummern für die Wochenendtage*

3. Geben Sie in C10 die Funktion =*arbeitstag(a10;a18)* ein. Sie erhalten den seriellen Wert 40577. Formatieren Sie die Zelle als Datum, erhalten Sie den 3.2.2011. Nur die Samstage und Sonntage wurden nicht als Nettoarbeitstage gezählt.

4. Geben Sie in C11 die Funktion =*arbeitstag.intl(a10;a18;1)* ein. Sie erhalten den seriellen Wert 40577. Formatieren Sie die Zelle als Datum, erhalten Sie den 3.2.2011. Nur die Samstage und Sonntage wurden nicht als Nettoarbeitstage gezählt.

5. Geben Sie in C12 die Funktion =*arbeitstag.intl(a10;a18;11)* ein. Sie erhalten den seriellen Wert 40554. Formatieren Sie die Zelle als Datum, erhalten Sie den 11.1.2011. Nur die Sonntage wurden nicht als Nettoarbeitstage gezählt.

6. Geben Sie in C12 die Funktion =*arbeitstag.intl(a10;a18;1;a13:a15)* ein. Sie erhalten den seriellen Wert 40582. Formatieren Sie die Zelle als Datum, erhalten Sie den 8.2.2011. Die Samstage, Sonntage und Feiertage wurden nicht als Nettoarbeitstage gezählt.

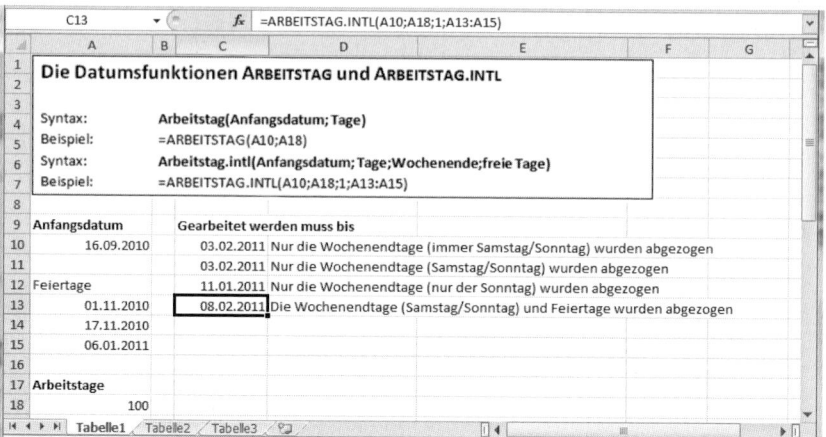

Abb 22 *Arbeitstag in der Ergebnisansicht*

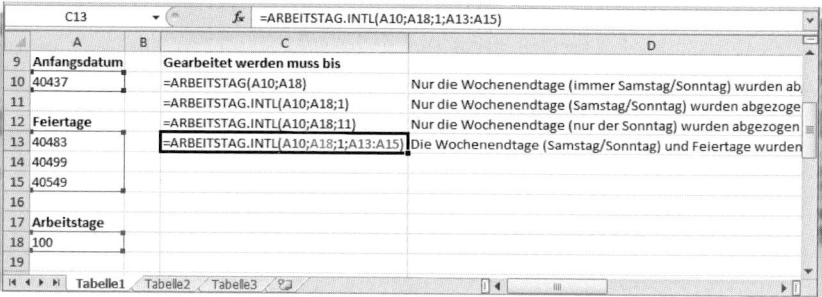

Abb 23 *Arbeitstag in der Formelansicht*

7. Die letzten Arbeitstage finden Sie auch unter `Arbeitstag berechnet`.

1.5 Formeln analysieren mit dem Detektiv

Sogar in relativ kleinen Arbeitsmappen können komplizierte Formelabhängigkeiten auftreten. Falls der Eintrag einer Zelle die Fehlermeldung *#Wert* oder *#Div/0* erzeugt, wird damit unter Umständen eine Kettenreaktion ausgelöst, so dass Fehlerwerte in der gesamten Mappe angezeigt werden.

Mit der `Formelüberwachung` im Register `Formeln` werden Ihnen die Beziehungen zwischen Zellen veranschaulicht, was die Fehlersuche vereinfacht. Spurpfeile stellen den Datenfluss im Tabellenblatt grafisch dar.

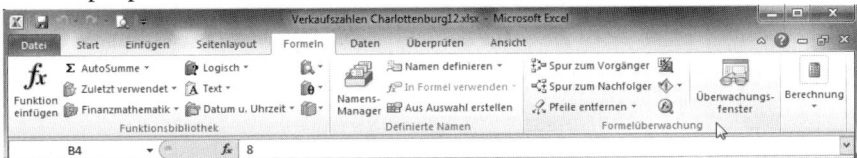

Abb 24 *Register Formeln, Gruppe Formelüberwachung*

Sie können mit folgenden Beispielen lernen:

Beispiel 14: Formeln suchen, die die aktive Zelle verwenden

Beispiel 15: Zellen suchen, die Daten für eine Formel enthalten

Beispiel 16: Fehler zurückverfolgen

1.5.1 Beispiel 14: Formeln suchen, die die aktive Zelle verwenden

1. Die Datei `Verkaufszahlen Charlottenburg12` ist geöffnet. Sie möchten die Beziehungen zwischen den Zellen veranschaulichen. Das ist insbesondere bei der Fehlersuche hilfreich.

2. Positionieren Sie den Cursor auf B4 und wechseln Sie in das Register `Formeln`.

3. Öffnen Sie das Listenfeld `Formelüberwachung` und klicken Sie auf `Spur zum Nachfolger`, um einen Pfeil anzuzeigen, der auf die erste Nachfolgerzelle verweist.

4. Um mit der Suche nach Nachfolgerzellen fortzufahren, wählen Sie erneut diesen Befehl.

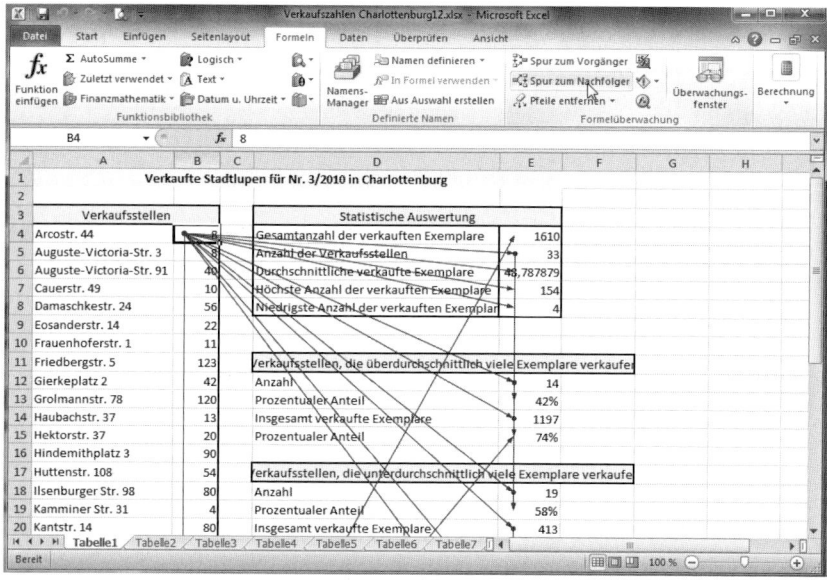

Abb 25 *Über Spur zum Nachfolger wird auf all die Zellen verwiesen, die auf die markierte Zelle in einer Formel verweisen*

5. Um die Spurpfeile zu entfernen, wählen Sie `Pfeile entfernen`.

1.5.2 Beispiel 15: Zellen suchen, die Daten für eine Formel enthalten

1. Die Datei `Verkaufszahlen Charlottenburg12` ist geöffnet, das Register `Formeln` eingeblendet.
2. Positionieren Sie den Cursor auf E4.
3. Öffnen Sie das Listenfeld `Formelüberwachung` und klicken Sie auf `Spur zum Vorgänger`, um einen Spurpfeil anzuzeigen, der auf die erste Vorgängerzelle verweist.
4. Um mit der Suche nach Vorgängerzellen fortzufahren, klicken Sie erneut auf das Symbol.
5. Um die Spurpfeile zu entfernen, wählen Sie `Pfeile entfernen`.

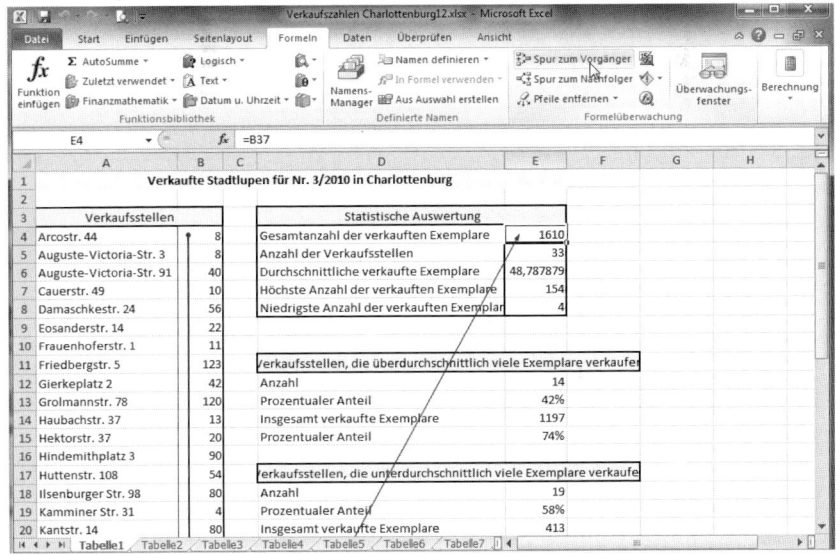

Abb 26 *Spur zum Vorgänger*

1.5.3 Beispiel 16: Fehler zurückverfolgen

1. Die Datei Verkaufszahlen Charlottenburg13 ist geöffnet.
2. Markieren Sie die Zelle, die einen Fehler enthält, etwa E13.
3. Klicken Sie auf das Ausrufezeichen in dem Kästchen neben der Zelle. Der Fehler (Division durch Null) wird angezeigt.
4. Wählen Sie in der Gruppe Formelüberwachung aus dem Listenfeld Fehlerüberprüfung die Spur zum Fehler. Die Spur führt zu einer leeren Zelle.

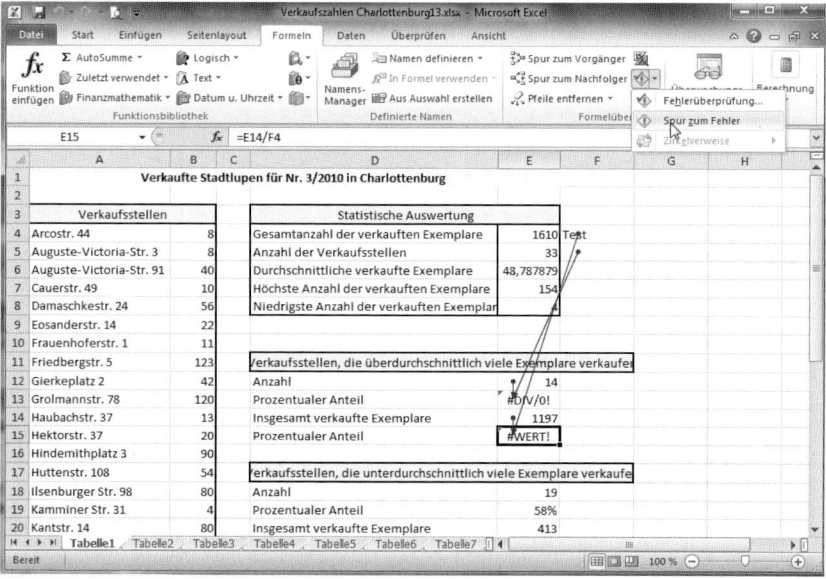

Abb 27 *Spur zum Fehler*

5. Blenden Sie auch die Spuren vom Fehler in der Zelle E15 ein.
6. Entfernen Sie die Hinweispfeile über Pfeile entfernen und korrigieren Sie die Fehler.

1.6 Übungsaufgaben

Sie können mit folgenden Aufgaben üben:

Aufgabe 1: Die Funktionen Wenn und Rang: Angebotsvergleich

Aufgabe 2: Die Funktionen Wenn und Kgrösste: Wer wird in die 11. Klasse versetzt?

Aufgabe 3: Die Funktion Wenn: Berechnung der prozentualen Stimmenanteile und der Sitzverteilung bei Landtagswahlen

Aufgabe 4: Die Wenn-Funktion und die verschachtelte Wenn-Funktion: Die kleine Buchhaltung

Aufgabe 5: Die Wenn-Funktion und die verschachtelte Wenn-Funktion: Prämienberechnung im Autohaus Burger

Aufgabe 6: Die Funktionen Wenn und Oder: Prämienberechnung im Autohaus Burger

Aufgabe 7: Die Funktionen Wenn und Und: Prämienberechnung im Autohaus Burger

Aufgabe 8: Die Funktion Sverweis: Gestaffelte Prämienberechnung im Autohaus Burger

Aufgabe 9: Die Funktion Sverweis: Die Verkehrssünderdatei Flensburg

Aufgabe 10: Die Funktionen Summewenn und Zählenwenn: Eine Statistik zu den Städteführern

Aufgabe 11: Die Funktionen Stabw und Stabwn: Die Standardabweichungen bei den Verkäufen der Städteführer schätzen bzw. berechnen

Aufgabe 12: Die Funktionen Zufallszahl und Ganzzahl: 13er-Wette im Fußballtoto simulieren

Aufgabe 13: Die Funktionen Wenn und Rest: Lohnberechnung Aushilfen

Aufgabe 14: Die Funktionen Kalenderwoche, Nettoarbeitstage und Arbeitstag

1.6.1 Aufgabe 1: Die Funktionen Wenn und Rang: Angebotsvergleich

1. Öffnen Sie die Übungsmappe `Angebotsvergleich`.
2. Geben Sie in B7, B8, B10 und B11 Formeln ein, und kopieren Sie diese nach rechts bis zur Spalte F.
3. Geben Sie in B13 eine Formel ein, die in B13 *bestes Angebot* einträgt, wenn B11 das Minimum der Zellen B11 bis F11 ist, und sonst nichts einträgt. Kopieren Sie die Formel nach rechts. (*Bsp. 1*)
4. Hinweis 1: Verwenden Sie eine verschachtelte Funktion mit den Funktionen `Wenn` und `Min`. Bedenken Sie, dass Sie das Minimum der Zellen B11 bis F11 absolut nehmen müssen, um die Formel nach rechts kopieren zu können.
5. Hinweis 2: Soll die Funktion `wenn` einen Text ausgeben, muss dieser Text innerhalb der Funktion in Anführungszeichen gesetzt werden. (*Bsp. 1*)
6. Angebot Nr. 3 ist das beste Angebot. Nun soll noch festgestellt werden, welchen Rang ein Angebot innerhalb aller Angebote einnimmt.
7. Um den Rang eines Angebots zu erhalten, benutzen Sie die Funktion `Rang`: =Rang(Zahl;Bezug). Unter dem Bezug versteht man die Liste der Zahlen, beispielsweise B11:F11.
8. Hinweis: Die Funktion `Rang` wurde in Excel 2010 durch die neuen Funktionen `Rang.mittelw` und `Rang.gleich` ersetzt, die ein genaueres Arbeiten ermöglichen und deren Namen die jeweilige Verwendung besser widerspiegeln. Zwecks Kompatibilität mit früheren Versionen von Excel ist die Funktion `Rang` weiterhin verfügbar. Wenn jedoch keine Abwärtskompatibilität erforderlich ist, sollten Sie ab jetzt die neuen Funktionen verwenden. Beide geben den Rang, den eine Zahl innerhalb einer Liste von Zahlen einnimmt, zurück: die Größe relativ zu anderen Werten in der Liste. Wenn mehrere Werte die gleiche Rangzahl aufweisen, gibt `Rang.mittelw` die durchschnittliche Rangzahl und `Rang.gleich` den obersten Rang dieser Gruppe von Werten zurück.
9. Geben Sie in B14 die Funktion `Rang` ein. Bedenken Sie, dass Sie die Zellen B11 bis F11 absolut nehmen müssen, um die Formel nach rechts kopieren zu können.
10. Verändern Sie im Angebot 2 den EK auf 121.500 Euro und den Skontosatz auf 3%.
11. Die Lösung finden Sie unter `Angebotsvergleich Lösung`.

1.6.2 Aufgabe 2: Die Funktionen Wenn und Kgrösste: Wer wird in die 11. Klasse versetzt?

1. Öffnen Sie die die Übungsdatei `Versetzung`.
2. Berechnen Sie in der Spalte G den Notenschnitt der Schüler.
3. In Variante 1 werden Schüler, die einen Notenschnitt von schlechter als 4 erreichen, nicht in die 11. Klasse versetzt.
4. Geben Sie in H5 eine Formel ein, die bei einen Notenschnitt <= 4 ein *Ja* ausgibt und sonst ein *Nein*. (*Bsp. 1*)
5. Kopieren Sie diese Formel bis H21. (*Bsp. 1*)
6. In Variante 2 werden Schüler, die in einem Fach eine 6 oder in zwei Fächern eine 5 erhalten, nicht in die 11. Klasse versetzt.
7. Geben Sie in I25 eine Formel ein, die die schlechteste Note auswirft. Kopieren Sie diese nach unten.
8. Geben Sie in J25 eine Formel ein, die die zweitschlechteste Note ausgibt. (*Bsp. 10*)
9. Kopieren Sie die Formel nach unten.
10. Geben Sie in H25 eine verschachtelte `Wenn`-Funktion ein und kopieren Sie diese nach unten! Hinweis: Wenn die schlechteste Note eine 6 ist, wird der Schüler nicht versetzt. Wenn die schlechteste Note keine 6 ist, aber die zweitschlechteste eine 5 ist, wird der Schüler ebenfalls nicht versetzt. (*Bsp. 10*)
11. Die Lösung dieser Aufgabe finden Sie unter `Versetzung Lösung`.

	H25		f_x	=WENN(I25=6;"Nein";WENN(J25=5;"Nein";"Ja"))						
	A	B	C	D	E	F	G	H	I	J
23	Variante 2								Schlechteste	Zweitschlech-
24	Vorname	Name	Deutsch	Mathe	Englisch	Physik	Schnitt	Versetzung	Note	teste Note
25	Heidi	Schulze	3	2	4	5	3,50	Ja	5	4
26	Sonja	Vogel	3	6	3	2	3,50	Nein	6	3
27	Claudia	Heinrich	5	4	2	5	4,00	Nein	5	5
28	Harry	Jakob	4	3	4	5	4,00	Ja	5	4
29	Birgit	Winter	2	3	3	4	3,00	Ja	4	3
30	Werner	Müller	4	3	2	5	3,50	Ja	5	4
31	Sabine	Arnold	3	3	5	2	3,25	Ja	5	3
32	Hanns	Conradi	2	3	5	2	3,00	Ja	5	3
33	Barbara	Kalm	5	2	2	2	2,75	Ja	5	2
34	Margot	Werbe	5	3	4	6	4,50	Nein	6	5
35	Ursula	Kordel	6	4	2	3	3,75	Nein	6	4
36	Peter	Wierth	6	3	4	2	3,75	Nein	6	4
37	Jörg	Lampe	2	2	2	4	2,50	Ja	4	2
38	Frieder	Berger	3	5	2	4	3,50	Ja	5	4
39	Mustafa	Cioglü	5	6	4	5	5,00	Nein	6	5
40	Gerda	Eggers	6	4	4	5	4,75	Nein	6	5
41	Rainer	Birgel	6	2	6	3	4,25	Nein	6	6
	Tabelle1	Tabelle2	Tabelle3							

Abb 28 *Versetzung Lösung*

1.6.3 Aufgabe 3: Die Funktion Wenn: Berechnung der prozentualen Stimmenanteile und der Sitzverteilung bei Landtagswahlen

1. Öffnen Sie die Mappe `Landtagswahlen2`.

2. Geben Sie in B7 eine Formel ein, die Sie in den Bereich B7 bis G9 kopieren können. Hinweis: Bedenken Sie, dass der Stimmenanteil der Parteien sich jeweils auf die Spalte G bezieht, in den Ländern jedoch eine unterschiedliche Anzahl der Gesamtstimmen vorliegen. Die Spalte G muss also festgehalten werden, nicht jedoch die Zeile.

3. Kopieren Sie die Formel, und überprüfen Sie diese in der Formelansicht. Die Formelansicht erhalten Sie im Register `Formeln`, Gruppe `Formel-überwachung` über `Formeln anzeigen`.

4. In Berlin sind höchstens 160, in Hamburg 140 und in Bremen 120 Sitze vorgesehen.

5. Erstellen Sie für B12 eine allgemeingültige Formel, wenn alle Parteien, die über 5% der Stimmen erhielten, ihren Prozentanteil an den Parlamentssitze erhielten. Die Sitze, die auf Grund der 5%-Klausel nicht besetzt werden, sollen nicht auf die Parteien, die im Parlament vertreten sein werden, verteilt werden. (*Bsp. 1*)

6. Kopieren Sie diese Formel in den Bereich B12:F14.

7. Formatieren Sie die Zahlen ohne Dezimalstellen. Überprüfen Sie insbesondere das Ergebnis der Gesamtsitze in Berlin. Wie kann der scheinbare Widerspruch vermieden werden?

8. Runden Sie die Werte von B12:F14 auf 0 Dezimalstellen.

9. Die Lösung finden Sie unter `Landtagswahlen2 Lösung`.

	B12		f_x	=RUNDEN(WENN(B7>=5%;B7*$H12;0);0)				
	A	B	C	D	E	F	G	H
1	absolut	CDU	SPD	Grüne/B90	FDP	Linke	Gesamt	
2	Berlin	641.455	698.322	211.725	76.193	292.825	1.920.520	
3	Hamburg	523.783	505.824	195.423	59.231	50.493	1.334.754	
4	Bremen	246.648	292.136	72.455	54.561	20.722	686.522	
5								
6	In %	CDU	SPD	Grüne/B90	FDP	Linke	Gesamt	
7	Berlin	33%	36%	11%	4%	15%	100%	
8	Hamburg	39%	38%	15%	4%	4%	100%	
9	Bremen	36%	43%	11%	8%	3%	100%	
10								
11	Sitze	CDU	SPD	Grüne/B90	FDP	Linke	Gesamt	Höchstzahl
12	Berlin	53	58	18	0	24	153	160
13	Hamburg	55	53	20	0	0	128	140
14	Bremen	43	51	13	10	0	117	120

Tabelle1 Tabelle2 Tabelle3

***Abb 29** Landtagswahlen2 Lösung*

1.6.4 Aufgabe 4: Die Wenn-Funktion und die verschachtelte Wenn-Funktion: Die kleine Buchhaltung

1. Öffnen Sie die Mappe `Kleine Buchhaltung`.
2. Berechnen Sie in E6 den Betrag aus Anzahl und Einzelpreis und kopieren Sie die Formel nach unten bis zur Zelle E30.
3. In H1 wird der 17.10.2010 angezeigt. Dieses Datum soll für dieses Beispiel das aktuelle Datum sein. In der Spalte G `offen` sollen nur die Beträge angezeigt werden, die noch nicht bezahlt sind. Tipp: Benutzen Sie die Wenn-Funktion. Wenn in der linken Nachbarzelle kein Bezahl-Datum eingetragen ist, also leer ist (F6=„"), soll der Betrag aus Spalte E eingetragen werden, sonst der Text *ok*. (*Bsp. 1*)
4. Kopieren Sie die Formel bis zur Zelle G30.
5. In der Spalte H `fällig` sollen nur die Beträge angezeigt werden, die 30 Tage nach Rechnungsstellung noch nicht bezahlt sind. Tipp: Benutzen Sie eine verschachtelte Wenn-Funktion. Wenn in der Spalte G (*offen*) *ok* eingetragen wurde (G6="ok"), so soll kein Betrag erscheinen („"). Wenn kein *ok* eingetragen ist und die Differenz zwischen aktuellem Datum und Rechnungsdatum größer 30 ist, soll der Betrag aus Spalte E eingetragen werden, sonst nichts. (*Bsp. 2*)
6. Achten Sie vor dem Kopieren der Formel bis zu H30, ob Zellbezüge in dieser Formel absolut genommen werden müssen.
7. In der Spalte I `Mahnung` soll auf alle Rechnungen mit dem Eintrag *Mahnen* hingewiesen werden, die schon länger als 14 Tage fällig sind. Tipp: Benutzen Sie eine verschachtelte Wenn-Funktion. Beispielsweise so: Wenn in der Zelle der Spalte F ein Datum steht, also ungleich leer ist (F6<>„"), soll kein Hinweis erscheinen. Wenn in dieser Zelle jedoch noch kein Datum eingetragen wurde und die Differenz zwischen aktuellem Datum und Rechnungsdatum größer 44 ist, soll der Text *Mahnen* erscheinen. (*Bsp. 2*)
8. Um in G3 die Anzahl der zu schreibenden Mahnungen berechnen zu können, benötigen wir in der Spalte J `Anzahl Mahnungen` immer dann eine 1, wenn in der linken Nachbarzelle der Eintrag *Mahnen* erscheint, sonst nichts.
9. Kopieren Sie die Formel bis zur Zelle J30.
10. Geben Sie in B1 eine Formel ein, die alle eingetragenen und alle noch einzutragenden Beträge bis zur Zelle E30 addiert.
11. Geben Sie in B2 und B3 Formeln ein, die alle eingetragenen und alle noch einzutragenden offenen und fälligen Beträge bis zur Zelle G30 bzw.

H30 addiert. Verfahren Sie mit der Anzahl der zu schreibenden Mahnungen in Zelle G3 entsprechend.

12. Blenden Sie die Spalte J über das Kontextmenü aus. (*Bsp. 127*)
13. Schützen Sie alle Zellen mit Formeln. Markieren Sie dazu die Zellbereiche, die freigegeben werden sollen, also A6:D30, und deaktivieren Sie dann in der Dialogbox `Zellen formatieren`, Register `Schutz` das Kontrollkästchen `Gesperrt`. Schützen Sie dann im Register `Überprüfen` das Blatt.
14. Geben Sie weitere Rechnungseinträge und Bezahldatumstage ein und überprüfen Sie Ihr Modell dabei auf Richtigkeit.
15. Die Lösung finden Sie unter `Kleine Buchhaltung Lösung`.

H6 =WENN(G6="ok";"";WENN($H$1-A6>30;E6;""))

	A	B	C	D	E	F	G	H	I
1	Gesamtumsatz:	21.833,08					Stand:	17.10.2010	
2	offen:	11.211,37							
3	fällig:	4.198,04		Anzahl der zu schreibenden Mahnungen:			2		
4									
5	Datum	Artikel	Anzahl	Einzelpreis	Betrag	bezahlt am	offen	fällig	Mahnung
6	30.08.2010	Motorhauben	5	300,00 €	1.500,00 €	17.09.2010	ok		
7	31.08.2010	Zündkerzen	44	11,61 €	510,84 €		510,84 €	510,84	Mahnen
8	31.08.2010	Zündkerzen	20	11,61 €	232,20 €		232,20 €	232,2	Mahnen
9	31.08.2010	Pinsel	15	4,05 €	60,75 €	10.09.2010	ok		
10	31.08.2010	Zündkerzen	34	11,61 €	394,74 €	12.09.2010	ok		
11	01.09.2010	Türen	4	690,00 €	2.760,00 €	18.09.2010	ok		
12	03.09.2010	Frontscheiben	2	950,00 €	1.900,00 €		1.900,00 €	1900	
13	03.09.2010	Bohrmaschine	15	105,98 €	1.589,70 €	17.09.2010	ok		
14	04.09.2010	Hammer	45	17,28 €	777,60 €	10.09.2010	ok		

Tabelle1 Tabelle2 Tabelle3

Bereit 100 %

Abb 30 *Kleine Buchhaltung Lösung*

1.6.5 Aufgabe 5: Die Wenn-Funktion und die verschachtelte Wenn-Funktion: Prämienberechnung im Autohaus Burger

1. Öffnen Sie die Übungsdatei `Autohaus Burger`. Umsatz und Prämien sollen berechnet werden.
2. Berechnen Sie die Stückzahlen für das 1. Quartal.
3. Kopieren Sie die Tabelle *Stück* (A1 bis E5) in die Zellen A13 bis E17.
4. Überschreiben Sie A13 mit *Umsatz*. Löschen Sie die Zahlen aus den Zellen B14:E17, und berechnen Sie alle Monatsumsätze. Formatieren Sie die Umsätze ohne Dezimalstellen und mit 1.000-Trennzeichen.
5. Kopieren Sie die Tabelle *Umsatz* (A13:E17) nach A19:E23 und überschreiben Sie A19 mit *Prämie1*.
6. Entfernen Sie den Inhalt aus den Zellen B20:E23.

7. Berechnen Sie die monatlichen Prämien, wenn für Umsätze, die größer oder gleich 400.000 sind, eine Prämie von 500 Euro ausgeschüttet werden sollen. (*Bsp. 1*)

8. Hinweis: Um mit den Variablen Bedingung, Dann-Wert und Sonst-Wert „spielen" zu können, gibt man diese in Zellen ein und verwendet dann in der Formel absolute Zellverweise.

9. Berechnen Sie in einer gesonderten Tabelle Prämie2 die monatlichen Prämien, wenn für Umsätze, die größer 600.000 sind, 0,15% des Umsatzes zuzüglich 500 Euro, und für Umsätze, die größer 400.000 sind, 0,1% des Umsatzes ausgeschüttet werden. Bleibt der Umsatz <= 400.000, soll der Text *Schlecht* erscheinen. (*Bsp. 2*)

10 Die Lösung dieser Aufgabe finden Sie unter `Autohaus Burger Lösung`.

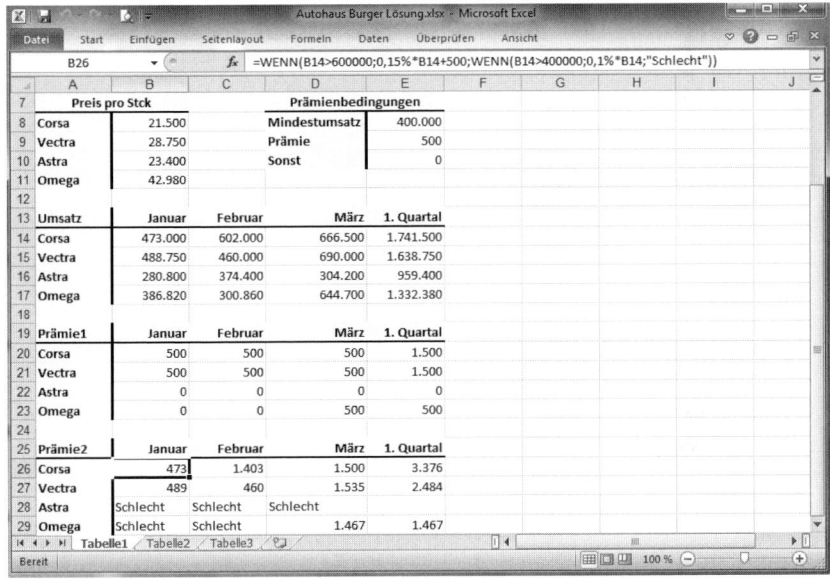

Abb 31 *Autohaus Burger Lösung*

1.6.6 Aufgabe 6: Die Funktionen Wenn und Oder: Prämienberechnung im Autohaus Burger

1. Öffnen Sie die Datei `Autohaus Burger2`.
2. Die Mitarbeiter des Autohauses Burger erhalten monatlich pro Wagentyp 500 Euro an Prämien, wenn der Umsatz des jeweiligen Wagentyps größer 400.000 Euro oder der Gesamtumsatz aller Wagentypen größer 2.000.000 Euro ist.
3. Berechnen Sie die Prämien mit den Funktionen `Wenn` und `Oder`. (*Bsp. 3*)
4. Die Lösung dieser Aufgabe finden Sie unter `Autohaus Burger2 Lösung`.

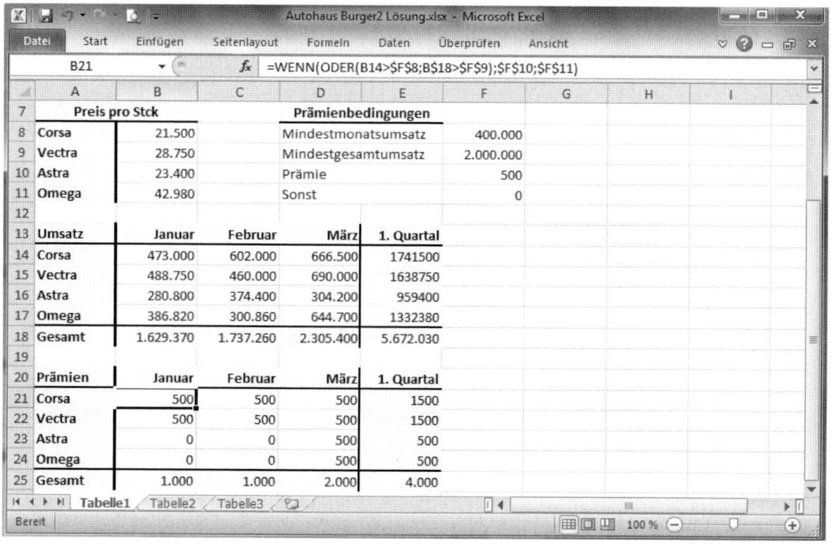

	A	B	C	D	E	F
7	Preis pro Stck			Prämienbedingungen		
8	Corsa	21.500		Mindestmonatsumsatz		400.000
9	Vectra	28.750		Mindestgesamtumsatz		2.000.000
10	Astra	23.400		Prämie		500
11	Omega	42.980		Sonst		0
12						
13	Umsatz	Januar	Februar	März	1. Quartal	
14	Corsa	473.000	602.000	666.500	1741500	
15	Vectra	488.750	460.000	690.000	1638750	
16	Astra	280.800	374.400	304.200	959400	
17	Omega	386.820	300.860	644.700	1332380	
18	Gesamt	1.629.370	1.737.260	2.305.400	5.672.030	
19						
20	Prämien	Januar	Februar	März	1. Quartal	
21	Corsa	500	500	500	1500	
22	Vectra	500	500	500	1500	
23	Astra	0	0	500	500	
24	Omega	0	0	500	500	
25	Gesamt	1.000	1.000	2.000	4.000	

***Abb 32** Autohaus Burger2 Lösung*

1.6.7 Aufgabe 7: Die Funktionen Wenn und Und: Prämienberechnung im Autohaus Burger

1. Öffnen Sie die Datei `Autohaus Burger3`.
2. Die Mitarbeiter des Autohauses Burger erhalten monatlich pro Wagentyp 500 Euro an Prämien, wenn der Umsatz des jeweiligen Wagentyps größer 400.000 Euro und der Gesamtumsatz aller Wagentypen größer 1.700.000 Euro ist.
3. Berechnen Sie die Prämien mit den Funktionen `Wenn` und `Und`. (*Bsp. 4*)
4. Die Lösung dieser Aufgabe finden Sie unter `Autohaus Burger3 Lösung`.

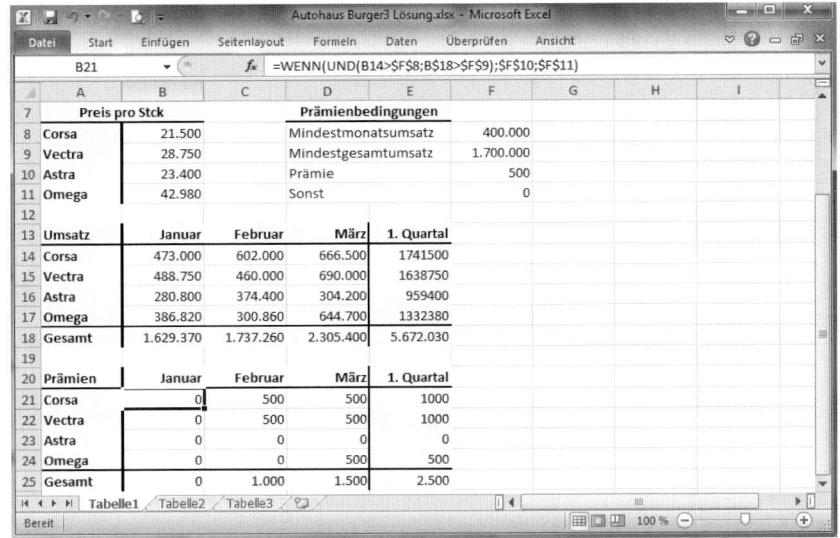

Abb 33 *Autohaus Burger3 Lösung*

1.6.8 Aufgabe 8: Die Funktion Sverweis: Gestaffelte Prämienberechnung im Autohaus Burger

1. Öffnen Sie die Datei Autohaus Burger4.
2. Berechnen Sie mit Hilfe der vorgegebenen Provisionstabelle die Prämien. Verwenden Sie dazu die Funktion Sverweis. (*Bsp. 6*)
3. Die Lösung dieser Aufgabe finden Sie unter Autohaus Burger4 Lösung.

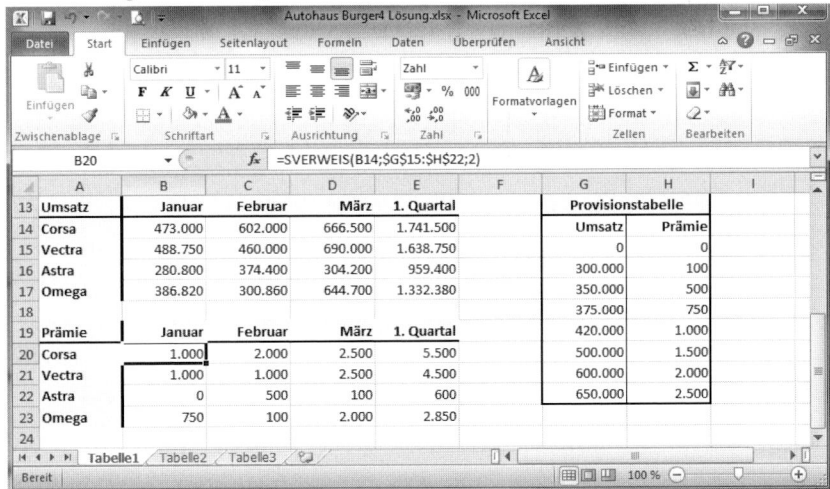

Abb 34 *Autohaus Burger4 Lösung*

1.6.9 Aufgabe 9: Die Funktion Sverweis: Die Verkehrs-sünderdatei Flensburg

1. Öffnen Sie die Datei Flensburg. Diese Datei soll Ihnen bei Eingabe einer bestimmten Zahl von Strafpunkten in A2 die Strafe in B2 anzeigen.
2. Geben Sie in B2 eine Formel ein, deren Ergebnis die Strafe bei einer bestimmten Punktzahl anzeigt. Benutzen Sie dazu die Funktion Sverweis. (*Bsp. 6*)
3. Geben Sie in A2 verschiedene Werte ein.
4. Die Lösung dieser Aufgabe finden Sie unter Flensburg Lösung.

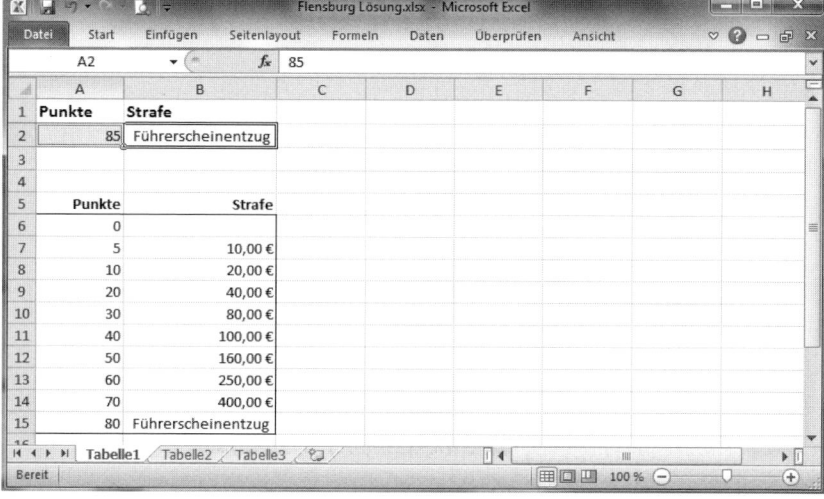

Abb 35 *Flensburg Lösung*

1.6.10 Aufgabe 10: Die Funktionen Summewenn und Zählenwenn: Eine Statistik zu den Städteführern

1. Öffnen Sie die Datei `Städteführer Statistik`.
2. Berechnen Sie in D1 die Anzahl der verkauften Exemplare.
3. Berechnen Sie in B5 bis B8 die Anzahl der verkauften Exemplare der verschiedenen Städteführer. Verwenden Sie dazu die Funktion `Summewenn` mit den Argumenten *Bereich*, *Suchkriterium* und *Summenbereich*, in dem sich die tatsächlich zu addierenden Zahlen befinden: `=Summewenn`(Bereich; Suchkriterium; Summenbereich). (*Bsp. 7*)
4. Berechnen Sie in C5 bis C8 die Anzahl der Bestellungen der verschiedenen Städteführer. Verwenden Sie dazu die Funktion `Zählenwenn` mit den Argumenten *Bereich* und *Suchkriterium*: `=Zählenwenn`(Bereich; Suchkriterium). (*Bsp. 7*)
5. Berechnen Sie in E5 bis E8 die Anzahl der verkauften Exemplare von den verschiedenen Verkäufern. (*Bsp. 7*)
6. Berechnen Sie in F5 bis F8 die Anzahl der Bestellungen bei den verschiedenen Verkäufern. (*Bsp. 7*)
7. Berechnen Sie in E10 bis E14 die angegebenen statistischen Informationen.
8. Die Lösung dieser Aufgabe finden Sie unter `Städteführer Statistik Lösung`.

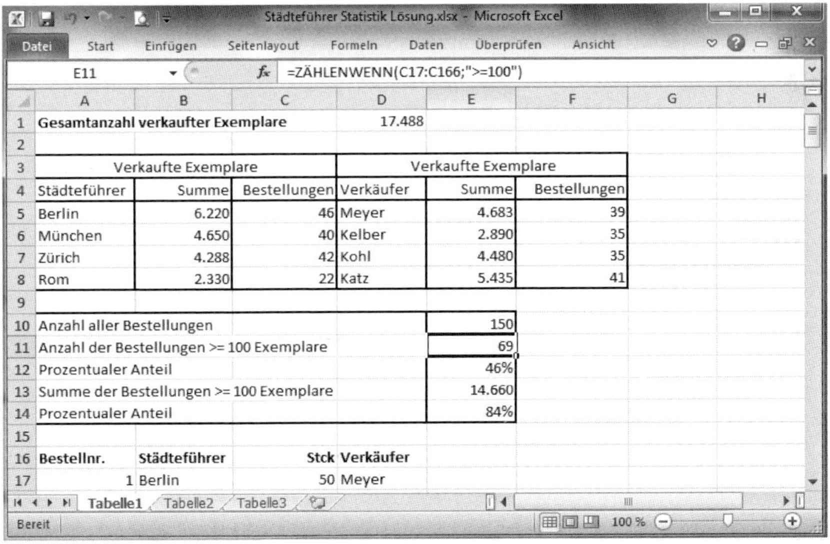
Städteführer Statistik Lösung.xlsx - Microsoft Excel

E11 =ZÄHLENWENN(C17:C166;">=100")

	A	B	C	D	E	F
1	Gesamtanzahl verkaufter Exemplare			17.488		
2						
3	Verkaufte Exemplare			Verkaufte Exemplare		
4	Städteführer	Summe	Bestellungen	Verkäufer	Summe	Bestellungen
5	Berlin	6.220	46	Meyer	4.683	39
6	München	4.650	40	Kelber	2.890	35
7	Zürich	4.288	42	Kohl	4.480	35
8	Rom	2.330	22	Katz	5.435	41
9						
10	Anzahl aller Bestellungen				150	
11	Anzahl der Bestellungen >= 100 Exemplare				69	
12	Prozentualer Anteil				46%	
13	Summe der Bestellungen >= 100 Exemplare				14.660	
14	Prozentualer Anteil				84%	
15						
16	Bestellnr.	Städteführer	Stck	Verkäufer		
17	1	Berlin	50	Meyer		

Abb 36 Städteführer Statistik Lösung

1.6.11 Aufgabe 11: Die Funktionen Stabw und Stabwn: Die Standardabweichungen bei den Verkäufen der Städteführer schätzen bzw. berechnen

1. Öffnen Sie die Datei Städteführer Statistik2.

2. Gehen Sie davon aus, dass die in den Zeilen 13 bis 162 aufgeführten Bestellungen alle Bestellungen der Städteführer sind. Berechnen Sie in E4 die Standardabweichung der Bestellmengen. (*Bsp. 8*)

3. Gehen Sie davon aus, dass die in den Zeilen 13 bis 162 aufgeführten Bestellungen eine gezogene Stichprobe aller Bestellungen der Städteführer sind. Schätzen Sie in E8 die Standardabweichung der Bestellmengen. (*Bsp. 8*)

4. Die Lösung dieser Aufgabe finden Sie unter Städteführer Statistik2 Lösung.

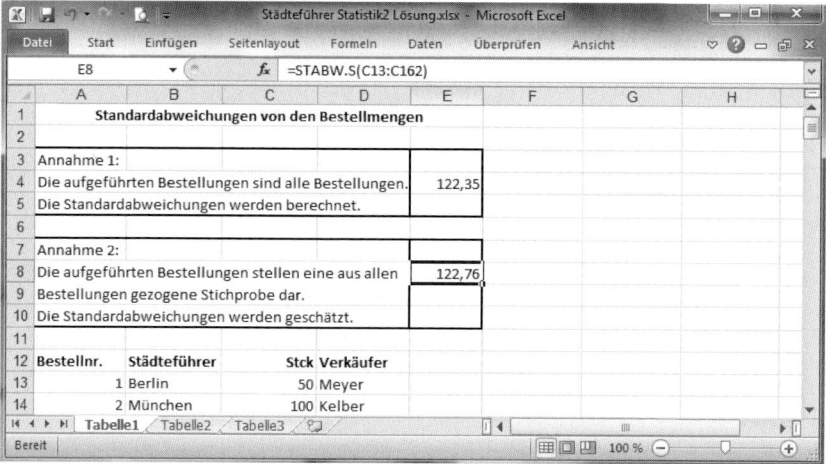

Abb 37 *Städteführer Statistik2 Lösung*

1.6.12 Aufgabe 12: Die Funktionen Zufallszahl und Ganzzahl: 13er-Wette im Fußballtoto simulieren

1. Öffnen Sie die Mappe `13er-Wette`.
2. Erzeugen Sie mit den Funktionen `Ganzzahl` und `Zufallszahl` in E4 eine ganzzahlige Zufallszahl zwischen 0 und 2. (*Bsp. 9*)
3. Kopieren Sie die Formel nach unten bis zu E16.
4. Erzeugen Sie mit (F9) neue Zufallszahlen.
5. Die Lösung dieser Aufgabe finden Sie unter `13er-Wette simuliert`.

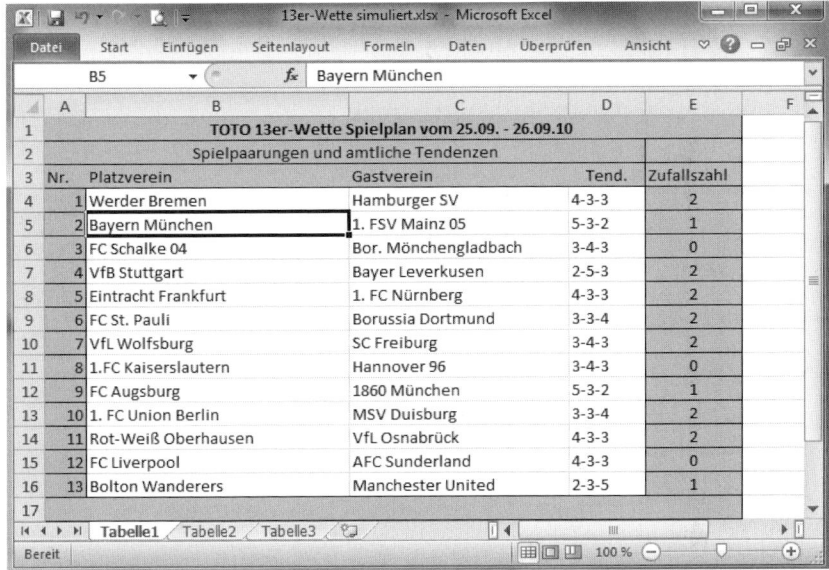

Abb 38 *13er-Wette simuliert*

1.6.13 Aufgabe 13: Die Funktionen Wenn und Rest: Lohnberechnung Aushilfen

1. Öffnen Sie die Datei `Lohn Aushilfen`.
2. Die Aushilfen erhalten für werktags, samstags und sonntags unterschiedliche Stundenlöhne.
3. Berechnen Sie den Gesamtlohn der Aushilfen für den Oktober. Nutzen Sie dazu die Funktionen `Wenn` und `Rest`. (*Bsp. 5*)
4. Hinweis: Ist der Rest eines Datumswert mit dem Divisor 7 die Zahl 1, so ist das Datum ein Sonntag, ist der Rest 0, so ist das Datum ein Samstag.
5. Der Gesamtlohn beträgt 1.896,23.
6. Die Lösung dieser Aufgabe finden Sie unter `Lohn Aushilfen Lösung`.

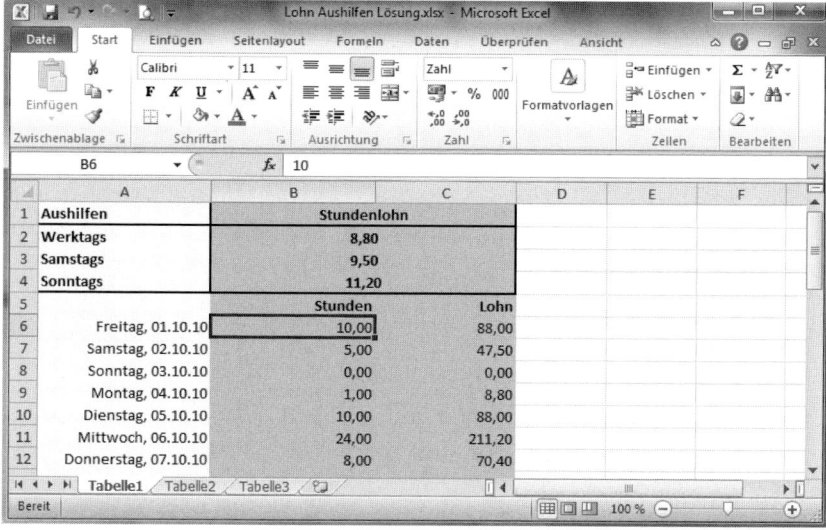

Abb 39 *Lohn Aushilfen Lösung*

1.6.14 Aufgabe 14: Die Funktionen Kalenderwoche, Nettoarbeitstage und Arbeitstag

1. Öffnen Sie die Datei `Kalender`.
2. Geben Sie in die Zelle A1 eine Formel ein, um als Ergebnis die Kalenderwoche nach dem europäischen Wochennummerierungssystem zu erhalten. (*Bsp. 11*)
3. Kopieren Sie diese bis nach A366.
4. Geben Sie in die Zelle D4 eine Formel ein, um als Ergebnis die Nettoarbeitstage zu erhalten, wenn als Wochenende immer der Samstag und Sonntag definiert ist. Auch die gesetzlichen Feiertage müssen abgezogen werden. In diesem Falle sind es 248 Nettoarbeitstage. (*Bsp. 12*)
5. Geben Sie in die Zelle D6 eine Formel ein, um als Ergebnis die Nettoarbeitstage zu erhalten, wenn als Wochenende nur der Sonntag definiert ist. Auch die gesetzlichen Feiertage müssen abgezogen werden. In diesem Falle sind es 300 Nettoarbeitstage. (*Bsp. 12*)
6. Geben Sie in die Zelle D13 eine Formel ein, um als Ergebnis das Datum des 100sten Arbeitstages zu erhalten, wenn als Wochenende immer der Samstag und Sonntag definiert ist. Auch die gesetzlichen Feiertage sollen einbezogen werden. Es ist der 25. Mai. (*Bsp. 13*)
7. Die Lösung dieser Aufgabe finden Sie unter `Kalender Lösung`.

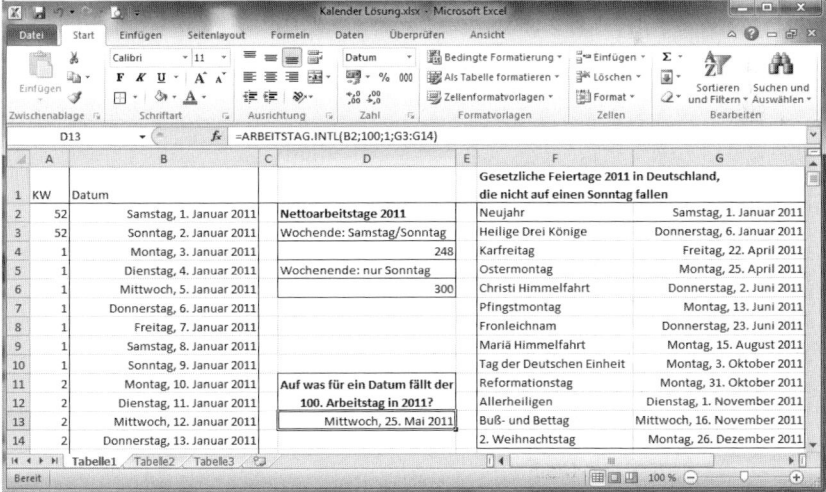

Abb 40 *Kalender Lösung*

1.7 Verständnisfragen

Frage 1: Bei der Eingabe einer Funktion (2)

1. dürfen zwischen Funktionsname und Klammer keine Leerzeichen eingegeben werden.
2. muss der Funktionsname in Großbuchstaben eingegeben werden.
3. muss der Funktionsname in Kleinbuchstaben eingegeben werden.
4. werden Argumente mit einem Komma (,) voneinander getrennt.
5. müssen die Argumente zwischen runden Klammern stehen.

Frage 2: Welche Aussagen über Funktionen treffen zu? (3)

1. Besteht eine Formel nur aus einer Funktion, so muss vor dem Funktionsnamen ein Gleichheitszeichen eingegeben werden.
2. Besteht eine Formel nur aus einer Funktion, so muss vor dem Funktionsnamen kein Gleichheitszeichen eingegeben werden.
3. Funktionen können nach Eingabe von = über eine Liste links neben der Bearbeitungsleiste ausgewählt werden
4. Bei Funktionen, die keine Argumente benötigen, müssen die runden Klammern trotzdem gesetzt werden.
5. Excel stellt über 1000 Funktionen zur Verfügung.

Frage 3: Welchen Funktionsnamen kennt Excel nicht? (1)

1. Wenn
2. Stabw.n
3. Wennsumme
4. Summewenn
5. Rest

Frage 4: Welche Funktionsnamen kennt Excel? (3)

1. Wenn
2. Zählen
3. Wennzählen
4. Zählenwenn
5. Zufallszahl

Frage 5: Welche Funktionsnamen kennt Excel? (3)

1. Hverweis
2. Vverweis
3. Sverweis

4. Wverweis
5. Verweis

Frage 6: *Welche Aussagen über die Funktion* **Wenn** *treffen zu? (3)*

1. Der Dann-Wert oder der Sonst-Wert kann eine weitere Wenn-Funktion sein.
2. Die Bedingung der Wenn-Funktion kann eine Oder-Funktion sein.
3. Die Bedingung der Wenn-Funktion kann eine Und-Funktion sein.
4. Der Dann-Wert kann eine Oder-Funktion sein.
5. Der Sonst-Wert kann eine Und-Funktion sein.

Frage 7: *Welche Aussagen über die Funktion* **Wenn** *treffen zu? (3)*

1. Die Syntax der Funktion lautet = Wenn *(Bedingung;Dann-Wert;Sonst-Wert).*
2. Die Syntax der Funktion lautet = Wenn *(Dann-Wert;Sonst-Wert;Bedingung).*
3. Soll Text als Dann-Wert oder als Sonst-Wert erscheinen, so muss der Text in Anführungszeichen gesetzt werden.
4. Wenn-Ausdrücke können ineinander verschachtelt sein. Es dürfen jedoch höchstens acht Verschachtelungen benutzt werden.
5. Sind Ihnen zwei oder drei Wenn-Verschachtelungen zu unübersichtlich, helfen Ihnen die Matrixfunktionen Sverweis und Wverweis.

Frage 8: *Welche Aussagen über die Formelüberwachung treffen zu? (3)*

1. Die Gruppe Formelüberwachung finden Sie im Register Formeln.
2. Die Gruppe Formelüberwachung finden Sie im Register Überprüfen.
3. Wenn Sie auf Spur zum Nachfolger klicken, werden Pfeile angezeigt, die auf die ersten Nachfolgerzellen verweisen.
4. Über das Symbol Pfeile entfernen entfernen Sie alle Hinweispfeile.
5. Mit dem Detektiv aus der Gruppe Formelüberwachung können Sie nach bestimmten Stichwörtern in Zellen suchen.

Frage 9: Welche Aussagen über die Datumsfunktion `Kalenderwoche` treffen zu? (3)

1. Die Funktion `Kalenderwoche` wandelt eine fortlaufende Zahl in eine Zahl um, die angibt, in welche Woche des dazugehörigen Jahres das angegebene Datum fällt.

2. In den USA ist die Woche, die den ersten Januar umfasst, die Kalenderwoche mit der Nummer 1. Dazu verwenden Sie die Funktion `Kalenderwoche(Datum)`.

3. In Europa ist die Woche, die den ersten Donnerstag umfasst, die Kalenderwoche mit der Nummer 1. Dazu verwenden Sie die Funktion `Kalenderwoche(Datum;21)`.

4. Die deutschsprachige Kalender-Industrie hält sich ausnahmslos an die internationale Norm ISO 8601. Danach beginnt die Woche mit einem Montag und die erste Woche eines Jahres umfasst mindestens drei Tage.

5. Das Jahr umfasst mindestens 53 durchnummerierte Kalenderwochen (KW), wobei es bei den Wochen-Nummerierungen unterschiedliche Variationen gibt.

Frage 10: Welche Aussagen über die Standardabweichung treffen zu? (3)

1. Die Standardabweichung ist die Streuung der Werte um den Mittelwert.

2. Werden alle vorhandenen Werte einbezogen, so wird die Standardabweichung mit der Funktion `Stabw` bzw. `Stabw.s` berechnet.

3. Werden alle vorhandenen Werte einbezogen, so wird die Standardabweichung mit der Funktion `Stabwn` bzw. `Stabw.n` berechnet.

4. Sind die vorhandenen Werte eine aus allen Werten gezogene Stichprobe, so wird die Standardabweichung mit der Funktion `Stabw.s` geschätzt.

5. Sind die vorhandenen Werte eine aus allen Werten gezogene Stichprobe, so wird die Standardabweichung mit der Funktion `Stabw.n` geschätzt.

2 Datenanalyse

Es gibt drei Arten von Tools für die Was-wäre-wenn-Analyse in Excel: Szenarien, Datentabellen und Zielwertsuche. Bei Szenarien und Datentabellen werden anhand von Eingabewerten die möglichen Ergebnisse ermittelt. Die Zielwertsuche funktioniert anders. Anhand eines Ergebnisses werden die möglichen Eingabewerte ermittelt, die zu diesem Ergebnis führen.

Oftmals kennen Sie zwar das Ergebnis einer Formel, jedoch nicht die erforderlichen Eingabewerte, um dieses Resultat zu erreichen. Ein solches Problem können Sie mit Hilfe der *Zielwertsuche* lösen.

Manchmal liegen die Probleme noch etwas anders: Sie wollen mehr als eine Formel auswerten. Sie wollen Systeme von linearen und nicht-linearen Ungleichungen und Gleichungen lösen. Sie wollen eine minimale oder maximale Lösung finden, wobei die Werte bestimmten Nebenbedingungen genügen sollen. In all diesen Fällen hilft Ihnen der *Solver*.

Mit Hilfe von *Szenarien* können verschiedene Ergebnisse erreicht werden, die durch unterschiedliche Wertannahmen für Variablen erzielt werden. Es werden also Werte in einem Datenmodell verändert und die Bedingungen und Ergebnisse in verschiedenen Szenarien gespeichert.

Wie bei Szenarien können Sie auch bei *Datentabellen* eine Reihe möglicher Ergebnisse untersuchen. Im Gegensatz zu Szenarien werden in Datentabellen jedoch alle Ergebnisse in einer Tabelle auf einem Arbeitsblatt angezeigt. Durch die Verwendung von Datentabellen können Sie problemlos eine Reihe von Möglichkeiten auf einen Blick überprüfen. Da Sie sich auf nur eine oder zwei Variablen konzentrieren, sind die Ergebnisse in Tabellenform einfach zu lesen und auszutauschen.

Dieses Kapitel umfasst folgende Themenbereiche:

Zielwertsuche und Solver

Szenarien

Datentabellen

Übungsaufgaben

Verständnisfragen

2.1 Zielwertsuche und Solver

Normalerweise werden mit Formeln Werte aus bereits bestehenden Daten berechnet. Manchmal möchten Sie aber vom gewünschten Endergebnis ausgehen und die Formel rückwärts berechnen, also die Variable ausrechnen, die das gewünschte Ergebnis liefert.

Mit der Zielwertsuche können Sie Werte in eine einzelne Formel einsetzen, die einen bestimmten Zielwert erreichen soll. Aber manchmal liegen die Probleme etwas anders: Sie möchten

1. mehr als eine Formel auswerten.
2. Systeme von linearen und nicht-linearen Gleichungen und Ungleichungen lösen.
3. eine minimale oder maximale Lösung anstatt einen genauen Zielwert finden, wobei die Lösung von den Werten aus verschiedenen anderen Zellen abhängt. Diese Zellen können sogar bestimmten Nebenbedingungen („Der Wert einer Zelle muss sich zwischen bestimmten Grenzwerten bewegen") genügen.

In all diesen Fällen hilft Ihnen der *Solver*.

Sie können mit folgenden Beispielen lernen:

Beispiel 17: Zielwertsuche

Beispiel 18: Den Solver installieren

Beispiel 19: Berechnung des maximalen Gewinns mit dem Solver

2.1.1 Beispiel 17: Zielwertsuche

1. Die Arbeitsmappe Endträume ist geöffnet. Sie möchten das Darlehen für die Gewerbeimmobilie bei festem Zinssatz nach genau 10 Jahren abbezahlt haben. Wie hoch muss die Rate sein?
2. Statt sich langsam an den Wert „heranzutasten", also verschiedene Werte für die Rate einzugeben, geht es einfacher mit der Zielwertsuche.
3. Positionieren Sie den Cursor auf die Zelle mit dem Darlehensrest nach 120 Monaten: B124.
4. Wählen Sie im Register Daten aus dem Listensymbol Was-wäre-wenn-Analyse den Befehl Zielwertsuche.
5. Im Feld Zielzelle ist schon die Zelle *B124* eingetragen. Geben Sie als Zielwert *0* ein.

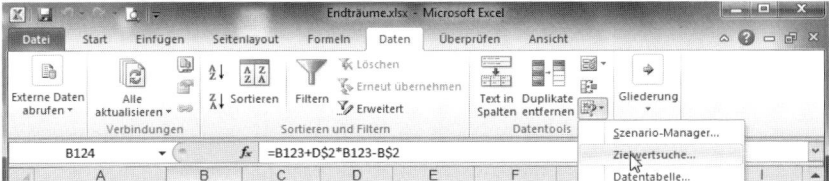

Abb 41 *Geöffnetes Listensymbol Was-wäre-wenn-Analyse*

6. Klicken Sie zuerst in das Feld Veränderbare Zelle und dann in der Tabelle auf die Zelle B2.

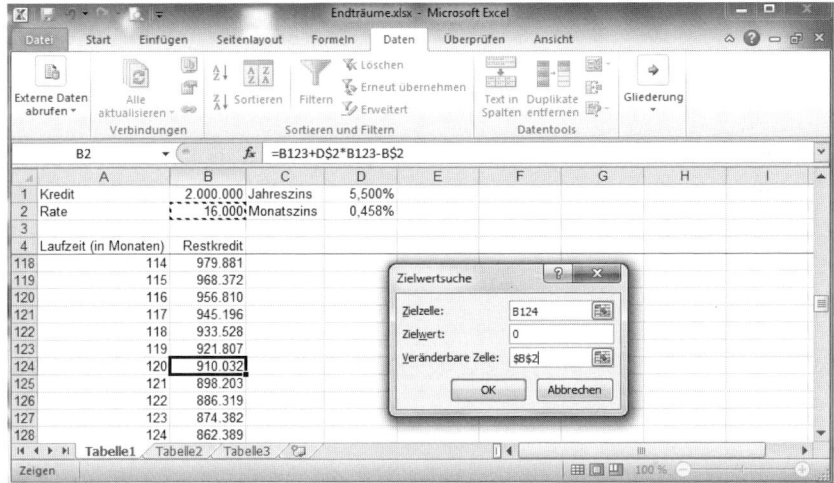

Abb 42 *Dialogbox Zielwertsuche*

7. Nach OK wird für die Zelle B124 eine Lösung gefunden, nämlich die gewünschte Lösung 0. Die veränderbare Zelle B2 hat sich von 16.000 auf 21.705 geändert.

8. Mit OK übernehmen Sie das Ergebnis, mit Abbrechen behalten Sie Ihre alte Vorgabe.

Abb 43 *Ergebnis der Zielwertsuche*

2.1.2 Beispiel 18: Den Solver installieren

1. Der Solver ist Teil einer Gruppe von Befehlen, die gelegentlich als Was-Wäre-Wenn-Analyse-Tools bezeichnet werden. Um Systeme von linearen und nicht-linearen Gleichungen und Ungleichungen zu lösen oder um den möglichen maximalen Gewinn bzw. Verlust in bestimmter Abhängigkeit zu berechnen, benötigen Sie den Solver.
2. Wechseln Sie in das Register `Daten`. Befindet sich der Solver noch nicht in diesem Register, so müssen Sie ihn erst installieren.
3. Markieren Sie in `Datei/Optionen`, Register `Add-Ins` den *Solver*.

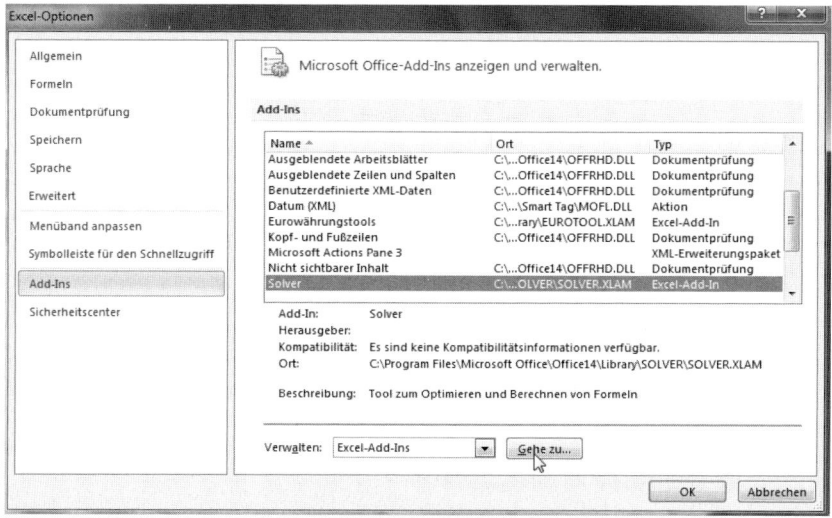

Abb 44 *Excel-Optionen, Register Add-Ins*

4. Klicken Sie auf `Gehe zu` und aktivieren Sie das Kontrollkästchen `Solver`.
5. `OK` installiert den Solver und integriert ihn in das Register `Daten`.

Abb 45 *Der Solver im Register Daten*

2.1.3 Beispiel 19: Berechnung des maximalen Gewinns mit dem Solver

1. Die Arbeitsmappe `Wirtschaftlichkeit Städteführer` ist geöffnet. Es soll die Wirtschaftlichkeit der von der Stadtlupe herausgegebenen Städteführer überprüft werden.

2. Um den möglichen maximalen Gewinn bzw. Verlust in Abhängigkeit von der Druckauflage und der Anzahl der verkauften Exemplare zu berechnen, benötigen Sie den Solver.

3. Die Druck- und Vertriebskosten der Städteführer berechnen sich aus der Druckauflage und den Druck- bzw. Vertriebskosten pro Stück. Zur Berechnung dieser Kosten wurde die Funktion `Sverweis` eingesetzt.

4. Die Satzkosten sind fest, der Autor erhält 8 % der Umsatzerlöse, mindestens jedoch 5.000,00 Euro. Wir gehen davon aus, dass 80 % der Druckauflage verkauft wird.

5. Wechseln Sie in das Register `Daten` und rufen Sie den `Solver` auf.

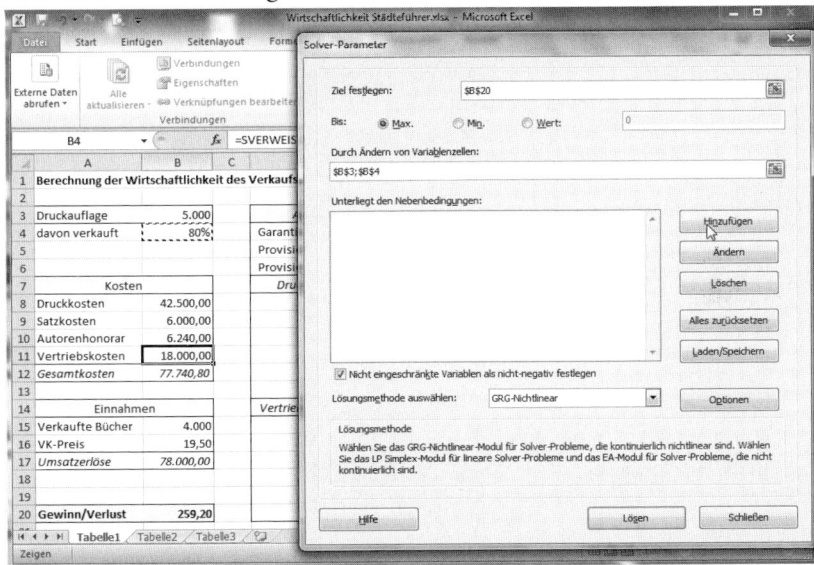

Abb 46 *Solver-Parameter*

6. Zunächst soll der maximale Gewinn berechnet werden. Positionieren Sie den Cursor in das Feld `Ziel festlegen` und klicken Sie dann im Arbeitsblatt auf B20.

7. Damit der Wert der Zielzelle so groß wie möglich wird, aktivieren Sie den Kontrollkreis `Max`.

8. Klicken Sie in das Feld Durch Ändern von Variablenzellen, dann auf B3 (*Druckauflage*). Geben Sie ein Semikolon ein und klicken Sie anschließend auf B4 (*davon verkauft*).

9. Klicken Sie jeweils auf Hinzufügen, um Nebenbedingungen einzugeben.

10. Die *Druckauflage* soll kleiner gleich 20.000 und größer gleich 1000 sein.

11. Die *davon verkaufte Auflage* soll kleiner gleich 95 % und größer gleich 70 % sein. OK.

12. Über Optionen treffen Sie weitergehende Einstellungen für den Lösungsprozess.

13. Aktivieren Sie das Kontrollkästchen Automatische Skalierung, da sich die Druckauflage und die davon verkaufte Auflage in der Größenordnung stark unterscheiden.

14. Übernehmen Sie die veränderten Optionen mit OK und wählen Sie als Lösungsmethode *GRG-Nichtlinear*.

15. Klicken Sie auf Lösen.

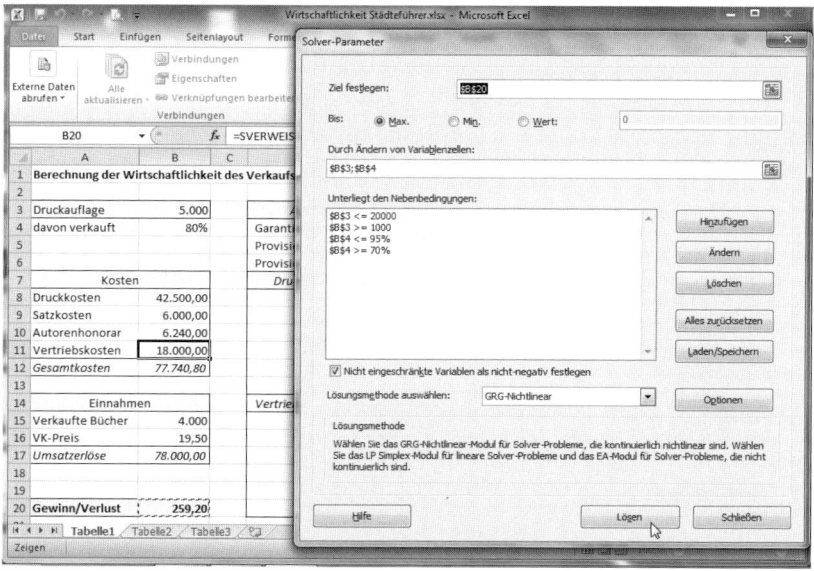

Abb 47 *Solver-Parameter*

16. Klicken Sie im Feld Berichte auf *Antwort* und stellen Sie die Ausgangswerte wieder her. OK.

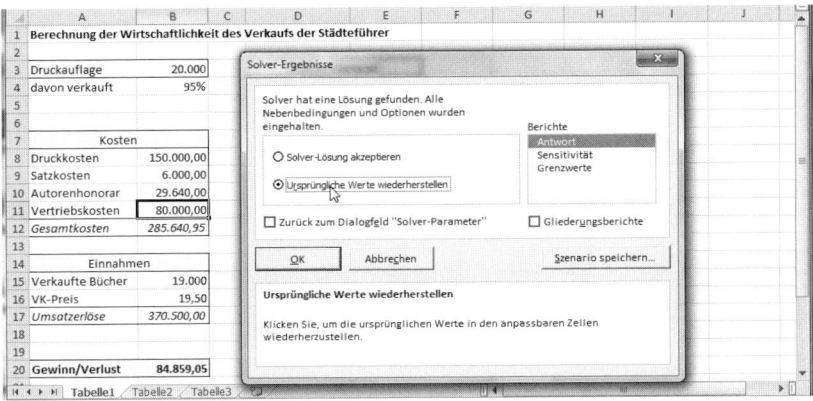

Abb 48 *Ergebnis*

17. Betrachten Sie im Register `Antwortbericht1` den Bericht.

18. Wechseln Sie in das Tabellenblatt *Tabelle1*.

19. Bestimmen Sie den maximalen Verlust bei gleichen Nebenbedingungen, indem Sie im `Solver` den Kontrollkreis `Min` aktivieren und auf `Lösen` klicken.

20. Klicken Sie in `Berichte` auf *Antwort* und stellen Sie die Ausgangswerte wieder her.

21. Wie hoch muss die Druckauflage und die davon verkaufte Auflage sein, um bei gleichen Nebenbedingungen einen Gewinn von 10.000 Euro zu erwirtschaften? Geben Sie den Betrag als `Zielwert` ein.

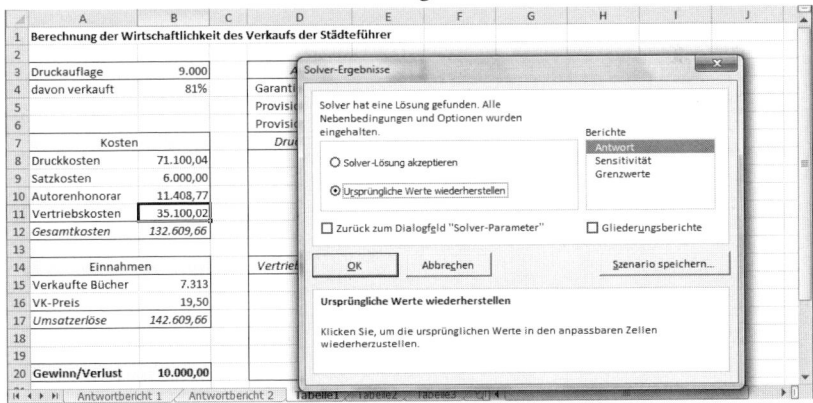

Abb 49 *Bei einer Druckauflage von 9.000 werden 10.000 Euro Gewinn erwirtschaftet, wenn 81 % der Auflage verkauft werden.*

22. Die Antwortberichte aller drei gefundenen Lösungen finden Sie in der Mappe `Wirtschaftlichkeit Städteführer` überprüft.

2.2 Szenarien

Sind Sie beispielsweise für den Einkauf einer großen Firma verantwortlich, so wäre in Ihrer Planung für Importe aus USA ein Dollarkurs von 1,10 Euro und niedrige Transportkosten eine *ideales* Szenario, ein Dollarkurs von 1,30 und mittlere Transportkosten ein *normales* und ein Dollarkurs von 1,50 und hohe Transportkosten ein *ungünstiges* Szenario.

2.2.1 Beispiel 20: Was-wäre-wenn-Analysen in Szenarien erstellen

1. Szenarien sind „Momentaufnahmen" von Datenmodellen. Sie zeigen die Veränderungen von Variablen innerhalb eines Modells und die sich daraus ergebenden Werte.
2. Sie wollen für die Überprüfung der Wirtschaftlichkeit der Städteführer die Variablen *Druckauflage, verkaufte Auflage* und *Autorenhonorar* mit für Sie ungünstigen und günstigsten Werten definieren, um herauszufinden, was im schlechtmöglichsten und im bestmöglichsten Fall zu erwarten ist. Szenarien sind also „Was-wäre-wenn-Analysen".
3. Die Arbeitsmappe `Wirtschaftlichkeit Städteführer` ist geöffnet, das Register `Daten` eingeblendet.
4. Wählen Sie aus dem Listensymbol `Was-wäre-wenn-Analyse` den Befehl `Szenario-Manager`.

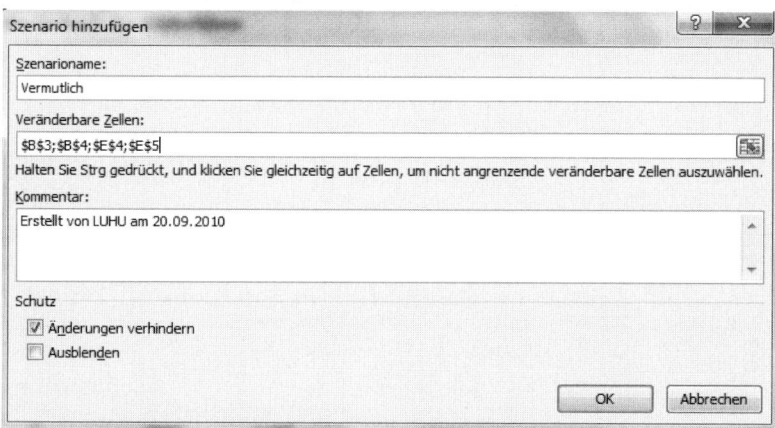

Abb 50 *Szenario hinzufügen*

5. Klicken Sie auf `Hinzufügen` und schreiben Sie ins Feld `Szenario-name` *Vermutlich*.
6. Positionieren Sie den Cursor in das Feld `Veränderbare Zellen` und klicken Sie auf die Zelle B3, die *Druckauflage*.

7. Geben Sie ein Semikolon (;) ein und klicken Sie dann auf die nächste veränderbare Zelle: B4, die *verkaufte Auflage*.

8. Verfahren Sie mit den Variablen *Garantie* (E4) und *Provisionssatz* (E5) ebenso.

9. Klicken Sie auf OK. In den aufgeführten veränderbaren Zellen sind die eingegebenen Werte eingetragen, die Sie ja als *Vermutlich* übernehmen.

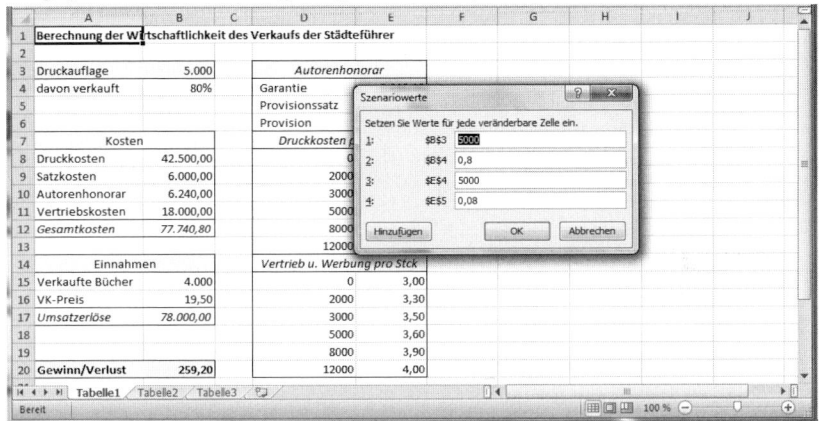

Abb 51 *Die Werte für das Szenario Vermutlich*

10. Sie wollen das Szenario *Ideal* hinzufügen. Klicken Sie auf Hinzufügen. Schreiben Sie ins Feld Szenarioname *Ideal* und klicken Sie auf OK.

11. Geben Sie in den Zellen *20.000; 0,95, 5.000* und *0,05* ein. OK.

12. Klicken Sie auf Hinzufügen. Schreiben Sie im Feld Szenarioname *Schlecht* und klicken Sie auf OK.

13. Geben Sie in den Zellen *3.000; 0,7, 6.000* und *0,1* ein.

14. Nach OK werden Ihnen alle Szenarien aufgelistet. Zeigen Sie die einzelnen Szenarien an, indem Sie ein Szenario markieren und dann auf Anzeigen klicken.

15. Mit Zusammenfassung können Sie einen Übersichtsbericht erstellen. Nach OK erhalten Sie auf einem Extra-Tabellenblatt den Szenariobericht. Die Spalte *Aktuelle Werte* repräsentiert die Werte der veränderbaren Zellen zum Zeitpunkt, als der Übersichtsbericht erstellt wurde.

16. Die Szenarien finden Sie in der Mappe Wirtschaftlichkeit Städteführer.

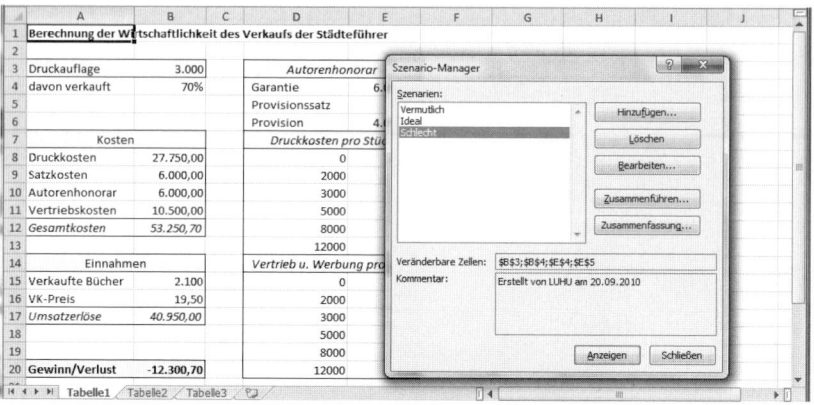

Abb 52 *Szenario-Manager*

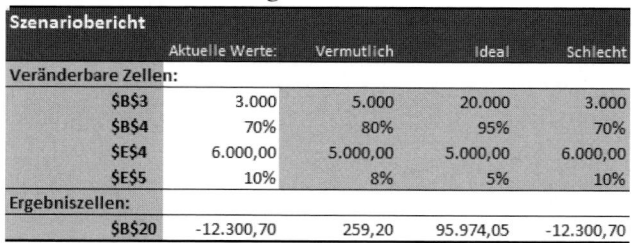

	Aktuelle Werte:	Vermutlich	Ideal	Schlecht
Szenariobericht				
Veränderbare Zellen:				
$B$3	3.000	5.000	20.000	3.000
$B$4	70%	80%	95%	70%
$E$4	6.000,00	5.000,00	5.000,00	6.000,00
$E$5	10%	8%	5%	10%
Ergebniszellen:				
$B$20	-12.300,70	259,20	95.974,05	-12.300,70

Hinweis: Die Aktuelle Wertespalte repräsentiert die Werte der veränderbaren Zellen zum Zeitpunkt, als der Szenariobericht erstellt wurde. Veränderbare Zellen für Szenarien sind in grau hervorgehoben.

Abb 53 *Szenariobericht*

2.3 Datentabellen

Eine Datentabelle ist ein Zellbereich, der anzeigt, wie durch das Ändern von ein oder zwei Variablen in Formeln das Ergebnis dieser Formeln beeinflusst wird. Datentabellen stellen ein schnelles Verfahren zum Berechnen mehrerer Ergebnisse in einer Operation dar, und sie bieten die Möglichkeit, alle Ergebnisse der verschiedenen Varianten zusammen auf dem Arbeitsblatt anzuzeigen und zu vergleichen.

Wie bei Szenarien können Sie auch bei Datentabellen eine Reihe möglicher Ergebnisse untersuchen. Im Gegensatz zu Szenarien werden in Datentabellen jedoch alle Ergebnisse in einer Tabelle auf einem Arbeitsblatt angezeigt. Durch die Verwendung von Datentabellen können Sie problemlos eine Reihe von Möglichkeiten auf einen Blick überprüfen. Da Sie sich auf nur eine oder zwei Variablen konzentrieren, sind die Ergebnisse in Tabellenform einfach zu lesen und auszutauschen. Eine Datentabelle kann nicht mehr als zwei Variablen enthalten. Wenn Sie mehr als zwei Variablen analysieren möchten, sollten Sie stattdessen Szenarien verwenden. Obwohl eine Datentabelle auf ein oder zwei Variablen (eine für das Zeileneingabefeld und die andere für das Spalteneingabefeld) beschränkt ist, können Sie beliebig viele unterschiedliche Variablenwerte eingeben. Ein Szenario kann maximal 32 verschiedene Werte beinhalten, wobei Sie jedoch beliebig viele Szenarien erstellen können.

> **Sie können mit folgenden Beispielen lernen:**
>
> *Beispiel 21: Erstellen einer Datentabelle mit einer Variablen*
> *Beispiel 22: Erstellen einer Datentabelle mit zwei Variablen*

2.3.1 Beispiel 21: Erstellen einer Datentabelle mit einer Variablen

1. Verwenden Sie eine Datentabelle mit einer Variablen, wenn Sie feststellen möchten, wie sich unterschiedliche Werte einer Variablen in einer oder mehreren Formeln auf die Ergebnisse dieser Formeln auswirken.

2. Arno von Söckingen will die monatliche Zahlung für ein zehnjähriges Darlehen über 2.000.000 Euro zu unterschiedlichen jährlichen Zinssätzen berechnen.

3. Die Datei `Rate1` ist geöffnet. In D9 wurde mit der Funktion *=RMZ(B9/12;B11;B12)* bereits die Rate bei einem Jahreszins von 5,9% berechnet.

4. Die Funktion Rmz (Abkürzung für *regelmäßige Zahlung*) berechnet die vollständig amortisierten Ratenzahlungen für ein Kapital unter Berücksichtigung des Zinses und der Laufzeit. Der als Zins eingegebene Wert muss sich auf die Zeiteinheit von der Laufzeit beziehen. Wenn die Zahlungen monatlich vorgenommen werden, muss auch der Jahreszinssatz durch 12 geteilt werden.

5. Hinweis: In der Syntax der Funktion Rmz heißt das Kapital *Barwert (=Bw)* und die Laufzeit *Zahlungszeiträume (=Zzr)*.

6. Eine Datentabelle mit einer Variablen hat Eingabewerte, die entweder untereinander in einer Spalte (spaltenorientiert) oder nebeneinander in einer Zeile (zeilenorientiert) angeordnet werden. Formeln, die in einer Datentabelle mit einer Variablen verwendet werden, dürfen sich nur auf ein Eingabefeld beziehen.

7. In unserem Falle sind die Variablen des Jahreszinssatzes spaltenorientiert eingegeben. Das Eingabefeld ist B9.

8. Markieren Sie den Zellbereich mit den zu ersetzenden Formeln und Werten, also C9:D12 und wählen Sie im Register Daten aus dem Listensymbol Was-wäre-wenn-Analyse den Befehl Datentabelle.

9. Da Ihre Datentabelle spaltenorientiert aufgebaut ist, klicken Sie in das Feld Werte aus Spalte und dann im Tabellenblatt auf das Eingabefeld, also auf B9.

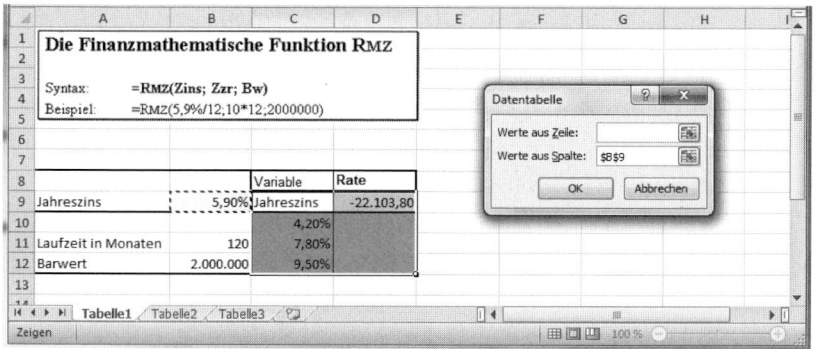

Abb 54 *Datentabelle mit einer Variablen*

10. Mit OK erhalten Sie die Raten für die variablen Jahreszinssätze.

11. Die Raten finden Sie in der Mappe Rate1 mit Datentabelle.

2.3.2 Beispiel 22: Erstellen einer Datentabelle mit zwei Variablen

1. In Datentabellen mit zwei Variablen wird eine Formel mit zwei Wertelisten verwendet. Die Formel muss sich auf zwei verschiedene Eingabefelder beziehen. Arno von Söckingen will die monatliche Zahlung für ein Darlehen über 2.000.000 Euro zu unterschiedlichen jährlichen Zinssätzen und unterschiedlichen Laufzeiten analysieren.

2. Die Datei `Rate2` ist geöffnet. In D9 wurde mit der Funktion =*RMZ(B9/12;B11;B12)* bereits die Rate bei einer Laufzeit von 120 Monaten und einem Jahreszins von 5,9% berechnet.

3. Eine Datentabelle mit zwei Variablen hat Eingabewerte, die untereinander in einer Spalte (spaltenorientiert) und nebeneinander in einer Zeile (zeilenorientiert) angeordnet werden. Formeln, die in einer Datentabelle mit zwei Variablen verwendet werden, müssen sich auf zwei verschiedene Eingabefelder beziehen.

4. In unserem Falle sind die Variablen des Jahreszinssatzes spaltenorientiert, die Variablen der Laufzeit zeilenorientiert eingegeben. Die Eingabefelder sind B9 und B11.

5. Markieren Sie den Zellbereich mit den zu ersetzenden Formeln und Werten, also D9:G12 und wählen Sie im Register `Daten` aus dem Listensymbol `Was-wäre-wenn-Analyse` den Befehl `Datentabelle`.

6. Da die Variable *Laufzeiten* zeilenorientiert angeordnet sind, klicken Sie in das Feld `Werte aus Zeile` und dann im Tabellenblatt auf das entsprechende Eingabefeld, also auf B11.

7. Die Variable *Jahreszinssätze* sind spaltenorientiert angeordnet. Klicken Sie also in das Feld `Werte aus Spalte` und dann im Tabellenblatt auf das entsprechende Eingabefeld, also auf B9.

8. Mit `OK` erhalten Sie die Raten für die variablen Jahreszinssätze und Laufzeiten.

9. Die Raten finden Sie in der Mappe `Rate2 mit Datentabelle`.

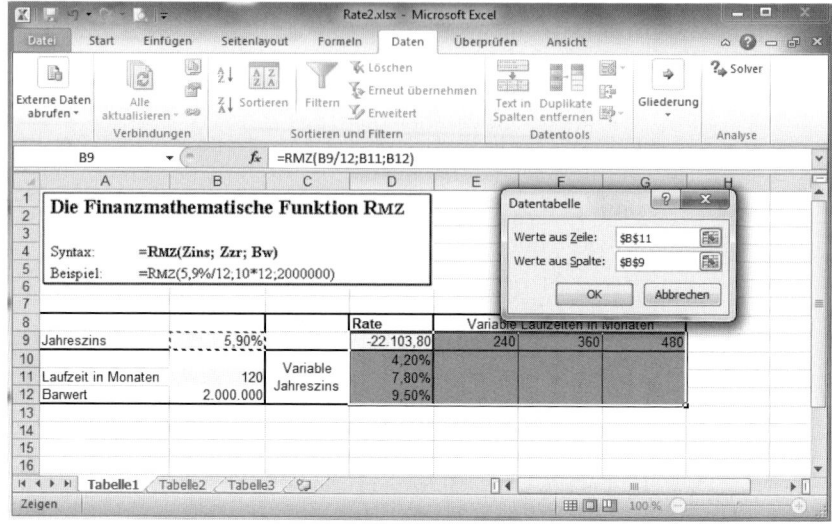

Abb 55 *Datentabelle mit zwei Variablen*

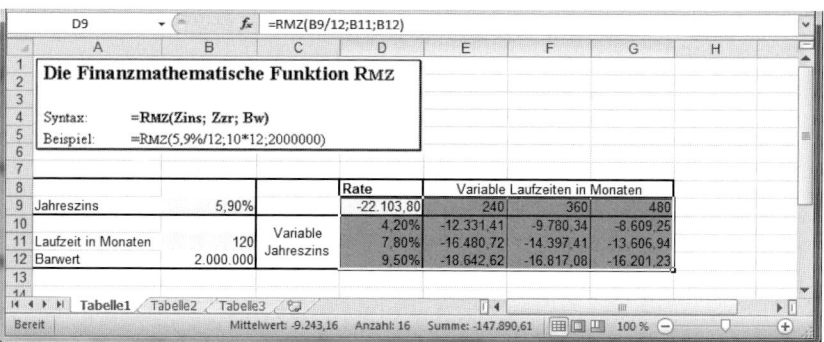

Abb 56 *Die Raten, abhängig von den zwei Variablen*

2.4 Übungsaufgaben

Sie können mit folgenden Aufgaben üben:

Aufgabe 15: Zielwertsuche: Der Sparvertrag

Aufgabe 16: Zielwertsuche: Die anderen Geburtstage

Aufgabe 17: Maximierungsaufgabe mit dem Solver: Wirtschaftlichkeitsbetrachtungen

Aufgabe 18: Maximierungsaufgabe mit dem Solver: Von allen Rechtecken mit dem Umfang 40 cm wird das mit dem größten Flächeninhalt gesucht.

Aufgabe 19: Maximierungsaufgabe mit dem Solver: Eine Schachtel mit maximalem Volumen wird gesucht

Aufgabe 20: Maximierungsaufgabe mit dem Solver: Ein Zylinder mit maximalem Volumen wird gesucht.

Aufgabe 21: Unterschiedliche Zylinder als Szenarien speichern

Aufgabe 22: Erstellen von Datentabellen mit einer und zwei Variablen

2.4.1 Aufgabe 15: Zielwertsuche: Der Sparvertrag

1. Öffnen Sie die Mappe `Sparvertrag`.
2. Geben Sie in C6 eine allgemeingültige Formel ein. Kopieren Sie diese Formel nach rechts bis zur Zelle F6.
3. Wie hoch muss die Spareinlage sein, um im Januar 2012 bei einem Zinssatz von 5 % und einem Bonus von 500 Euro einen Auszahlungsbetrag von 42.000 zu erhalten? (*Bsp. 17*)

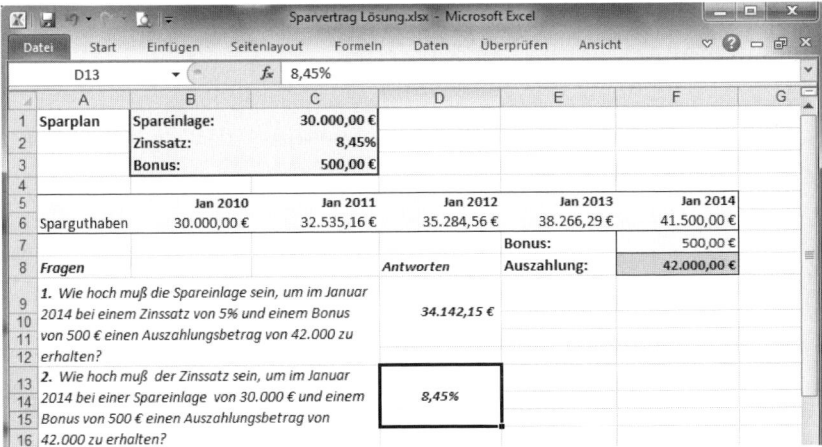

Abb 57 *Sparvertrag Lösung*

4. Wie hoch muss der Zinssatz sein, um im Januar 2012 bei einer Spareinlage von 30.000 Euro und einem Bonus von 500 Euro einen Auszahlungsbetrag von 42.000 zu erhalten? (*Bsp. 17*)

5. Die Lösungen dieser Aufgabe finden Sie unter `Sparvertrag Lösung`.

2.4.2 Aufgabe 16: Zielwertsuche: Die anderen Geburtstage

1. Wann werden Sie 20.000 Tage alt? Berechnen Sie auf einem neuen Tabellenblatt zuerst, wie viele Tage Sie alt sind.

2. Positionieren Sie dann den Cursor auf die Zelle mit der Formel, die Ihr Alter anzeigt. Führen Sie eine Zielwertsuche durch. (*Bsp. 17*)

3. Welcher Wochentag ist das?

4. Wann feiert die Familie ihren 100.000sten Geburtstag? Rolf (* 01.09.56), Katja (*9.09.56), Hanns (*18.08.87), Sandra (*23.02.89), Sonja (*30.06.90) (*Bsp. 17*)

5. Am 18.11.2030 feiert die Familie diesen Geburtstag. (*Bsp. 17*)

6. Die Lösungen dieser Aufgabe finden Sie unter `Geburtstage Lösung`.

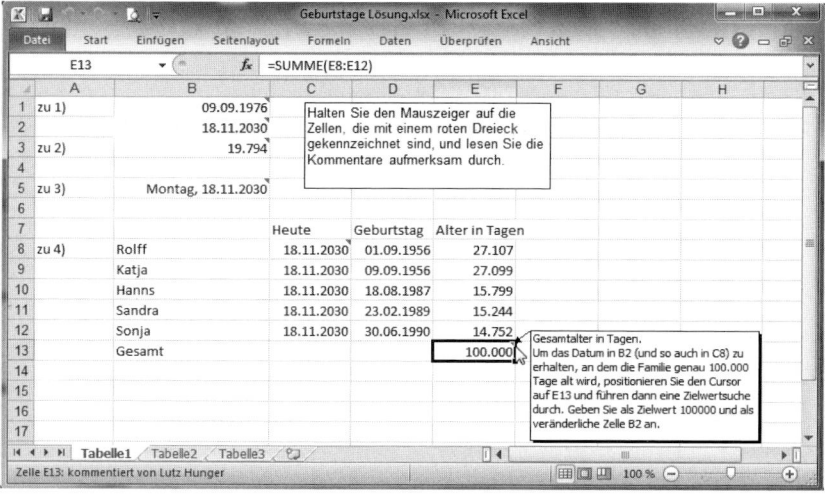

Abb 58 *Geburtstage Lösung*

2.4.3 Aufgabe 17: Maximierungsaufgabe mit dem Solver: Wirtschaftlichkeitsbetrachtungen

1. Öffnen Sie die Mappe `Wirtschaftlichkeit`.
2. Berechnen Sie mit dem Solver den maximalen Gewinn bei einer Druckauflage von mindestens 1.000 und höchstens 20.000. (*Bsp. 19*)
3. Der maximale Gewinn beträgt 3.059,06. (*Bsp. 19*)
4. Erstellen Sie einen Antwortbericht und stellen Sie die Ausgangswerte wieder her. (*Bsp. 19*)
5. Berechnen Sie einen möglichen maximalen Verlust bei den gleichen Nebenbedingungen. (*Bsp. 19*)
6. Der maximale Verlust beträgt 10.056,82. (*Bsp. 19*)
7. Erstellen Sie auch hierfür einen Antwortbericht und stellen Sie dabei die Ausgangswerte wieder her. (*Bsp. 19*)
8. Berechnen Sie die Druckauflage, so dass weder ein Gewinn noch ein Verlust eintritt. (*Bsp. 19*)
9. Bei einer Druckauflage von 5.703 wird weder ein Gewinn noch ein Verlust erwirtschaftet. (*Bsp. 19*)
10. Die Lösungen dieser Aufgabe finden Sie unter `Wirtschaftlichkeit Lösung`.

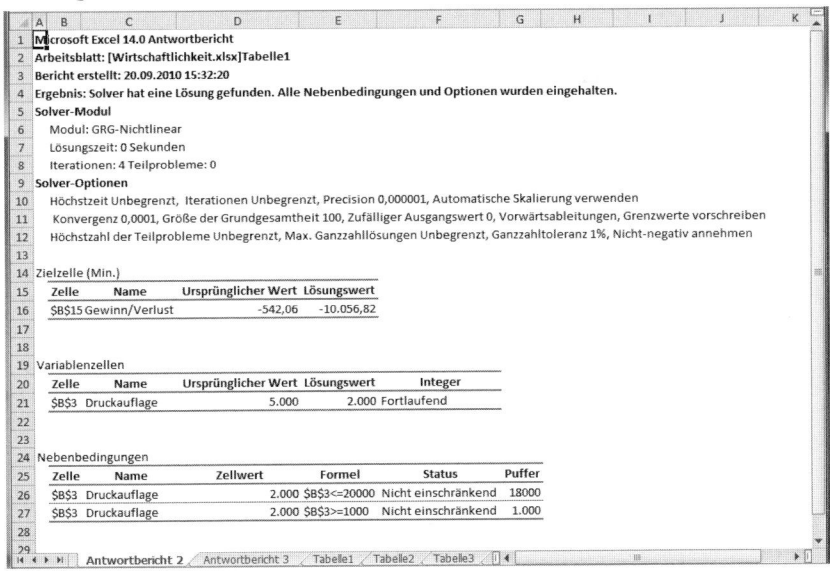

Abb 59 *Antwortbericht 2 in der Mappe Wirtschaftlichkeit Lösung*

2.4.4 Aufgabe 18: Maximierungsaufgabe mit dem Solver: Von allen Rechtecken mit dem Umfang 40 cm wird das mit dem größten Flächeninhalt gesucht.

1. Öffnen Sie die Mappe Maximierungsaufgaben.
2. Von allen Rechtecken mit dem Umfang 40 cm suchen wir das mit dem größten Flächeninhalt. Wie groß sind dessen Seiten? In den folgenden Schritten geben wir Ihnen Lösungshinweise. (*Bsp. 19*)
3. Geben Sie in B4 und B5 die Formeln des Umfangs und der Fläche des Rechtecks ein. Hinweis: Umfang = 2*(Länge + Breite), also: B4=2*(B2+B3), Fläche = Länge * Breite, also: B5 =B2*B3. (*Bsp. 19*)
4. Ermitteln Sie mit dem Solver die Länge und Breite des Rechtecks, dessen Fläche maximal ist. Die Zielzelle ist die Fläche, der Zielwert ist das Maximum und die veränderbaren Zellen sind Breite und Länge. Umfang = 40 ist die Nebenbedingung. Erstellen Sie einen Antwortbericht und verwenden Sie die Lösung. (*Bsp. 19*)
5. Geben Sie in C4 und C5 die Formeln des Umfangs und der Fläche des Rechtecks ein. Von allen Rechtecken mit dem Umfang 40 cm suchen wir das mit einem Flächeninhalt von 91. Wie groß sind dessen Seiten? (*Bsp. 19*)
6. Der Solver findet keine Lösung. Die Seiten sind 9,54, der Umfang aber keine 40 cm. Erstellen Sie keinen Bericht und verwenden sie die Lösung. (*Bsp. 19*)
7. Geben Sie in D4 und D5 die Formeln des Umfangs und der Fläche des Rechtecks ein. Geben Sie die Nebenbedingungen *Umfang = 40* und *Breite <= 9 cm* ein. Akzeptieren Sie die Solver-Lösung und erstellen Sie einen Antwortbericht. (*Bsp. 19*)
8. Die Lösungen dieser Aufgabe finden Sie unter Maximierungsaufgaben Lösung.

	A	B	C	D	E	F	G	H
1	**Rechteck**							
2	Länge	10,00	9,54	12,99999987				
3	Breite	10,00	9,54	7,000000133				
4	Umfang	40,00	38,16	40,00				
5	Fläche	100,00	91,00	91,00				
6								

D5 · fx =D2*D3

Antwortbericht 1 / Antwortbericht 2 / **Tabelle1** / Tab

Bereit · 100 %

Abb 60 *Maximierungsaufgaben Lösung*

2.4.5 Aufgabe 19: Maximierungsaufgabe mit dem Solver: Eine Schachtel mit maximalem Volumen wird gesucht

1. Öffnen Sie die Mappe `Maximierungsaufgaben`.
2. Von einem quadratischen Stück Pappe mit der Seitenlänge 21 cm werden an den Ecken gleich große Quadrate abgeschnitten. Biegt man die Randstücke hoch, so erhält man eine offene Schachtel. (*Bsp. 19*)
3. Wie groß muss die Quadratseite x gewählt werden, damit das Volumen der Schachtel maximal wird? In den folgenden Schritten geben wir Ihnen Lösungshinweise. (*Bsp. 19*)
4. Die Breite und die Länge der Schachtel sind dann jeweils 21 cm abzüglich zweimal der Höhe. (*Bsp. 19*)
5. Geben Sie als Länge und Breite der Schachtel jeweils die Formel *=21-2*Höhe* (also: B10=21-2*b9 und B11=21-2*B9) und als Höhe keinen Wert ein. Geben Sie auch die Formeln für die Grundfläche und das Volumen ein. (*Bsp. 19*)
6. Ermitteln Sie mit dem Solver die Höhe der Schachtel, so dass das Volumen der Schachtel maximal wird. Akzeptieren Sie die Solver-Lösung und erstellen Sie einen Antwortbericht. (*Bsp. 19*)
7. Wie groß muss die Quadratseite x, also die Höhe, gewählt werden, damit das Volumen der Schachtel 620 wird? Geben Sie dazu in C10:C13 die entsprechenden Formeln ein und lösen Sie dann die Aufgabe mit dem Solver. Akzeptieren Sie die Solver-Lösung und erstellen Sie einen Antwortbericht. (*Bsp. 19*)
8. Die Lösungen dieser Aufgabe finden Sie unter `Maximierungsaufgaben Lösung`.

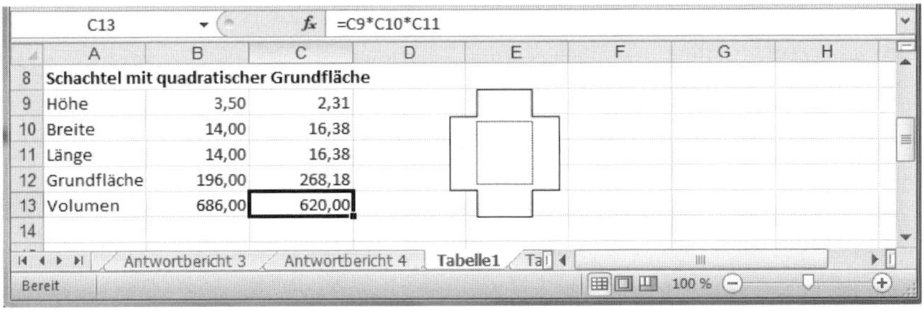

	A	B	C
8	**Schachtel mit quadratischer Grundfläche**		
9	Höhe	3,50	2,31
10	Breite	14,00	16,38
11	Länge	14,00	16,38
12	Grundfläche	196,00	268,18
13	Volumen	686,00	620,00
14			

***Abb 61** Maximierungsaufgaben Lösung*

2.4.6 Aufgabe 20: Maximierungsaufgabe mit dem Solver: Ein Zylinder mit maximalem Volumen wird gesucht.

1. Öffnen Sie die Mappe `Maximierungsaufgaben`.
2. Bestimmen Sie den Radius und die Höhe des Zylinders, der bei einer Oberfläche von 24 cm einen maximalen Rauminhalt hat. In den folgenden Schritten geben wir Ihnen Lösungshinweise. (*Bsp. 19*)
3. Für die Kreiszahl pi stellt Excel die Funktion `=Pi()` zur Verfügung, also B17=pi(). (*Bsp. 19*)
4. Die Formel des Volumens eines Zylinders lautet: V=pi*r^2*h, wobei r der Radius der Kreisfläche und h die Höhe des Zylinders ist, also: B20=B17*B18^2*B19. (*Bsp. 19*)
5. Die Formel der Oberfläche eines Zylinders lautet: O=2*pi*r^2+2*pi*r*h, wobei r der Radius der Kreisfläche und h die Höhe des Zylinders ist. Also: B21=2*B17*B18^2+2*B17*B18*B19. (*Bsp. 19*)
6. Geben Sie für den Radius und die Höhe keine Werte ein. Lassen Sie diese Werte vom Solver so bestimmen, dass das Volumen bei einer Oberfläche von 24 cm maximal wird. Hinweis: Die veränderlichen Zellen sind r und h, die Nebenbedingung O=24. Akzeptieren Sie die Solver-Lösung und erstellen Sie einen Antwortbericht. (*Bsp. 19*)
7. Bestimmen Sie das maximale Volumen, wenn zusätzlich der Radius >= der Höhe ist. Akzeptieren Sie die Solver-Lösung und erstellen Sie einen Antwortbericht. (*Bsp. 19*)
8. Bestimmen Sie den Radius und die Höhe des Zylinders, der bei einer Oberfläche von 24 cm einen Rauminhalt von 8 hat. Akzeptieren Sie die Solver-Lösung und erstellen Sie einen Antwortbericht. (*Bsp. 19*)
9. Die Lösungen dieser Aufgabe finden Sie unter `Maximierungsaufgaben Lösung`.

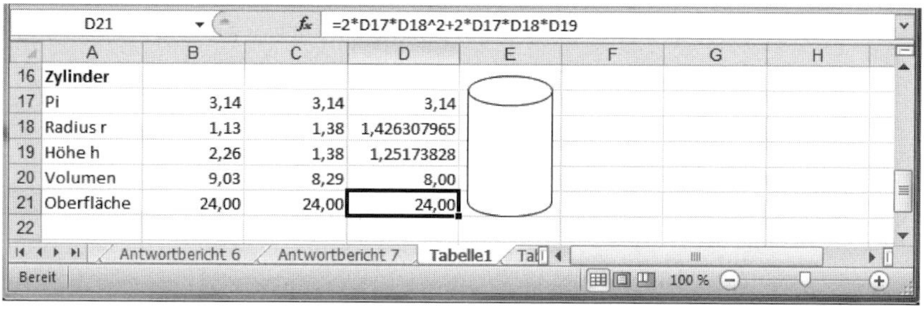
D21 =2*D17*D18^2+2*D17*D18*D19

	A	B	C	D
16	Zylinder			
17	Pi	3,14	3,14	3,14
18	Radius r	1,13	1,38	1,426307965
19	Höhe h	2,26	1,38	1,25173828
20	Volumen	9,03	8,29	8,00
21	Oberfläche	24,00	24,00	24,00
22				

Antwortbericht 6 | Antwortbericht 7 | Tabelle1 | Bereit | 100 %

Abb 62 *Maximierungsaufgaben Lösung*

2.4.7 Aufgabe 21: Unterschiedliche Zylinder als Szenarien speichern

1. Öffnen Sie die Mappe `Zylinder`. Die Formeln für die Kreiszahl Pi sowie die Oberfläche und das Volumen eines Zylinders sind schon eingegeben.
2. Es sollen unterschiedliche Zylinder mit veränderlichen Radius r und Höhe h erstellt werden.
3. Definieren Sie das Szenario *r gleich h* mit r=2,5 und h=2,5. (*Bsp. 20*)
4. Definieren Sie das Szenario *r kleiner h* mit r=2 und h=3. (*Bsp. 20*)
5. Definieren Sie das Szenario *r größer h* mit r=3 und h=2. (*Bsp. 20*)
6. Betrachten Sie die unterschiedlichen Szenarien über den Szenario-Manager und erstellen Sie eine Zusammenfassung. (*Bsp. 20*)
7. Die Lösung dieser Aufgabe finden Sie unter `Zylinder Lösung`.

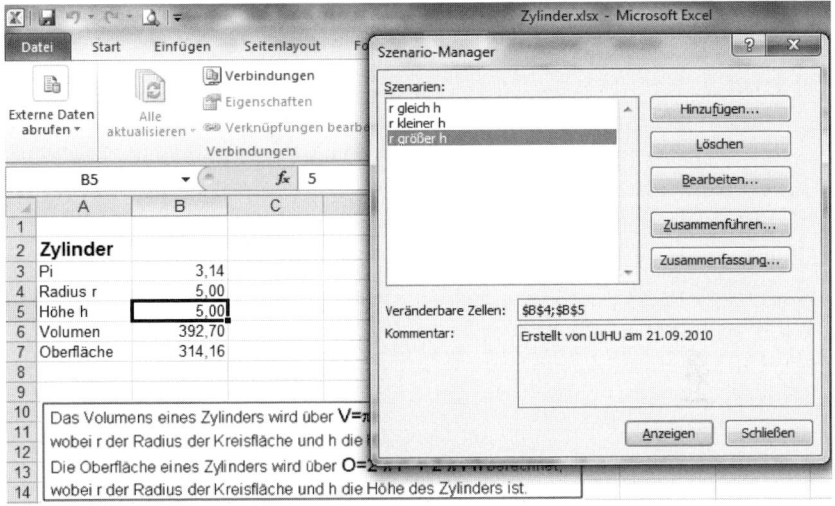

Abb 63 *Szenario-Manager*

	Aktuelle Werte:	r gleich h	r kleiner h	r größer h
Szenariobericht				
Veränderbare Zellen:				
$B$4	5,00	2,50	2,00	3,00
$B$5	5,00	2,50	3,00	2,00
Ergebniszellen:				
$B$6	392,70	49,09	37,70	56,55
$B$7	314,16	78,54	62,83	94,25

Hinweis: Die Aktuelle Wertespalte repräsentiert die Werte der veränderbaren Zellen zum Zeitpunkt, als der Szenariobericht erstellt wurde. Veränderbare Zellen für Szenarien sind in grau hervorgehoben.

Abb 64 *Szenariobericht*

2.4.8 Aufgabe 22: Erstellen von Datentabellen mit einer und zwei Variablen

1. Öffnen Sie die Mappe `Datentabellen Laufzeit`.
2. Ein Darlehen in Höhe von 2.000.000 Euro wurde aufgenommen. Die monatliche Rate beträgt 20.000 Euro.
3. Berechnen Sie mit der Funktion ZZR die Laufzeit in Monaten bei einem Jahreszins in Höhe von 5,90 %. (*Bsp. 21*)
4. Berechnen Sie die unterschiedlichen Laufzeiten in Monaten zu den unterschiedlich vorgegebenen jährlichen Zinssätzen.(*Bsp. 21*)
5. Berechnen Sie die unterschiedlichen Laufzeiten in Monaten zu den unterschiedlich vorgegebenen jährlichen Zinssätzen und den unterschiedlich vorgegebenen Raten.(*Bsp. 21*)
6. Die Lösungen dieser Aufgabe finden Sie unter `Datentabellen Laufzeit Lösung`.

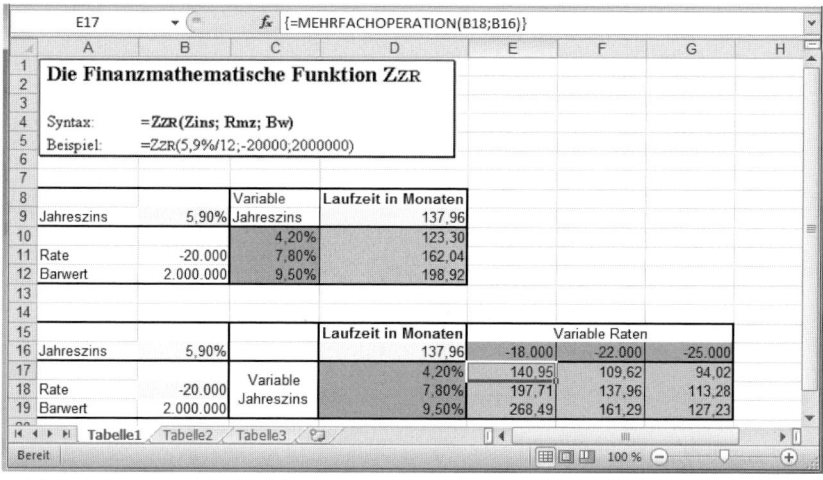

Abb 65 *Datentabellen mit einer und zwei Variablen*

2.5 Verständnisfragen

Frage 11: Oftmals kennen Sie zwar das Wunschergebnis einer Formel, jedoch nicht die erforderlichen Eingabewerte, um dieses Resultat zu erreichen. Mit welchen Werkzeugen können Sie solche Probleme lösen? (2)

1. Mit der Funktion Wenn
2. Mit der Funktion Sverweis
3. Mit der Zielwertsuche
4. Mit dem Solver
5. Mit der Funktion Zählenwenn

Frage 12: Sie wollen eine minimale oder maximale Lösung anstatt eines genauen Zielwertes finden, wobei die Lösung von den Werten aus verschiedenen anderen Zellen abhängt. Mit welchen Werkzeugen können Sie solche Probleme lösen? (1)

1. Mit der Funktion Wenn
2. Mit der Funktion Sverweis
3. Mit der Zielwertsuche
4. Mit dem Solver
5. Mit dem Szenario-Manager

Frage 13: Welche Aussagen über Zielwertsuche, Solver und Szenarien treffen zu? (2)

1. Zielwertsuche, Solver und Szenarien sind Add-Ins, die erst mit dem Add-In-Manager dauerhaft eingerichtet werden müssen.
2. Um eine minimale oder maximale Lösung zu finden, wobei die Werte bestimmten Nebenbedingungen genügen sollen, hilft der Solver.
3. Oftmals kennen Sie zwar das Ergebnis einer Formel, jedoch nicht die erforderlichen Eingabewerte, um dieses Resultat zu erreichen. Ein solches Problem können Sie mit Hilfe des Szenario-Managers lösen.
4. Mit Hilfe der Zielwertsuche können verschiedene Ergebnisse erreicht werden, die durch unterschiedliche Wertannahmen für Variablen erzielt werden. Es werden also Werte in einem Datenmodell verändert und die Bedingungen und Ergebnisse in den Antwortberichten gespeichert.
5. Szenarien sind „Momentaufnahmen" von Datenmodellen. Sie zeigen die Veränderungen von Variablen innerhalb eines Modells und die sich daraus ergebenden Werte.

Frage 14: Welche Aussagen über Datentabellen treffen zu? (3)

1. Eine Datentabelle ist ein Zellbereich, der anzeigt, wie durch das Ändern von ein oder zwei Variablen in Formeln das Ergebnis dieser Formeln beeinflusst wird.
2. In Datentabellen werden die Daten in Relationen gespeichert. Das sind Tabellen, deren Zeilen die Datensätze und deren Spalten die einzelnen Feldeinträge enthalten.
3. Datentabelle können Sie in einen normalen Bereich umwandeln und dabei die angewendete Tabellenformatierung beibehalten.
4. Datentabellen bieten die Möglichkeit, alle Ergebnisse der verschiedenen Varianten zusammen auf dem Arbeitsblatt anzuzeigen und zu vergleichen.
5. Datentabellen stellen ein schnelles Verfahren zum Berechnen mehrerer Ergebnisse in einer Operation dar.

3 Daten verwalten

Tabellenkalkulationsprogramme wie Excel 2010 bieten umfangreiche Berechnungs- und Diagrammfunktionen zum Visualisieren und Bearbeiten von Tabellendaten. Sie können sich auch beim Speichern von Listen mit Informationen als nützlich erweisen. Da Ihre Anforderungen an Listen jedoch immer komplexer werden, kann es mit der Zeit schwierig werden, die Daten in einem Tabellenkalkulationssystem zu verwalten. Ein Programm einer relationalen Datenbank wie beispielsweise Access 2010 ist für das Erstellen und Arbeiten mit komplexen Listen besser geeignet und stellt leistungsstärkere Tools für das Eingeben, Ordnen, Verwalten und Suchen von Daten bereit.

In relationalen Datenbanken werden die Daten in Relationen gespeichert. Das sind Tabellen, deren Zeilen die Datensätze und deren Spalten die einzelnen Feldeinträge enthalten. Bei relationalen Datenbanken bestehen keine starren Verknüpfungen zwischen den Daten, d. h. eigentlich zusammengehörende Informationen wie der Name eines Kunden und seine Telefonnummer können an völlig verschiedenen Stellen gespeichert sein. Es stellt sich somit die Frage, wie die verteilten Informationen in einen Zusammenhang gebracht werden können.

Das relationale Konzept bietet gerade hierbei eine große Flexibilität. Verknüpfungen sind frei definierbar und auch im Nachhinein noch einzufügen bzw. zu ergänzen. Über eine "gemeinsame" Spalte (ein gemeinsames Feld) und natürlich identische (Feld-) Inhalte, die in beiden Tabellen vorkommen, wird eine Beziehung aufgebaut. Informationen, die in verschiedenen Tabellen gespeichert werden, können auf diese Art in Verbindung gebracht werden.

In Excel und in Access werden die Daten in Spalten organisiert, die auch Felder genannt werden und in denen eine bestimmte Informationsart gespeichert wird, die auch unter der Bezeichnung Datentyp bekannt ist. Die erste Zelle einer Spalte wird zur Beschriftung verwendet. Ein terminologischer Unterschied besteht darin, dass in Excel der Begriff Zeile und in Access der Begriff Datensatz verwendet wird.

Als Beispiel werden Sie mit Excel eine Mitarbeitertabelle erstellen. Die Tabelle besteht aus mehreren Spalten, in denen beispielsweise die Nummer, der Vorname, der Nachname, die Abteilung und die privaten Adressdaten verwaltet werden. Die erste Zelle jeder Spalte enthält in diesem Fall die Beschriftung zur Beschreibung der Daten.

Wenn die Mitarbeitertabelle noch eine Reihe ähnlich benannter Spalten enthält, z.B. Einkauf1, Einkauf2 und Einkauf3, ist dies ein Zeichen dafür, dass Ihre Daten relational sind und in mehreren Tabellen gespeichert werden müssen. Dafür benötigen Sie ein Programm für relationale Datenbanken, z. B. Access.

Verwalten Sie Ihre Tabellen, in Excel 2003 noch Listen oder Datenbanktabelle genannt, mit Excel, wenn

- Sie eine flache bzw. nicht relationale Ansicht Ihrer Daten benötigen.
- Sie in erster Linie Berechnungen und statistische Vergleiche mit Ihren Daten durchführen.
- die Größe Ihrer Datenmenge überschaubar ist (nicht mehr als 15.000 Zeilen).

Die Zeilen einer Tabelle stellen die Datensätze dar, Spalten die Datenfelder. Jede Spalte muss eine Überschrift haben, den so genannten Feldnamen (wie zum Beispiel Abteilung, Plz usw.). Unter einem Feldinhalt versteht man den Inhalt der Zelle selbst, beispielsweise Redaktion oder auch 12678. Der komplette Eintrag, der zu einem Mitarbeiter gehört (=der Zeileninhalt), also Nr., Vorname, Name, Abteilung, Unterabteilung, Straße, Plz und Ort wird als Datensatz bezeichnet.

Dieses Kapitel umfasst folgende Themenbereiche:

Tabellen erstellen, sortieren und selektieren

Daten in Tabellen und Bereichen überprüfen

Daten in Tabellen und Bereichen filtern

Teilergebnisse und Pivot-Tabellen

Daten konsolidieren

Daten importieren

Daten transponieren

Übungsaufgaben

Verständnisfragen

3.1 Tabellen erstellen, sortieren und selektieren

Wenn Sie eine Tabelle (früher Liste oder Datenbank genannt) in einem Excel-Arbeitsblatt erstellen, können Sie die Daten in der Tabelle unabhängig von Daten außerhalb der Tabelle verwalten und analysieren. Sie können beispielsweise Tabellenspalten filtern, eine Zeile für Gesamtsummen hinzufügen oder Tabellenformatierung anwenden. Wenn Sie mit den Daten nicht in einer Tabelle arbeiten möchten, können Sie die Tabelle in einen normalen Bereich umwandeln und dabei die angewendete Tabellenformatierung beibehalten. Wenn Sie eine Tabelle nicht mehr benötigen, können Sie sie löschen.

Excel-Tabellen dürfen nicht mit Datentabellen verwechselt werden, die Bestandteil einer Reihe von Befehlen für die Was-wäre-wenn-Analyse sind. Sie können eine Tabelle auf zwei Arten erstellen. Sie können entweder eine Tabelle im Standardformat einfügen oder die Daten als eine Tabelle in einem ausgewählten Format formatieren.

In den folgenden Beispielen werden Sie mit den wichtigsten Schritten beim Arbeiten mit Tabellen vertraut gemacht. Sie werden Datensätze eingeben, korrigieren und löschen sowie Datensätze sortieren und selektieren.

Mit der Datenüberprüfung können Sie die Datentypen oder Werte steuern, die von Benutzern in eine Zelle eingegeben werden. Sie können beispielsweise Dateneinträge auf bestimmte Datumsbereiche beschränken, die Auswahl durch eine Liste eingrenzen oder sicherstellen, dass nur positive Ganzzahlen eingegeben werden.

Wie Sie Daten überprüfen und Datensätze mit dem AutoFilter, mit dem Spezialfilter sowie durch Abfragen mit Hilfe von Teilergebnissen oder Pivot-Tabellen selektieren, erfahren Sie in den nächsten Abschnitten.

Sie können mit folgenden Beispielen lernen:

Beispiel 23: Erstellen einer Excel-Tabelle

Beispiel 24: Daten als Tabelle formatieren, Tabelle wieder in Datenbereich umwandeln

Beispiel 25: Zeilen und Spalten einfügen und entfernen

Beispiel 26: Datensätze in einer Tabelle eingeben und korrigieren

Beispiel 27: Datensätze in einer Tabelle sortieren

Beispiel 28: Datensätze in einer Tabelle selektieren

Beispiel 29: Datenbereiche sortieren und selektieren

Beispiel 30: Einer Tabelle eine Zeile für Ergebnisse hinzufügen

3.1.1 Beispiel 23: Erstellen einer Excel-Tabelle

1. Eine neue, leere Arbeitsmappe ist geöffnet. Sie wollen eine Liste der Mitarbeiter als Excel-Tabelle erstellen.
2. Markieren Sie den Zellbereich, in der die Tabelle erstellt werden soll. Die Zellen können leer sein oder Daten enthalten. Markieren Sie A1 bis C4.
3. Klicken Sie im Register Einfügen auf Tabelle. Legen Sie fest, dass die Tabelle Überschriften hat.

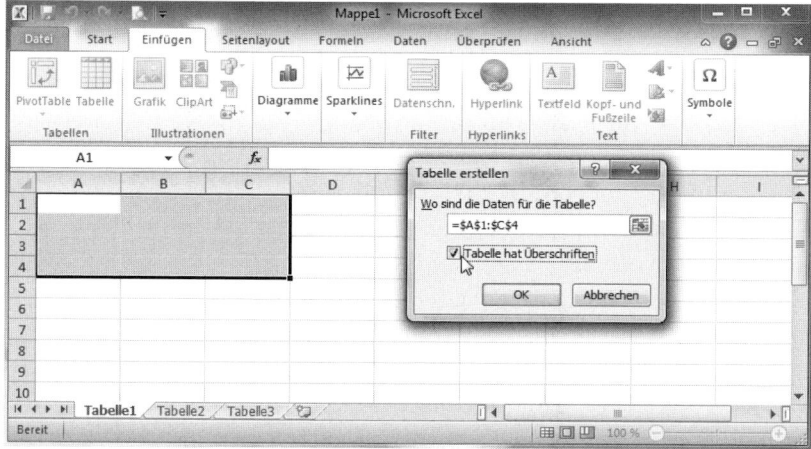

Abb 66 *Tabelle erstellen*

4. Nach Ok werden Standardnamen als Überschriften angezeigt. Überschreiben Sie diese mit *Nr*, *Vorname* und *Nachname*.
5. Nachdem Sie eine Tabelle erstellt haben, erhalten Sie das Tabellentools-Register Entwurf mit den Schnellformatvorlagen.
6. Standardmäßig wird Ihre Tabelle mit der Schnellformatvorlage *Tabellenformat - Mittel 2* formatiert.
7. Im Tabellentools-Register Entwurf können Sie die Überschriften der Tabelle aus- und einblenden.
8. Geben Sie die 3 Datensätze *Inge Teich*, *Frieda Mertens* und *Hanns Friede* ein.
9. Über das Dreieck in den Überschriften können Sie die Datensätze in der Tabelle sortieren und filtern.
10. Um eine weitere Tabellenzeile einzufügen, positionieren Sie den Cursor auf die letzte Zelle der Tabelle, also auf C4 und drücken dann die (Tab)-Taste. Geben Sie einen weiteren Datensatz ein.
11. Positionieren Sie den Cursor außerhalb der Tabelle, wird das Tabellentools-Register Entwurf wieder ausgeblendet.

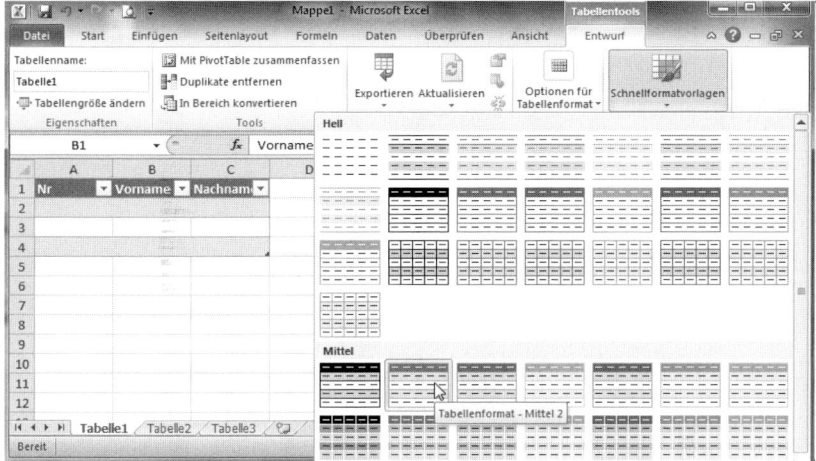

Abb 67 *Schnellformatvorlagen*

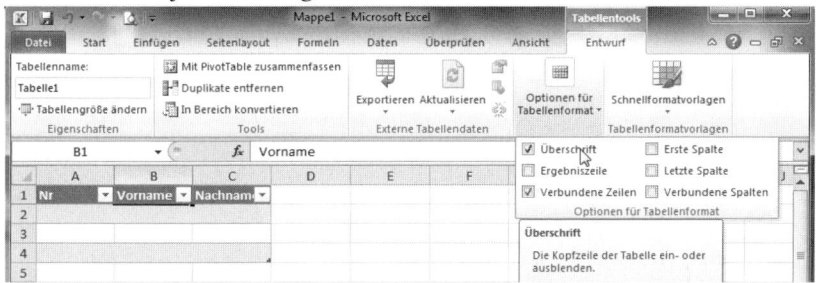

Abb 68 *Tabellen-Überschriften ein- und ausblenden*

3.1.2 Beispiel 24: Daten als Tabelle formatieren, Tabelle wieder in Datenbereich umwandeln

1. Die Arbeitsmappe `Mitarbeiter Stadtlupe` ist geöffnet. Sie wollen die Informationen zu allen Mitabeitern als Tabelle haben.
2. Es ist nicht notwendig, die Zellen mit den Informationen zu markieren. Positionieren Sie den Cursor irgendwo in die Tabelle, beispielsweise auf C4.
3. Klicken Sie im Register `Einfügen` auf `Tabelle`, werden alle genutzten Zellen als Datenbereich der Tabelle vorgeschlagen. Außerdem wird erkannt, dass die Tabelle Überschriften hat.
4. Mit `Ok` haben Sie Ihre Tabelle definiert. Es gibt noch einen alternativen Weg, eine Tabelle zu erzeugen.
5. Dazu muss zunächst die Tabelle wieder in einen Datenbereich konvertiert werden.

6. Klicken Sie mit rechten Maustaste auf irgendeine Zelle innerhalb der Tabelle und wählen aus dem Kontextmenü `Tabelle/In Bereich konvertieren`.

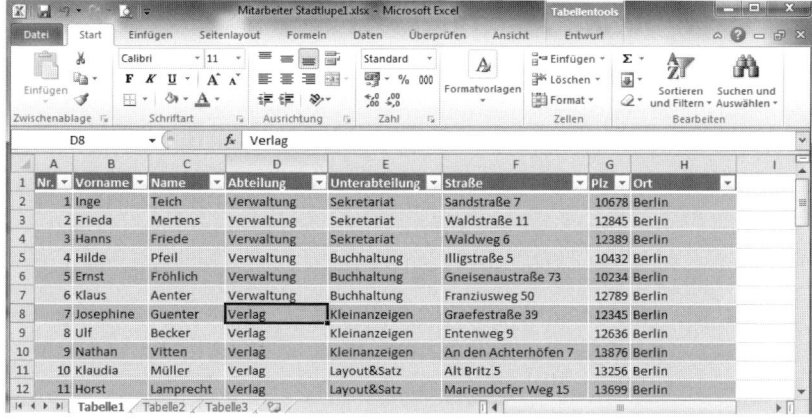

Abb 69 *Tabelle in einen Datenbereich umwandeln*

7. Die Dreiecke in den Überschriften, über das die Datensätze sortiert und gefiltert werden können, werden entfernt. Die Tabelle wurde wieder in einen normalen Bereich umgewandelt. Das Format jedoch blieb erhalten.

8. Um auch die Formate zu entfernen, markieren Sie den Zellbereich und wählen im Register `Start`, Gruppe `Bearbeiten` aus dem Listenfeld `Löschen` den Befehl `Formate löschen`.

9. Klicken Sie nun im Register `Start`, Gruppe `Formatvorlagen` auf `Als Tabelle formatieren`.

10. Wählen Sie die Schnellformatvorlage *Tabellenformat - Mittel 10*.

11. Auch jetzt werden alle genutzten Zellen als Datenbereich der Tabelle vorgeschlagen. Und es wird erkannt, dass die Tabelle Überschriften hat.

12. Mit `Ok` haben Sie Ihre Tabelle definiert.

Abb 70 *Die Daten wurden als Tabelle formatiert*

13. Speichern Sie die Arbeitsmappe unter *Mitarbeiter Stadtlupe1*.

3.1.3 Beispiel 25: Zeilen und Spalten einfügen und entfernen

1. Die Arbeitsmappe `Mitarbeiter` ist geöffnet.
2. Um am Ende der Tabelle eine weitere Tabellenzeile einzufügen, positionieren Sie den Cursor in die letzte Zelle der letzten Zeile der Tabelle und drücken dann die (Tab)-Taste.
3. Um die Größe der Tabelle zu verändern, ziehen Sie die Vergrößerungspunkte an der unteren rechten Ecke der Tabelle nach unten oder nach oben, um Zeilen auszuwählen oder auszuschließen bzw. nach rechts oder nach links, um Spalten auszuwählen oder auszuschließen.
4. Um innerhalb der Tabelle eine Zeile oder Spalte einzufügen, positionieren Sie den Cursor in die Zelle, vor der eine Zeile bzw. eine Spalte eingefügt werden soll, und wählen dann im Register `Start` aus dem Listensymbol `Einfügen` den entsprechenden Befehl.
5. Mit `Zellen einfügen`, `Tabellenzeilen oberhalb einfügen` und `Tabellenspalten links einfügen` fügen Sie nur der Tabelle, nicht aber dem Arbeitsblatt eine Zeile bzw. Spalte hinzu.

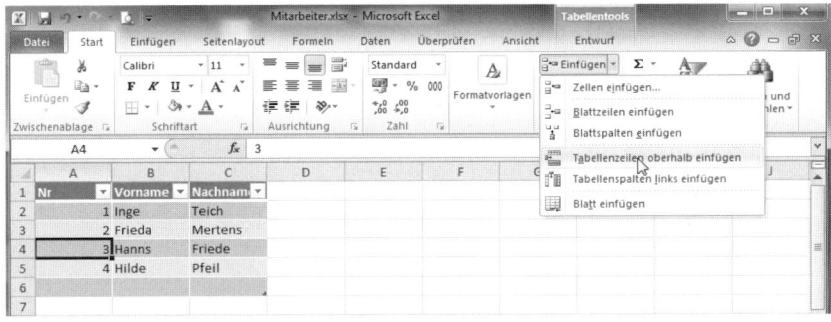

Abb 71 *Zeilen bzw. Spalten in einer Tabelle einfügen*

6. Markieren Sie mehrere Tabellenzeilen bzw. Tabellenspalten, können Sie über `Einfügen` entsprechend viele leere Zeilen bzw. Spalten davor einfügen.
7. Ist der Cursor in der letzten Zeile bzw. letzten Spalte positioniert, können Sie davor und dahinter neue leere Zeilen bzw. Spalten einfügen.
8. Um Zeilen bzw. Spalten einzufügen, können Sie auch die Tastenkombination (Strg)+(+) nutzen.
9. Um Tabellenzeilen bzw. Tabellenspalten zu entfernen, markieren Sie die entsprechenden Zellen. Wählen Sie dann im Register `Start` aus dem Listensymbol `Löschen` den entsprechenden Befehl.
10. Um Zeilen bzw. Spalten zu entfernen, können Sie auch die Tastenkombination (Strg)+(-) nutzen.

3.1.4 Beispiel 26: Datensätze in einer Tabelle eingeben und korrigieren

1. Die Arbeitsmappe `Mitarbeiter Stadtlupe1` ist geöffnet. Diese Mitarbeiterliste ist eine Tabelle, wobei die Zeilen die Datensätze darstellen und die Spalten die Datenfelder.

2. Jede Spalte hat eine Überschrift, den so genannten Feldnamen, wie zum Beispiel *Vorname*. Unter einem Feldinhalt versteht man den Inhalt der Zelle selbst, beispielsweise *Inge*. Der komplette Eintrag, der zu einem Mitarbeiter gehört, also Vorname, Name, Abteilung usw., wird als Datensatz bezeichnet.

3. Fügen Sie am Ende der Tabelle eine neue Tabellenzeile ein und geben Sie einen neuen Datensatz ein: *51 Nina Jocke Geschäftsführung Sekretariat Oranienburger Str. 111 10456 Berlin.*

4. Der Mitarbeiter *Hanns Friede* ist umgezogen. Seine neue Adresse lautet *Landauer Str. 1, 14197 Berlin.*

5. Sie können Datensätze auch innerhalb der Tabelle eingeben. Fügen Sie mit (Strg)+(+) eine neue Tabellenzeile ein und geben Sie den Datensatz *52 Ulla Müller Verwaltung Sekretariat Dovestr. 2 10456 Berlin* ein.

6. Um die Datensätze nach der Nr. zu sortieren, klicken Sie auf den Pfeil in der Spaltenüberschrift `Nr.` und wählen `Nach Größe sortieren (aufsteigend)`.

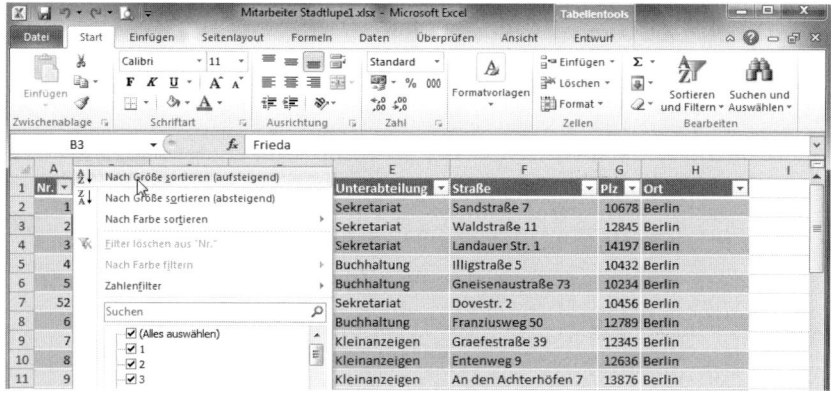

Abb 72 *Nach Größe sortieren*

7. Speichern Sie die Arbeitsmappe unter *Mitarbeiter Stadtlupe2.*

3.1.5 Beispiel 27: Datensätze in einer Tabelle sortieren

1. Die Arbeitsmappe `Mitarbeiter Stadtlupe2` ist geöffnet. Um die Datensätze zu sortieren, klicken Sie auf den Pfeil in der Spaltenüberschrift, nach der Sie sortieren wollen.
2. Sortieren Sie die Datensätze aufsteigend nach Postleitzahlen. Felder, nach denen sortiert wurde, werden mit einem dünnen Pfeil rechts neben dem Listenpfeil gekennzeichnet.
3. Um die Datensätze mit gleicher Postleitzahl zusätzlich noch nach der Straße alphabetisch aufsteigend zu sortieren, wählen Sie im Register `Start` aus dem Listensymbol `Sortieren und Filtern` den Befehl `Benutzerdefiniertes Sortieren`.

Abb 73 *Geöffnetes Listensymbol Sortieren und Filtern*

4. In der Dialogbox `Sortieren` ist schon die Sortierung nach Plz eingetragen.
5. Klicken Sie auf `Ebene hinzufügen` und wählen Sie aus dem Listenfeld `Dann nach` *Straße*.

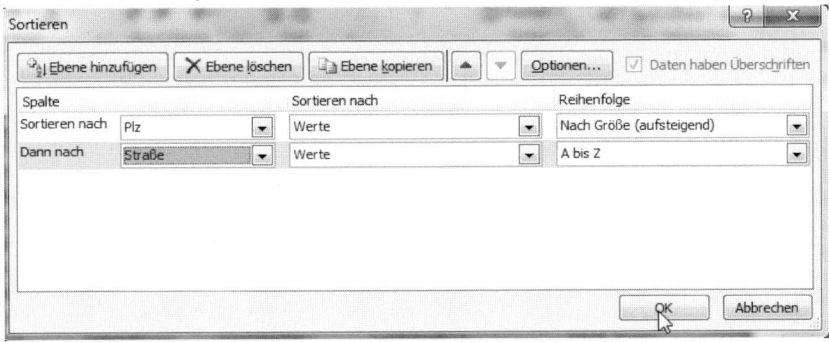

Abb 74 *Dialogbox Sortieren*

6. `Ok` sortiert die Datensätze entsprechend. Schließen Sie die Mappe, ohne sie zu speichern.

3.1.6 Beispiel 28: Datensätze in einer Tabelle selektieren

1. Die Arbeitsmappe `Mitarbeiter Stadtlupe2` ist geöffnet. Wenn Sie aus dieser Excel-Tabelle bestimmte Daten selektieren wollen, beispielsweise um alle freien Journalisten mit einem Serienbrief anzuschreiben, müssen Sie die Daten filtern.

2. In einer Excel-Tabelle wird neben jedem Titel (Feldnamen) ein Listenfeld angezeigt.

3. Klicken Sie auf den Listenpfeil `Unterabteilung`. Deaktivieren Sie zunächst alle Textfilter über (`Alles auswählen`) und aktivieren Sie dann das Kontrollkästchen `freie Journalisten`.

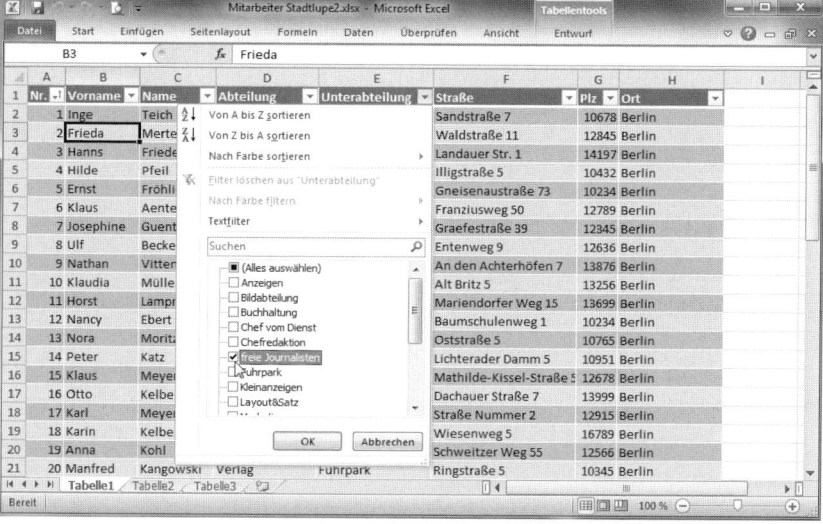

Abb 75 *Nur die freien Journalisten sollen angezeigt werden*

4. Nach `Ok` werden nur die freien Journalisten angezeigt. Gefilterte Felder werden mit einem Filter rechts neben dem Listenpfeil gekennzeichnet.

5. Um nur die freien Journalisten aus Berlin anzuzeigen, öffnen Sie den Listenpfeil `Ort`, deaktivieren zunächst alle Textfilter und aktivieren dann das Kontrollkästchen `Berlin`.

6. Um einen einzelnen Filter zu entfernen, öffnen Sie den entsprechenden Listenpfeil und aktivieren wieder das Kontrollkästchen (`Alles auswählen`).

7. Um am schnellsten alle Filter und Sortiervorgaben zu entfernen und somit alle Mitarbeiter der Stadtlupe wieder anzuzeigen, klicken Sie im Register `Daten`, Gruppe `Sortieren und Filtern` auf das Symbol `Löschen`.

3.1.7 Beispiel 29: Datenbereiche sortieren und selektieren

1. Die Arbeitsmappe `Mitarbeiter Stadtlupe2` ist geöffnet. Um die Tabelle in einen Datenbereich zu konvertieren, klicken Sie mit rechten Maustaste auf irgendeine Zelle innerhalb der Tabelle und wählen aus dem Kontextmenü `Tabelle/In Bereich konvertieren`.
2. Bestätigen Sie die Konvertierung mit `Ja`, werden die Pfeile in den Spaltenüberschriften ausgeblendet. Auch einen Datenbereich können Sie sortieren und selektieren.
3. Um die Datensätze zu sortieren, positionieren Sie den Cursor in den Datenbereich und klicken im Register `Daten` auf das Symbol `Sortieren`.
4. Wählen Sie als `Spalte` *Plz*, als `Sortieren nach` *Werte* und als `Reihenfolge` *Nach Größe (aufsteigend)*.

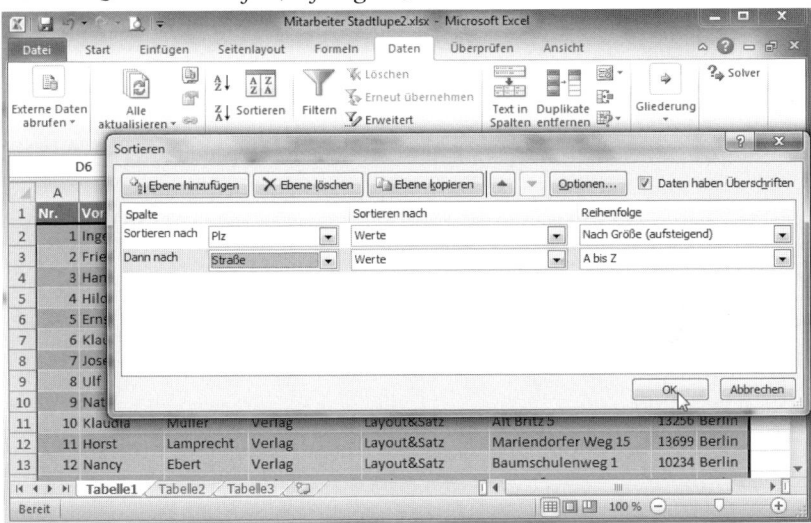

Abb 76 *Datenbereich wird nach Plz und dann nach Straße sortiert*

5. Um die Datensätze mit gleicher Postleitzahl zusätzlich noch nach der Straße alphabetisch aufsteigend zu sortieren, klicken Sie auf `Ebene hinzufügen` und wählen dann als `Spalte` *Straße* und als `Reihenfolge` *A bis Z*.
6. `Ok` sortiert den Datenbereich entsprechend.
7. Um den Datenbereich zu filtern, positionieren Sie den Cursor in den Datenbereich und klicken im Register `Daten` auf das Symbol `Filtern`.
8. Die Spaltenüberschriften erhalten Pfeile wie in Tabellen. Der Datenbereich wurde aber nicht zu einer Tabelle konvertiert.

9. Öffnen Sie den Listenpfeil `Ort` und deaktivieren Sie das Kontrollkästchen `Berlin`. Mit `Ok` werden nur noch die Mitarbeiter, die nicht in Berlin wohnen, angezeigt.

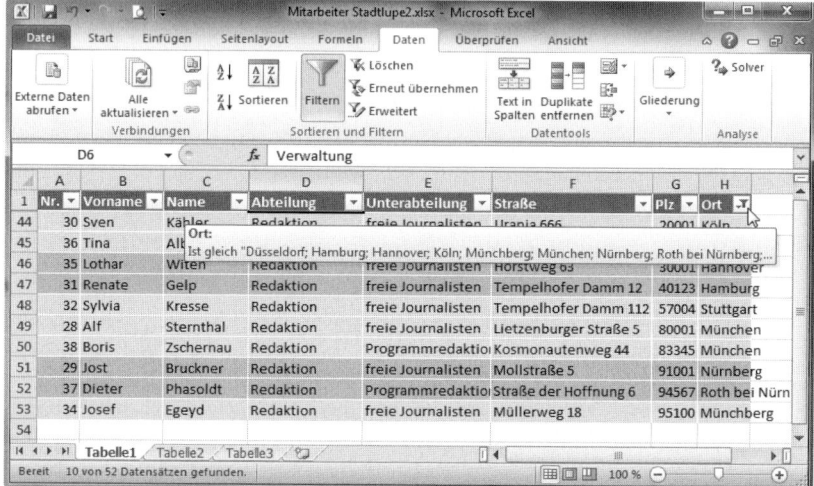

Abb 77 *Der sortierte und gefilterte Datenbereich*

10. Neben dem Listenpfeil `Ort` wird ein Filter angezeigt, in der Statuszeile, dass *10 von 52 Datensätze gefunden* wurden.

11. Den gefilterten Datenbereich finden Sie auch in der Mappe `Mitarbeiter Stadtlupe2 Datenbereich`.

3.1.8 Beispiel 30: Einer Tabelle eine Zeile für Ergebnisse hinzufügen

1. Sie können rasch Gesamtergebnisse in einer Excel-Tabelle bilden, indem Sie eine Ergebniszeile am Ende der Tabelle anzeigen, und anschließend die Funktionen verwenden, die in Dropdownlisten für die einzelnen Zellen der Ergebniszeile bereitgestellt werden.

2. Die Arbeitsmappe `Opelhaus` ist geöffnet, der Cursor innerhalb der Excel-Tabelle positioniert.

3. Aktivieren Sie im Tabellentools-Register `Entwurf`, Gruppe `Optionen für Tabellenformat` das Kontrollkästchen `Ergebniszeile`.

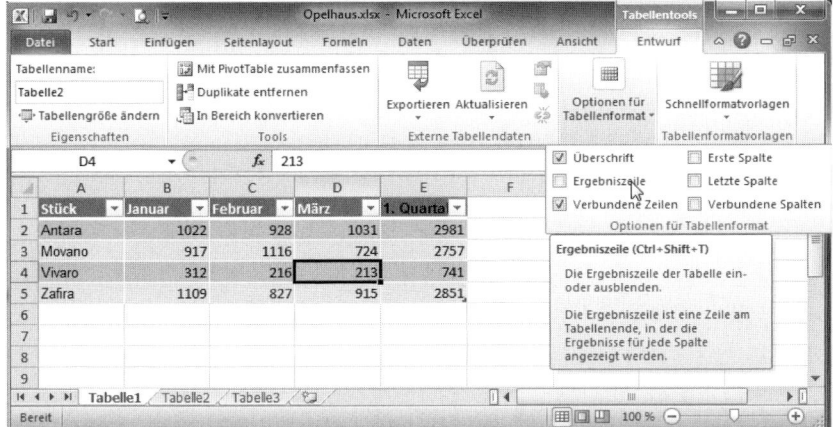

Abb 78 *Ergebniszeile wird hinzugefügt*

4. Die Ergebniszeile wird als letzte Zeile in der Tabelle angezeigt und in der Zelle ganz links steht das Wort *Ergebnis*.

5. Klicken Sie in der Ergebniszeile auf die Zellen, für die ein Ergebnis berechnet werden sollen, und wählen Sie in der Dropdownliste die Funktion aus, mit der die Ergebnisse berechnet werden sollen.

6. Wählen Sie überall die Funktion *Summe* aus.

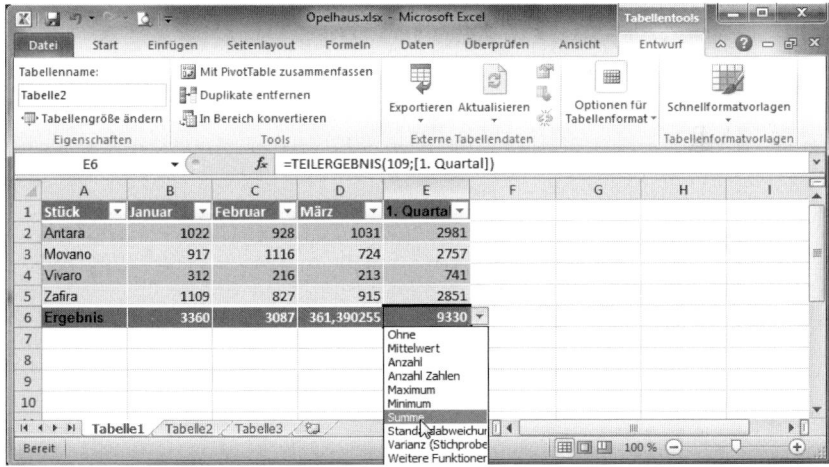

Abb 79 *Auswahl der Funktion in der Ergebniszeile*

7. Über die `Optionen für Tabellenformat` können Sie noch die `erste` und `letzte Spalte` besonders gestalten.

3.2 Daten in Tabellen und Bereichen überprüfen

Mit der Datenüberprüfung können Sie die Datentypen oder Werte steuern, die von Benutzern in eine Zelle eingegeben werden. Sie können beispielsweise Dateneinträge auf bestimmte Datumsbereiche beschränken, die Auswahl durch eine Liste eingrenzen oder sicherstellen, dass nur positive Ganzzahlen eingegeben werden.

Bei der Datenüberprüfung handelt es sich um eine Funktion in Excel, mit der Einschränkungen für die mögliche oder erforderliche Dateneingabe in eine Zelle definiert werden können. Sie können eine Datenüberprüfung konfigurieren, um zu verhindern, dass die Benutzer ungültige Daten eingeben. Sie können aber auch den Benutzern die Eingabe ungültiger Daten gestatten, wobei jedoch eine Warnung bei der Eingabe dieser Daten in die Zelle angezeigt wird. Darüber hinaus können Meldungen angezeigt werden, die den gewünschten Inhalt der Zelle definieren, sowie Anweisungen, die den Benutzer beim Korrigieren möglicher Fehler unterstützen.

Eine Datenüberprüfung ist von besonderem Nutzen, wenn Sie eine Arbeitsmappe mit anderen gemeinsam verwenden möchten und die in der Arbeitsmappe eingegebenen Daten genau und konsistent sein sollen.

Eine Datenüberprüfung ist sowohl in Datenbereichen (Beispiel 31) als auch in Tabellen (Beispiel 32 - 35) möglich.

Sie können mit folgenden Beispielen lernen:

Beispiel 31: Einschränken der Dateneingabe in Datenbereichen

Beispiel 32: Einschränken der Dateneingabe auf Werte in einer Dropdownliste

Beispiel 33: Einschränken der Dateneingabe auf eine ganze Zahl innerhalb von Grenzen

Beispiel 34: Einschränken der Dateneingabe auf Text einer bestimmten Länge

Beispiel 35: Einschränken der Dateneingabe auf ein Datum innerhalb eines Zeitrahmens

---

3.2.1 Beispiel 31: Einschränken der Dateneingabe in Datenbereichen

1. Die Arbeitsmappe `Mitarbeiter Stadtlupe2` ist geöffnet. Um die Tabelle in einen Datenbereich zu konvertieren, klicken Sie mit rechten Maustaste auf irgendeine Zelle innerhalb der Tabelle und wählen aus dem Kontextmenü `Tabelle/In Bereich konvertieren`.
2. Bestätigen Sie die Konvertierung mit `Ja`, werden die Pfeile in den Spaltenüberschriften ausgeblendet.
3. In der Spalte `Plz` soll die Dateneingabe nur auf eine ganze fünfstellige Zahl beschränkt werden.
4. Markieren Sie die Zellen G2:G53, für die die Kriterien der Datenüberprüfung gelten sollen, und klicken Sie im Register `Daten` auf `Datenüberprüfung`.

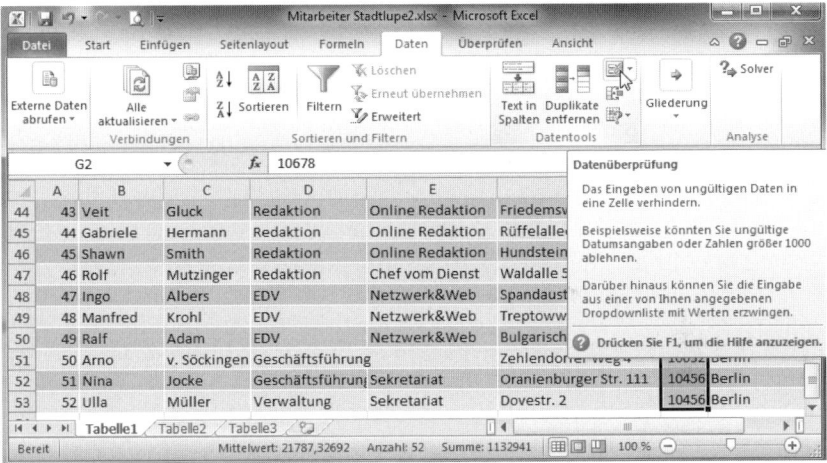

Abb 80 *Datenüberprüfung*

5. Wählen Sie im Register `Einstellungen` aus dem Listenfeld `Zulassen` *Ganze Zahl* und aus dem Listenfeld `Daten` *zwischen*.
6. Das `Minimum` soll *10000*, das `Maximum` *99999* betragen.

Abb 81 *Dialogbox Datenüberprüfung*

7. Wechseln Sie in das Register Eingabemeldung und geben Sie als Titel *Nur deutsche Plz verwenden* ein.

8. Im Register Fehlermeldung wählen Sie als Typ *Stopp*. Geben Sie als Titel *Falsche Plz* und als Fehlermeldung *Dies ist keine deutsche Plz* ein. OK.

9. Geben Sie in Zelle G5 *Berlin*, erscheint der Fehlerhinweis. Der Eintrag des Ortes in der Spalte G ist nicht möglich.

Abb 82 *Fehlermeldung*

10 Brechen Sie ab und schließen Sie die Arbeitsmappe ohne zu speichern. In den folgenden Beispielen werden Beschränkungen der Dateneingabe in Tabellen gezeigt. In Datenbereichen wären diese ebenso möglich.

3.2.2 Beispiel 32: Einschränken der Dateneingabe auf Werte in einer Dropdownliste

1. Die Datei Mitarbeiter Stadtlupe2 ist geöffnet. In der Spalte Abteilung soll die Dateneingabe nur auf vordefinierte Elemente einer Liste beschränkt werden.
2. Markieren Sie die Zellen d2:d53, für die die Kriterien der Datenüberprüfung gelten sollen, und klicken Sie im Register Daten auf Datenüberprüfung.

Abb 83 *Symbol Datenüberprüfung*

3. Wählen Sie im Register Einstellungen aus dem Listenfeld Zulassen *Liste*.
4. Klicken Sie in das Feld Quelle und geben Sie die Abteilungen der Stadtlupe ein, jeweils getrennt mit einem Semicolon (;): Verwaltung; Verlag; Redaktion; EDV; Geschäftsführung.
5. Hinweise: Die Listenwerte müssen mit dem Windowstrennzeichen getrennt werden. In Deutschland ist dies standardmäßig das Semicolon (;). In Windows 7 finden Sie dies in der Systemsteuerung, Region und Sprache, Register Formate unter Weitere Einstellungen.
6. Das Kontrollkästchen Zellendropdown muss aktiviert sein.

Abb 84 *Gültigkeitskriterien*

7. Wechseln Sie in das Register `Eingabemeldung` und aktivieren Sie gegebenenfalls das Kontrollkästchen `Eingabemeldung anzeigen....`

8. Geben Sie als `Titel` *Hinweis* und als `Eingabemeldung` *Wählen Sie eine Abteilung aus der Liste!* ein.

9. Öffnen Sie im Register `Fehlermeldung` das Listenfeld `Typ`.

10. Werden Fehler vom `Typ` *Stopp* definiert, können keine ungültigen Daten in eine Zelle eingegeben werden.

11. Beim `Typ` *Warnung* wird gewarnt, dass die eingegebenen Daten ungültig sind, doch wird die Eingabe nicht verhindert.

12. Auch beim `Typ` *Informationen* wird darauf hingewiesen, dass die eingegebenen Daten ungültig sind, doch wird die Eingabe nicht verhindert.

13. Wählen Sie als `Typ` *Warnung*. Geben Sie als `Titel` *Achtung!* und als `Fehlermeldung` *Diese Abteilung gibt es nicht in der Stadtlupe!* ein. `Ok`.

Abb 85 *Fehlermeldung wird definiert*

14. Positionieren Sie den Cursor in die letzte Zelle der Tabelle und fügen Sie mit (Tab) eine neue Tabellenzeile ein.

15. Geben Sie in A54 bis C54 *53 Anna Zwilling* ein und positionieren Sie dann den Cursor auf D54.

16. Ignorieren Sie den Hinweis und geben Sie *Marketing* ein. Der Warnhinweis erscheint.

17. Klicken Sie auf `Abbrechen` und wählen Sie aus der Liste *Verwaltung*. Vervollständigen Sie den Datensatz.

18. Speichern Sie die Arbeitsmappe unter *Mitarbeiter Stadtlupe3*.

3.2.3 Beispiel 33: Einschränken der Dateneingabe auf eine ganze Zahl innerhalb von Grenzen

1. Die Datei `Mitarbeiter Stadtlupe3` ist geöffnet. In der Spalte `Plz` soll die Dateneingabe nur auf eine ganze fünfstellige Zahl beschränkt werden.
2. Markieren Sie die Zellen G2:G54, für die die Kriterien der Datenüberprüfung gelten sollen, und klicken Sie im Register `Daten` auf `Datenüberprüfung`.
3. Wählen Sie im Register `Einstellungen` aus dem Listenfeld `Zulassen` *Ganze Zahl* und aus dem Listenfeld `Daten` *zwischen*.
4. Das `Minimum` soll *10000*, das `Maximum` *99999* betragen.
5. Wechseln Sie in das Register `Eingabemeldung` und geben Sie als `Titel` *Hinweis* und als `Eingabemeldung` *Deutsche Postleitzahl eingeben!* ein.
6. Im Register `Fehlermeldung` wählen Sie als `Typ` *Stopp*. Geben Sie als `Titel` *Achtung!* und als `Fehlermeldung` *Diese Eingabe ist falsch!* ein. OK.
7. Schreiben Sie in die Zelle G5 *Berlin* und bestätigen Sie mit der (Eingabe)-Taste.
8. Ein Fehlerhinweis erscheint. Der Eintrag des Ortes in der Spalte G ist nicht mehr möglich.

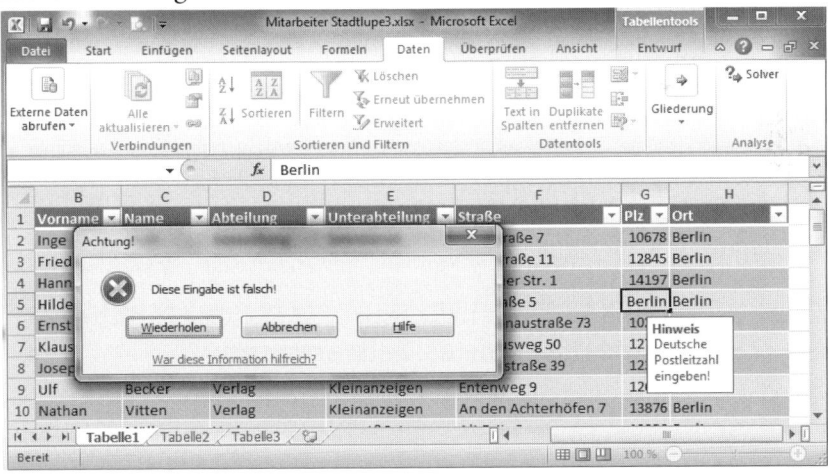

Abb 86 *Fehlermeldung*

9. Brechen Sie ab und speichern Sie die Arbeitsmappe unter *Mitarbeiter Stadtlupe4*.

3.2.4 Beispiel 34: Einschränken der Dateneingabe auf Text einer bestimmten Länge

1. Die Datei `Mitarbeiter Stadtlupe4` ist geöffnet. In der Spalte `Name` soll die Dateneingabe nur auf Text bis höchstens 20 Zeichen beschränkt werden.

2. Markieren Sie die Zellen C2:C54 und klicken Sie im Register `Daten` auf `Datenüberprüfung`.

3. Wählen Sie im Register `Einstellungen` aus dem Listenfeld `Zulassen` *Textlänge* und aus dem Listenfeld `Daten` *kleiner oder gleich*.

4. Das `Maximum` soll *20* betragen.

5. Im Register `Fehlermeldung` wählen Sie als `Typ` *Stopp*. Geben Sie als `Titel` *Achtung!* und als `Fehlermeldung` *Höchstens 20 Zeichen!* ein. OK.

6. Überschreiben Sie den Eintrag der Zelle C3 mit *Mertens-Schwarzenberger*.

7. Der Fehlerhinweis erscheint.

Abb 87 *Fehlermeldung*

8. Brechen Sie ab und speichern Sie die Arbeitsmappe unter *Mitarbeiter Stadtlupe5*.

3.2.5 Beispiel 35: Einschränken der Dateneingabe auf ein Datum innerhalb eines Zeitrahmens

1. Die Datei `Mitarbeiter Stadtlupe6` ist geöffnet. In der Spalte `Einstellungsdatum` soll die Dateneingabe auf ein Datum innerhalb eines Zeitrahmens beschränkt werden.

2. Markieren Sie die Zellen I2:I54 und klicken Sie im Register `Daten` auf `Datenüberprüfung`.

3. Wählen Sie im Register `Einstellungen` aus dem Listenfeld `Zulassen` *Datum* und aus dem Listenfeld `Daten` *zwischen*.

4. Geben Sie im Feld `Anfangsdatum` *1.1.1995* ein und im Feld `Enddatum` die Formel *=heute()+360* ein, um eine Zeitrahmen zwischen dem

Gründungsdatum der Stadtlupe und dem Datum von heute aus in einem Jahr festzulegen.

Abb 88 *Einschränken der Dateneingabe auf ein Datum innerhalb eines Zeitrahmens*

5. Im Register Fehlermeldung wählen Sie als Typ *Informationen*. Geben Sie als Titel *Achtung!* und als Fehlermeldung *Das kann nicht sein!* ein. OK.

6. Geben Sie in Zelle I3 ein Datum ein, das vor dem 1.1.1995 liegt oder das mehr als 1 Jahr in der Zukunft liegt.

7. Der Fehlerhinweis erscheint.

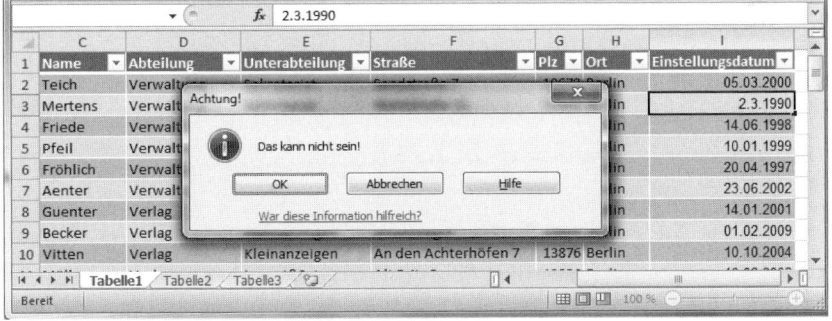

Abb 89 *Fehlermeldung*

3.3 Daten in Tabellen und Bereichen filtern

Mit dem AutoFilter können Sie schnell und einfach mit einer Teilmenge von Daten in einem Zellbereich oder einer Tabellenspalte arbeiten.

Gefilterte Daten zeigen nur die Zeilen an, die den angegebenen Kriterien entsprechen. Zeilen, die Sie nicht anzeigen möchten, werden ausgeblendet. Nach dem Filtern von Daten können Sie die Teilmenge der gefilterten Daten kopieren, suchen, bearbeiten, formatieren oder drucken, ohne sie neu anzuordnen oder zu verschieben.

Darüber hinaus können Sie die Daten anhand mehr als einer Spalte filtern. Filter sind additiv. Das bedeutet, dass jeder weiterer Filter auf dem aktuellen Filter basiert und die Teilmenge der Daten weiter einschränkt.

Mithilfe von AutoFilter können Sie drei Arten von Filtern erstellen: nach Listenwerten, nach Format oder nach Kriterien. Jeder dieser Filtertypen schließt die anderen Filter für einen Zellbereich oder eine Tabellenspalte aus. Beispielsweise können Sie Daten anhand der Zellenfarbe oder anhand einer Zahlenliste filtern, jedoch nicht beides gleichzeitig.

Für optimale Ergebnisse sollten Sie Speicherformate wie Text und Zahl oder Zahl und Datum nicht in einer Spalte mischen, da für jede Spalte immer nur ein Filterbefehlstyp verfügbar ist. Wenn die Speicherformate gemischt sind, wird stets der Befehl für das Speicherformat angezeigt, das am häufigsten vorkommt. Wenn beispielsweise eine Spalte drei als Zahl und vier als Text gespeicherte Werte enthält, wird der Filterbefehl als Textfilter angezeigt.

Sie können mit folgenden Beispielen lernen:

Beispiel 36: Datenbereich nach Text filtern

Beispiel 37: Datenbereich nach Zahlen und Datumswerten filtern

Beispiel 38: Tabelle nach Text filtern

Beispiel 39: Tabelle nach Text und Zahlen filtern

Beispiel 40: Spezialfilter kennenlernen

Beispiel 41: Tabelle mit dem Spezialfilter abfragen

3.3.1 Beispiel 36: Datenbereich nach Text filtern

1. Die Mappe `Datenbereich Mitarbeiter` ist geöffnet. Sie möchten Personen selektieren.
2. Positionieren Sie den Cursor in den Datenbereich und klicken Sie im Register `Daten` auf das Symbol `Filtern`.
3. Hinweis: Alternativ könnten Sie im Register `Start` aus dem Listensymbol `Sortieren und Filtern` den Befehl `Filtern` aufrufen.
4. Neben allen Feldnamen erscheint ein Pfeil zum Öffnen eines Listenfeldes.
5. Um alle Personen anzuzeigen, die keiner Religionsgemeinschaft angehören, deaktivieren Sie im Listenfeld `Rel` zunächst das Kontrollkästchen (`Alles auswählen`) und aktivieren dann das Kontrollkästchen (`Leere`). Die gefilterte Liste enthält 8 Personen.

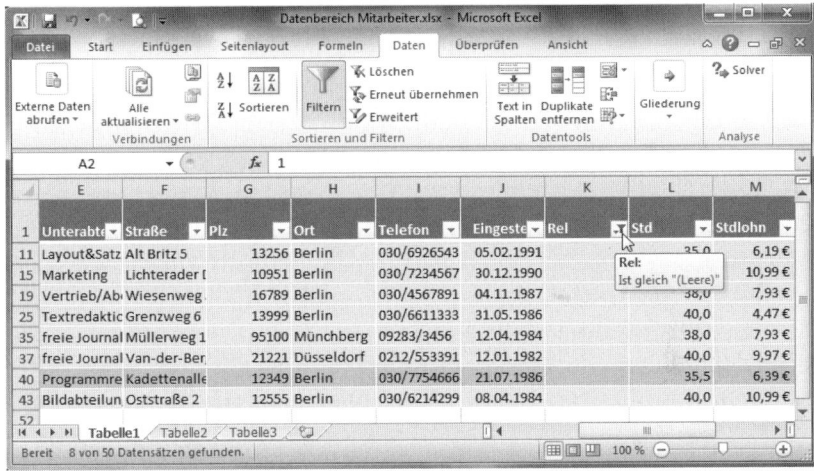

Abb 90 *Gefilterter Datenbereich*

6. Um alle Personen anzuzeigen, die einer Religionsgemeinschaft angehören, aktivieren Sie im Listenfeld `Rel` zunächst das Kontrollkästchen (`Alles auswählen`) und deaktivieren dann das Kontrollkästchen (`Leere`).
7. Um das Filter zu entfernen, wählen Sie aus dem Listeneintrag `Rel` den Eintrag `Filter löschen aus 'Rel'`.
8. Um alle Mitarbeiter anzuzeigen, deren Abteilung mit *V* beginnt, wählen Sie aus dem Listenfeld `Abteilung` den Eintrag `Textfilter/Beginnt mit`.
9. Im ersten Listenfeld ist für die Abteilung bereits *beginnt mit* eingetragen. Tragen Sie in das zweite Listenfeld *V* ein. Bei Textfiltern können Sie auch

die Joker ? als Platzhalter für ein Zeichen und * als Platzhalter für eine beliebige Zeichengruppe verwenden.

Abb 91 *Benutzerdefinierter AutoFextfilter*

10. OK blendet nur noch die Mitarbeiter aus den Abteilungen *Verwaltung* und *Verlag* ein.

11. Filter sind additiv. Das bedeutet, dass jeder weiterer Filter auf dem aktuellen Filter basiert. Um alle evangelischen Mitarbeiter, die aus der Verwaltung oder dem Verlag kommen, anzuzeigen, aktivieren Sie dazu über das Listenfeld Rel nur das Kontrollkästchen ev.

12. Klicken Sie im Register Daten, Gruppe Sortieren und Filtern auf das Symbol Löschen, um wieder die vollständige Liste anzuzeigen.

13. Um alle Mitarbeiter aus den Unterabteilungen *Sekretariat* und *Buchhaltung* anzuzeigen, können Sie auch den benutzerdefinierten AutoFilter nutzen. Wählen Sie aus dem Listenfeld Unterabteilung den Eintrag Textfilter/Benutzerdefinierter Filter.

14. Folgendes muss eingetragen werden: Unterabteilung *entspricht Sekretariat* Oder *entspricht Buchhaltung*. Würden Sie den Kontrollkreis Und aktivieren, würden keine Mitarbeiter angezeigt, da niemand beiden Abteilungen angehört.

15. Um alle Filter aufzuheben und die Listenpfeile wieder zu entfernen, klicken Sie im Register Daten wieder auf das Symbol Filtern.

3.3.2 Beispiel 37: Datenbereich nach Zahlen und Datumswerten filtern

1. Die Mappe `Datenbereich Mitarbeiter` ist geöffnet. Sie möchten Personen selektieren.
2. Positionieren Sie den Cursor in den Datenbereich. Klicken Sie im Register `Daten` auf das Symbol `Filtern`.
3. Hinweis: Alternativ könnten Sie im Register `Start` aus dem Listensymbol `Sortieren und Filtern` den Befehl `Filtern` aufrufen.
4. Neben allen Feldnamen erscheint ein Pfeil zum Öffnen eines Listenfeldes.
5. Um alle Personen anzuzeigen, die einen Stundenlohn von über 12,00 Euro erhalten, wählen Sie aus dem Listenfeld `Stdlohn` den Eintrag `Zahlenfilter/Größer als`.
6. Im ersten Listenfeld ist für den Stdlohn bereits der Operator *ist größer als* eingetragen. Tragen Sie in das zweite Listenfeld *12* ein. `Ok`.
7. Vier Datensätze entsprechen dem Kriterium.
8. Um alle Personen anzuzeigen, die einen Stundenlohn zwischen 10,00 und 12,00 Euro erhalten, wählen Sie aus dem Listenfeld `Stdlohn` den Eintrag `Zahlenfilter/Benutzerdefinierter Filter`.
9. Folgendes muss eingetragen werden: Stdlohn *ist größer oder gleich 10* Und *ist kleiner oder gleich 12*. Würden Sie den Kontrollkreis `Oder` aktivieren, würden alle Mitarbeiter angezeigt, da jeder über 10 oder unter 12 Euro verdient.

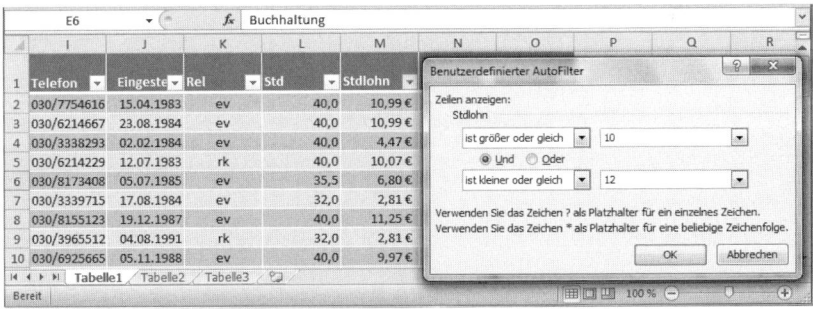

Abb 92 *Benutzerdefinierter AutoFilter*

10. Heben Sie den Filter wieder auf. Um die Mitarbeiter mit den beiden „Topgehältern" anzuzeigen, wählen Sie aus dem Listenfeld `Monatslohn` den Eintrag `Zahlenfilter/Top 10`. Wählen Sie aus dem ersten Listenfeld *Obersten* und tragen Sie im zweiten *2* ein. `Ok` blendet die beiden Mitarbeiter mit den Topgehältern ein.

11. Hinweis: Tragen Sie im zweiten Listenfeld 3, 4, 5 oder 6 ein, so enthält die gefilterte Liste jeweils 6 Personen, weil der dritthöchste Monatslohn viermal vorkommt.

12. Um alle Mitarbeiter anzuzeigen, die nach dem 1.1.2006 angestellt wurden, wählen Sie aus dem Listenpfeil `Einstellung` den Befehl `Datumsfilter/Nach`.

13. Um alle Filter aufzuheben und die Listenpfeile wieder zu entfernen, klicken Sie im Register `Daten` wieder auf das Symbol `Filtern`.

3.3.3 Beispiel 38: Tabelle nach Text filtern

1. Die Mappe `Tabelle Mitarbeiter` ist geöffnet.
2. Es sollen alle Mitarbeiter angezeigt werden, die der `Abteilung` *Redaktion* und entweder der `Unterabteilung` *Textredaktion* oder der `Unter-abteilung` *Freie Journalisten* angehören.
3. Wählen Sie aus dem Listenfeld `Abteilung` den Eintrag *Redaktion,* so erhalten Sie 24 Mitarbeiter.
4. Wählen Sie dann zusätzlich aus dem Listenfeld `Unterabteilung` den Eintrag `Textfilter/Benutzerdefinierter Filter`.
5. Wählen Sie aus dem ersten Listenfeld *entspricht* und aus dem zweiten *Textredaktion.*

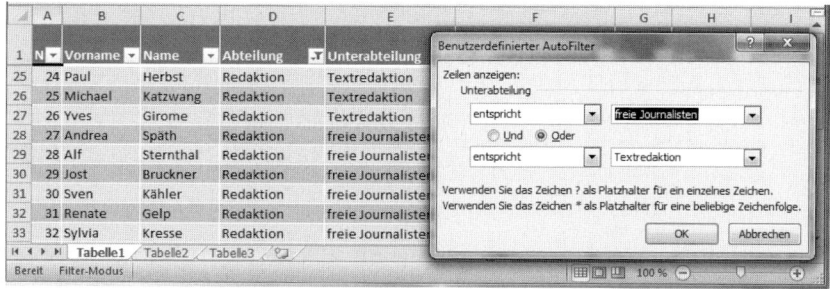

Abb 93 *Tabelle wird gefiltert*

6. Aktivieren Sie die Verknüpfung `Oder` und wählen Sie in der nächsten Zeile die Einträge *entspricht* und *freie Journalisten*. `OK`.
7. Die gefilterte Liste enthält 13 Personen.
8. Sie hätten statt des benutzerdefinierten Filters auch aus dem Listenfeld `Unterabteilung` die Einträge *Textredaktion* und *freie Journalisten* wählen können.

3.3.4 Beispiel 39: Tabelle nach Text und Zahlen filtern

1. Die Mappe `Tabelle Mitarbeiter` ist geöffnet.
2. Es sollen alle Mitarbeiter aus der *Redaktion* gefiltert werden, die einen Stundenlohn zwischen *10* und *13* Euro erhalten.
3. Aktivieren Sie aus dem Listenfeld `Abteilung` nur das Kontrollkästchen `Redaktion` und wählen Sie aus dem Listenfeld `Stdlohn` den Eintrag `Zahlenfilter/Benutzerdefinierter Filter`.
4. Wählen Sie in der ersten Zeile *ist größer oder gleich 10* und aktivieren Sie die Verknüpfung `Und`.
5. Wählen Sie in der nächsten Zeile *ist kleiner oder gleich 13*.
6. Mitarbeiter aus der Redaktion erhalten einen Stdlohn zwischen 10 und 13 Euro.
7. Wechseln Sie in das Register `Daten` und zeigen Sie über `Löschen` wieder alle Datensätze an.

3.3.5 Beispiel 40: Spezialfilter kennenlernen

1. Dieses Beispiel dient nur zum Kennenlernen des Spezialfilters. Die Aufgabenstellung wäre sicherlich schneller und einfacher mit dem AutoFilter zu lösen.
2. Die Arbeitsmappe `Tabelle Mitarbeiter` ist geöffnet. Es sollen alle Mitarbeiter gefunden werden, die den `Unterabteilungen` *Sekretariat, Anzeigen* oder *Kleinanzeigen* angehören.
3. Dazu richten Sie zunächst einen Kriterienbereich ein, der in der ersten Zeile die Feldnamen und in den darunter liegenden Zeilen die Suchkriterien enthält.
4. Fügen Sie vor der ersten Zeile 5 Zeilen ein und kopieren Sie die Zeile mit den Feldnamen in die erste Zeile.
5. Zwischen `Und`-Verknüpfungen und `Oder`-Verknüpfungen wird auf ganz einfache Weise unterschieden. `Und`-Verknüpfungen werden in eine Zeile des Kriterienbereichs geschrieben. Bei `Oder`-Verknüpfungen werden die beiden Abfragen in unterschiedliche Zeilen geschrieben.
6. Da die Mitarbeiter entweder aus dem *Sekretariat* oder aus den Unterabteilungen *Anzeigen* oder *Kleinanzeigen* sein sollen, liegen `Oder`-Verknüpfungen vor.
7. Die Kriterien müssen also untereinander eingegeben werden.
8. Geben Sie unterhalb des Feldnamens `Unterabteilung` in die Zellen E2 bis E4 *Sekretariat, Anzeigen* und *Kleinanzeigen* ein.

9. Positionieren Sie den Cursor in die Tabelle und klicken Sie im Register Daten auf Erweitert. Der Listenbereich wird automatisch erkannt.

10. Aktivieren Sie den Kontrollkreis Liste an gleicher Stelle filtern.

11. Klicken Sie in das Feld Kriterienbereich und markieren Sie den Kriterienbereich inklusive der Feldnamen, also A1 bis O4.

12. Hinweis: Über das Symbol am rechten Rand des Kriterienbereichs können Sie die Dialogbox verkleinern und so den Kriterienbereich einfacher markieren.

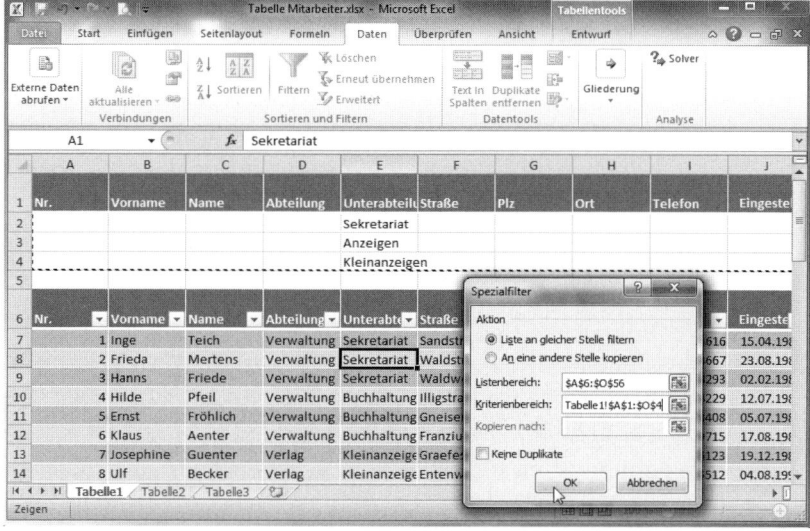

Abb 94 *Spezialfilter*

13. OK gibt eine gefilterte Liste mit 8 Datensätzen aus.

14. Entfernen Sie den Filter über Löschen. Entfernen Sie auch die Unterabteilungen im Kriterienbereich

15. Um alle Mitarbeiter aus der Redaktion in Berlin zu erhalten, benötigen Sie eine Und-Verknüfung. Sie müssen also die Abfragen in eine Zeile schreiben.

16. Geben Sie in D2 *Redaktion* und in H2 *Berlin* ein und führen Sie erneut über das Symbol Erweitert die Abfrage durch. Der Kriterienbereich umfasst nun die Zellen A1:O2.

17. Sie erhalten 13 Datensätze.

18. Löschen Sie den Filter sowie die Eingaben im Kriterienbereich und speichern Sie Ihre Tabelle unter *Tabelle Mitarbeiter1*.

3.3.6 Beispiel 41: Tabelle mit dem Spezialfilter abfragen

1. Die Mappe `Tabelle Mitarbeiter1` ist geöffnet, der Kriterienbereich oberhalb der Tabelle schon eingerichtet. Es sollen alle Mitarbeiter gefunden werden, die entweder 40 Stunden oder zwischen 32 und 36 Stunden arbeiten.

2. Es liegt eine `Oder`-Verknüpfung vor, nämlich entweder 40 Stunden oder zwischen 32 und 36 Stunden. `Oder`-Verknüpfungen müssen untereinander, also in zwei Zeilen geschrieben werden.

3. Und es liegt eine `Und`-Verknüpfung vor, nämlich der zweite Teil der Oder-Verknüpfung. Zwischen 32 und 36 Stunden bedeuten >=32 und <=36. Bei einer `Und` -Verknüpfung müssen die Kriterien in einer Zeile geschrieben werden.

4. Geben Sie in L2 *40* und in L3 *>=32* ein. Da wir `Und`-Verknüpfung in einer Zeile schreiben müssen, benötigen wir noch einen weiteren Feldnamen `Std`. Kopieren Sie also L1 nach P1 und geben Sie in P3 *<=36* ein.

5. Positionieren Sie den Cursor in die Tabelle und klicken Sie auf `Erweitert`.

6. Aktivieren Sie den Kontrollkreis `Liste an gleicher Stelle filtern` und klicken Sie in das Feld `Kriterienbereich`. Markieren Sie den Kriterienbereich inklusive der Feldnamen, also A1 bis P3.

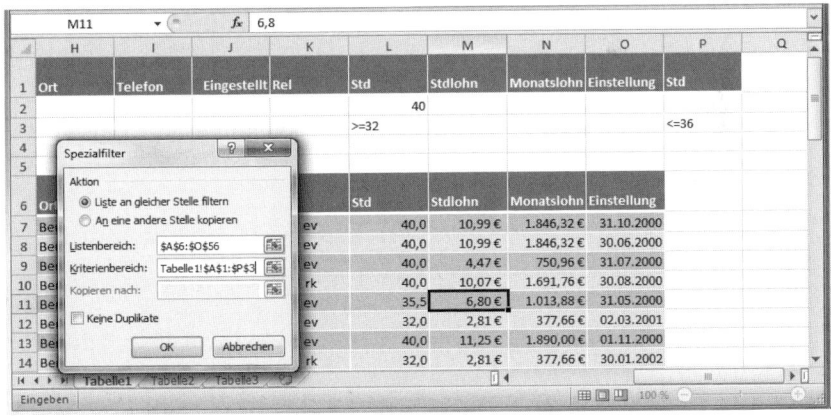

Abb 95 *Spezialfilter*

7. `OK` gibt eine gefilterte Liste mit 39 Datensätzen aus.

8. Soll diese Abfrage nur die Mitarbeiter aus der Redaktion umfassen, müssen Sie zusätzlich in D2 und D3 *Redaktion* eingeben.

9. Sie erhalten dann nur noch 17 Datensätze.

3.4 Teilergebnisse und Pivot-Tabellen

Die Stadtlupe bringt neben dem Stadtmagazin für Berlin in unregelmäßigen Abständen Städteführer hinaus. Als Verkaufspreis eines Stadtführers wurde 15,00 Euro festgelegt. Den Verkauf übernehmen die Abteilungen Marketing und Vertrieb.

Aus der Verkaufsliste sollen Teilergebnisse dargestellt werden. Excel berechnet Teilergebnisse anhand einer zusammenfassenden Funktion, wie z. B. Summe oder Mittelwert. Teil- und Gesamtergebnisse werden automatisch neu berechnet, wenn Sie Detaildaten ändern.

Pivot-Tabellen sind interaktive Tabellen, in denen Sie Daten aus einer vorhandenen Liste oder Tabelle zusammenfassen und analysieren können. Dabei steht Ihnen eine große Anzahl an veränderbaren Betrachtungsmöglichkeiten zur Verfügung. Wenn Sie die Quelldaten ändern, können Sie die Pivot-Tabelle aktualisieren.

Mit einer Pivot-Tabelle können Sie rasch Fragen wie „Welche Umsätze tätigte der Verkäufer Meyer mit dem Städteführer München in der Region Süddeutschland?" beantworten. Folgende Grundsätze müssen beachtet werden: Eine Liste, die mit Hilfe einer Pivot-Tabelle analysiert werden soll, soll immer ein kompakter Bereich ohne Leerzeilen und Leerspalten sein und primär spaltenorientiert aufgebaut sein. Die Spaltenüberschriften sollten anders als die nachfolgenden Zeilen formatiert sein. Eine Pivot-Tabelle besitzt einen „Datenkern", der berechnet werden kann und um den herum die Bezugsdaten beliebig angeordnet werden können. Um zu verstehen, was eine Pivot-Tabelle ist, sollten Sie unbedingt die folgenden acht Beispiele ausführen.

Mit einer Pivot-Tabelle, auch PivotTable-Bericht genannt, können Sie Daten zusammenfassen, analysieren, durchsuchen und präsentieren. Mit einem Pivot-Diagramm, auch PivotChart-Bericht genannt, können Sie die zusammengefassten Daten in einer Pivot-Tabelle anzeigen und so bequem vergleichen sowie Muster und Trends erkennen. Ein Pivot-Diagramm bietet also eine grafische Darstellung der Daten in einer Pivot-Tabelle.

Ein Pivot-Diagrammt verfügt wie Standarddiagramme über Kategorien, Datenpunktmarkierungen und Achsen. Sie können auch den Diagrammtyp und den Titel, die Legendenanordnung, die Datenbeschriftungen oder die Diagrammposition ändern.

3.4.1 Beispiel 42: Teilergebnisse in Listen einfügen

1. Die Arbeitsmappe Staedtefuehrer ist geöffnet. Sie möchten berechnen, wie viele Städteführer die einzelnen Verkäufer verkauft haben und wie hoch der Umsatz pro Verkäufer war.

2. Sortieren Sie die Liste zunächst nach der Spalte Verkäufer. Positionieren Sie den Cursor in die Spalte F und klicken Sie dann im Register Daten auf das Symbol Von A bis Z sortieren.

3. Öffnen Sie im Register Daten, Gruppe Gliederung über Teilergebnis die gleichnamige Dialogbox.

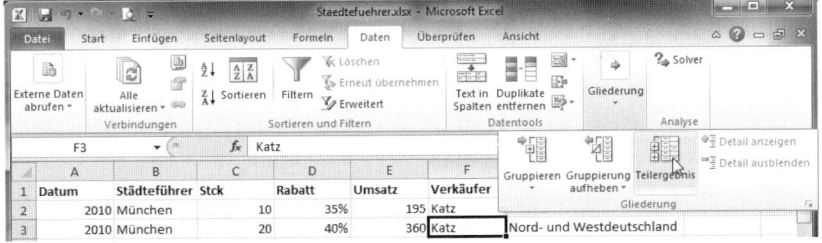

Abb 96 *Dialogbox Teilergebnis aufrufen*

4. Gruppieren Sie nach *Verkäufer*, da deren Teilergebnisse berechnet werden sollen. Nach dieser Spalte wurde deshalb ja auch sortiert.

5. Wählen Sie aus dem Listenfeld Unter Verwendung von die Funktion *Summe*, da Sie diese zur Berechnung der Teilergebnisse verwenden möchten.

6. Aktivieren Sie im Feld Teilergebnis addieren zu die Kontrollkästchen der Spalten mit den Werten, für die Teilergebnisse berechnet werden sollen. Aktivieren Sie die Kontrollkästchen Stck und Umsatz.

7. Aktivieren Sie die Kontrollkästchen Vorhandene Teilergebnisse ersetzen und Ergebnisse unterhalb der Daten anzeigen. Bestätigen Sie Ihre Eingaben mit Ok.

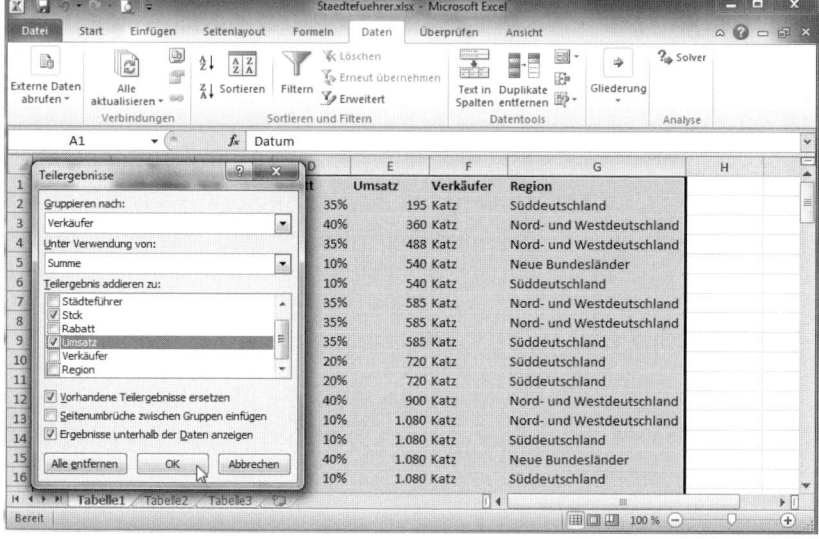

Abb 97 *Dialogbox Teilergebnisse*

8. Klicken Sie links neben den Spaltenköpfen auf die Gliederungsebene 1, wird nur das Gesamtergebnis angezeigt. Klicken Sie auf die Gliederungsebene 2, werden die Teilergebnisse und das Gesamtergebnis angezeigt.

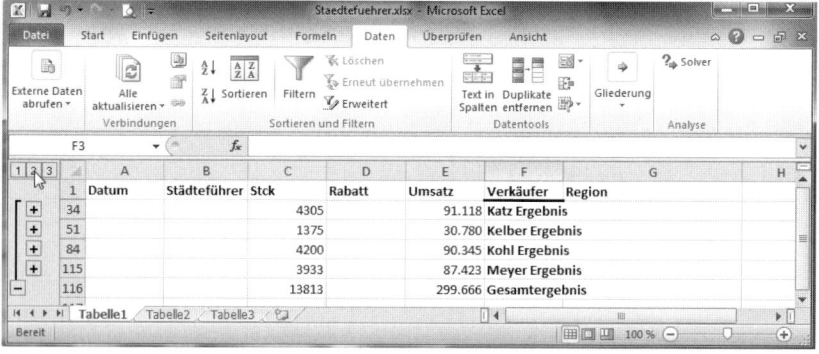

Abb 98 *Teilergebnisse und Gesamtergebnis*

9. Die Gliederungsebene 3 zeigt alle Einträge, die Teilergebnisse und das Gesamtergebnis.

10Um die Gliederung und die Teilergebnisse wieder zu entfernen, markieren Sie den ganzen Bereich, beispielsweise mit (Strg)+a, und klicken in der Dialogbox Teilergebnisse auf Alle entfernen.

3.4.2 Beispiel 43: Teilergebnisse in Listen weiter untergliedern

1. Die Mappe `Staedtefuehrer` ist geöffnet, Register `Daten` eingeblendet. Sie möchten jetzt den Umsatz und die Stückzahl der verkauften Städteführer nicht nur pro Verkäufer, sondern auch gruppiert nach Städteführern berechnen.
2. Öffnen Sie die Dialogbox `Sortieren` und wählen Sie aus dem Listenfeld `Sortieren nach` *Verkäufer*.
3. Klicken Sie dann auf `Ebene hinzufügen` und wählen Sie aus dem Listenfeld `Dann nach` *Städteführer*, um die Liste nach zwei Spalten, für die Teilergebnisse berechnet werden sollen, zu sortieren. OK.
4. Wählen Sie nach `Gliederung/Teilergebnisse` aus dem Listenfeld `Gruppieren nach` *Verkäufer*, aus dem Listenfeld `Unter Verwendung von` *Summe* und aktivieren Sie im Bereich `Teilergebnis addieren zu` die Kontrollkästchen `Stck` und `Umsatz`. OK.
5. Sie erhalten wieder die Stückzahlen und Umsätze der verkauften Städteführer pro Verkäufer.
6. Wiederholen Sie den Vorgang für die zweite Spalte (B). Wählen Sie nach `Gliederung/Teilergebnisse` aus dem Listenfeld `Gruppieren nach` *Städteführer*.
7. Deaktivieren Sie das Kontrollkästchen `Vorhandene Teilergebnisse ersetzen` und klicken Sie dann auf OK.

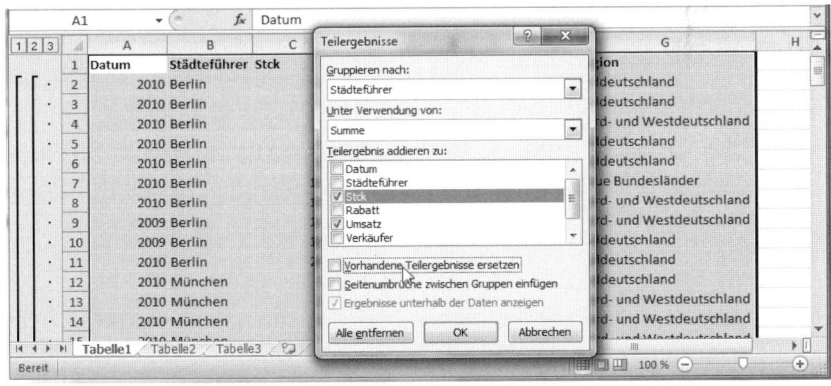

Abb 99 *Dialogbox Teilergebnisse*

8. Sie erhalten vierfach gegliederte Teilergebnisse. Betrachten Sie die verschiedenen Ebenen.
9. Die eben erstellten Teilergebnisse finden Sie auch in der Mappe `Staedtefuehrer mit Teilergebnissen`.

3.4.3 Beispiel 44: Pivot-Tabelle erstellen

1. Sie möchten einen Pivot-Tabelle erstellen. Pivot-Tabellen sind interaktive Tabellen, mit denen Sie Daten aus einem vorhandenen Datenbereich oder einer Tabelle zusammenfassen und analysieren können.
2. Die Arbeitsmappe `Staedtefuehrer` ist geöffnet, das Register `Einfügen` eingeblendet.
3. Positionieren Sie den Cursor auf eine beliebige Zelle innerhalb des Datenbereichs und öffnen Sie über `PivotTable` die Dialogbox `PivotTable`.
4. Überprüfen Sie, ob der gesamte Datenbereich *(A1:G111)* richtig erkannt wurde.
5. Legen Sie fest, dass der Pivot-Table-Bericht auf einem `Neuen Arbeitsblatt` abgelegt werden soll.

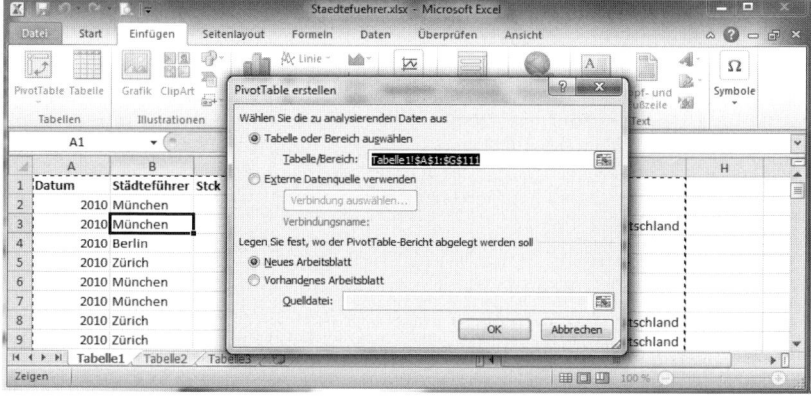

Abb 100 *Dialogbox PivotTable erstellen*

6. Mit `Ok` erhalten Sie die Pivot-Tabelle auf einem neuen Tabellenblatt.
7. Die `PivotTable-Feldliste` sowie das PivotTable-Tools-Register `Optionen` werden eingeblendet.
8. Die `PivotTable-Feldliste` blenden Sie über das gleichnamige Symbol aus und ein.
9. Die Feldlistenansicht können Sie über das erste Listenfeld ändern. `Abschnitt für Felder und Abschnitt für Bereiche gestapelt` ist die Standardansicht. Die nächste Ansicht wird verwendet wenn in jedem Bereich mehr als vier Felder enthalten sind, die anderen, wenn sehr viele Felder verwendet werden.

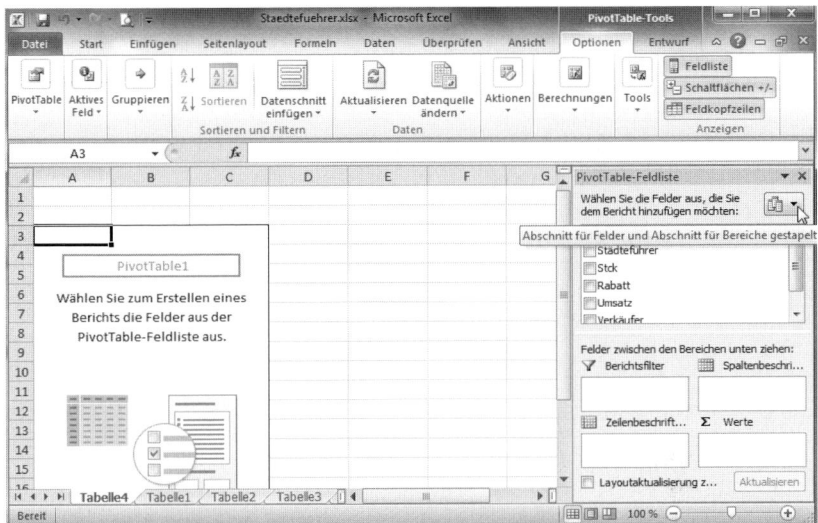

Abb 101 *PivotTable-Feldliste*

10. Zum Abschluss definieren Sie das vorläufige Layout der Pivot-Tabelle. Dafür stehen Ihnen in der PivotTable-Feldliste die Spaltenüberschriften Ihrer Liste (*Datum, Städteführer* usw.) zur Verfügung, die Sie in vier verschiedene Bereiche ziehen können: `Berichtsfilter`, `Spaltenbeschriftung`, `Zeilenbeschriftung` und `Werte`.

11. Ziehen Sie das Feld *Städteführer* in den Bereich `Spaltenbeschriftung` und das Feld *Verkäufer* in den Bereich `Zeilenbeschriftung`.

12. Ziehen Sie dann den Datenkern, in unserem Beispiel das Feld *Umsatz,* in den Bereich `Werte`. Als Datenkern wäre auch das Feld *Stck* denkbar. Excel schlägt standardmäßig *Summe von Umsatz* vor, was auch für unser Beispiel gewünscht wird. Später können auch andere Berechnungsarten definiert werden.

13. Ziehen Sie noch die Felder *Datum* und *Region* in den Bereich `Berichtsfilter`. Mit dem Berichtsfilter können Sie die Ergebnisansicht der Pivot-Tabelle variieren. Standardmäßig werden immer *(Alle)* angezeigt, beispielsweise alle Regionen.

14. Ändern Sie die Quelldaten, können Sie die Pivot-Tabelle aktualisieren. Wechseln Sie in das Arbeitsblatt *Tabelle1* und geben Sie in Zelle C2 den Wert *1000* ein. Positionieren Sie dann den Cursor in das Tabellenblatt mit der Pivot-Tabelle und klicken Sie im Register `Optionen` auf das Symbol `Aktualisieren`. Betrachten Sie dabei die Zelle C6 mit dem Umsatz von Katz in München.

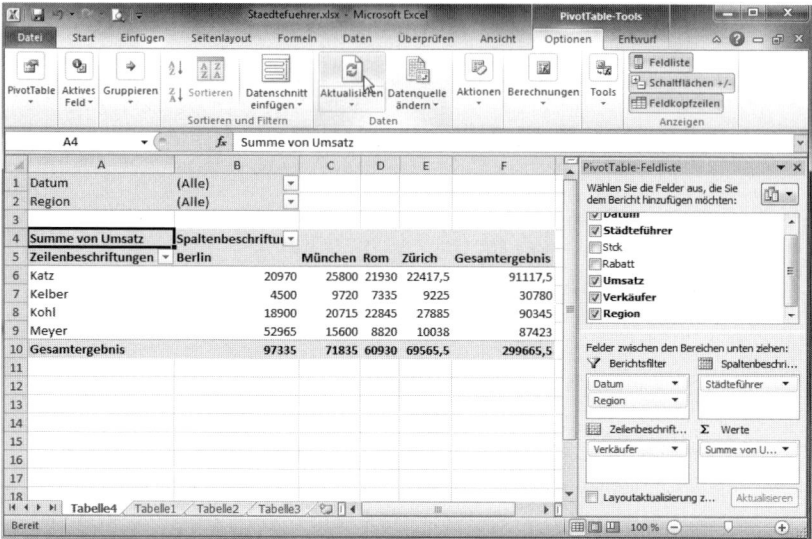

Abb 102 _Pivot-Tabelle_

15. Speichern Sie die Pivot-Tabelle unter _Staedtefuehrer Pivot1_.

3.4.4 Beispiel 45: Pivot-Tabelle gestalten

1. Die Arbeitsmappe `Staedtefuehrer Pivot1` ist geöffnet, das Tabellenblatt mit der Pivot-Tabelle aktiviert. Wechseln Sie in das Register `Entwurf`.
2. Wählen Sie das `PivotTable-Format` *Pivotformat - Mittel 10*.
3. Die Zahlenformate sowie das Aussehen der ersten Spalte bzw. der Gesamtergebnis-Spalte gefällt nicht. Erstellen Sie deshalb auf Basis dieser Schnellformatvorlage eine neue.
4. Klicken Sie dazu mit der rechten Maustaste auf diese Schnellformatvorlage und wählen Sie `Duplizieren`.
5. Vergeben Sie als `Name` *Städteführer* und markieren Sie das `Tabellenelement` *Erste Spalte*.
6. Klicken Sie auf `Formatieren`. Wählen Sie im Register `Schrift` als `Schriftschnitt` *Fett* und im Register `Rahmen` dunkelrote rechte und linke Linien. `Ok`.
7. Vergeben Sie dieses Format ebenso der *Spalte mit Gesamtsumme*.
8. Weisen Sie nach `Ok` Ihrer Pivot-Tabelle diese Schnellformatvorlage zu.
9. Spaltenbreiten und Zahlenformate können Sie ganz normal über das Kontextmenü oder im Register `Start` formatieren.
10. Geben Sie den Spalten A bis F eine Spaltenbreite von *11* und formatieren Sie die Zahlen der Tabelle ohne Dezimalstellen, aber mit 1.000er-Trennzeichen.

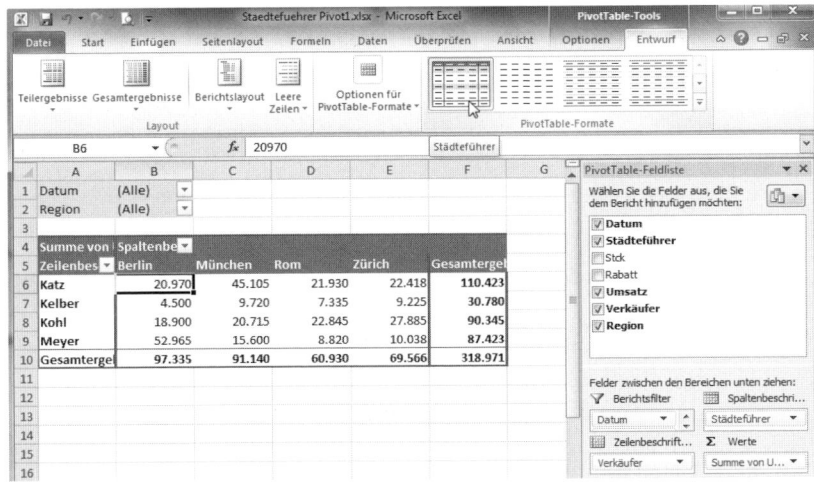

Abb 103 *Formatierte Pivot-Tabelle*

11. Formatieren Sie die Zellen B5 bis F5 noch rechtsbündig und speichern Sie Ihre Arbeitsmappe unter `Staedtefuehrer Pivot2`.

3.4.5 Beispiel 46: Ergebnisse einer Pivot-Tabelle variieren

1. Die Arbeitsmappe `Staedtefuehrer Pivot2` ist geöffnet, das Tabellenblatt mit der Pivot-Tabelle aktiviert. Wechseln Sie in das Register `Optionen`.
2. Sie können eine fertige Pivot-Tabelle mühelos ändern und ihre Daten aus unterschiedlichen Blickwinkeln betrachten. Die Vielseitigkeit des Werkzeugs Pivot-Tabelle wird sich Ihnen aber erst dann erschließen, wenn Sie auf der Basis einer einfach strukturierten Liste eigene Versuche unternehmen.
3. Im Bereich der `Berichtsfilter` befinden sich die Felder `Datum` und `Region`, die mit einem Listenpfeil versehen sind. Damit können Sie die Ergebnisliste auf vielfache Weise filtern.
4. Um alle Umsätze in Süddeutschland anzuzeigen, wählen Sie aus dem Listenfeld `Region` *Süddeutschland* und klicken auf `OK`. In der Ergebnisliste werden alle Umsätze in Süddeutschland angezeigt.
5. Sollen alle Umsätze in Süddeutschland aus dem Jahr 2010 angezeigt werden, so wählen Sie zusätzlich aus dem Listenfeld `Datum` das entsprechende Jahr. `OK`.

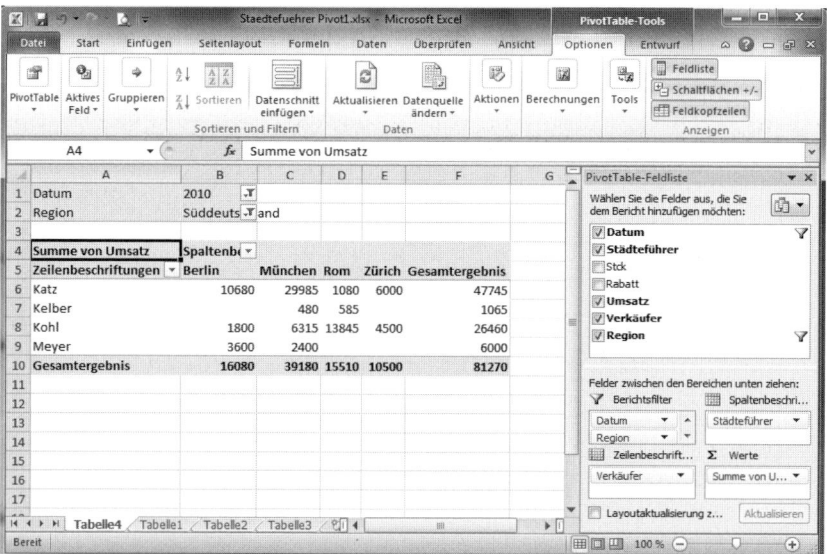

Abb 104 *Gefilterte Ergebnisliste*

6. Um wieder die Gesamtumsätze anzuzeigen, wählen Sie aus den Listenfeldern `Region` und `Datum` wieder *(Alle)*.

3.4.6 Beispiel 47: Felder einer Pivot-Tabelle vertauschen

1. Die Arbeitsmappe Staedtefuehrer Pivot2 ist geöffnet, das Tabellen-blatt mit der Pivot-Tabelle aktiviert. Wechseln Sie in das Register Optio-nen.
2. Sie möchten die Umsätze der einzelnen Verkäufer in den verschiedenen Regionen anzeigen.
3. Ziehen Sie das Feld Städteführer aus den Spaltenbeschriftun-gen in den Berichtsfilter.
4. Wenn Sie ein Feld außerhalb eines Bereiches ablegen, so wird dieses Feld aus der Gesamtdarstellung entfernt. Ein entferntes Feld können Sie aus der PivotTable-Feldliste wieder in den Bereich ziehen.
5. Verschieben Sie dann das Feld Verkäufer in die Spaltenbeschrif-tungen.
6. Um die Umsätze der Verkäufer in den verschiedenen Regionen anzuzei-gen, ziehen Sie das Feld Region aus dem Bereich Berichtsfilter in den Bereich Zeilenbeschriftungen und speichern Sie das Ergebnis unter Staedtefuehrer Pivot3.

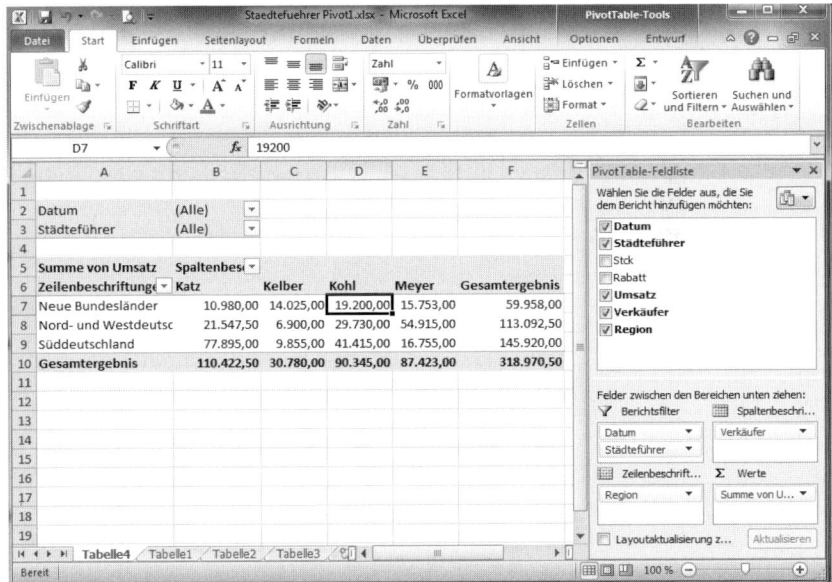

Abb 105 *Vertauschte Felder*

3.4.7 Beispiel 48: Datenbereiche und Details ein- und ausblenden

1. Die Arbeitsmappe `Staedtefuehrer Pivot3` ist geöffnet. Um bestimmte Datenbereiche, etwa die Umsätze des Verkäufers *Meyer*, auszublenden, öffnen Sie das Listenfeld `Spaltenbeschriftungen` und deaktivieren das Kontrollkästchen zu *Meyer*. `OK`.

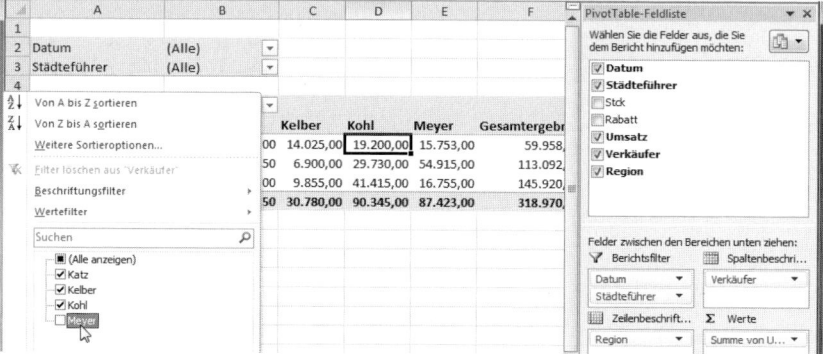

Abb 106 *Einzelne Ergebnisse ausblenden*

2. Die Ergebnisliste wird ohne die Werte von *Meyer* dargestellt. Zeigen Sie die Werte von *Meyer* wieder an.
3. Um Details einzublenden, etwa die Städteführer in den verschiedenen Regionen, markieren Sie eine Region, etwa *Neue Bundesländer*, und klicken dann im Register `Optionen`, Gruppe `Aktives Feld` auf das Symbol `Gesamtes Feld erweitern`.

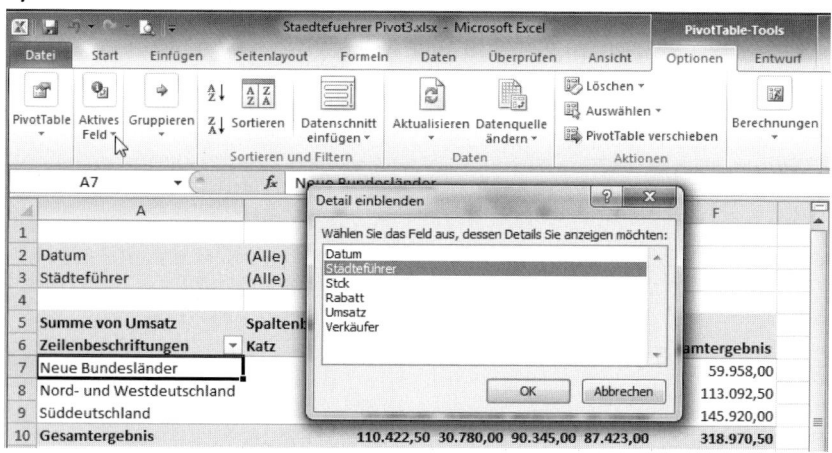

Abb 107 *Dialogbox Detail einblenden*

4. Wählen Sie `Städteführer` und bestätigen Sie mit `Ok`.

5. Über die Minus- und Plussymbole können Sie in den einzelnen Regionen die Städteführer aus- und einblenden.

	A	B	C	D	E	F	G
							A7 ▾ fx Neue Bundesländer

	A	B	C	D	E	F	G
1							
2							
3	Datum	(Alle) ▾					
4							
5	Summe von Umsatz	Spaltenbeschriftur ▾					
6	Zeilenbeschriftungen ▾	Katz	Kelber	Kohl	Meyer	Gesamtergebnis	
7	⊟ Neue Bundesländer	10.980,00	14.025,00	19.200,00	15.753,00	59.958,00	
8	⊟ Nord- und Westdeutsch	21.547,50	6.900,00	29.730,00	54.915,00	113.092,50	
9	Berlin	5.130,00	600,00	5.400,00	32.460,00	43.590,00	
10	München	9.180,00	1.800,00	3.600,00	10.500,00	25.080,00	
11	Rom	1.350,00		4.500,00	5.550,00	11.400,00	
12	Zürich	5.887,50	4.500,00	16.230,00	6.405,00	33.022,50	
13	⊟ Süddeutschland	77.895,00	9.855,00	41.415,00	16.755,00	145.920,00	
14	Berlin	14.040,00	2.700,00	10.800,00	9.975,00	37.515,00	
15	München	29.985,00	6.570,00	6.315,00	5.100,00	47.970,00	
16	Rom	20.580,00	585,00	13.845,00	600,00	35.610,00	
17	Zürich	13.290,00		10.455,00	1.080,00	24.825,00	
18	Gesamtergebnis	110.422,50	30.780,00	90.345,00	87.423,00	318.970,50	

H ◄ ► H Tabelle4 Tabelle1 Tabelle2 Tabelle3 ⏹

Abb 108 *Details ein- und ausblenden*

6. Über `Gesamtes Feld reduzieren` blenden Sie die Zahlen zu den einzelnen Städteführern wieder aus.

7. Ziehen Sie das Feld `Städteführer` aus den `Zeilenbeschriftungen` wieder in den `Berichtsfilter`. Die Minus- und Plussymbole werden wieder ausgeblendet.

3.4.8 Beispiel 49: Detaillisten mit einer Pivot-Tabelle erzeugen

1. Die Arbeitsmappe `Staedtefuehrer Pivot3` ist geöffnet.
2. Sie möchten eine Liste mit ausgewählten Daten erstellen, etwa mit allen Umsätzen, die der Verkäufer Katz in Süddeutschland getätigt hat.
3. Klicken Sie doppelt auf die Ergebniszelle B9 (*Katz/Süddeutschland).*
4. Sie erhalten auf einem eigenen Tabellenblatt eine Liste, die nur die Datensätze des Verkäufers Katz in Süddeutschland beinhaltet.

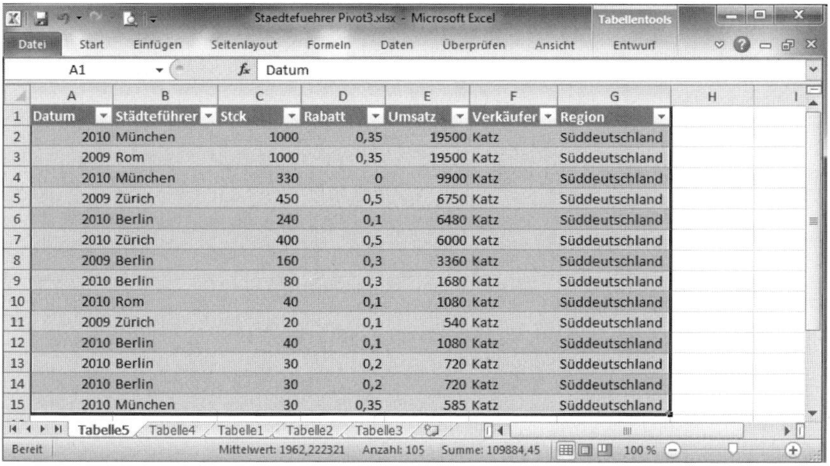

Datum	Städteführer	Stck	Rabatt	Umsatz	Verkäufer	Region
2010	München	1000	0,35	19500	Katz	Süddeutschland
2009	Rom	1000	0,35	19500	Katz	Süddeutschland
2010	München	330	0	9900	Katz	Süddeutschland
2009	Zürich	450	0,5	6750	Katz	Süddeutschland
2010	Berlin	240	0,1	6480	Katz	Süddeutschland
2010	Zürich	400	0,5	6000	Katz	Süddeutschland
2009	Berlin	160	0,3	3360	Katz	Süddeutschland
2010	Berlin	80	0,3	1680	Katz	Süddeutschland
2010	Rom	40	0,1	1080	Katz	Süddeutschland
2009	Zürich	20	0,1	540	Katz	Süddeutschland
2010	Berlin	40	0,1	1080	Katz	Süddeutschland
2010	Berlin	30	0,2	720	Katz	Süddeutschland
2010	Berlin	30	0,2	720	Katz	Süddeutschland
2010	München	30	0,35	585	Katz	Süddeutschland

***Abb 109** Detailliste*

3.4.9 Beispiel 50: Pivot-Diagramm aus Pivot-Tabelle erstellen

1. Ein Pivot-Diagramm, auch PivotChart-Bericht genannt, bietet eine grafische Darstellung der Daten in einer Pivot-Tabelle, auch PivotTable-Bericht genannt.
2. Die Arbeitsmappe `Staedtefuehrer Pivot4` ist geöffnet, der Cursor in der Pivot-Tabelle, also im Arbeitsblatt `Tabelle4`, positioniert. Wechseln Sie in das Register `Optionen` und klicken Sie in der Gruppe `Tools` auf `PivotChart`.
3. Wählen Sie *3D-Säulen gruppiert* und bestätigen Sie mit `Ok`.
4. Das Pivot-Diagramm wird mit Legende und Achsenbeschriftung, aber ohne Titel eingefügt. Außerdem werden im Diagramm die Feldschaltflächen wie `Verkäufer` oder `Region` eingeblendet, mit denen Sie das PivotChart filtern können.

5. Wechseln Sie in das PivotChart-Tools-Register `Analyse`. In der Gruppe `Einblenden/Ausblenden` können Sie die `Feldliste` und die `Feldschaltflächen` ein- und ausblenden. Blenden Sie alle Feldschaltflächen aus.

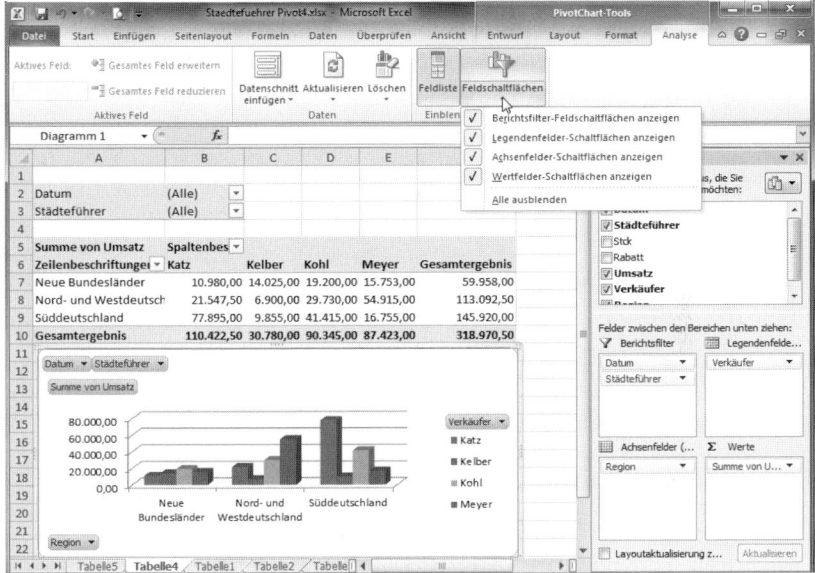

Abb 110 *Pivot-Tabelle und Pivot-Diagramm*

6. Wechseln Sie in das Register `Entwurf` und wählen Sie das `Schnelllayout` *Layout 1*. Vergeben Sie dann als Diagrammtitel *Städteführer*.

7. Um in der Pivot-Tabelle und im Pivot-Diagramm statt den Regionen die Städteführer anzuzeigen, ziehen Sie in der Feldliste die *Städteführer* aus dem `Berichtsfilter` in die `Achsenfelder` und die *Region* aus den `Achsenfeldern` in den `Berichtsfilter`.

8. Um die Legende mit der X-Achsenbeschriftung zu vertauschen, ziehen Sie in der `PivotTable-Feldliste` die *Verkäufer* aus den `Legendenfeldern` in die `Achsenfelder` und die *Städteführer* aus den `Achsenfeldern` in die `Legendenfelder`.

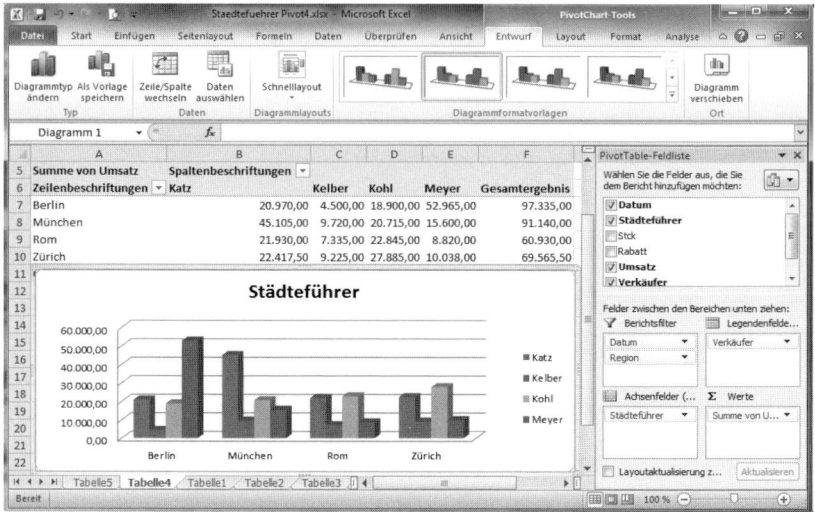

Abb 111 *In Pivot-Tabelle und Pivot-Diagramm werden nun die Städteführer statt den Regionen angezeigt*

9. Um nur die verkauften Städteführer in Süddeutschland zu betrachten, wählen Sie im `PivotChart-Filterbereich` aus dem Berichtsfilter `Region` *Süddeutschland*.

10. Um die Verkaufszahlen von Kelber auszublenden, deaktivieren Sie diese über das Listenfeld `Zeilenbeschriftungen` in der Pivot-Tabelle bzw. in der PivotTable-Feldliste.

Abb 112 *Das "gefilterte" Diagramm*

11. Diese Pivot-Tabelle und Pivot-Diagramm finden Sie auch in der Arbeitsmappe `Staedtefuehrer Pivot5`.

12. Um das Pivot-Diagramm zu löschen, markieren Sie dieses und drücken auf die (Entf)-Taste.

3.4.10 Beispiel 51: Pivot-Tabelle mit Pivot-Diagramm erstellen

1. Sie möchten einen Pivot-Tabelle mit einem Pivot-Diagramm erstellen. Mit einer Pivot-Tabelle können Sie Daten zusammenfassen, analysieren, durchsuchen und präsentieren. Mit einem Pivot-Diagramm können Sie die zusammengefassten Daten der Pivot-Tabelle anzeigen und so bequem vergleichen.

2. Die Arbeitsmappe Staedtefuehrer ist geöffnet, das Register Einfügen eingeblendet.

3. Positionieren Sie den Cursor auf eine beliebige Zelle innerhalb des Datenbereichs und öffnen Sie über PivotTable die Dialogbox PivotChart.

4. Überprüfen Sie, ob der gesamte Datenbereich *(A1:G111)* richtig erkannt wurde.

5. Legen Sie fest, dass die PivotTable und das PivotChart auf einem Neuen Arbeitsblatt abgelegt werden.

6. Mit Ok erhalten Sie die Pivot-Tabelle auf einem neuen Tabellenblatt.

7. Die PivotTable-Feldliste, PivotTable1, Diagramm 1 sowie vier PivotChart-Tools-Register werden eingeblendet.

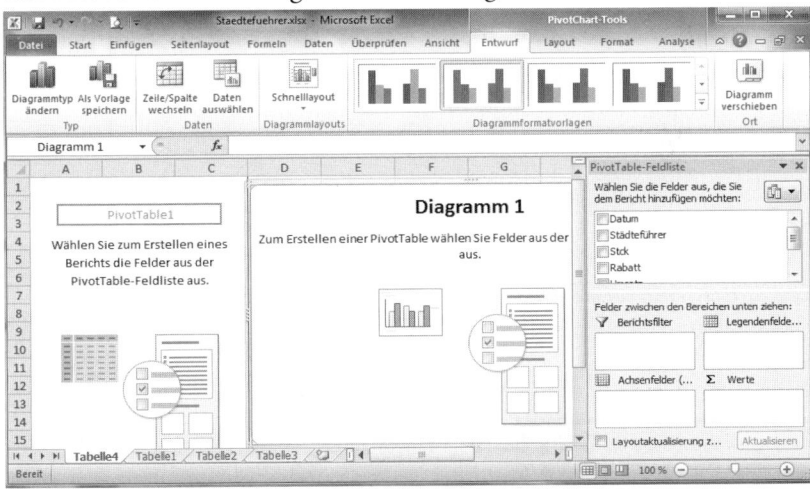

Abb 113 *PivotTable-Feldliste, PivotTable1 und Diagramm 1*

8. Definieren Sie das vorläufige Layout des Pivot-Diagramms. Dafür stehen Ihnen in der PivotTable-Feldliste die Spaltenüberschriften Ihrer Liste (*Datum, Städteführer* usw.) zur Verfügung, die Sie in vier verschiedene Bereiche ziehen können: Berichtsfilter, Legendenfelder, Achsenfelder und Werte.

9. Ziehen Sie in der `PivotTable-Feldliste` das Feld *Städteführer* in den Bereich `Legendenfelder` und das Feld *Verkäufer* in den Bereich `Achsenfelder`.

10. Ziehen Sie dann den Datenkern, in unserem Beispiel das Feld *Stck,* in den Bereich `Werte`.

11. Das Pivot-Diagramm ist erstellt. Positionieren Sie es an die gewünschte Stelle.

12. Ziehen Sie noch das Feld *Region* in den Bereich `Berichtsfilter`. Mit dem Berichtsfilter können Sie die Ergebnisansicht der Pivot-Tabelle und des Pivot-Diagramms variieren. Wählen Sie aus dem Berichtsfilter `Region` *Neue Bundesländer.*

13. Wechseln Sie in das Register `Analyse` und blenden Sie die Feldliste und alle Feldschaltflächen aus. Gestalten Sie auch die Pivot-Tabelle wunschgemäß.

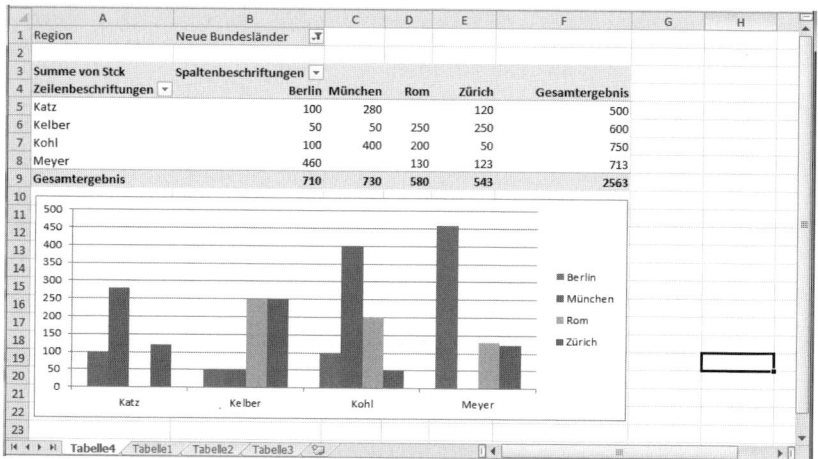

Abb 114 *Pivot-Tabelle und Pivot-Diagramm*

14. Speichern Sie die Pivot-Tabelle unter `Staedtefuehrer Pivot6`.

3.5 Daten konsolidieren

Zum Erstellen von Zusammenfassungen und Berichten mit Ergebnissen aus verschiedenen Arbeitsblättern können Sie Daten aus den einzelnen Arbeitsblättern in einem Hauptarbeitsblatt konsolidieren. Die Arbeitsblätter können sich hierbei in derselben Arbeitsmappe wie das Hauptarbeitsblatt oder in anderen Arbeitsmappen befinden. Wenn Sie Daten konsolidieren, werden die Daten zusammengetragen, wodurch Ihnen die regelmäßige oder gelegentliche Aktualisierung und Zusammenfassung erleichtert werden. Verwenden Sie zum Konsolidieren von Daten den Befehl `Konsolidieren` auf der Registerkarte `Daten` in der Gruppe `Datentools`.

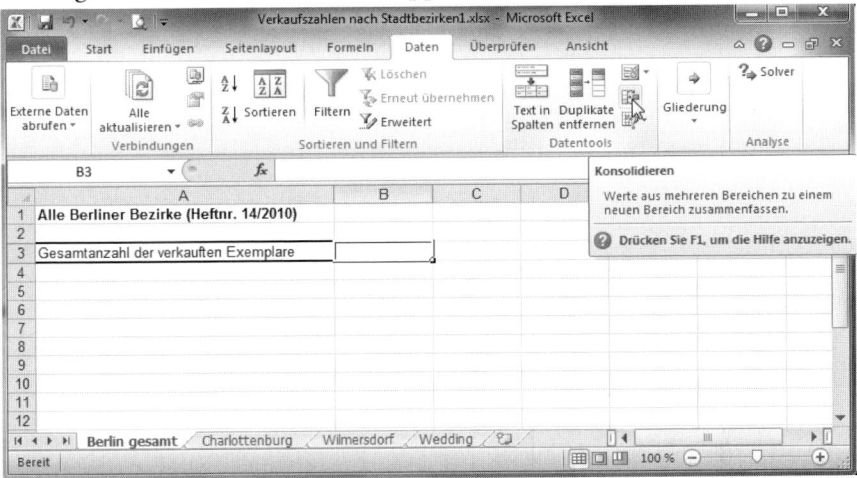

Abb 115 *Daten konsolidieren*

Sie können mit folgenden Beispielen lernen:

Beispiel 52: Daten konsolidieren nach Formel

Beispiel 53: Daten konsolidieren nach Position

Beispiel 54: Daten konsolidieren nach Kategorie

3.5.1 Beispiel 52: Daten konsolidieren nach Formel

1. Die Datei Verkaufszahlen nach Stadtbezirken3 ist eine Arbeitsmappe mit vier Tabellenblättern.
2. In den Tabellenblättern *Charlottenburg*, *Wilmersdorf* und *Wedding* wurden die Verkaufszahlen der einzelnen Bezirke statistisch ausgewertet. Auf dem Tabellenblatt *Berlin gesamt* soll aus diesen Zahlen die statistische Auswertung für alle Bezirke berechnet werden.
3. Formeln, mit denen Sie Daten konsolidieren, enthalten Datei- und Tabellenblattnamen. Sie müssen sich die Schreibweise dieser Verweise nicht merken. Statt Zellverweise auf andere Tabellenblätter oder Arbeitsmappen einzugeben, zeigen Sie einfacher auf die entsprechenden Zellen.
4. Zuerst möchten Sie die Gesamtzahl aller verkauften Exemplare berechnen. Positionieren Sie den Cursor im Tabellenblatt *Berlin gesamt* auf die Zelle B4.
5. Nach dem Gleichheitszeichen = klicken Sie im Tabellenblatt *Charlottenburg* auf D4. In der Bearbeitungsleiste erscheint der Name des Tabellenblatts, ein Ausrufezeichen und die Zelladresse: *=Charlottenburg!D4*.
6. Geben Sie in der Bearbeitungsleiste + ein. Klicken Sie im Tabellenblatt *Wilmersdorf* auf D4.
7. Nach einem weiteren + klicken Sie im Tabellenblatt *Wedding* auf D4. Die Formel ist fertig. Mit (Eingabe) tragen Sie die Formel in die Zelle ein.

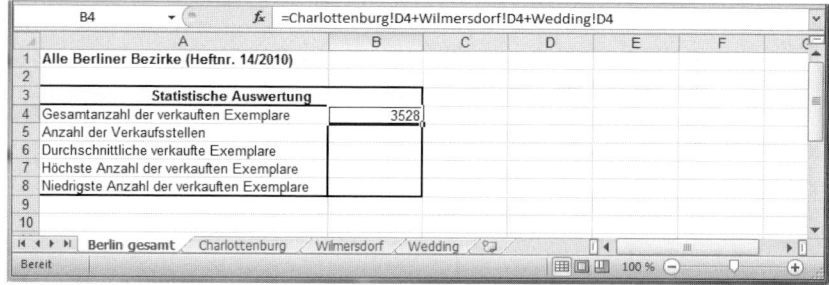

Abb 116 *Daten konsolidieren nach Formel*

8. Berechnen Sie auch noch die anderen Werte. Das Ergebnis finden Sie in der Datei Verkaufszahlen nach Stadtbezirken3 berechnet.
9. Verändern Sie die Stückzahlen im *Wedding*, ändern sich automatisch die Zahlen in *Berlin gesamt*.

3.5.2 Beispiel 53: Daten konsolidieren nach Position

1. Um Daten nach der Position zu konsolidieren, müssen die Daten in allen Arbeitsblättern in identischer Reihenfolge und an derselben Position angeordnet sein. In Excel ist die Datei `Verkaufszahlen nach Stadt-bezirken1` geöffnet.

2. In den Tabellenblättern *Charlottenburg*, *Wilmersdorf* und *Wedding* wurden die Verkaufszahlen der einzelnen Bezirke jeweils in der Zelle B1 berechnet. Auf dem Tabellenblatt *Berlin gesamt* sollen die Verkaufszahlen konsolidiert werden.

3. Positionieren Sie den Cursor im Tabellenblatt *Berlin Gesamt* auf Zelle B3 und klicken Sie im Register `Daten`, Gruppe `Datentools` auf `Konsolidieren`.

4. Wählen Sie als Zusammenfassungs-`Funktion` *Summe* und klicken Sie in das Feld `Verweis`.

5. Klicken Sie dann in das Arbeitsblatt *Charlottenburg* auf B1 und dann auf `Hinzufügen`.

6. Wiederholen Sie diese Aktion mit den Arbeitsblättern *Wilmersdorf* und *Wedding* und aktivieren Sie das Kontrollkästchen `Verküpfungen mit Quelldaten`.

Abb 117 *Daten konsolidieren nach Position*

7. Nach `OK` erhalten Sie die Gesamtzahl der verkauften Exemplare.

8. Betrachten Sie die gegliederten Daten im Tabellenblatt *Berlin Gesamt*.

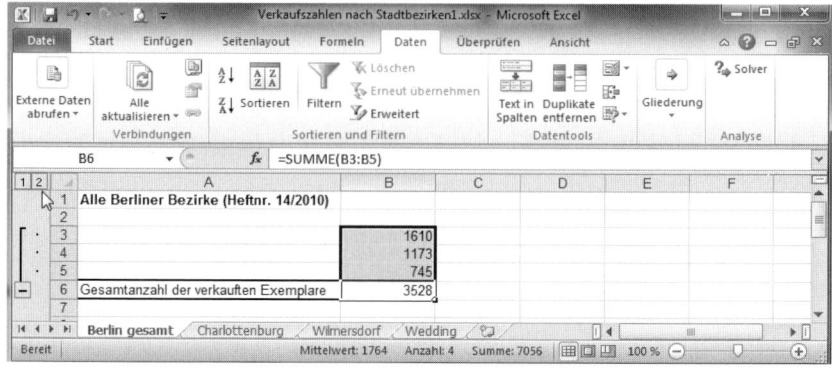

Abb 118 *Die gegliederten Daten nach der Konsolidierung*

9. Das Ergebnis finden Sie in der Datei `Verkaufszahlen nach Stadtbezirken1 berechnet`.

10. Verändern Sie die Stückzahlen im *Wedding*, ändern sich automatisch die Zahlen in *Berlin gesamt*.

3.5.3 Beispiel 54: Daten konsolidieren nach Kategorie

1. Die Datei `Opel Meininger` ist eine Arbeitsmappe mit vier Tabellenblättern.

2. In den Tabellenblättern *Berlin*, *Eberswalde* und *Cottbus* wurden die Verkaufszahlen der einzelnen Niederlassungen aus dem 1. Quartal gespeichert. Nicht jede Niederlassung verkauft jeden Wagentyp.

3. Die Daten sind also in den einzelnen Tabellenblättern unterschiedlich organisiert, verwenden aber die gleichen Zeilen- und Spaltenüberschriften. Auf dem Tabellenblatt *Gesamt* sollen die Daten konsolidiert werden.

4. Positionieren Sie den Cursor im Tabellenblatt *Gesamt* auf Zelle A3 und klicken Sie im Register `Daten`, Gruppe `Datentools` auf `Konsolidieren`.

5. Wählen Sie als Zusammenfassungs-`Funktion` *Summe* und klicken Sie in das Feld `Verweis`.

6. Klicken Sie dann in das Arbeitsblatt *Berlin*, markieren Sie dann den Bereich nebst Spalten- und Zeilenüberschriften, also A3:D7, und klicken Sie dann auf `Hinzufügen`.

7. Wiederholen Sie diese Aktion mit den Arbeitsblättern *Eberswalde* und *Cottbus* und aktivieren Sie die Kontrollkästchen `Oberster Zeile`, `Linker Spalte` und `Verküpfungen mit Quelldaten`.

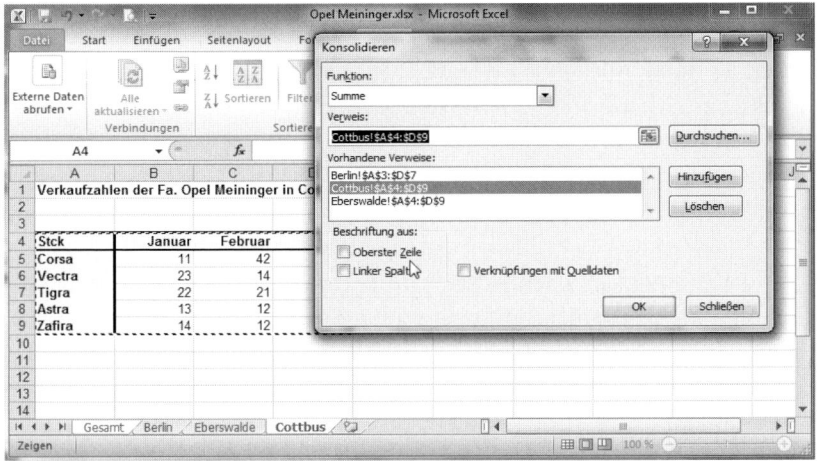

Abb 119 *Daten konsolidieren nach Kategorie*

8. Nach OK erhalten Sie die Verkaufszahlen aller Wagentypen in den einzelnen Monaten. Auch die Zeilen- und Spaltenüberschriften wurden übernommen.

9. Betrachten Sie die konsolidierten und gegliederten Daten im Tabellenblatt *Gesamt*.

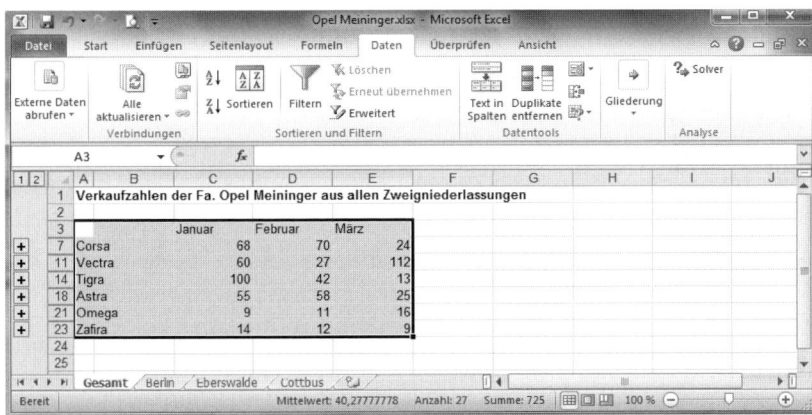

Abb 120 *Die gegliederten Daten nach der Konsolidierung*

10. Das Ergebnis finden Sie in der Datei Opel Meininger1.

11. Verändern Sie die Stückzahlen in *Berlin*, ändern sich automatisch die Zahlen in *Gesamt*.

3.6 Daten importieren

Daten können mit verschiedenen Methoden zwischen Microsoft Office Access und Microsoft Office Excel ausgetauscht werden. Um Daten aus Access in Excel zu übertragen, können Sie die Daten aus einem Access-Tabellenblatt kopieren und dann in ein Excel-Arbeitsblatt einfügen, aus einem Excel-Arbeitsblatt eine Verbindung mit einer Access-Datenbank herstellen oder Access-Daten in ein Excel-Arbeitsblatt exportieren.

Um Daten aus Excel nach Access zu übertragen, können Sie die Daten aus einem Excel-Arbeitsblatt kopieren und dann in ein Access-Tabellenblatt einfügen, ein Excel-Arbeitsblatt in eine Access-Tabelle importieren oder aus einer Access-Tabelle eine Verknüpfung mit einem Excel-Arbeitsblatt herstellen.

Sie können Excel zum Importieren von Daten aus einer Textdatei in ein Arbeitsblatt verwenden. Der Textimport-Assistent untersucht die Textdatei, die Sie importieren, und unterstützt Sie dabei, die Daten auf die von Ihnen gewünschte Weise zu importieren.

Die folgenden beiden Textdateiformate werden häufig verwendet:

- Durch Trennzeichen getrennte Textdateien (TXT-Dateien), in denen das Tabstoppzeichen (ASCII-Zeichencode 009) normalerweise die einzelnen Textfelder trennt.
- Durch Kommas getrennte Werte in Textdateien (CSV-Dateien, in denen das Kommazeichen (,) normalerweise die einzelnen Textfelder trennt.

Sie können das Trennzeichen auch ändern, das in TXT- und CSV-Textdateien verwendet wird. Dies kann erforderlich sein, damit der Import- oder Exportvorgang wie von Ihnen gewünscht funktioniert.

In unserem Beispielen beschränken wir uns auf das Importieren einer CSV-Textdatei.

Sie können mit folgenden Beispielen lernen:

Beispiel 55: Daten aus einer Access-Datenbank importieren

Beispiel 56: Daten von Textdateien importieren

3.6.1 Beispiel 55: Daten aus einer Access-Datenbank importieren

1. In Excel ist ein leeres Tabellenblatt geöffnet. Sie möchten Daten aus einer Access-Datenbank importieren.
2. Wählen Sie im Register `Daten` aus der Gruppe `Externe Daten abrufen` den Befehl `Aus Access`.
3. Öffnen Sie die Access-Übungsdatenbank `Stadtlupe.accdb`.
4. Die Abfragen und Tabellen der Datenbank werden angezeigt.
5. Wählen Sie die Tabelle *Hefte* aus.

Abb 121 *Access-Tabelle auswählen*

6. Nach OK werden Sie gefragt, wo Sie die Daten einfügen möchten. Akzeptieren Sie den Vorschlag `Bestehendes Arbeitsblatt` in *A1* mit OK.

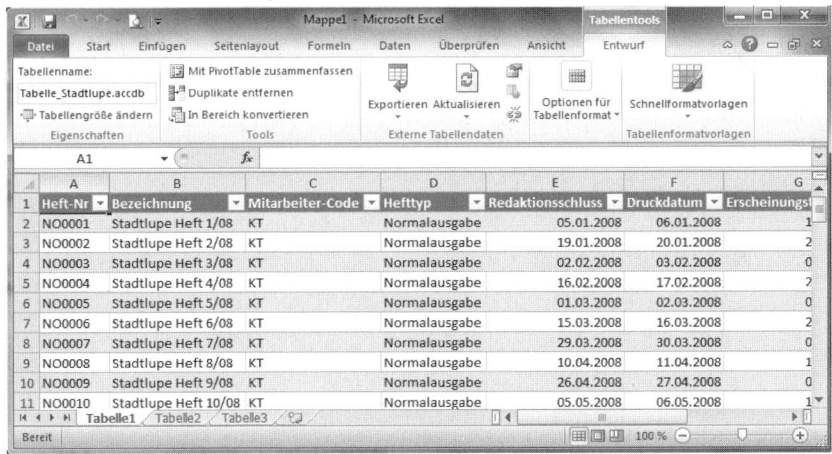

Abb 122 *Die Access-Tabelle Hefte in Excel*

7. Sie können die Daten in der Tabelle nun mit den Werkzeugen von Excel bearbeiten.

3.6.2 Beispiel 56: Daten von Textdateien importieren

1. In Excel ist ein leeres Tabellenblatt geöffnet. Sie möchten Daten aus einer CSV-Textdatei importieren.
2. Wählen Sie im Register `Daten` aus der Gruppe `Externe Daten abrufen` den Befehl `Aus Text`.
3. Öffnen Sie die Übungstextdatei `Beispiele.csv`.
4. Der Textkonvertierungs-Assistent wird gestartet. Wählen Sie als Dateityp `Getrennt`. Unten erhalten Sie eine Vorschau.
5. Nach `Weiter` wählen Sie das vorgegebene Trennzeichen aus. In unserem Beispiel aktivieren Sie das Kontrollkästchen `Andere` und geben dort mit der Tastenkombination (Alt Gr)+(<) den senkrechten Strich ein.

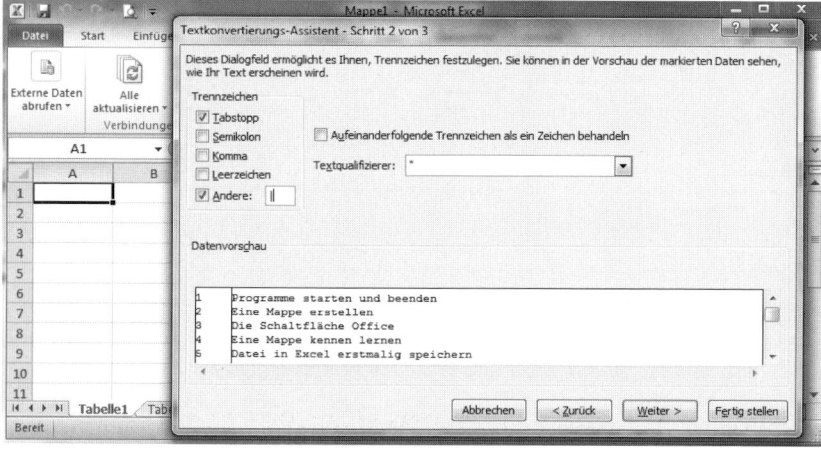

Abb 123 *Textkonvertierungs-Assistent*

6. Nach `Fertigstellen` werden Sie gefragt, wo Sie die Daten einfügen möchten. Akzeptieren Sie *A1* mit `OK`.

Abb 124 *Die Textdatei Beispiele.csv in Excel*

7. Sie können die Daten in der Tabelle nun mit den Werkzeugen von Excel bearbeiten.

3.7 Daten transponieren

Häufig stellen Sie erst nach Fertigstellung einer Tabelle fest, dass die Tabelle übersichtlicher dargestellt würde, wenn Zeilen- und Spaltentitel miteinander vertauscht werden. Für solche Fälle stellt Excel das Werkzeug Transponieren bereit. Karin Kelber aus dem Vertrieb hätte in der Arbeitsmappe *Handverkauf* die Stadtbezirke lieber als Spaltentitel und die Monate als Zeilentitel.

> **Sie können mit folgenden Beispielen lernen:**
>
> *Beispiel 57: Tabelle transponieren*
> *Beispiel 58: Bereiche nach Zeilen oder Spalten sortieren*

3.7.1 Beispiel 57: Tabelle transponieren

1. Die Arbeitsmappe Handverkauf ist geöffnet. Um die Zeilentitel mit den Spaltentiteln zu vertauschen, also den Datenbereich zu transponieren, markieren Sie zunächst die Tabelle von A3 bis E7.
2. Kopieren sie die markierte Tabelle in die Zwischenablage und positionieren Sie den Cursor auf eine freie Stelle des Arbeitsblattes, beispielsweise auf A9.
3. Die Bereiche zum Kopieren und Einfügen dürfen sich nicht überlappen!
4. Wählen Sie im Register Start, Gruppe Einfügen den Befehl Transponieren.

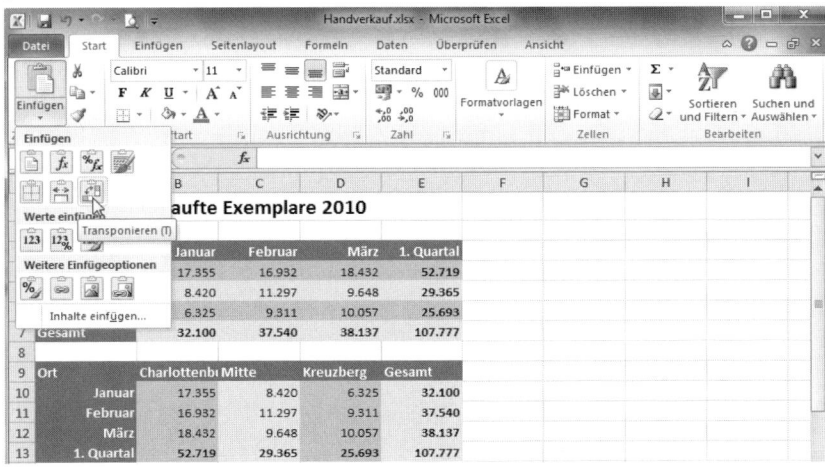

Abb 125 *Inhalt transponieren*

5. Formatieren Sie die transponierte Tabelle nach Wunsch und entfernen Sie die Ursprungstabelle.

3.7.2 Beispiel 58: Bereiche nach Zeilen oder Spalten sortieren

1. Die Datei Handverkauf1 ist geöffnet. Im Bereich A9:E13 wurde der Bereich A3:E7 transponiert. Sie möchten den Bereich A3:E7 nach Zeilen, den Bereich A9:E13 nach Spalten sortieren.
2. Wechseln Sie in das Register Daten und markieren Sie den Bereich A3 bis E7. Klicken Sie auf das Symbol Sortieren und dann auf die Schaltfläche Optionen. Vergewissern Sie sich, dass Zeilen sortieren aktiviert ist.
3. Nach OK wählen Sie im Listenfeld Sortieren nach die Spalte *1. Quartal*, um nach dieser zu sortieren. Bestimmen Sie außerdem noch die Reihenfolge *Nach Größe (aufsteigend)*.
4. Überprüfen Sie, ob das Kontrollkästchen Daten haben Überschriften aktiviert ist und bestätigen Sie die eingestellte Sortierung mit OK.

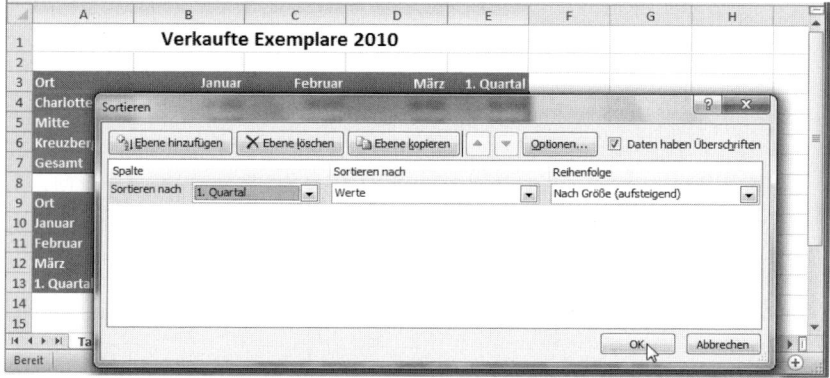

Abb 126 *Die Zeilen werden nach der Spalte 1. Quartal sortiert*

5. Markieren Sie nun den Bereich B9:E13, also ohne den Zeilenbeschriftungen A9:A13.
6. Um Tabellenspalten zu sortieren, klicken Sie auf das Symbol Sortieren und dann auf die Schaltfläche Optionen. Aktivieren Sie dort Spalten sortieren.
7. Nach OK wählen Sie im Listenfeld Sortieren nach die Zeile 13, um nach dieser zu sortieren. Bestimmen Sie außerdem noch die Reihenfolge *Nach Größe (aufsteigend)*.
8. Das Kontrollkästchen Daten haben Überschriften ist abgeblendet. Bestätigen Sie die eingestellte Sortierung mit OK.
9. Das Ergebnis finden Sie in der Datei Handverkauf2.

3.8 Übungsaufgaben

Sie können mit folgenden Aufgaben üben:

Aufgabe 23: Excel-Tabelle erstellen und Excel-Tabelle in Datenbereich umwandeln

Aufgabe 24: Einschränken der Dateneingabe in Datenbereichen

Aufgabe 25: Excel-Tabelle sortieren

Aufgabe 26: Excel-Tabelle selektieren

Aufgabe 27: Excel-Tabelle selektieren

Aufgabe 28: Excel-Tabelle mit Spezialfilter selektieren

Aufgabe 29: Teilergebnisse in Listen einfügen und untergliedern

Aufgabe 30: Teilergebnisse in Listen einfügen und untergliedern

Aufgabe 31: Abfragen mit Pivot-Tabellen

Aufgabe 32: Pivot-Tabelle mit Pivot-Diagramm erstellen

Aufgabe 33: Daten konsolidieren

Aufgabe 34: Daten importieren

Aufgabe 35: Daten transponieren

3.8.1 Aufgabe 23: Excel-Tabelle erstellen und Excel-Tabelle in Datenbereich umwandeln

1. Öffnen Sie die Mappe Adressen privat.
2. Wandeln Sie die Daten in eine Excel-Tabelle um. (*Bsp. 24*)
3. Beachten Sie, dass die Tabelle Überschriften haben soll. (*Bsp. 24*)
4. Sortieren Sie die Tabelle nach dem Namen aufsteigend.
5. Speichern Sie die Tabelle unter *Tabelle Adressen privat*.
6. Wandeln Sie die Tabelle wieder in einen normalen Datenbereich um. (*Bsp. 24*)
7. Formatieren Sie zunächst den Datenbereich mit der Formatvorlage *Standard*.
8. Formatieren Sie dann den Datenbereich wieder als Tabelle mit der Tabellenformatvorlage *Tabellenformat - Dunkel 7*. (*Bsp. 24*)
9. Die Lösung dieser Aufgabe finden Sie unter Tabelle Adressen Lösung.

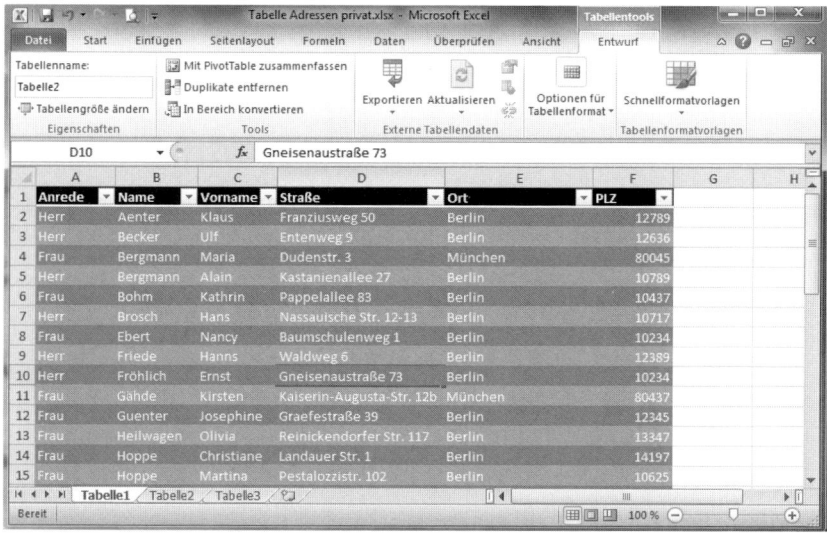

Abb 127 *Tabelle Adressen Lösung*

3.8.2 Aufgabe 24: Einschränken der Dateneingabe in Datenbereichen

1. Öffnen Sie die Mappe `Disneypark Paris`.
2. In der Spalte `STD` soll die Dateneingabe auf eine maximale Zahl von 42 beschränkt werden. (*Bsp. 31*)
3. In der Spalte `ABTEILUNG` soll die Dateneingabe nur auf die vordefinierten Elemente *Wasserattraktion*, *Kinder*, *Show* und *Erwachsene* beschränkt werden. (*Bsp. 32*)
4. In der Spalte `REL` soll die Dateneingabe nur auf Text bis höchstens 4 Zeichen beschränkt werden. (*Bsp. 34*)
5. In der Spalte `Eingestellt` soll die Dateneingabe auf ein Datum innerhalb vom 1.1.1983 bis 31.12.2010 beschränkt werden. (*Bsp. 35*)
6. Testen Sie die Einschränkungen.
7. Die Lösung dieser Aufgabe finden Sie unter `Disney Park eingeschränkt`.

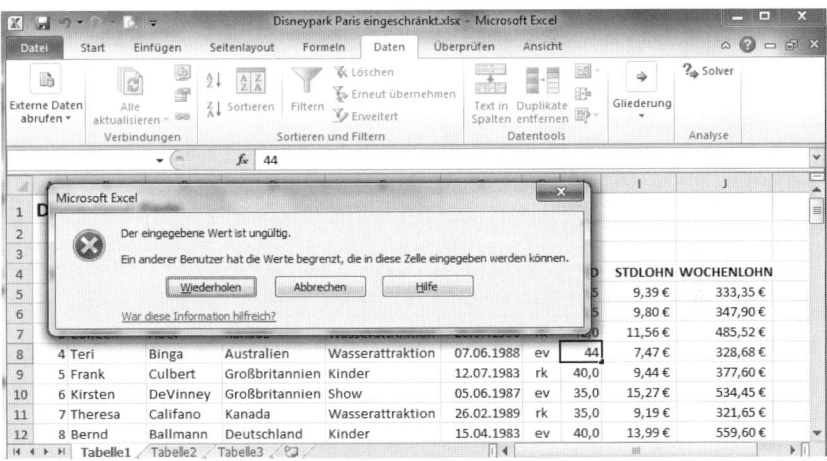

Abb 128 *Der Wert 44 in der Spalte STD ist ungültig*

3.8.3 Aufgabe 25: Excel-Tabelle sortieren

1. Öffnen Sie die Mappe `Tabelle Adressen privat`.
2. Sortieren Sie die Tabelle nach der PLZ. Kommt eine Plz öfter vor, so soll anschließend nach der Straße sortiert werden. (*Bsp. 27*)
3. Sortieren Sie die Excel-Tabelle nach der Anrede, anschließend nach der Postleitzahl und zuletzt nach dem Namen. (*Bsp. 27*)
4. Die Lösung dieser Aufgabe finden Sie unter `Tabelle Sortierte Adressen`.

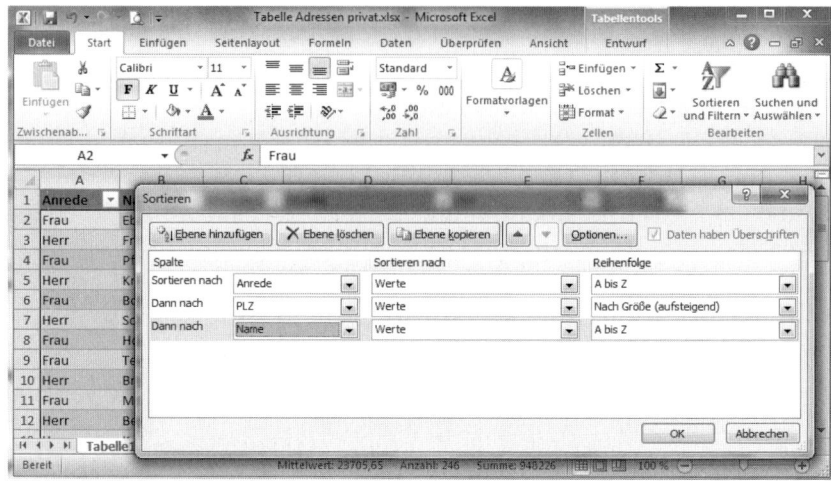

Abb 129 *Tabelle Sortierte Adressen*

3.8.4 Aufgabe 26: Excel-Tabelle selektieren

1. Öffnen Sie die Mappe `Tabelle Adressen privat`.
2. Selektieren Sie alle Berliner Männer. 14 Datensätze werden gefunden. Blenden Sie alle Datensätze wieder ein. (*Bsp. 36*)

Abb 130 *Alle Berliner Männer*

3. Selektieren Sie alle Frauen aus dem PLZ-Gebiet zwischen 10600 und 13000. Sieben Frauen sollten angezeigt werden. (*Bsp. 36*)
4. Suchen Sie alle 16 Frauen, die in Berlin oder München wohnen. (*Bsp. 36*)
5. Suchen Sie mit dem Textfilter alle 8 Maier mit ei, ey oder ai. (*Bsp. 36*)

3.8.5 Aufgabe 27: Excel-Tabelle selektieren

1. Öffnen Sie die Mappe `Disneypark Paris` und wandeln Sie diese in eine Excel-Tabelle um. (*Bsp. 24*)
2. Selektieren Sie alle Deutschen, die keiner Religionsgemeinschaft angehören. (*Bsp. 36*)

4	I ▼	VORNAME ▼	NAME ▼	BEREICH ▼	▼T ABTEILUNG ▼	EINGESTE ▼	R ▼T	S ▼	STDLO ▼	WOCHENLO
14	10	Harry	Schmidt	Deutschland	Kinder	30.12.1990		40,0	13,99 €	555
24	20	Marlies	Hill	Deutschland	Wasserattraktion	21.07.1986		35,5	9,39 €	333
46	42	Werner	Semper	Deutschland	Show	12.01.1982		40,0	12,97 €	518
71	67	Paula	Robinson	Deutschland	Erwachsene	07.12.1987		29,5	6,32 €	186
86	82	Richard	Geber	Deutschland	Kinder	23.01.1989		29,5	10,67 €	314
89	85	Helene	Steiner	Deutschland	Erwachsene	03.05.1990		42,0	10,93 €	459
104	100	Hilde	Thomas	Deutschland	Erwachsene	15.09.1997		40,0	15,68 €	627

`105`

`I◄ ◄ ► ►I   Tabelle1 / Tabelle2 / Tabelle3 / ♡ /`

`Bereit    7 von 100 Datensätzen gefunden.`   `100 %`

Abb 131 *Alle Deutsche, die keiner Religionsgemeinschaft angehören*

3. Sie erhalten 7 Datensätze. Zeigen Sie wieder alle Daten an. (*Bsp. 36*)
4. Wie viele Mitarbeiter wurden vor dem 1.1.1984 eingestellt? (*Bsp. 37*)
5. Sie erhalten 12 Datensätze. Zeigen Sie wieder alle Daten an. (*Bsp. 36*)
6. Suchen Sie die Mitarbeiter mit den acht niedrigsten Stundenlöhnen. Wie viele Mitarbeiter enthält Ihre Liste und wie hoch ist Ihr Gesamtwochenlohn? Tipp: Benutzen Sie dazu das Zahlenfilter Top 10. (*Bsp. 37*)
7. Die 15 Mitarbeiter erhalten einen Gesamtwochenlohn von 2.764,50 Euro. Zeigen Sie alle Datensätze wieder an.
8. Selektieren Sie alle Kanadier oder Australier, die einen Wochenlohn zwischen 400 und 600 Euro erhalten. Wie hoch ist Ihr Gesamtwochenlohn? Die 17 Mitarbeiter erhalten einen Gesamtwochenlohn von 8.354,85 Euro. (*Bsp. 37*)

⊿	VORNAME ▼	NAME ▼	BEREICH ▼	▼T ABTEILUNG ▼	EINGESTELLT ▼	REL ▼	STD ▼	STDLOHN ▼	WOCHENLOHN ▼T
7	Colleen	Abel	Kanada	Wasserattraktion	26.07.1990	rk	42,0	11,56 €	485,52 €
21	George	Gorski	Kanada	Erwachsene	07.05.1985	ev	40,0	14,25 €	570,00 €
23	Dean	Kramer	Australien	Kinder	23.06.1987	rk	40,0	10,67 €	426,80 €
28	Jeri Lynn	MacFall	Australien	Wasserattraktion	08.04.1984		40,0	13,99 €	559,60 €
34	Joanne	Parker	Australien	Wasserattraktion	23.08.1984	ev	40,0	13,99 €	559,60 €
42	Fred	Mallory	Kanada	Erwachsene	17.06.1983	ev	38,0	10,93 €	415,34 €
52	Doug	Briscoll	Kanada	Erwachsene	26.05.1987	ev	38,0	10,93 €	415,34 €
54	Steve	Singer	Australien	Show	05.10.1986	ev	40,0	13,99 €	559,60 €
60	Joshua	Maccaluso	Australien	Wasserattraktion	23.01.1991	rk	40,0	13,99 €	559,60 €
69	Lindsey	Winger	Australien	Erwachsene	01.02.1986	rk	35,0	15,27 €	534,45 €
81	Esther	Williams	Australien	Wasserattraktion	13.12.1986	ev	40,0	12,97 €	518,80 €
82	Theresa	Miller	Kanada	Show	04.03.1991	ev	40,0	14,25 €	570,00 €
83	Marianne	Calvin	Australien	Show	23.07.1985	ev	40,0	10,67 €	426,80 €
85	Grace	Sloan	Australien	Show	02.11.1984	ev	40,0	10,93 €	437,20 €
90	Katie	Smith	Kanada	Show	05.10.1986	ev	40,0	10,67 €	426,80 €
95	Greg	Thomas	Australien	Kinder	24.12.1987	rk	40,0	11,56 €	462,40 €
103	Richard	Brown	Australien	Kinder	01.08.1997	ev	35,0	12,20 €	427,00 €

`I◄ ◄ ► ►I   Tabelle1 / Tabelle2 / Tabelle3 / ♡ /`

`Bereit`   `Mittelwert: 491,46 €   Anzahl: 17   Summe: 8.354,85 €`   `100 %`

Abb 132 *Die 17 Mitarbeiter erhalten einen Gesamtwochenlohn von 8.354,85 Euro*

3.8.6 Aufgabe 28: Excel-Tabelle mit Spezialfilter selektieren

1. Öffnen Sie die Mappe `Disneypark Paris` und wandeln Sie diese in eine Excel-Tabelle um. (*Bsp. 24*)
2. Richten Sie vor der Excel-Tabelle den Kriterienbereich ein, der in der dritten Zeile die Feldnamen und in den darunter liegenden Zeilen die Suchkriterien enthält. (*Bsp. 40*)
3. Selektieren Sie mit Hilfe des `Spezialfilters` alle Personen, die der Abteilung *Wasserattraktion* angehören und *evangelisch* sind und *über 39 Std*. in der Woche arbeiten. (*Bsp. 40*) (*Bsp. 41*)

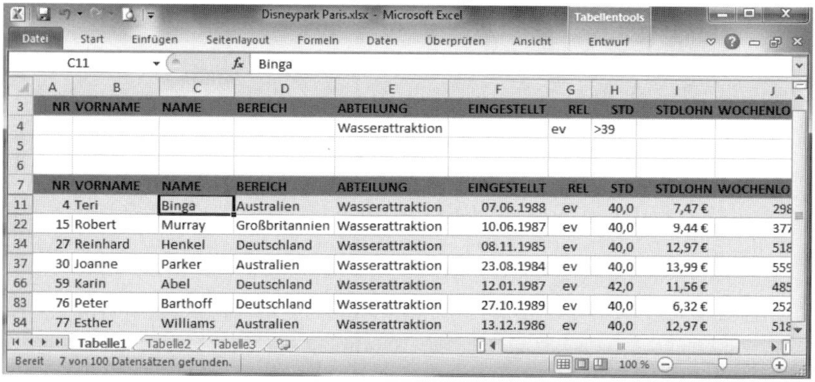

Abb 133 Mit dem Spezialfilter selektierte Datensätze

4. Sie erhalten 7 Datensätze. Zeigen Sie alle Daten wieder an. (*Bsp. 40*) (*Bsp. 41*)
5. Selektieren Sie mit Hilfe des `Spezialfilters` alle Personen, die der Abteilung *Wasserattraktion* angehören oder (*evangelisch* sind und *über 39 Std*. in der Woche) arbeiten. (*Bsp. 40*) (*Bsp. 41*)
6. Sie erhalten 47 Datensätze. Zeigen Sie wieder alle Daten an.
7. Selektieren Sie alle Personen, die der (Abteilung *Wasserattraktion* angehören und *evangelisch*) sind, oder die *über 39 Std*. in der Woche arbeiten. (*Bsp. 40*) (*Bsp. 41*)
8. Sie erhalten 56 Datensätze. Zeigen Sie alle Daten wieder an.
9. Selektieren Sie mit Hilfe des `Spezialfilters` alle Personen, die der Abteilung *Wasserattraktion* angehören oder *evangelisch* sind oder *über 39 Std*. in der Woche arbeiten. (*Bsp. 40*) (*Bsp. 41*)
10. Sie erhalten 79 Datensätze. Zeigen Sie wieder alle Daten an.
11. Selektieren Sie alle Personen, die (der Abteilung *Wasserattraktion* oder der Abteilung *Show* angehören) und *evangelisch* sind und *über 39 Std*. in der Woche arbeiten. (*Bsp. 40*) (*Bsp. 41*)

12. Sie erhalten 17 Datensätze. Zeigen Sie wieder alle Daten an.
13. Selektieren Sie alle evangelischen Mitarbeiter, die über 39 Stunden in der Woche arbeiten und einen Wochenlohn zwischen 500 und 600 erhalten. (*Bsp. 40*) (*Bsp. 41*)

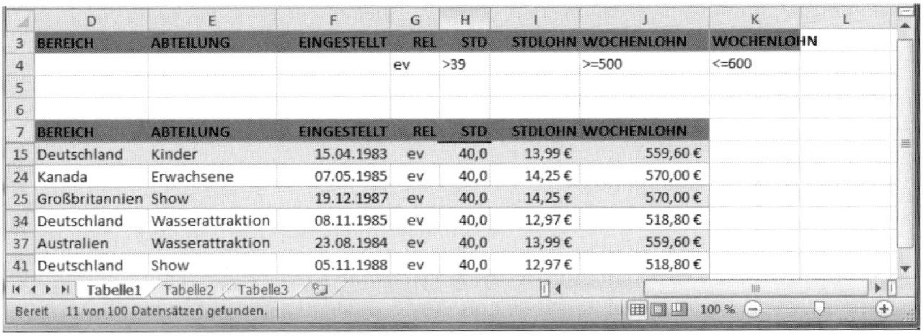

	D	E	F	G	H	I	J	K	L
3	BEREICH	ABTEILUNG	EINGESTELLT	REL	STD	STDLOHN	WOCHENLOHN	WOCHENLOHN	
4				ev	>39		>=500	<=600	
5									
6									
7	BEREICH	ABTEILUNG	EINGESTELLT	REL	STD	STDLOHN	WOCHENLOHN		
15	Deutschland	Kinder	15.04.1983	ev	40,0	13,99 €	559,60 €		
24	Kanada	Erwachsene	07.05.1985	ev	40,0	14,25 €	570,00 €		
25	Großbritannien	Show	19.12.1987	ev	40,0	14,25 €	570,00 €		
34	Deutschland	Wasserattraktion	08.11.1985	ev	40,0	12,97 €	518,80 €		
37	Australien	Wasserattraktion	23.08.1984	ev	40,0	13,99 €	559,60 €		
41	Deutschland	Show	05.11.1988	ev	40,0	12,97 €	518,80 €		

Tabelle1 / Tabelle2 / Tabelle3

Bereit   11 von 100 Datensätzen gefunden.   100 %

Abb 134 *Mit dem Spezialfilter selektierte Datensätze*

14. Sie erhalten 11 Datensätze.

3.8.7 Aufgabe 29: Teilergebnisse in Listen einfügen und untergliedern

1. Öffnen Sie die Mappe `Verlag`.
2. Gruppieren Sie die Liste nach den Verkäufern und zeigen Sie die Summen der jeweiligen Umsätze und Stückzahlen der Lehrbücher an. (*Bsp. 42*)
3. Zeigen Sie nur die Teilergebnisse und das Gesamtergebnis an. (*Bsp. 42*)

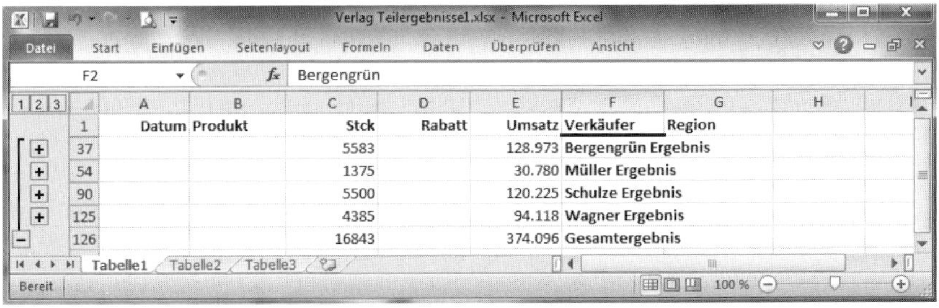

Datei   Start   Einfügen   Seitenlayout   Formeln   Daten   Überprüfen   Ansicht

F2 f_x Bergengrün

	A	B	C	D	E	F	G	H	I
1	Datum	Produkt	Stck	Rabatt	Umsatz	Verkäufer	Region		
37			5583		128.973	Bergengrün Ergebnis			
54			1375		30.780	Müller Ergebnis			
90			5500		120.225	Schulze Ergebnis			
125			4385		94.118	Wagner Ergebnis			
126			16843		374.096	Gesamtergebnis			

Tabelle1 / Tabelle2 / Tabelle3

Bereit   100 %

Abb 135 *Die Teilergebnisse und das Gesamtergebnis*

4. Die Lösung dieses Aufgabenteils finden Sie unter `Verlag Teilergeb-nisse1`.
5. Entfernen Sie wieder die Teilergebnisse. (*Bsp. 42*)
6. Sortieren Sie die Liste zuerst nach Verkäufer, dann nach Produkt aufsteigend. (*Bsp. 42*)
7. Gruppieren Sie die Liste nach den Verkäufern und zeigen Sie die Summen der jeweiligen Umsätze und Stückzahlen der Lehrbücher an. (*Bsp. 42*)

139

8. Gruppieren Sie die Liste nach Produkt, wobei die vorhandenen Teilergebnisse nicht ersetzt werden dürfen. (*Bsp. 43*)
9. Sie erhalten vierfach gegliederte Teilergebnisse. Betrachten Sie die verschiedenen Ebenen. (*Bsp. 43*)

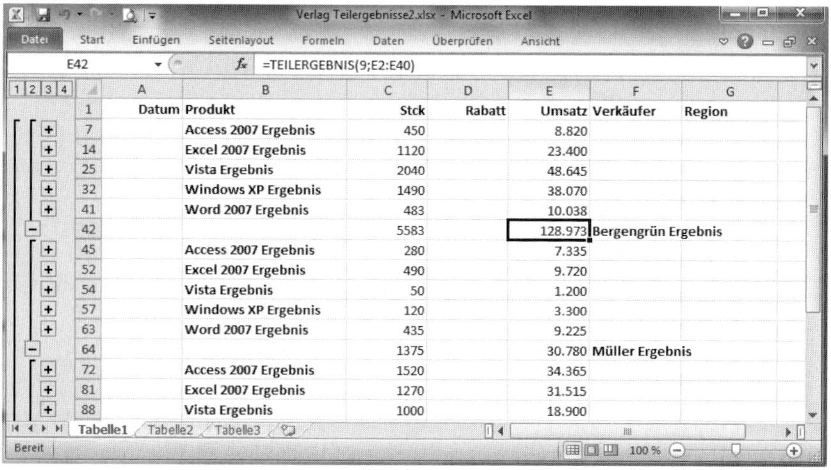

	A	B	C	D	E	F	G
1	Datum	Produkt	Stck	Rabatt	Umsatz	Verkäufer	Region
7		Access 2007 Ergebnis	450		8.820		
14		Excel 2007 Ergebnis	1120		23.400		
25		Vista Ergebnis	2040		48.645		
32		Windows XP Ergebnis	1490		38.070		
41		Word 2007 Ergebnis	483		10.038		
42			5583		128.973	Bergengrün Ergebnis	
45		Access 2007 Ergebnis	280		7.335		
52		Excel 2007 Ergebnis	490		9.720		
54		Vista Ergebnis	50		1.200		
57		Windows XP Ergebnis	120		3.300		
63		Word 2007 Ergebnis	435		9.225		
64			1375		30.780	Müller Ergebnis	
72		Access 2007 Ergebnis	1520		34.365		
81		Excel 2007 Ergebnis	1270		31.515		
88		Vista Ergebnis	1000		18.900		

Abb 136 *Vierfach gegliederte Teilergebnisse und das Gesamtergebnis*

10Die Lösung dieses Aufgabenteils finden Sie unter `Verlag Teilergebnisse2`.

3.8.8 Aufgabe 30: Teilergebnisse in Listen einfügen und untergliedern

1. Öffnen Sie die Mappe `Produkte`.
2. Gruppieren Sie die Liste nach der Region und zeigen Sie die Summen der jeweiligen Umsätze und Einheiten an. (*Bsp. 42*)
3. Die Lösung dieses Aufgabenteils finden Sie unter `Produkte Teilergebnisse1`.
4. Entfernen Sie wieder die Teilergebnisse. (*Bsp. 42*)
5. Gruppieren Sie die Liste zuerst nach Verkäufer, anschließend nach Region und zuletzt nach dem Jahr. (*Bsp. 42*)
6. Zeigen Sie die Summen der jeweiligen Umsätze und Einheiten an. (*Bsp. 43*)
7. Die Lösung finden Sie unter `Produkte Teilergebnisse2`.

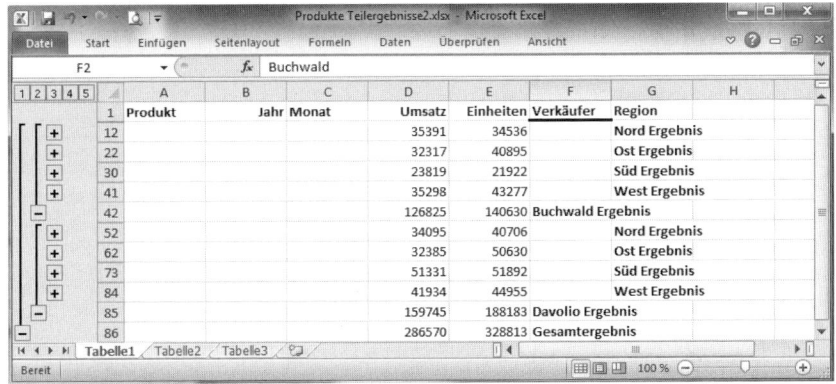

Abb 137 *Fünffach gegliederte Teilergebnisse und das Gesamtergebnis*

141

3.8.9 Aufgabe 31: Abfragen mit Pivot-Tabellen

1. Öffnen Sie die Mappe `Verlag`.
2. Erstellen Sie aus dieser Liste eine Pivot-Tabelle. Die `Umsätze` sind der Datenkern und müssen deshalb in den Bereich `Werte` gezogen werden. (*Bsp. 44*)
3. Wählen Sie als `Spaltenbeschriftungen` die `Produkte` und als `Zeilenbeschriftungen` die `Verkäufer`. Die Tabellenfelder `Region`, `Datum` und `Rabatt` verschieben Sie in den `Berichtsfilter`. (*Bsp. 44*)
4. Wie hoch ist im Jahre *2008* der Umsatz von *Excel 2007* des Verkäufers *Bergengrün* in *Deutschland*? Der Umsatz beläuft sich auf 10.500. (*Bsp. 46*)

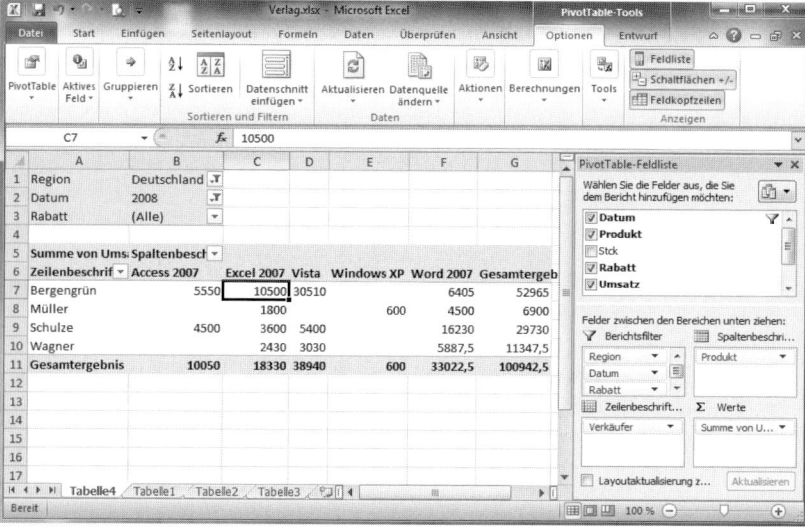

Abb 138 *Variierte Ergebnisse der Pivot-Tabelle*

5. Wie hoch ist der Gesamtumsatz *2007* in der *Schweiz*? In der Schweiz wird 2007 ein Gesamtumsatz in Höhe von 33.690 erreicht. (*Bsp. 46*)
6. Zeigen Sie in der Tabelle nur die Umsätze der `Verkäufer` an. (*Bsp. 47*)
7. Definieren Sie dann das Feld `Region` als `Spaltenbeschriftung` und zeigen Sie alle Regionen an. (*Bsp. 47*)
8. Blenden Sie den Verkäufer *Müller* aus und wieder ein. (*Bsp. 48*)
9. Erzeugen Sie eine Detailliste von allen Umsätzen von Bergengrün aus den Jahren 2007 und 2008 in Deutschland. (*Bsp. 49*)

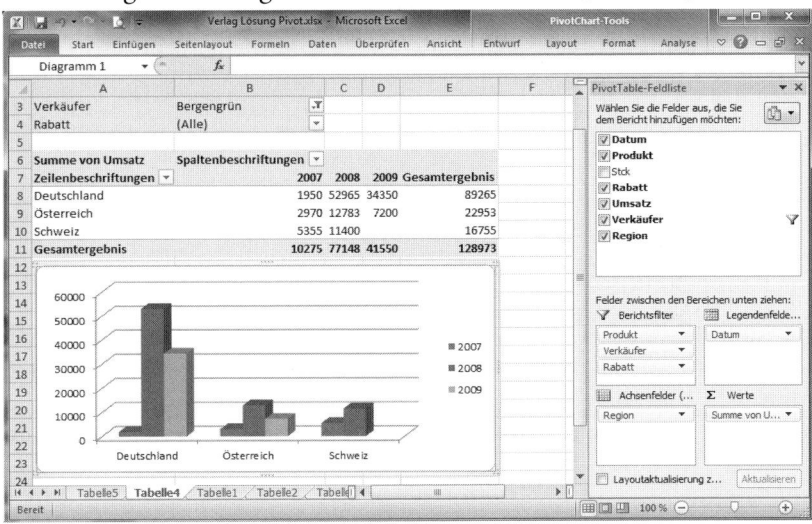

	A	B	C	D	E	F	G	H	I	J
1	Datum	Produkt	Stck	Rabatt	Umsatz	Verkäufer	Region			
2	2007	Vista	100	0,35	1950	Bergengrün	Deutschland			
3	2008	Vista	400	0,1	10800	Bergengrün	Deutschland			
4	2008	Vista	300	0	9000	Bergengrün	Deutschland			
5	2008	Excel 2007	400	0,35	7800	Bergengrün	Deutschland			
6	2008	Vista	250	0,1	6750	Bergengrün	Deutschland			
7	2008	Vista	220	0,4	3960	Bergengrün	Deutschland			
8	2008	Word 2007	200	0,4	3600	Bergengrün	Deutschland			
9	2008	Access 2007	200	0,4	3600	Bergengrün	Deutschland			
10	2008	Excel 2007	100	0,1	2700	Bergengrün	Deutschland			
11	2008	Access 2007	100	0,35	1950	Bergengrün	Deutschland			
12	2008	Word 2007	50	0,1	1350	Bergengrün	Deutschland			
13	2008	Word 2007	50	0,35	975	Bergengrün	Deutschland			
14	2008	Word 2007	20	0,2	480	Bergengrün	Deutschland			

Abb 139 *Detailliste*

10. Blenden Sie die Ergebnisse aller Jahre und aller Regionen wieder ein und erstellen Sie dann ein Pivot-Diagramm (3D-Säulen). (*Bsp. 50*)

11. Blenden Sie alle Feldschaltflächen im Diagramm aus. (*Bsp. 50*)

12. Vertauschen Sie die Legende mit der X-Achsenbeschriftung. (*Bsp. 50*)

13. Die Lösung dieser Aufgabe finden Sie unter `Verlag Lösung Pivot`.

Abb 140 *Alle Umsätze von Bergengrün*

3.8.10 Aufgabe 32: Pivot-Tabelle mit Pivot-Diagramm erstellen

1. Öffnen Sie die Mappe Produkte. Erstellen Sie aus dieser Liste eine Pivot-Tabelle mit einem Pivot-Diagramm.

2. Als Werte wählen Sie die *Umsätze*, als Legendenfelder die *Produkte* und als Achsenfelder die *Verkäufer*. Die Tabellenfelder *Region, Jahr* und *Monat* verschieben Sie in den Berichtsfilter. (*Bsp. 51*)

3. Positionieren Sie das Diagramm an die gewünschte Stelle und blenden Sie alle Feldschaltflächen im Diagramm aus. (*Bsp. 51*)

4. Wie hoch ist 2008 der Umsatz von Fisch des Verkäufers Buchwald in der Region Nord? 9.883.

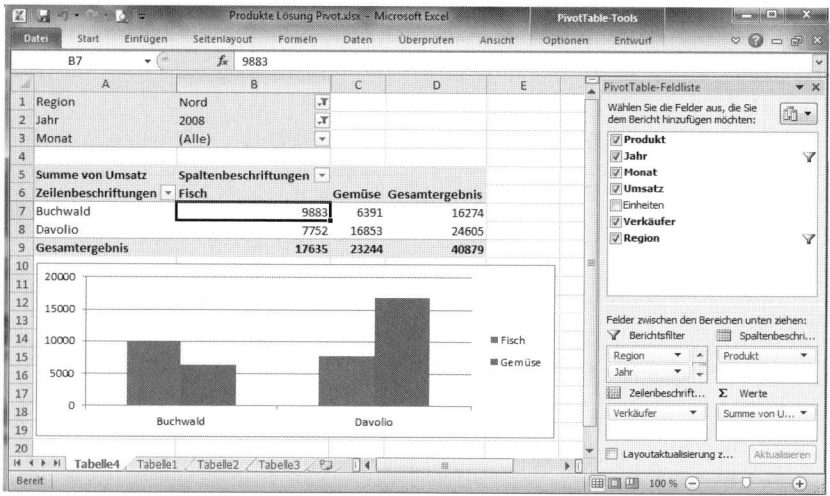

Abb 141 *Pivot-Tabelle mit Pivot-Diagramm*

5. Erzeugen Sie eine Detailliste aller Gemüse-Umsätze vom Davolio im Süden. (*Bsp. 49*)

6. Die Lösung dieser Aufgabe finden Sie unter Produkte Lösung Pivot.

3.8.11 Aufgabe 33: Daten konsolidieren

1. Öffnen Sie die Mappe Niederlassungen. Diese Mappe besteht aus fünf Tabellenblättern.

2. Wechseln Sie in das Tabellenblatt *Gesamt* und berechnen Sie in B3:E3 die Gesamtumsätze aller Niederlassungen aus den Jahren 2007 bis 2009 sowie das Gesamtergebnis. Nutzen Sie dazu das Werkzeug Daten nach Formel konsolidieren. (*Bsp. 52*)

3. Positionieren Sie den Cursor im Tabellenblatt *Gesamt* auf A7 und konsolidieren Sie die Daten aus den Tabellenblättern Niederlassung A bis Niederlassung D nach Kategorie. (*Bsp. 54*)
4. Betrachten Sie auch die gegliederten Daten.
5. Die Lösung finden Sie unter `Niederlassungen Lösung`.

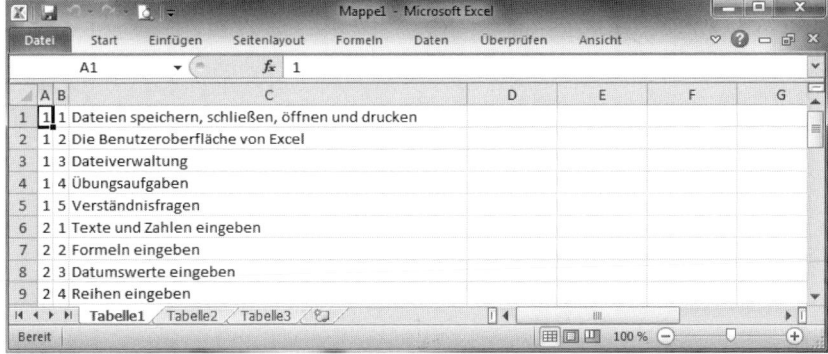

Abb 142 *Konsolidierte Daten*

3.8.12 Aufgabe 34: Daten importieren

1. Öffnen Sie eine neue leere Arbeitsmappe und importieren Sie die Textdatei `Unterkapitel.csv`. (*Bsp. 56*)
2. Wechseln Sie in das Tabellenblatt *Tabelle2* und importieren Sie die Access-Datenbank `Stadtlupe1.accdb`. (*Bsp. 55*)
3. Die Lösung finden Sie unter `Daten importiert`.

Abb 143 *Die importierte Textdatei*

3.8.13 Aufgabe 35: Daten transponieren

1. Öffnen Sie die Mappe Umsatz Handverkauf.
2. Kopieren Sie die Tabelle und fügen Sie die transponierte Tabelle in A9 ein. (*Bsp. 57*)
3. Formatieren Sie die transponierte Tabelle und entfernen Sie die Ursprungstabelle. (*Bsp. 57*)
4. Sortieren Sie die Tabelle nach Spalten. (*Bsp. 58*)
5. Die Lösung finden Sie unter Umsatz Handverkauf Lösung.

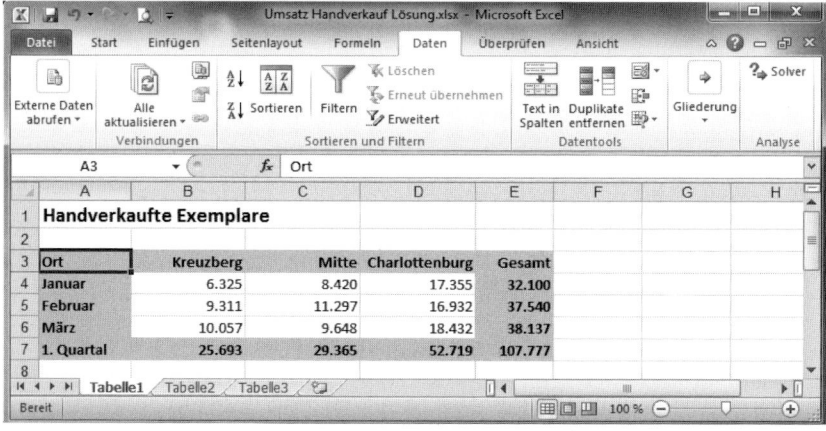

Abb 144 *Die transponierte und nach Spalten sortierte Tabelle*

146

3.9 Verständnisfragen

Frage 15: MS Office Access 2010 und MS Office Excel 2010 weisen viele Gemeinsamkeiten auf. Welche Aktionen können Sie mit beiden Programmen ausführen? (3)

1. Ausführen von komplexen Berechnungen zur Ermittlung der gewünschten Informationen
2. Ausführen von leistungsstarken Abfragen zur Sortierung und Filterung Ihrer Daten
3. Speichern Ihrer Daten in mehrere Tabellen, die miteinander verknüpft sind
4. Erstellen eines Microsoft Office Word 2010-Seriendrucks für beispielsweise die serienmäßige Fertigung von Adressetiketten
5. Aufrechterhaltung einer konstante Verbindung zu einer großen externen Datenbank, z. B. einer mithilfe von Microsoft SQL Server erstellten Datenbank

Frage 16: MS Office Access 2010 und MS Office Excel 2010 weisen viele Gemeinsamkeiten auf. Welche Aktionen können Sie mit beiden Programmen ausführen? (2)

1. Anwendung robuster Optionen für die Aktualisierung der Daten, da viele Personen mit der Datenbank arbeiten müssen
2. Berechnungen und statistische Vergleiche Ihre Daten, beispielsweise beim Aufstellen einer Kosten-/Nutzen-Analyse für den Budgetplan Ihrer Firma
3. Einsatz von PivotTable- und PivotChart-Ansichten für die Interaktion mit Ihren Daten
4. Erstellen und Anzeigen von Berichten über Ihre Daten in verschiedenen Formaten
5. Verwenden von sehr großen Datenmenge (mehrere Tausend Einträge), wobei die zu pflegenden Daten zumeist aus Text bestehen

Frage 17: Welche Aussagen über Excel bzw. Access treffen zu? (3)

1. Tabellenkalkulationsprogramme wie Excel 2010 bieten umfangreiche Berechnungs- und Diagrammfunktionen zum Visualisieren und Bearbeiten von Tabellendaten.
2. Ein Programm einer relationalen Datenbank wie beispielsweise Access 2010 ist für das Erstellen und Arbeiten mit komplexen Listen besser geeignet als Excel und stellt leistungsstärkere Tools für das Eingeben, Ordnen, Verwalten und Suchen von Daten bereit.

3. In Excel werden die Daten in Relationen gespeichert. Das sind Tabellen, deren Zeilen die Datensätze und deren Spalten die einzelnen Feldeinträge enthalten.

4. Das relationale Konzept in Excel und in Access bietet eine große Flexibilität. Verknüpfungen sind frei definierbar und auch im Nachhinein noch einzufügen bzw. zu ergänzen.

5. In Excel und in Access werden die Daten in Spalten organisiert, die auch Felder genannt werden und in denen eine bestimmte Informationsart gespeichert wird, die auch unter der Bezeichnung Datentyp bekannt ist.

Frage 18: Sie verwenden Excel, wenn folgende Bedingungen vorliegen: (2)

1. Mit Excel können Sie eine Personalliste aus fünf Spalten erstellen, in denen ID-Nr, Vorname, Nachname, dienstliche Telefonnr und Einstellungsdatum der Angestellten verwaltet werden.

2. In Excel werden Daten in Form von Tabellen gespeichert, die für komplexe Abfragen in Bezug auf Daten vorgesehen sind und die in anderen Tabellen und an anderen Speicherorten bzw. sogar in Feldern anderer Tabellen gespeichert sind.

3. Sie benötigen mehrere Tabellen zum Speichern Ihrer Daten.

4. Sie verwenden mehrere externe Datenbanken, um die benötigten Daten abzurufen und zu analysieren.

5. Sie möchten in erster Linie Berechnungen und statistische Vergleiche mit Ihren Daten durchführen, beispielsweise beim Aufstellen einer Kosten-/Nutzen-Analyse für den Budgetplan Ihrer Firma.

Frage 19: Sie verwenden Access, wenn folgende Bedingungen vorliegen: (3)

1. Bei Access handelt es sich um eine Tabellenkalkulationssoftware, die Informationseinheiten in Zellreihen und -spalten, den so genannten Arbeitsblättern, speichert.

2. Sie benötigen mehrere Tabellen zum Speichern Ihrer Daten.

3. Sie verwenden mehrere externe Datenbanken, um die benötigten Daten abzurufen und zu analysieren.

4. Sie möchten in erster Linie Berechnungen und statistische Vergleiche mit Ihren Daten durchführen, beispielsweise beim Aufstellen einer Kosten-/Nutzen-Analyse für den Budgetplan Ihrer Firma.

5. Sie verfügen über eine sehr große Datenmenge (mehrere Tausend Einträge) und die zu pflegenden Daten bestehen zumeist aus Text.

Frage 20: *Welche Aussagen über Excel-Tabellen sind richtig? (2)*

1. Eine Excel-Tabelle besteht aus Datensätzen. Jeder Datensatz enthält Datenfelder, in denen sich die eigentlichen Informationen befinden. Ein Datensatz wäre vergleichbar mit einer Karteikarte und die Datenfelder wären vergleichbar mit den Eintragungen auf der Karteikarte.
2. In einer Excel-Tabelle stellen die Zeilen die Datenfelder und die Spalten die Datensätze dar.
3. Wenn Sie eine Excel-Tabelle in einem Excel-Arbeitsblatt erstellen, können Sie die Daten in der Tabelle unabhängig von Daten außerhalb der Tabelle verwalten und analysieren.
4. Die Feldnamen müssen immer in der Zeile 1 des Tabellenblatts eingetragen sein.
5. Zwischen der Zeile mit den Feldnamen und dem ersten Datensatz muss eine Leerzeile sein.

Frage 21: *Sie wollen eine Excel-Tabelle bzw. einen Datenbereich sortieren. Bevor Sie im Register* `Daten` *den Befehl* `Sortieren` *aufrufen, (1)*

1. muss die Spalte markiert sein, nach der sortiert werden soll.
2. muss die ganze Tabelle bzw. der ganze Bereich markiert sein.
3. muss der Cursor innerhalb der Tabelle bzw. des Bereichs stehen.
4. kann der Cursor auch außerhalb der Tabelle bzw. des Bereichs in einer leeren Zelle stehen.
5. ist es egal, ob irgendetwas markiert ist oder wo der Cursor steht.

Frage 22: *Die Datenüberprüfung kann mit einem Warnhinweis anzeigen, (2)*

1. dass in Zellen falsche Werte eingegeben wurden.
2. dass eine Mappe mit Kennwortschutz geöffnet wurde.
3. dass eine Ziffer bei der Eingabe vergessen wurde.
4. dass Sie ihre Daten nicht abgespeichert haben.
5. dass Sie versehentlich den Inhalt einer Zelle gelöscht haben.

Frage 23: *Welche Aussagen über das Selektieren von Datensätzen mit dem Autofilter treffen zu? (3)*

1. Sie können Datensätze filtern, die in einem Datenfeld keinen Eintrag haben.
2. Sie können Datensätze filtern, die doppelt vorkommen.
3. Sie können Daten anhand der Zellenfarbe oder anhand einer Zahlenliste filtern, jedoch nicht beides gleichzeitig.

4. Sie können Datensätze filtern, die entweder dem einen oder dem anderen Suchkriterium innerhalb einer Spalte genügen.

5. Sie können Datensätze filtern, die entweder dem ersten oder dem zweiten oder dem dritten Suchkriterium innerhalb einer Spalte genügen.

Frage 24: Mit dem Spezialfilter können Sie Daten unter Verwendung eines Kriterienbereichs filtern. Welche Aussagen treffen zu? (2)

1. Der Kriterienbereich enthält in der ersten Zeile die Feldnamen und in den darunter liegenden Zeilen die Suchkriterien.

2. Im Kriterienbereich muss jeder Feldname vorkommen.

3. Im Kriterienbereich darf kein Feldname doppelt vorkommen.

4. *Und-Verknüpfungen* werden in unterschiedliche Zeilen des Kriterienbereichs geschrieben.

5. *Oder-Verknüpfungen* werden in unterschiedliche Zeilen des Kriterienbereichs geschrieben.

Frage 25: Excel berechnet Teilergebnisse anhand einer zusammenfassenden Funktion. Welche Aussagen treffen zu? (2)

1. Das Werkzeug `Teilergebnisse` finden Sie im Register `Überprüfen`.

2. Um Teilergebnisse in eine Liste einzufügen, muss die Liste nach der Spalte sortiert werden, für die Sie Teilergebnisse berechnen möchten.

3. Um Teilergebnisse in eine Liste einzufügen, muss die Spalte, für die Sie Teilergebnisse berechnen möchten, ganz nach links verschoben werden.

4. Wenn Sie Teilergebnisse aus einer Liste entfernen, löscht Excel auch die Gliederung sowie alle Seitenwechsel, die beim Einsetzen der Teilergebnisse entstehen.

5. Wenn Sie Detaildaten ändern, können Sie mit (F9) die Teil- und Gesamtergebnisse neu berechnen lassen.

Frage 26: Welche Aussagen über Pivot-Tabellen treffen zu? (3)

1. Pivot-Tabellen sind interaktive Tabellen, in denen Sie Daten aus einer vorhandenen Liste oder Tabelle zusammenfassen und analysieren können.

2. Eine Pivot-Tabelle besitzt einen Datenkern, der berechnet werden kann und um den herum die Bezugsdaten beliebig angeordnet werden können.

3. Wenn Sie die Quelldaten ändern, wird die Pivot-Tabelle automatisch aktualisiert.

4. Wenn Sie die Quelldaten ändern, wird die Pivot-Tabelle nicht aktualisiert. Es muss eine neue Pivot-Tabelle erstellt werden.

5. Wenn Sie die Quelldaten ändern, können Sie die Pivot-Tabelle aktualisieren.

Frage 27: Ein Doppelklick auf einen Wert innerhalb einer Pivot-Tabelle (1)

1. aktualisiert die Pivot-Tabelle.
2. blendet die aktuelle Spalte und Zeile der Pivot-Tabelle aus.
3. erzeugt auf einem neuen Tabellenblatt eine Detailliste mit allen Informationen, die zu diesem Wert geführt haben.
4. ersetzt die Pivot-Tabelle mit einer Detailliste mit allen Informationen, die zu diesem Wert geführt haben.
5. hat keine Auswirkungen.

Frage 28: Welche Aussagen über Pivot-Diagramme treffen zu? (2)

1. Ein Pivot-Diagramm kann aus einer vorhandenen Pivot-Tabelle erstellt werden.
2. Ein Pivot-Diagramm kann zusammen mit einer Pivot-Tabelle erstellt werden.
3. Ein Pivot-Diagramm kann auch ohne Pivot-Tabelle erstellt werden.
4. Ein Pivot-Diagramm ist immer ein Säulen- bzw. ein Balkendiagramm.
5. Löschen Sie ein Pivot-Diagramm, wird automatisch auch die Pivot-Tabelle gelöscht.

Frage 29: Welche Aussagen über das Konsolidieren von Daten treffen zu? (2)

1. Mit der Datenkonsolidierung können Sie die Datentypen oder Werte steuern, die von Benutzern in eine Zelle eingegeben werden.
2. Wenn Sie Daten konsolidieren, werden die Daten zusammengetragen, wodurch Ihnen die regelmäßige oder gelegentliche Aktualisierung und Zusammenfassung erleichtert wird.
3. Sind Daten in einzelnen Tabellenblättern unterschiedlich organisiert, verwenden aber die gleichen Zeilen- und Spaltenüberschriften, können die Daten nach Kategorie konsolidiert werden.
4. Bei der Datenkonsolidierung handelt es sich um eine Funktion, mit der Einschränkungen für die mögliche oder erforderliche Dateneingabe in eine Zelle definiert werden können.
5. Mit Hilfe der Datenkonsolidierung können verschiedene Ergebnisse erreicht werden, die durch unterschiedliche Wertannahmen für Variablen erzielt werden.

Frage 30: *Was versteht man unter Daten transponieren? (1)*

1. Wenn Sie Daten transponieren, werden die Daten zusammengetragen, wodurch Ihnen die regelmäßige oder gelegentliche Aktualisierung und Zusammenfassung erleichtert wird.

2. Sind Daten in einzelnen Tabellenblättern unterschiedlich organisiert, verwenden aber die gleichen Zeilen- und Spaltenüberschriften, können die Daten transponiert werden.

3. Um Zeilen- und Spaltentitel miteinander zu vertauschen, kann die Tabelle kopiert und dann aus dem Listenfeld `Einfügen` der Befehl `Transponieren` genutzt werden.

4. Transponieren ist ein anderer Ausdruck für Kopieren

5. Daten können nur in Pivot-Tabellen transponiert werden.

Frage 31: *Um Zeilen- und Spaltentitel einer Tabelle miteinander zu vertauschen, (2)*

1. kopieren Sie die Tabelle über Drag & Drop mit der rechten Maustaste und wählen dann `Hierher kopieren und drehen`.

2. kopieren Sie die Tabelle in die Zwischenablage und fügen diese an gleicher Stelle über `Einfügen/Inhalte einfügen` wieder ein. Dabei muss aber das Kontrollkästchen `Transponieren` aktiviert sein.

3. kopieren Sie die Tabelle in die Zwischenablage und fügen diese auf eine freie Stelle des Arbeitsblattes über `Einfügen/Inhalte einfügen` wieder ein. Dabei muss aber das Kontrollkästchen `Transponieren` aktiviert sein.

4. kopieren Sie die Tabelle in die Zwischenablage und fügen diese an gleicher Stelle über `Einfügen/Inhalte einfügen` wieder ein. Dabei muss aber das Kontrollkästchen `Transponieren` deaktiviert sein.

5. kopieren Sie die Tabelle in die Zwischenablage und fügen diese auf eine freie Stelle des Arbeitsblattes über `Einfügen/Transponieren` wieder ein.

4 Vorlagen

Benötigen Sie häufig ähnliche Formatierungen oder ähnliche Tabellen und Formulare, sind die Mustervorlagen arbeitserleichternde Werkzeuge. Mustervorlagen in Excel sind mit den Dokumentvorlagen in Word vergleichbar. Mustervorlagen werden verwendet, wenn Tabellen gleiches Aussehen, gleiche Inhalte, Formeln oder Tätigkeiten erfordern, aber jeweils unter einem anderen Namen gespeichert werden sollen. Sie speichern dabei alle konstanten Elemente in einer Originaldatei, der Mustervorlage. Wenn Sie eine neue Arbeitsmappe auf Basis dieser Vorlage erstellen, wird eine Kopie dieses Originals geöffnet.

Dieses Kapitel umfasst folgende Themenbereiche:

Die Standardvorlage Mappe.xltx
Vorlagen erstellen
Übungsaufgaben
Verständnisfragen

4.1 Die Standardvorlage Mappe.xltx

Wenn Sie Microsoft Excel starten oder wenn Sie nach Datei/Neu auf die Vorlage *Leere Arbeitsmappe* doppelklicken, wird eine neue, leere Arbeitsmappe mit den Standardformaten angezeigt. Sie können das Standardformat und den Standardinhalt neuer Arbeitsmappen ändern, indem Sie eine automatische Mustervorlage für Arbeitsmappen erstellen.

4.1.1 Beispiel 59: Die Standardvorlage Mappe.xltx

1. Eine neue leere Arbeitsmappe ist geöffnet. Sie möchten das Standardformat und den Standardinhalt für alle neuen Arbeitsmappen ändern.
2. Öffnen Sie im Register Start, Gruppe Formatvorlagen die Zellenformatvorlagen und klicken Sie mit der rechten Maustaste auf die Vorlage *Standard*.
3. Wählen Sie aus dem Kontextmenü Ändern und nehmen Sie über Formatieren die gewünschten Einstellungen vor, etwa Schriftart, Schriftgröße und Zahlenformate.

Abb 145 *Standardformatvorlage ändern*

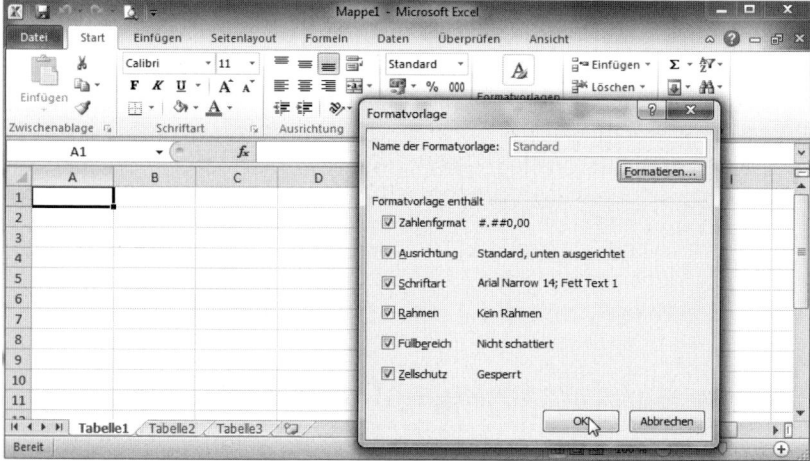

Abb 146 *Geänderte Standardformatvorlage*

4. Bestimmen Sie im Register `Seitenlayout` die Seitenränder und die Orientierung.

5. Speichern Sie diese Mappe als Mustervorlage im Ordner *XLSTART*.

6. Wählen Sie dazu nach `Datei/Speichern unter` als `Dateityp` *Excel-Vorlage (*.xltx)* bzw. *Excel-Vorlage mit Makros (*xltm)* und als Speicherort den Ordner *XLSTART*. Standardmäßig werden Vorlagen im Ordner *Templates* gespeichert.

7. Der Ordner *XLSTART* befindet sich, wenn Sie Windows 7 verwenden, im Ordner *Excel*, der in der gleichen Ebene wie der Ordner *Templates* liegt.

8. Verwenden Sie als Dateinamen *Mappe*.

9. Schließen Sie dann Excel. In Zukunft verwendet Excel automatisch die Einstellungen aus der Datei *Mappe.xltx*, wenn nach dem Programmstart oder über (Strg)+n eine neue Arbeitsmappe erstellt werden soll.

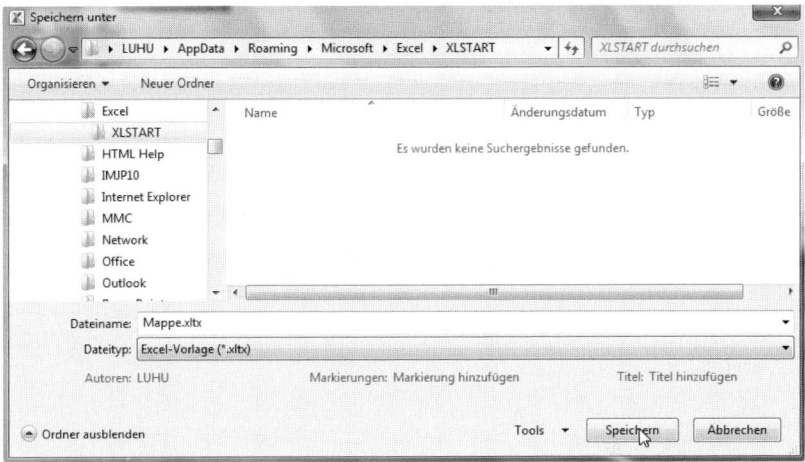

Abb 147 *Dialogbox Speichern unter*

10. Wollen Sie wieder die ursprüngliche Standardarbeitsmappe von Excel benutzen, löschen Sie einfach die Datei *Mappe.xltx* aus dem Ordner *XLSTART*. Tun Sie das.

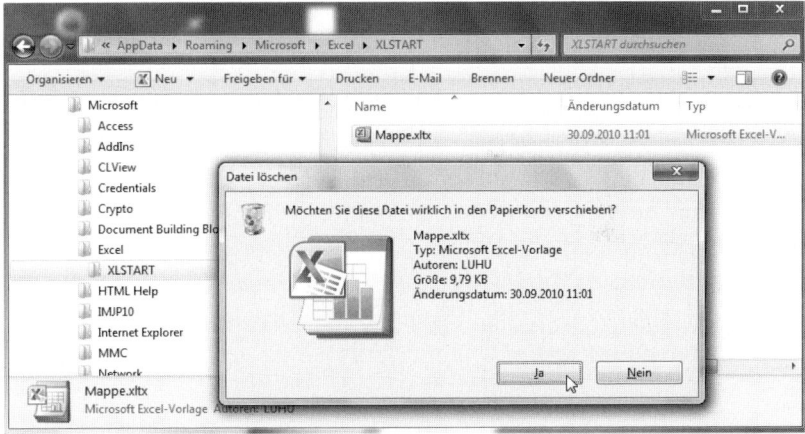

Abb 148 *Die Datei Mappe.xltx wird im Windows Explorer gelöscht*

11. Um nur die Standardschrift zu ändern, genügt es, in den `Excel-Optionen`, Registerkarte `Allgemein` in den Feldern `Folgende Schriftart verwenden` und `Schriftgrad` die gewünschte Schrift einzustellen.

12. Die Änderung der Standardschrift betrifft auch die Schrift in den Zeilen- und Spaltenköpfen und wird erst gültig, wenn Sie Excel beenden und erneut starten. Existiert aber im Ordner *XLStTART* eine Vorlage *Mappe.xltx*, so haben diese Einstellungen Vorrang.

4.2 Vorlagen erstellen

Um eine Vorlage zu erstellen, verändern Sie eine leere Arbeitsmappe (Formate, Vorgabetexte u. ä.) und speichern sie als Vorlage ab. Um die Vorlage zu nutzen, wählen Sie aus Datei/Neu mit einem Doppelklick diese Vorlage für ein neues Dokument. In der Titelleiste erscheint *Vorlagenname1*. Schrift, Ausrichtung, Seitenränder u. ä. entsprechen den Werten aus der Vorlage.

4.2.1 Beispiel 60: Vorlage erstellen und nutzen

1. Sie möchten eine neue Vorlage mit Spaltenüberschriften, anderen Formaten und Fußzeilen erstellen.

2. Hinweis zum Inhalt der Mustervorlage: Spaltenüberschriften (Januar bis Dezember, fett), Schrift (Times, 12 pt), Zahlenformat (2 Dezimalstellen, Tausender-Punkt), Spaltenbreite (9,5 Zeichen), Querformat, keine Kopfzeile, Fußzeile (links: Dateiname und Datum, rechts: Seite von Gesamtseitenanzahl). Name der Vorlage: *Monate*.

3. Eine neue, leere Arbeitsmappe ist geöffnet. Geben Sie in A1 *Januar* ein und erstellen Sie eine Monatsreihe in Zeilen bis Dezember. Markieren Sie die eingegebenen Spaltenüberschriften und formatieren Sie diese fett.

4. Öffnen Sie im Register Start, Gruppe Formatvorlagen die Zellenformatvorlagen und klicken Sie mit der rechten Maustaste auf die Vorlage *Standard*.

5. Wählen Sie aus dem Kontextmenü Ändern und verändern Sie über Formatieren die Schriftart und das Zahlenformat folgendermaßen: Schrift: *Times New Roman, 12 Punkt*. Zahlenformat: *2 feste Dezimalstellen, Tausender-Trennzeichen*. Bestätigen Sie zweimal mit OK.

6. Geben Sie im Register Start, Gruppe Zellen über Format/Standardbreite *9,5* ein. OK.

7. Wechseln Sie ins Register Seitenlayout und wählen Sie aus dem Listenfeld Ausrichtung für die neue Vorlage Querformat.

8. Öffnen Sie die Dialogbox Seite einrichten und klicken Sie im Register Kopf-/Fußzeile auf Benutzerdefinierte Fußzeile.

9. Geben Sie in den linken Abschnitt über das Symbol Dateiname den Dateinamen ein.

10. Fügen Sie nach einem Komma und anschließendem Leerzeichen über das Symbol Datum noch das *Datum* ein.

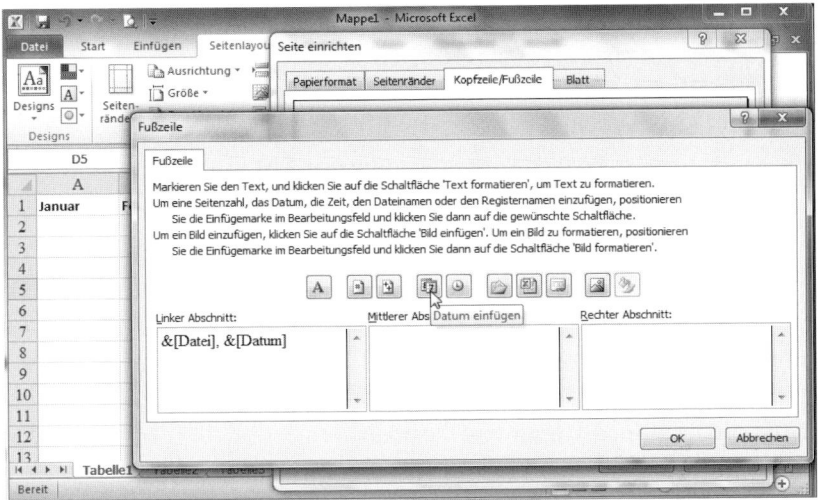

Abb 149 *Benutzerdefinierte Fußzeile*

11. Im `Rechten Abschnitt` geben Sie über die entsprechenden Symbole *Seite von Gesamtseitenanzahl* ein und bestätigen Sie zweimal mit OK.

12. Speichern Sie Ihre Arbeitsmappe als Vorlage ab. Geben Sie nach `Datei/ Speichern unter` im Feld `Dateiname` *Monate* ein und wählen Sie aus dem Listenfeld `Dateityp` *Excel-Vorlage (*.xltx)*.

13. Die Vorlage wird automatisch im Ordner *Templates* gespeichert. Nach `Speichern` erscheint in der Titelleiste von Excel *Monate.xltx*, nicht wie bei einer Arbeitsmappe *Monate.xlsx*.

14. Schließen Sie die Vorlage. Um die Vorlage *Monate* zu nutzen, wählen Sie nach `Datei/Neu` *Meine Vorlagen*.

15. Öffnen Sie mit einem Doppelklick auf die Vorlage *Monate* eine neue Arbeitsmappe, die auf der Vorlage *Monate.xltx* basiert. In der Titelleiste erscheint *Monate.xltx1*. Schrift, Spaltenbreite usw. entsprechen den Werten aus der Vorlage.

16. Hinweis: Sie können dem Ordner *Templates* einen Ordner hinzufügen, um dort Ihre benutzerdefinierten Mustervorlagen abzulegen. Die Mustervorlagen in diesem Ordner werden auf einer separaten Registerkarte im Dialogfeld *Meine Vorlagen* angezeigt.

17. Excel stellt in `Datei/Neu` unter `Beispielvorlagen` und `Office.com-Vorlagen` verschiedene Vorlagen zur Verfügung.

4.3 Übungsaufgaben

Sie können mit folgenden Aufgaben üben:

Aufgabe 36: Die Standard-Mustervorlage Mappe.xltx erstellen

Aufgabe 37: Eine beliebige Mustervorlage erstellen

4.3.1 Aufgabe 36: Die Standard-Mustervorlage *Mappe.xltx* erstellen

1. Richten Sie in einer neuen leeren Mappe die Seitenränder ein: Oben, unten, links und rechts jeweils 2 cm.
2. Definieren Sie als Standard-Spaltenbreite *9*.
3. Wählen Sie in der Standard-Formatvorlage als `Zahlenformat` *Zahlen mit 1.000-Trennzeichen und 2 Dezimalstellen.* (*Bsp. 59*)
4. Wählen Sie als `Schriftart` *Book Antiqua, 9 Punkt* und als horizontale `Ausrichtung` *Rechts.* (*Bsp. 59*)
5. Speichern Sie die Mappe als Mustervorlage in den Ordner *XLStart* unter *mappe.xltx.* (*Bsp. 59*)
6. Schließen Sie Excel und überprüfen Sie dann nach dem erneuten Öffnen von Excel die Einstellungen in einer neuen leeren Arbeitsmappe. (*Bsp. 59*)
7. Stellen Sie die ursprüngliche Standardarbeitsmappe von Excel wieder her. (*Bsp. 59*)

4.3.2 Aufgabe 37: Eine beliebige Mustervorlage erstellen

1. Erstellen Sie die Mustervorlage *Kalender.* (*Bsp. 60*)
2. Wählen Sie als Papierformat *Querformat.* (*Bsp. 60*)
3. Die Schrift soll *Times New Roman, 11pt* sein. (*Bsp. 60*)
4. Geben Sie in der Spalte A alle Wochentage des Jahres 2011 mit dem benutzerdefinierten Format TTTT, TT.MM.JJJJ ein. (*Bsp. 60*)
5. In der Kopfzeile soll im rechten Bereich immer das aktuelle Datum erscheinen. (*Bsp. 60*)
6. In der Fußzeile sollen der Dateiname sowie die Seitennummerierung von Gesamtseitenzahl erscheinen. (*Bsp. 60*)
7. Speichern Sie die Mappe als Mustervorlage unter *Kalender* und schließen Sie die Mappe. (*Bsp. 60*)
8. Öffnen Sie eine neue leere Mappe, die auf der Mustervorlage *Kalender* basiert. (*Bsp. 60*)
9. Die Lösung dieser Aufgabe finden Sie unter `Kalender.xltx`.

4.4 Verständnisfragen

Frage 32: Wie ändern Sie für alle neuen Arbeitsmappen die Standardschrift? (2)

1. Sie stellen in der Dialogbox `Zellen formatieren`, Registerkarte `Schrift` die gewünschte Schrift ein und aktivieren dann das Kontrollkästchen `Standardschrift`.
2. Sie verändern in der `Zellenformatvorlage` *Standard* die `Schriftart` nach Wunsch und aktivieren das Kontrollkästchen `Für alle Arbeitsmappen`.
3. Sie stellen in den `Excel-Optionen`, Registerkarte `Allgemein` die `Schriftart` und den `Schriftgrad` ein.
4. Sie verändern in der `Zellenformatvorlage` *Standard* die `Schriftart` nach Wunsch. Dann speichern Sie die Mappe unter *mappe.xlt* als `Dateityp` *Mustervorlage* in den Ordner *Vorlagen*.
5. Sie verändern in der `Zellenformatvorlage` *Standard* die `Schriftart` nach Wunsch. Dann speichern Sie die Mappe unter *mappe.xltx* als `Dateityp` *Mustervorlage* in den Ordner *XLSTART*.

Frage 33: Unter welchem Namen und in welchem Ordner muss die Standardvorlage in Excel gespeichert werden? (2)

1. Als *Mappe.xlsx* in den Ordner *Vorlagen*.
2. Als *Mappe.xltx* in den Ordner *XLSTART*.
3. Als *Mappe.xltm* in den Ordner *XLSTART*.
4. Als *Normal.xltx* in den Ordner *Templates*.
5. Als *Normal.xltm* in den Ordner *XLSTART*.

Frage 34: Welche Aussagen über Mustervorlagen treffen zu? (3)

1. Mustervorlagen in Excel sind mit den Formatvorlagen in Word vergleichbar.
2. Mustervorlagen werden automatisch in den Ordner *Templates* gespeichert.
3. Sie können dem Ordner *Templates* einen Ordner hinzufügen, um dort Ihre benutzerdefinierten Mustervorlagen abzulegen. Die Mustervorlagen in diesem Ordner werden auf einer separaten Registerkarte im Dialogfeld *Meine Vorlagen* angezeigt.
4. Die Standard-Mustervorlage muss unter dem Namen *mappe.xltx* als Mustervorlage in den Ordner *Templates* gespeichert werden.

5. Wollen Sie wieder die ursprüngliche Standardarbeitsmappe benutzen, löschen Sie die Datei *mappe.xltx* aus dem Ordner *XLSTART.*

Frage 35: Mustervorlagen haben (2)

1. die Endung *.xlsv.*
2. die Endung *.xlsx.*
3. die Endung *.dotx.*
4. die Endung *.xltx.*
5. die Endung *.xltm.*

Frage 36: Um eine Mustervorlage zu nutzen, (1)

1. verwenden Sie den Befehl `Datei/Öffnen/Meine Vorlagen`.
2. verwenden Sie den Befehl `Datei/Neu/Meine Vorlagen`.
3. verwenden Sie im Register `Einfügen`, Gruppe `Datei` den Befehl `Vorlagen`.
4. drücken Sie (Strg)+n.
5. klicken Sie im Register `Start` auf das Symbol `Neu`.

5 Datenaustausch

Zum Austausch von Daten zwischen Excel und anderen Programmen können Sie entweder die Zwischenablage nutzen oder Objekte mit OLE einfügen oder verknüpfen. Sie können

- Daten kopieren (nur Informationen von einem Programm zum anderen kopieren),
- Daten einbetten (OLE) oder
- Daten verknüpfen (DDE).

Beim reinen Kopieren besteht der Nachteil darin, dass der Datenaustausch nach dem Kopieren beendet ist. Eine Aktualisierung ist nicht möglich. Wenn sich Daten im Ursprungsprogramm geändert haben, bleibt Ihnen nichts anderes übrig, als die eingefügten Daten zu löschen und den gesamten Vorgang zu wiederholen.

Einbetten und Verknüpfen sind zwei Methoden, um Informationen zwischen in unterschiedlichen Anwendungen erstellten Daten auszutauschen.

Einbetten

Einbetten (OLE = Object Linking and Embedding) ist das Einfügen von Informationen (z. B. eine in Excel 2010 erstellte Tabelle) in ein Dokument aus einer anderen Anwendung (z. B. Word 2010). Eingebettete Informationen werden zum Bestandteil des neuen Dokumentes. Sie werden im neuen Dokument gespeichert.

Um ein eingebettetes Objekt zu bearbeiten, doppelklicken Sie darauf. Die Anwendung, in der das Objekt erstellt wurde, wird geöffnet. Nachdem Sie das Objekt bearbeitet haben und zu Ihrem Dokument zurückgekehrt sind, weist das Objekt alle vorgenommenen Veränderungen auf.

Wenn Informationen eingebettet sind, ist das neue Dokument nicht mit dem ursprünglichen Dokument verknüpft. Wenn Sie Informationen in einem Dokument ändern, wird das andere Dokument nicht aktualisiert. Durch Einbetten können Sie aber die Informationen mit den Symbolleisten und Menüs des Programms bearbeiten, mit dem die Informationen erstellt wurden.

Verwenden Sie eine Verknüpfung, falls die Informationen dynamisch aktualisiert werden sollen, sobald sich die Daten in der Quelldatei ändern. Verwenden Sie Einbetten, wenn Sie die Informationen getrennt von der Quelldatei bearbeiten möchten oder wenn die Quelldatei eventuell nicht verfügbar ist.

Verknüpfen

Beim Verknüpfen (DDE = Dynamic Data Exchange) werden zwischen zwei Quelldateien aus Windows-Programmen Verbindungen aufgebaut, so dass nach jeder Änderung der Daten im Ursprung die entsprechenden Daten im Ziel automatisch aktualisiert werden. Die Informationen werden in der Quelldatei gespeichert. Wird die Quelldatei gelöscht, können die Daten nicht mehr ohne weiteres bearbeitet werden.

Dieses Kapitel umfasst folgende Themenbereiche:

Excel und Word

Excel und Access

Excel und PowerPoint

Übungsaufgaben

Verständnisfragen

5.1 Excel und Word

Sie können in Word Daten kopieren und diese Daten anschließend in ein Excel-Tabellenblatt einfügen oder mithilfe des Befehls `Inhalte einfügen` als Objekt einbetten.

Wenn Sie die kopierten Daten einfügen, werden sie so in das Tabellenblatt eingefügt, dass sie direkt in Excel bearbeitet werden können. Wenn Sie die kopierten Daten als Objekt einbetten, wird beim Bearbeiten dieser Daten das Quellprogramm verwendet. Sie können die kopierten Daten auch mit der Quelldatei verknüpfen, sodass Änderungen, die an den Quelldaten durchgeführt werden, automatisch im Tabellenblatt angezeigt werden.

Sie können mit folgenden Beispielen lernen:

Beispiel 61: Kopierte Excel-Tabelle in Word weiterbearbeiten

Beispiel 62: Excel-Tabelle in Word einbetten und in Word mit den Excelwerkzeugen bearbeiten

Beispiel 63: Excel-Tabelle mit Worddatei verknüpfen und in Excel mit den Excelwerkzeugen bearbeiten

Beispiel 64: Text aus Worddatei in Excel-Mappe kopieren

Beispiel 65: Worddatei in Excel-Mappe einbetten und mit Excel-Mappe verknüpfen

Beispiel 66: Tabelle aus Worddatei in Excel-Mappe kopieren

5.1.1 Beispiel 61: Kopierte Excel-Tabelle in Word weiterbearbeiten

1. In Word ist eine leeres, neues Dokument, in Excel die Datei Kontakte geöffnet.
2. Markieren Sie einen Teil der Tabelle und klicken Sie im Register Start auf das Symbol Kopieren. Die markierte Tabelle erhält einen umfließenden blinkenden Rahmen, der anzeigt, dass der Inhalt sich momentan in der Zwischenablage befindet.
3. Wechseln Sie nach Word und fügen Sie die Tabelle über das Symbol Einfügen ein.
4. Klicken Sie auf die Schaltfläche Einfügen-Optionen.
5. Wählen Sie Ursprüngliche Formatierung beibehalten.

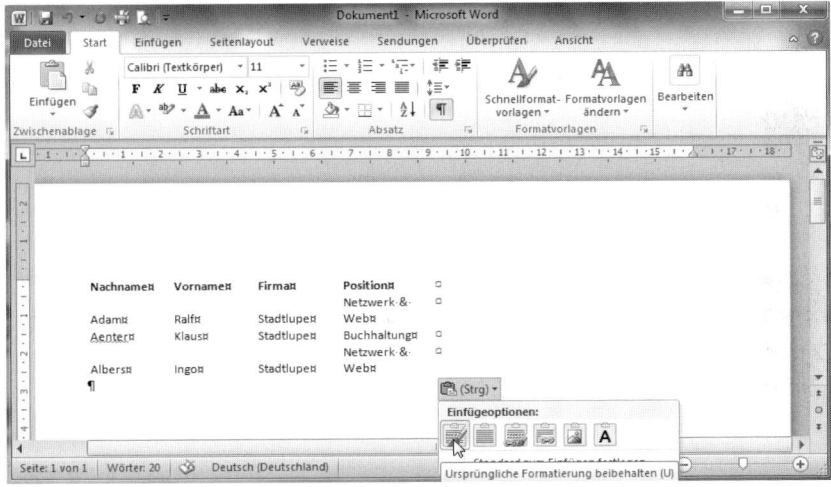

Abb 150 *Die von Excel nach Word kopierte Tabelle*

6. Sie erhalten eine Tabelle, die Sie in Word mit den Befehlen von Word weiter bearbeiten können. Eine Verbindung zu Excel besteht nicht mehr.

5.1.2 Beispiel 62: Excel-Tabelle in Word einbetten und in Word mit den Excelwerkzeugen bearbeiten

1. In Word ist eine leeres, neues Dokument, in Excel die Datei Kontakte geöffnet. Markieren Sie einen Teil der Tabelle und klicken Sie auf das Symbol Kopieren.
2. Wechseln Sie nach Word. Nach Einfügen/Inhalte einfügen fügen Sie die Tabelle als *Microsoft Office Excel- Arbeitsblatt-Objekt* ein und aktivieren den Kontrollkreis vor Einfügen.

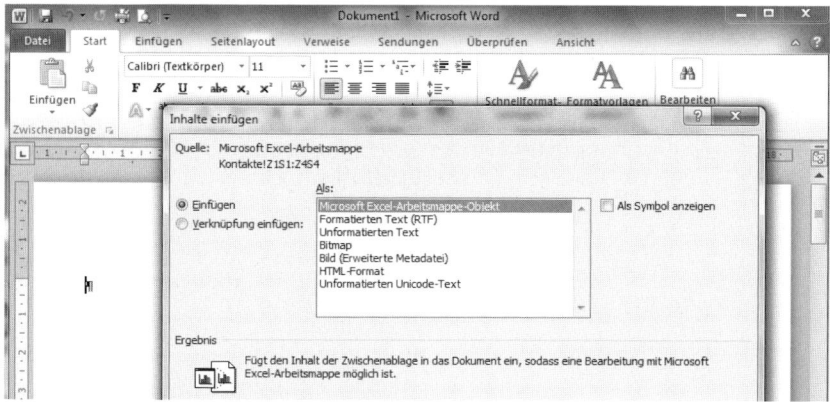

Abb 151 *Dialogbox Inhalte einfügen*

3. Nach OK erhalten Sie ein in Word eingebettetes Excel-Objekt, das in Word gespeichert, aber mit den Excel-Werkzeugen bearbeitet wird.
4. Eine Verbindung zur Ursprungsdatei *Kontakte* besteht nicht mehr. Mit einem Doppelklick auf das Objekt rufen Sie Excel und seine Werkzeuge auf. Ein Klick außerhalb der Tabelle bringt Sie wieder nach Word zurück.

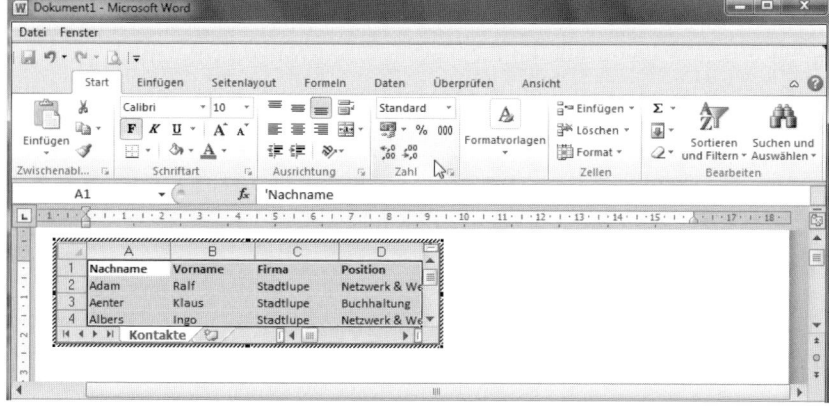

Abb 152 *Die in Word eingebettete Excel-Tabelle*

5.1.3 Beispiel 63: Excel-Tabelle mit Worddatei verknüpfen und in Excel mit den Excelwerkzeugen bearbeiten

1. In Word ist eine leeres, neues Dokument, in Excel die Datei `Kontakte` geöffnet.
2. Markieren Sie einen Teil der Tabelle und klicken Sie auf das Symbol `Kopieren`.
3. Wechseln Sie nach Word.
4. Wählen Sie `Einfügen/Inhalte einfügen` als *Microsoft Office Excel-Arbeitsblatt-Objekt* und aktivieren Sie den Kontrollkreis `Verknüpfung einfügen`.
5. Nach `OK` erhalten Sie ein mit Excel verknüpftes Objekt, das in Word automatisch aktualisiert wird, wenn in der Ursprungsdatei Zellen verändert und gespeichert werden.
6. Es besteht eine Verbindung zur Ursprungsdatei *Kontakte*. Mit einem Doppelklick auf das Objekt rufen Sie die Ursprungsdatei in Excel auf und können diese in Excel bearbeiten. Änderungen werden in Word automatisch aktualisiert.

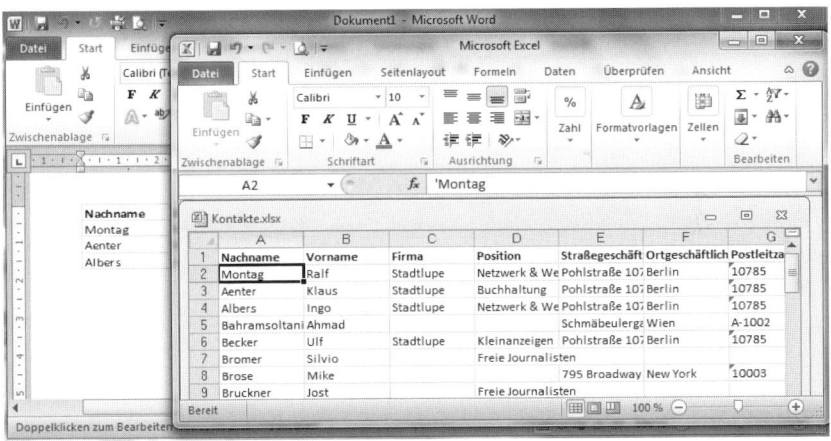

Abb 153 *Eine mit Excel verknüpfte Tabelle in Word*

5.1.4 Beispiel 64: Text aus Worddatei in Excel-Mappe kopieren

1. In Excel ist eine neue, leere Arbeitsmappe, in Word die Datei Domäne Dahlem geöffnet.
2. Kopieren Sie die gesamte Datei in die Zwischenablage und wechseln Sie nach Excel.
3. Verbreitern Sie die Spalte A auf 60 Zeichen und positionieren Sie den Cursor auf Zelle A. Fügen Sie die Datei *Domäne Dahlem* über das Symbol Einfügen ein.
4. Der erste Absatz der Datei wird in die Zelle A1, der zweite Absatz in Zelle A2, der dritte in Zelle A3 usw. eingefügt.

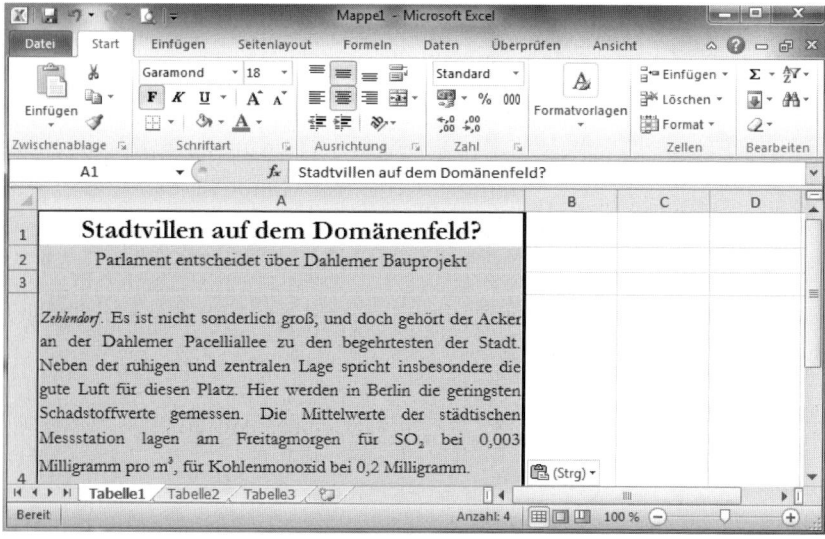

Abb 154 *Die von Word nach Excel kopierten Texte*

5. Die Texte können Sie in Excel mit den Befehlen von Excel weiter bearbeiten. Eine Verbindung zu Word besteht nicht mehr.
6. Die Formate *Schriftart, Schriftgröße, fett, kursiv, hoch-* und *tiefgestellt* sowie *zentriert* wurden beibehalten, die Formate *Kapitälchen* und *eingerückt* wurden nicht übernommen.

5.1.5 Beispiel 65: Worddatei in Excel-Mappe einbetten und mit Excel-Mappe verknüpfen

1. In Excel ist eine neue, leere Arbeitsmappe, in Word die Datei Domäne Dahlem geöffnet.
2. Kopieren Sie die gesamte Datei in die Zwischenablage und wechseln Sie nach Excel.
3. Wählen Sie Einfügen/Inhalte einfügen. Markieren Sie *Microsoft Office Word-Dokument-Objekt* und aktivieren Sie den Kontrollkreis Einfügen. OK.

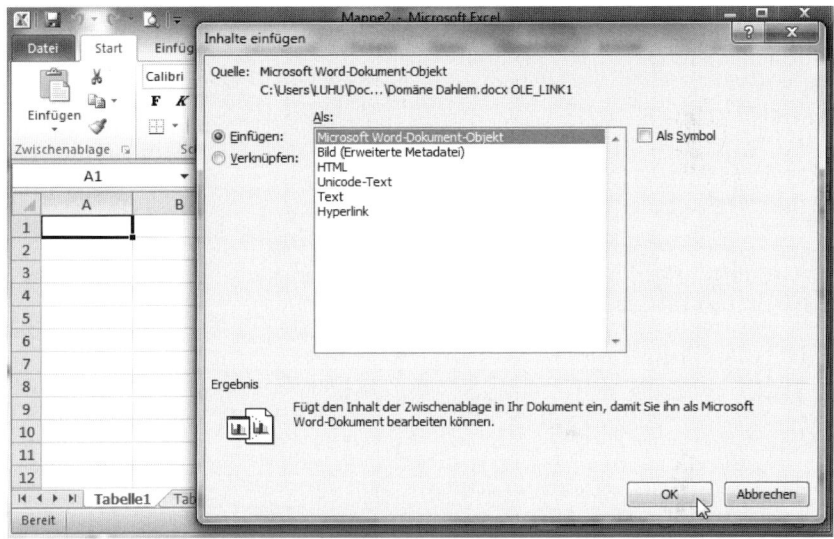

Abb 155 *Dialogbox Inhalte einfügen*

4. Sie erhalten ein in Excel eingebettetes Word-Objekt, das Sie mit den Word-Werkzeugen bearbeiten können, das aber in Excel abgespeichert wird. Eine Verbindung zur Ursprungsdatei besteht nicht mehr.
5. Mit einem Doppelklick auf das Objekt rufen Sie Word und seine Werkzeuge auf. Ein Klick außerhalb des Textobjekts bringt Sie wieder nach Excel zurück.
6. Wechseln Sie zum Tabellenblatt *Tabelle2* und wählen Sie Einfügen/Inhalte einfügen. Markieren Sie Als *Microsoft Word-Dokument-Objekt* und aktivieren Sie den Kontrollkreis Verknüpfen.

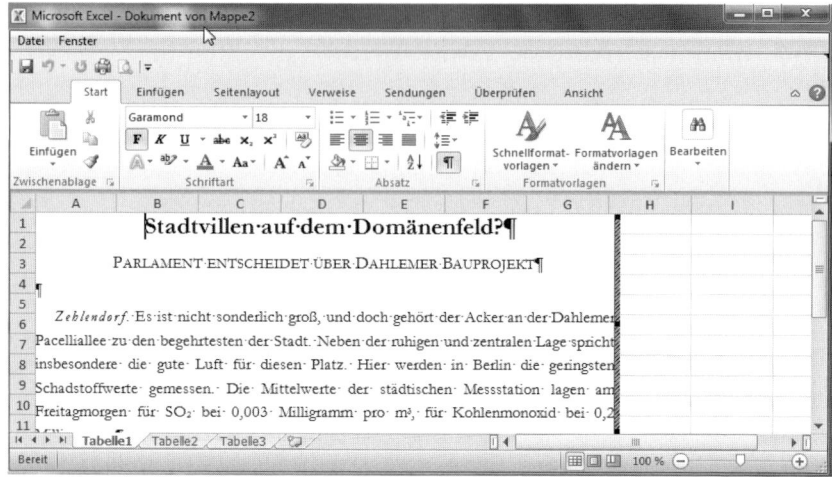

Abb 156 *In Excel die Werkzeuge von Word*

7. Nach Ok erhalten Sie ein mit Word verknüpftes Objekt, das in Excel automatisch aktualisiert wird, wenn in der Ursprungsdatei der Text oder die Gestaltung verändert und gespeichert werden.

8. Überprüfen Sie die Verknüpfung, indem Sie die Ursprungsdatei verändern.

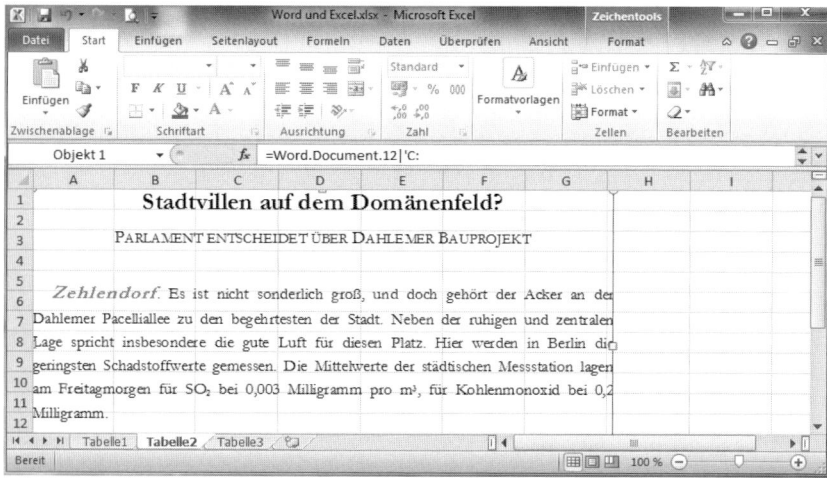

Abb 157 *Ein mit Word verknüpftes Objekt, das in Excel automatisch aktualisiert wird*

9. Speichern Sie die Datei unter *Word und Excel*.

5.1.6 Beispiel 66: Tabelle aus Worddatei in Excel-Mappe kopieren

1. In Word ist die Datei `Bildbestellungen` geöffnet. Kopieren Sie die Tabelle in die Zwischenablage.
2. Wechseln Sie nach Excel.
3. Fügen Sie die Tabelle über das Symbol `Einfügen` ein. Sie haben eine Tabelle erhalten, die Sie in Excel mit den Befehlen von Excel weiter bearbeiten können.
4. Eine Verbindung zu Word besteht nicht mehr. Die Formeln, die in Word in der Tabelle eingegeben wurden, wurden nicht von Excel übernommen. Excel übernimmt die Ergebnisse als reine Werte.

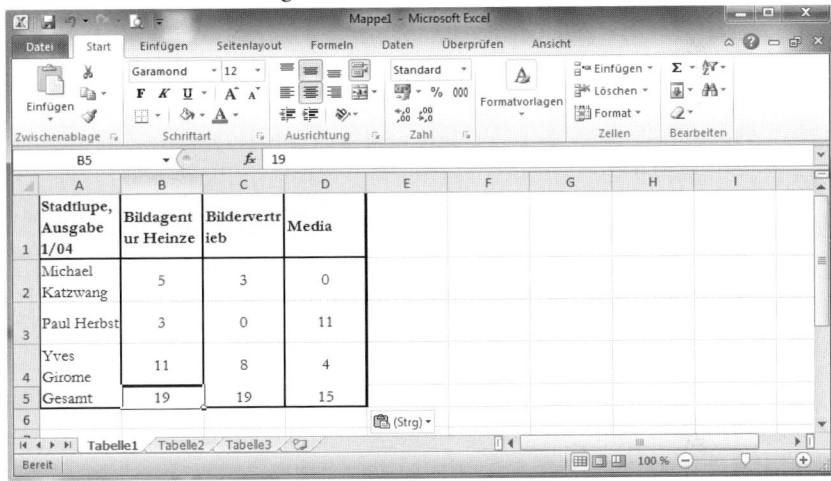

Abb 158 *Eine aus Word nach Excel kopierte Tabelle*

5.2 Excel und Access

Selbstverständlich können Sie in Access Daten über die Zwischenablage kopieren. Wenn Sie über die Zwischenablage Datensätze in eine Access-Tabelle einfügen oder Tabellendaten in andere Anwendungen übertragen möchten, sollte die Datenmenge nicht zu groß und die Daten im externen Programm tabellenartig formatiert sein.

5.2.1 Beispiel 67: Exceldaten in eine Access-Tabelle kopieren

1. Sie können Daten aus Excel über die Zwischenablage nach Access kopieren.
2. In Access ist die Datenbank `Stadtlupe1.accdb`, in Excel die Arbeitsmappe `Neukunden` geöffnet.
3. Kopieren Sie die 91 Datensätze von A2 bis H92 in die Zwischenablage.
4. Wechseln Sie zu Access und öffnen Sie die Tabelle *Kunden*.
5. Fügen Sie über `Einfügen/Am Ende Anfügen` die neuen Daten in die Tabelle ein. Bestätigen Sie das Einfügen auf die Nachfrage von Access mit `Ja`.
6. 142 Datensätze, davon 91 neue, befinden sich nun in der Tabelle *Kunden*.

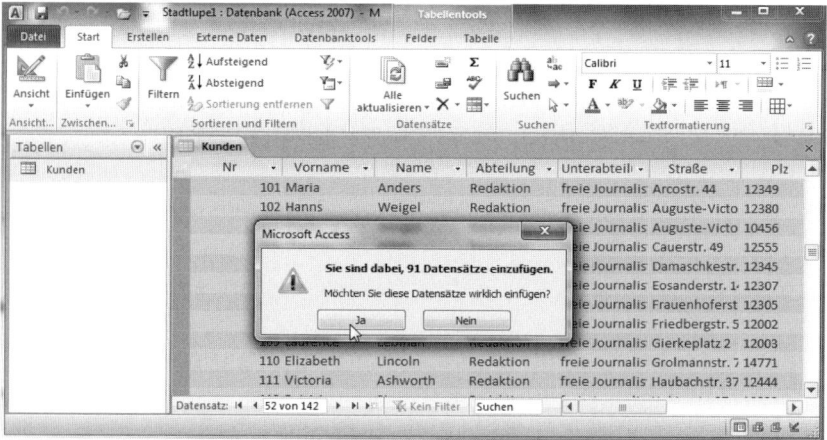

Abb 159 *Meldung beim Einfügen von Daten aus der Zwischenablage*

5.3 Excel und PowerPoint

Tabellen allein in PowerPoint zu erstellen, wird in den seltensten Fällen vorkommen. Die entsprechenden Tabellen werden mit den Daten bestimmt schon vorher auf irgendeine Art und Weise aufgezeichnet worden sein: in der Regel in Word oder in Excel. Der Vorteil einer Tabelle, die mit Excel erzeugt wurde, liegt darin, dass in dieser Tabelle gerechnet werden kann.

5.3.1 Beispiel 68: Excel-Tabelle in PowerPoint einfügen, einbetten und verknüpfen

1. In Excel ist die Arbeitsmappe Landtagswahlen geöffnet. Kopieren Sie aus der Excel-Mappe die erste Tabelle (A1 bis G4) in die Zwischenablage.
2. Starten Sie PowerPoint. Wählen Sie das Folienlayout Nur Titel und tragen Sie den Titel *Excel-Tabelle einfügen* ein.
3. Fügen Sie die Tabelle über Einfügen ein und wählen Sie die Einfügeoption Ursprüngliche Formatierung beibehalten. Sie können die Tabelle mit den Werkzeugen von PowerPoint bearbeiten.

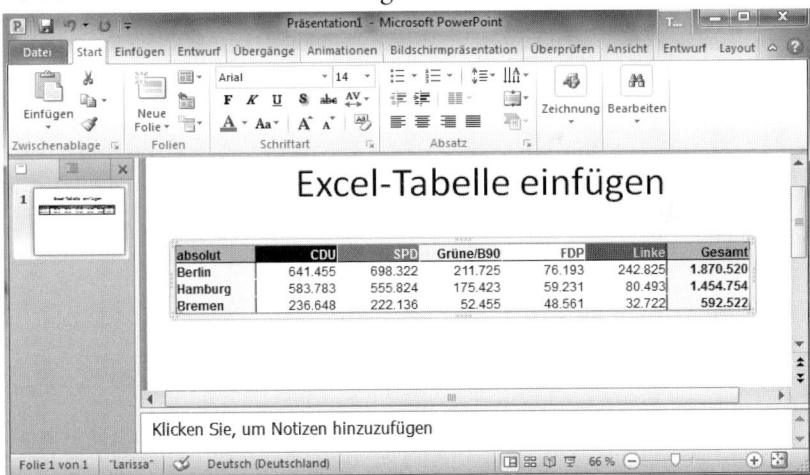

Abb 160 *Eingefügte Excel-Tabelle, wird mit den Werkzeugen von Powerpoint bearbeitet und in PowerPoint gespeichert*

4. Erstellen Sie eine neue Folie mit dem Folienlayout Nur Titel. Tragen Sie den Titel *Excel-Tabelle einbetten* ein.
5. Wählen Sie Einfügen/Inhalte einfügen. Markieren Sie *Microsoft Office Excel-Arbeitsmappe-Objekt* und aktivieren Sie den Kontrollkreis Einfügen. OK.

6. Der eingefügte Text kann mit den Excel-Werkzeugen bearbeitet werden. Ein Doppelklick auf die Tabelle öffnet die Symbolleisten von Excel. Mit einem Klick außerhalb des schraffierten Rahmens gelangen Sie nach Powerpoint zurück. Die Änderungen werden in der Powerpoint-Datei gespeichert.

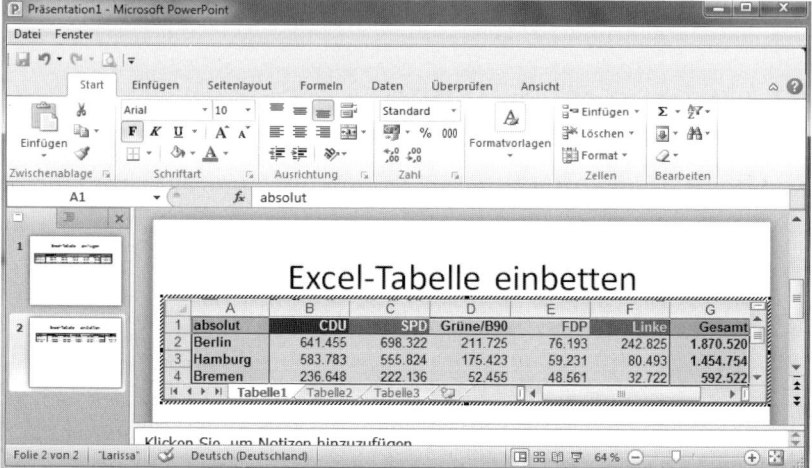

Abb 161 *Eingebettete Excel-Tabelle, wird mit den Werkzeugen von Excel bearbeitet und in PowerPoint gespeichert*

7. Erstellen Sie eine neue Folie mit dem Folienlayout `Nur Titel`. Tragen Sie als Titel *Mit Excel Tabelle verknüpfen* ein.

8. Markieren Sie nach `Einfügen/Inhalte einfügen` *Microsoft Office Excel-Arbeitsblatt-Objekt* und aktivieren Sie den Kontrollkreis `Verknüpfung einfügen`. `OK`.

9. Änderungen, die in der Excel-Datei vorgenommen werden, werden in Excel gespeichert und in Powerpoint automatisch aktualisiert.

10. Doppelklicken Sie auf die verknüpfte Tabelle, öffnen Sie die Ursprungstabelle in Excel und können diese verändern.

11. Ändern Sie den Inhalt der Zelle A2 und wechseln Sie wieder zur dritten Folie in PowerPoint. Die Änderung in der Excel Tabelle wurde übernommen.

12. Speichern Sie die Präsentation unter `Excel und Powerpoint`.

13. Beim Öffnen der Präsentation werden Sie jedes Mal gefragt, ob Sie die Verknüpfungen aktualisieren möchten.

5.4 Übungsaufgaben

Sie können mit folgenden Aufgaben üben:

Aufgabe 38: Excel-Tabelle und Excel-Diagramm nach Word kopieren
Aufgabe 39: Word-Dokument in Excel einbetten und mit einer Excelmappe verknüpfen

5.4.1 Aufgabe 38: Excel-Tabelle und Excel-Diagramm nach Word kopieren

1. Öffnen Sie die Exceldatei `Wahlen` und die Worddatei `Tabellen nach Word kopiert`.

2. Kopieren Sie aus der Exceldatei die Tabelle in die Zwischenablage und wechseln Sie zur Worddatei. (*Bsp. 61*)

3. Fügen Sie unter *Wordtabelle* die Tabelle aus der Zwischenablage so ein, dass die Tabelle mit den Werkzeugen von Word weiter bearbeitet werden kann. (*Bsp. 61*)

4. Betten Sie unter *In Word eingebettete Exceltabelle* die Tabelle aus der Zwischenablage so ein, dass die Tabelle mit den Werkzeugen von Excel weiter bearbeitet werden kann, aber mit dem Worddokument gespeichert wird. (*Bsp. 62*)

5. Positionieren Sie den Cursor unter *Eine mit einem Worddokument verknüpfte Exceltabelle*. Verknüpfen Sie die Tabelle aus der Zwischenablage mit dem Worddokument. (*Bsp. 63*)

6. Wechseln Sie nach Excel und überschreiben Sie den Zelleninhalt von B2 mit 1.000.000.

7. In der Worddatei wurde die Änderung nur in der letzten Tabelle übernommen.

8. Doppelklicken Sie auf die eingebettete Tabelle und überschreiben Sie die Zelle A2 mit *Bayern*.

9. Wechseln Sie zur Exceldatei *Wahlen*. Die Änderung in der in Word eingebetteten Exceltabelle hat keine Auswirkungen auf die Originaldatei.

10. Betten Sie das Diagramm der Exceldatei *Wahlen* in Word ein. (*Bsp. 62*)

11. Fügen Sie das Diagramm der Exceldatei *Wahlen* als verknüpftes Objekt in Word ein. (*Bsp. 63*)

12. Die Lösungen finden Sie unter `Tabellen nach Word kopiert Lösung`.

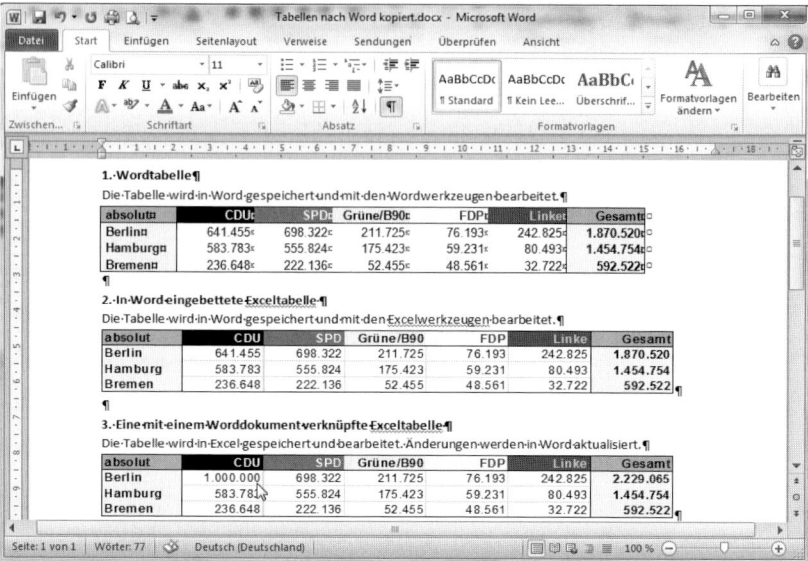

Abb 162 *Nur in der mit Excel verknüpften Tabelle wurde die Änderung übernommen*

5.4.2 Aufgabe 39: Word-Dokument in Excel einbetten und mit einer Excelmappe verknüpfen

1. Öffnen Sie in Word die Datei `Notiz`.
2. Betten Sie die Datei in einer neuen Excelmappe im Register *Tabelle1* ein. (*Bsp. 65*)
3. Doppelklicken Sie auf den eingebetteten Text und verändern Sie diesen. Die Änderung wird nicht in der Original-Worddatei übernommen. (*Bsp. 65*)
4. Verknüpfen Sie die Datei mit derselben Excelmappe im Register *Tabelle2*. (*Bsp. 65*)
5. Verändern Sie die Original-Worddatei. Wo wird die Änderung in der Excelmappe übernommen?
6. Die Lösung finden Sie unter `Wordnotiz in Excel`.

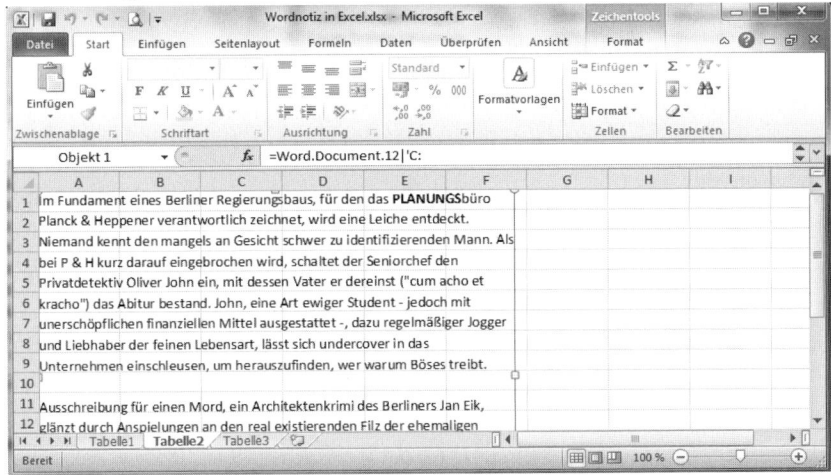

Abb 163 *Verknüpfte Wordnotiz in Excel-Arbeitsmappe*

5.5 Verständnisfragen

Frage 37: Wie fügen Sie eine in den Zwischenspeicher kopierte Excel-Tabelle in ein Word-Dokument ein, um sie im Word-Dokument zu speichern, mit den Excel-Werkzeugen aber bearbeiten zu können? (1)

1. Die Tabelle muss über das Symbol `Einfügen` aus dem Register `Start` in das Word-Dokument eingefügt werden.
2. Die Tabelle muss mit `Einfügen/Inhalte einfügen` aus dem Register `Start` in das Word-Dokument eingebettet werden.
3. Die Tabelle muss über `Einfügen/Inhalte einfügen` aus dem Register `Start` mit dem Word-Dokument verknüpft werden.
4. Die Tabelle muss über `Zwischenspeicher/Einbetten` aus dem Register `Einfügen` in das Word-Dokument eingefügt werden.
5. Die Tabelle muss über die Tastenkombination (Strg)+v in das Word-Dokument eingefügt werden.

Frage 38: Wie fügen Sie eine in den Zwischenspeicher kopierte Excel-Tabelle in ein Word-Dokument ein, damit spätere Änderungen der Tabelle in Excel automatisch im Word-Dokument aktualisiert werden? (1)

1. Die Tabelle muss über das Symbol `Einfügen` aus dem Register `Start` in das Word-Dokument eingefügt werden.
2. Die Tabelle muss mit `Einfügen/Inhalte einfügen` aus dem Register `Start` in das Word-Dokument eingebettet werden.
3. Die Tabelle muss über `Einfügen/Inhalte einfügen` aus dem Register `Start` mit dem Word-Dokument verknüpft werden.
4. Die Tabelle muss über `Zwischenspeicher/Verküpfen` aus dem Register `Einfügen` in das Word-Dokument eingefügt werden.
5. Die Tabelle muss über die Tastenkombination (Strg)+v in das Word-Dokument eingefügt werden.

Frage 39: Welche Aussagen über eingebettete und verknüpfte Objekte treffen zu? (2)

1. Ein eingebettetes Objekt wird in dem Dokument abgespeichert, in dem es eingebettet wurde.
2. Ein verknüpftes Objekt wird in dem Dokument abgespeichert, mit dem es verknüpft wurde.
3. Ein eingebettetes Objekt wird in dem Dokument abgespeichert, in dem es erstellt wurde.

4. Ein verknüpftes Objekt wird in dem Dokument abgespeichert, in dem es erstellt wurde.
5. Wird das Original des eingebetteten Objekts gelöscht, so wird das eingebettete Objekt nicht mehr angezeigt. Sie erhalten eine Fehlermeldung.

Frage 40: *Wie fügen Sie eine in den Zwischenspeicher kopierte Excel-Tabelle in ein Word-Dokument ein, um die Tabelle mit den Werkzeugen aus Word bearbeiten zu können? (2)*

1. Die Tabelle muss über das Symbol `Einfügen` aus dem Register `Start` in das Word-Dokument eingefügt werden.
2. Die Tabelle muss mit `Einfügen/Inhalte einfügen` aus dem Register `Start` in das Word-Dokument eingebettet werden.
3. Die Tabelle muss über `Einfügen/Inhalte einfügen` aus dem Register `Start` mit dem Word-Dokument verknüpft werden.
4. Die Tabelle muss über `Zwischenspeicher/Einfügen` aus dem Register `Einfügen` in das Word-Dokument eingefügt werden.
5. Die Tabelle muss über die Tastenkombination (Strg)+v in das Word-Dokument eingefügt werden.

Frage 41: *Sie fügen Text aus einer Worddatei in eine Excel-Mappe über* `Einfügen/Inhalte einfügen` *bei aktiviertem Kontrollkreis* `Einfügen` *ein. Welche Aussagen treffen zu? (2)*

1. Der Text kann nur mit den Werkzeugen aus Word bearbeitet werden.
2. Der Text kann nur mit den Werkzeugen aus Excel bearbeitet werden.
3. Der Text kann sowohl mit den Werkzeugen aus Word, als auch mit den Werkzeugen aus Excel bearbeitet werden.
4. Wird der Text in der Ursprungsdatei verändert, so ändert er sich auch in der Excel-Datei.
5. Der Text wird in der Excel-Mappe gespeichert.

Frage 42: *Wie fügen Sie eine in Word erstellte Tabelle in Excel ein, um sie in Excel mit den Excel-Werkzeugen weiterbearbeiten zu können? (3)*

1. Mit Drag & Drop aus Word nach Excel kopieren.
2. In Word in die Zwischenablage kopieren und in Excel über das Symbol `Einfügen` aus dem Register `Start` wieder einfügen.
3. In Word in die Zwischenablage kopieren und in Excel über `Einfügen/Inhalte einfügen` als *Word-Dokument* wieder einfügen.
4. In Word in die Zwischenablage kopieren und in Excel über `Einfügen/Inhalte einfügen` mit *Word-Dokument* verknüpfen.

5. In Word in die Zwischenablage kopieren und in Excel über `Einfü-gen/Inhalte einfügen` als *Text* einfügen.

Frage 43: *Sie haben eine Tabelle aus Excel in die Zwischenablage kopiert. Wie fügen Sie diese in Ihre PowerPoint-Präsentation ein, sodass Sie die Tabelle mit den Werkzeugen von Excel bearbeiten, die Änderungen aber nur in PowerPoint speichern können? (1)*

1. Sie fügen den Inhalt der Zwischenablage über das Symbol `Einfügen` ein, klicken auf die Schaltfläche `Einfügen-Optionen` und wählen `Excel-Tabelle`.

2. Sie fügen den Inhalt der Zwischenablage über `Einfügen/Inhalte einfügen` als *HTML-Format* ein.

3. Sie fügen den Inhalt der Zwischenablage über `Einfügen/Inhalte einfügen` als *MS Office Excel Arbeitsblatt-Objekt* ein.

4. Sie fügen den Inhalt der Zwischenablage über `Einfügen/Inhalte einfügen` als *Bild* ein.

5. Sie fügen den Inhalt der Zwischenablage über `Einfügen/Als Hyperlink einfügen` ein.

6 Makros programmieren

Unter einem Makro versteht man eine Folge von Befehlen, die zu einem einzigen Befehl zusammengefasst werden. Auf diese Weise können Sie Ihre Arbeit automatisieren.

Sie können sich wiederholende Aufgaben automatisieren, indem Sie ein Makro aufzeichnen. Sie können ein Makro auch erstellen, in dem Sie in Microsoft Visual Basic den Editor verwenden, ein eigenes Makroskript schreiben oder ein vollständiges Makro oder einen Teil davon in ein neues Makro kopieren. Nach dem Erstellen des Makros können Sie es einem Objekt zuweisen (z. B. einer Schaltfläche, einer Grafik oder einem Steuerelement), sodass es ausgeführt wird, wenn Sie auf das Objekt klicken.

Makros haben etwas mit Programmieren zu tun, aber Sie müssen kein Entwickler sein oder auch nur Programmierkenntnisse aufweisen, um Makros zu verwenden. Die meisten Makros, die in den Office-Programmen erstellt werden können, werden in der Programmiersprache Microsoft Visual Basic für Applikationen (VBA) geschrieben.

Am einfachsten lernen Sie den Umgang mit VBA, indem Sie ein Makro aufzeichnen und dieses dann im Visual Basic-Editor anzeigen.

Dieses Kapitel umfasst folgende Themenbereiche:

Theoretische Kurzeinführung in VBA
Praktische Kurzeinführung in VBA
Übungsaufgaben
Verständnisfragen

6.1 Theoretische Kurzeinführung in VBA

Im Digitalen Seminar bzw. Lehrbuch *Excel 2010 Basis* zeigten wir Ihnen, wie Makros aufgezeichnet werden können, hier geben wir Ihnen eine theoretische Kurzeinführung in VBA (Visual Basic for Application). Sie erfahren, was Prozeduren, Objekte, Eigenschaften, Methoden und Ereignisse sind.

Sie können mit folgenden Beispielen lernen:

Beispiel 69: Das Makro Grau aufzeichnen

Beispiel 70: Warum Makros programmieren?

Beispiel 71: Was sind Prozeduren?

Beispiel 72: Ein erstes Makro programmieren

Beispiel 73: Was sind Objekte?

Beispiel 74: Was sind Eigenschaften?

Beispiel 75: Was sind Methoden?

Beispiel 76: Was sind Ereignisse?

6.1.1 Beispiel 69: Das Makro Grau aufzeichnen

1. Das Makro *Grau* soll markierte Zellen grau unterlegen.
2. Excel ist gestartet, ein leeres Arbeitsblatt geöffnet. Speichern Sie die Datei als Excel-Arbeitsmappe mit Makros unter *Makros.xlsm*.
3. Öffnen Sie die Excel-Optionen. Aktivieren Sie im Register Menüband anpassen auf der rechten Seite das Kontrollkästchen Entwickler-tools, wird das Register Entwicklertools eingeblendet. Ok.
4. Wechseln Sie in das Register Entwicklertools.
5. Markieren Sie eine beliebige Zelle und beginnen Sie über das Symbol Makro aufzeichnen die Makroaufzeichnung.
6. Geben Sie als Makroname *Grau* und als Tastenkombination *(Strg)+g* ein.
7. Da Sie dieses Makro für alle Dateien benötigen, wählen Sie aus dem Listenfeld Makro speichern in *Persönliche Makroarbeitsmappe*.

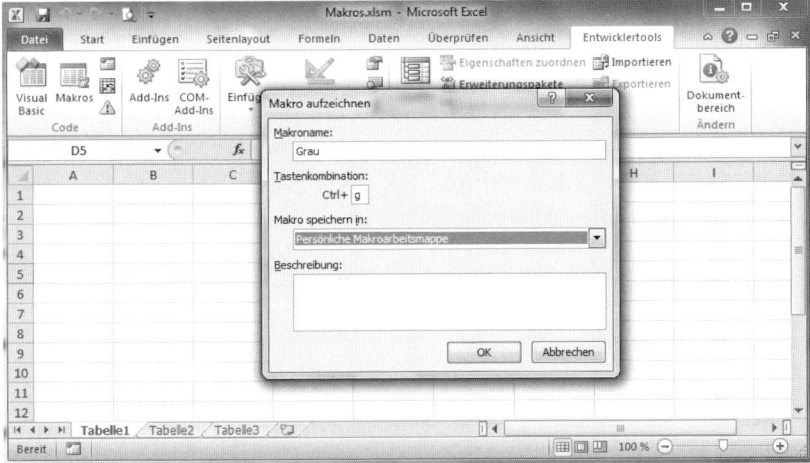

Abb 164 *Dialogbox Makro aufzeichnen*

8. Nach OK erscheinen in der Statuszeile und im Register Entwickler-tools, Gruppe Code das Symbol Aufzeichnung beenden.
9. Deaktivieren Sie gegebenenfalls das darunter liegende Symbol Rela-tiver Verweis. Ab sofort werden alle Tastatureingaben und aufge-rufenen Befehle absolut, also unabhängig von der jeweils aktuellen Cur-sorposition, aufgezeichnet.
10. Wählen Sie im Register Start, Gruppe Schriftart als Füllfarbe *Weiß, dunkler 25%*.
11. Beenden Sie die Makroaufzeichnung über die Schaltfläche Aufzeich-nung beenden. Speichern Sie die Mappe.

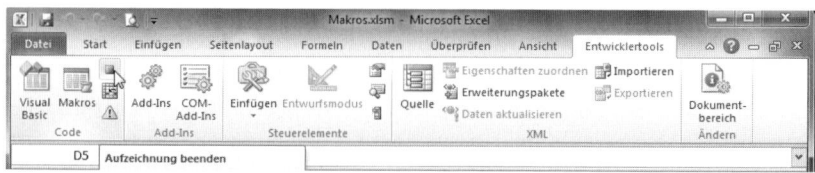

Abb 165 *Aufzeichnung beenden*

6.1.2 Beispiel 70: Warum Makros programmieren?

1. Nicht alle Arbeitsabläufe lassen sich allein durch die Makroaufzeichnung brauchbar automatisieren. Oftmals werden während des Makroablaufs Entscheidungen, die den weiteren Programmablauf bestimmen, notwendig.

2. Die Programmierung in VBA gestattet Ihnen, Makros zu erzeugen, die durch so genannte Verzweigungen in unterschiedlichen Situationen unterschiedlich reagieren.

3. Durch Meldungs- bzw. Dialogboxen kann der Benutzer während des Makroablaufs den weiteren Verlauf beeinflussen oder zur Dateneingabe aufgefordert werden.

4. Die Dateneingabe kann durch selbstgestaltete Dialogboxen vereinfacht und somit auch beschleunigt werden.

5. Durch DDE und OLE Befehle lassen sich Daten an andere Programme übergeben oder können aus anderen Programmen geholt werden.

6. So erhalten heutzutage die Anwender Fenster, in denen sie auf Schaltflächen klicken und in Listenfeldern Werte auswählen.

7. Diese neuen Funktionen waren nicht ohne neue Implementierungstechniken zu erreichen. Dies hat Microsoft schon frühzeitig erkannt und dementsprechend Excel objektorientiert entwickelt.

8. In den nächsten Beispielen gehen wir auf die verschiedenen Begriffe der Objektorientierung ein. Die fünf wichtigsten Begriffe *Makros (Prozeduren), Objekte, Eigenschaften, Methoden* und *Ereignisse* werden ausführlich beschrieben.

6.1.3 Beispiel 71: Was sind Prozeduren?

1. Die Arbeitsmappe `Makros1` ist geöffnet. Sie erhalten eine Sicherheitswarnung. Vertrauen Sie dieser Datei und klicken Sie auf `Inhalt aktivieren`.

2. In dieser Mappe wurde das Makro *Verlag* gespeichert, das den vollständigen Namen des Verlags ausgibt.

3. Wechseln Sie in das Register `Entwicklertools` und führen Sie dieses Makro über `Makros` aus.

4. Führen Sie außerdem das in diese Arbeitsmappe gespeicherte Makro *Grau* aus.

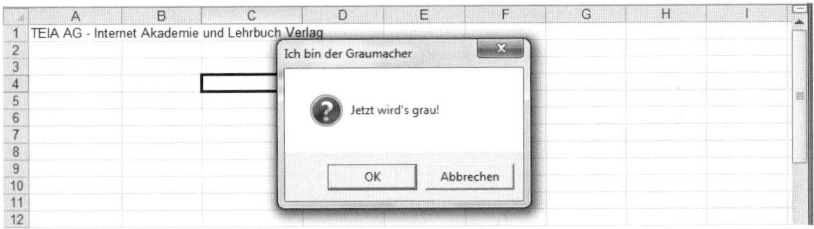

Abb 166 *Die Dialogbox aus dem Makro Grau*

5. Sie erhalten eine Dialogbox. Nach `OK` erhalten die markierten Zellen eine graue Schattierung.

6. Sie möchten die Makros nun näher betrachten. Öffnen Sie dazu über `Visuel Basic` den `Visual Basic-Editor`.

7. Der `Visual Basic-Editor` bietet eine Entwickleroberfläche mit vielen unterschiedlichen Fenstern.

8. Diese Fenster können ggf. im Menü `Ansicht` über `Projekt-Explorer` und `Eigenschaftenfenster` eingeblendet werden.

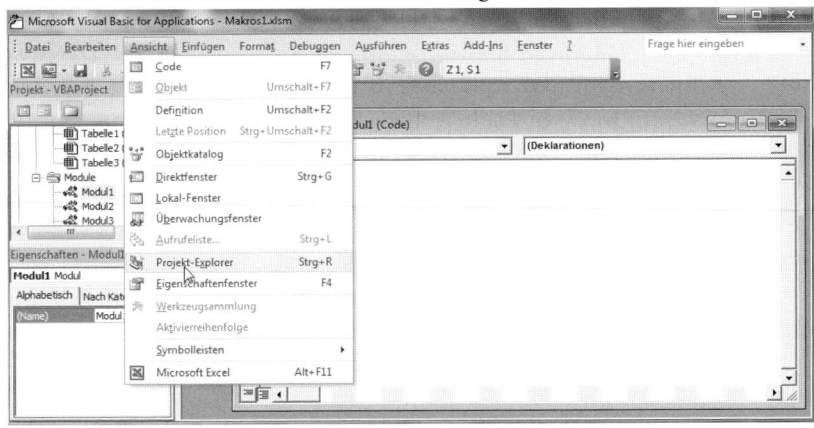

Abb 167 *Visual Basic-Editor, Menü Ansicht*

9. Im Fenster `Projekt-VBAProject` erscheinen alle programmierbaren Objekte des Projektes. Ein *Projekt* besteht aus der *Arbeitsmappe*, den einzelnen *Tabellenblättern* und den *Modulen* mit dem Code der Prozeduren (Makros).

10. Im `Eigenschaftenfenster` wird eine Liste mit den Eigenschaften der im Projektfenster markierten Objekte angezeigt.

11. Markieren Sie unter `VBAProject` (`Makros1.xlsm`) das Objekt *Tabelle1* und vergeben Sie ganz unten im Eigenschaftenfenster als neuen Namen für das Tabellenregister *Stadtlupe*. Überprüfen Sie die Umbenennung in der geöffneten Mappe *Makros1*.

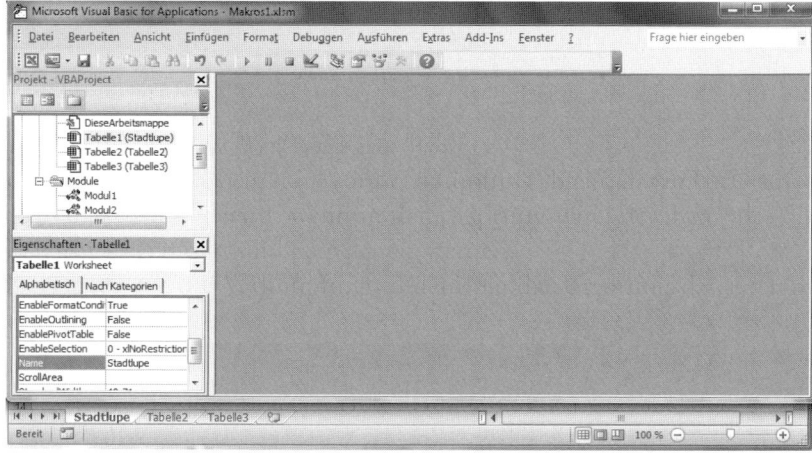

Abb 168 *Umbenennung des Tabellenblatts im Eigenschaftenfenster*

12. Um die Makros der persönlichen Makroarbeitsmappe *Personal.xlsb* einzusehen, klicken Sie im Fenster `Projekt` auf das Plus vor `VBAProjects` (`Personal.xlsb`), dann auf das Plus vor `Module`.

13. Wählen Sie das *Modul1* aus und klicken Sie dann auf das Symbol `Code anzeigen`.

14. Im Code-Fenster erscheinen die Prozedur des im Beispiel 69 erstellten Makros *Grau*.

15. Prozeduren beginnen immer mit der Anweisung *Sub Prozedurname()* und enden immer mit *End Sub*. Zwischen diesen beiden Anweisungen stehen die übrigen Anweisungen und Kommentare. Standardmäßig erscheint der Programmcode in verschiedenen Farben.

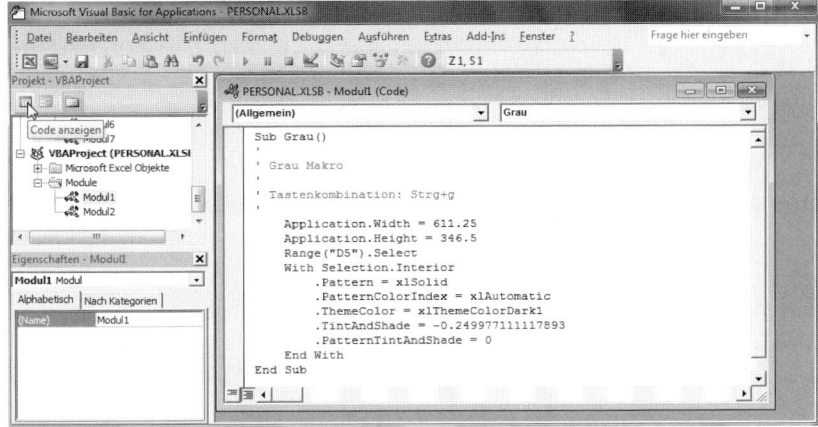

Abb 169 *Der Code des Modul1*

16. Schließen Sie das Fenster Personal.xlsb Modul1 und öffnen Sie unter VBAProjects (Makros1.xlsm) den Code des *Modul2*.

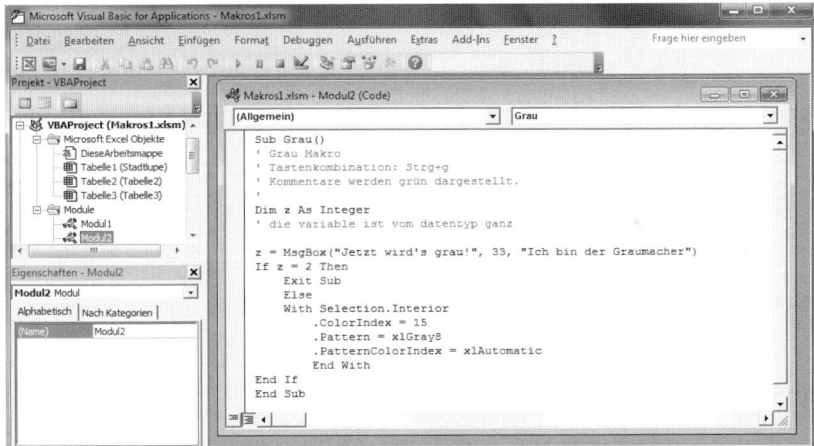

Abb 170 *Der Code des Modul2*

17. In grüner Schrift werden Kommentare angezeigt. Sie beginnen mit einem Hochkomma ' und enthalten nur kommentierenden Text. Schwarze Schrift stellt den VBA-Code dar, blaue Schrift kennzeichnet Schlüsselworte. Diese Farben können über Extras/Optionen, Register Editorformat geändert werden.

18. Die Programmiersprache ist englisch.

19. Schließen Sie den VBA-Editor und speichern Sie die Mappe unter Makros2.xlsm.

6.1.4 Beispiel 72: Ein erstes Makro programmieren

1. Die Arbeitsmappe `Makros2` ist geöffnet, der Visual Basic-Editor geöffnet. Fügen Sie im `VBAProjekt (Makros2.xlsm)` über `Einfügen` ein neues `Modul` ein.
2. Geben Sie im Code-Fenster ein: *Sub Meldung()*
3. Drücken Sie die (Eingabetaste) und geben Sie weiter ein: *Msgbox "Hier bin ich!"*
4. Mit *End Sub* wird das Makro abgeschlossen
5. Starten Sie das eben von Ihnen geschriebene Makro über das grüne Dreieck-Symbol `Sub/Userform ausführen`.

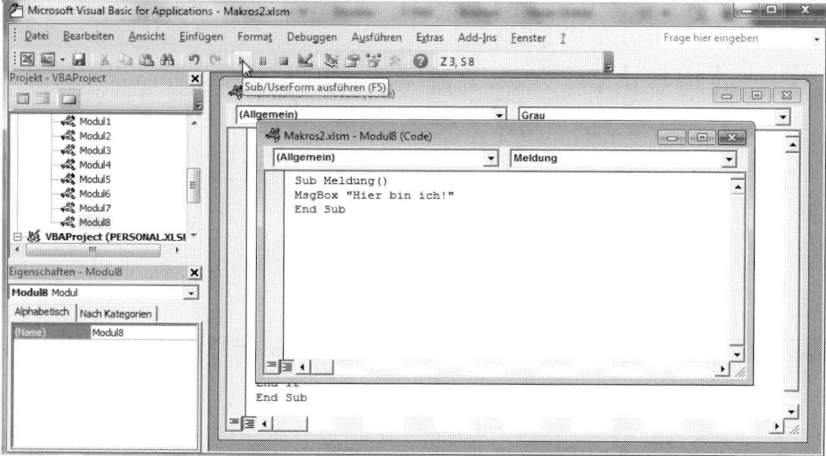

Abb 171 *Das neue Makro im VBA-Editor*

6. Schließen Sie den VBA-Edior und starten Sie das eben erstellte Makro *Meldung* über `Makros`.

Abb 172 *Das ausgeführte Makro Meldung*

7. Speichern Sie die Mappe unter `Makros3.xlsm`.

6.1.5 Beispiel 73: Was sind Objekte?

1. Die Programmiersprache VBA verwendet Objekte. Deshalb gehört diese Sprache zu den objektorientierten Programmiersprachen. Um zu verstehen, was Objekte sind, wenden wir uns zunächst unserem Alltag zu, denn da haben wir es auch mit Objekten zu tun.

2. Angenommen, Sie sitzen in einer Schulung und haben die Aufgabe, sämtliche Objekte innerhalb des Schulungsraumes zu finden. Was werden Sie wohl aufschreiben?

3. Nun, da sind zu einem der Dozent und die Schulungsteilnehmer. Aber welche weiteren Objekte gibt es noch?

4. Die Rechner, die den Schulungsteilnehmern zur Verfügung stehen, die Tafel, der Beamer, die Tische, die Stühle und so weiter. Ich bin sicher, Sie finden sofort weitere Objekte, je nachdem, aus welchem Blickwinkel Sie die Situation betrachten.

5. Auch in Excel finden Sie viele Objekte. Eine Zelle oder ein Zellenbereich ist ein *Range*-Objekt. Ein Tabellenblatt ist ein *Worksheet*-Objekt, das *Range*-Objekte beinhaltet. Eine Arbeitsmappe ist ein *Workbook*, das *Worksheet*-Objekte enthält, und schließlich ist Excel selbst das Objekt *Application*, das alles enthält.

6. Die Arbeitsmappe `Makros3` ist geöffnet, das Register Entwicklertools eingeblendet. Starten Sie den `Visual Basic-Editor`.

7. Markieren Sie unter `VBAProject (Makros3.xlsm)` im Ordner `Module` *Modul5* und klicken Sie dann auf das Symbol `Code anzeigen`. Im rechten Fenster erkennen Sie das Objekt *ActiveSheet*.

8. Blenden Sie über `Objektkatalog` eine Übersicht aller Objekte ein.

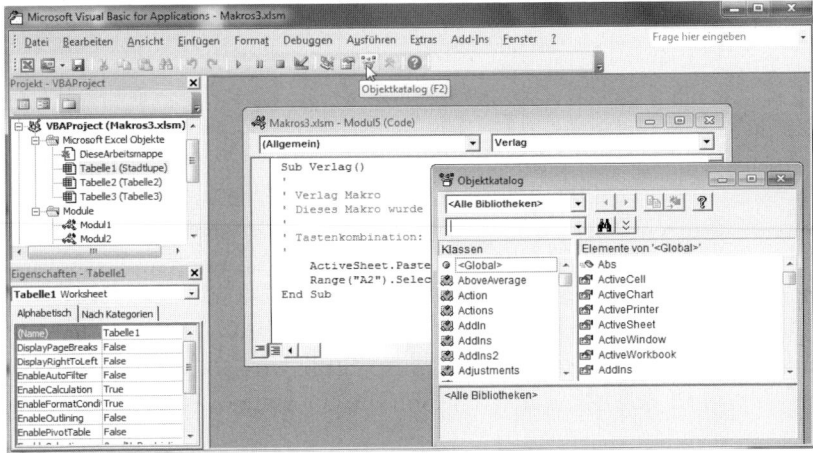

Abb 173 *Objektkatalog einblenden*

9. Wählen Sie `Fenster/Untereinander`, um den Objektkatalog und den Makroinhalt gleichzeitig einsehen zu können.

10. Sie können unter anderem auch das Objekt *Active*Cell, also die aktuelle Zelle sehen.

11. Schließen Sie den Visual Basic-Editor über `Datei/Schließen und zurück zu Microsoft Excel`.

6.1.6 Beispiel 74: Was sind Eigenschaften?

1. Wenn Sie die verschiedenen Objekte der realen Welt ansehen, werden Sie feststellen, dass jedes Objekt eine Anzahl von Attributen hat: Die Tafel ist weiß, der Dozent ist 1,90 m groß und der Overheadprojektor wiegt 12 kg. Alle diese Objekte haben also Eigenschaften. Auch die Objekte in Excel haben Eigenschaften.

2. Eigenschaften kann man klassifizieren und vergleichen. Ein Objekt hat eine genau bestimmbare Anzahl von Eigenschaften, die dieses Objekt beschreiben und von anderen, gleichartigen Objekten unterscheiden.

3. Die Eigenschaften drücken einen bestimmten Status des Objektes aus. Eine häufig verwendete Eigenschaft von Objekten ist *Visible*. Wird *Visible* auf *True* gesetzt, dann sieht der Benutzer dieses Objekt auf dem Bildschirm. Ist der Wert auf *False* gesetzt, so ist dieses Objekt nicht sichtbar.

4. Die *Value*-Eigenschaft eines *Range*-Objektes ist sein Inhalt (Text oder Wert), die *Font*-Eigenschaft ist die Art der zugewiesenen Schrift und die *Name*-Eigenschaft eines *Worksheet*-Objektes ist der Tabellenname usw.

5. Diese Eigenschaften können ganz einfach verändert werden. Man benötigt dazu nur den Objektnamen, die Eigenschaften und den Gültigkeitsbereich der Eigenschaft, etwa *True* oder *False*.

6. Um dies zu testen, öffnen Sie in Excel eine neue leere Arbeitsmappe und aktivieren das Register `Entwicklertools`.

7. Öffnen Sie das Listenfeld `Einfügen`. Klicken Sie auf das `ActiveX-Steuerelement` *Befehlsschaltfläche*.

8. Der Mauszeiger wird zu einem Kreuz. Zeichnen Sie damit auf Ihrem Tabellenblatt eine Befehlsschaltfläche.

9. Um diese Schaltfläche *CommandButton1* nicht anzuzeigen, muss die `Eigenschaft` *Visible* des Objekts *Schaltfläche* auf *Falsch* gesetzt werden.

10. Tragen Sie nach `Makros` als Makroname *Ausschalten* ein und klicken Sie auf `Erstellen`.

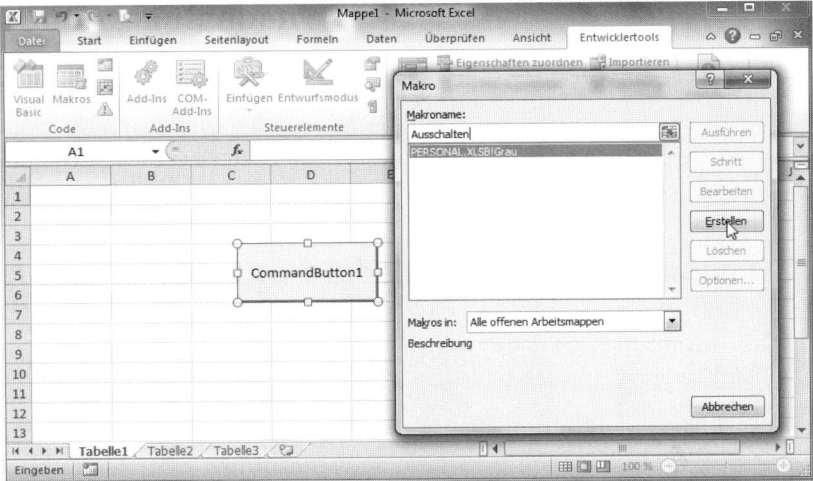

Abb 174 *Das Makro Ausschalten erstellen*

11. Fügen Sie im erscheinenden Modulblatt unter *Sub Ausschalten* die neue Zeile *ActiveSheet.Shapes("CommandButton1").Visible=False* ein. Ein Shape ist ein Zeichnungsobjekt, beispielsweise diese Schaltfläche.

12. Erstellen Sie auf gleiche Weise das Makro *Einschalten*, jedoch mit der Eigenschaft *Visible=True*.

13. Wechseln Sie nach Excel und testen Sie über Makros die Makros *Ausschalten* und *Einschalten*.

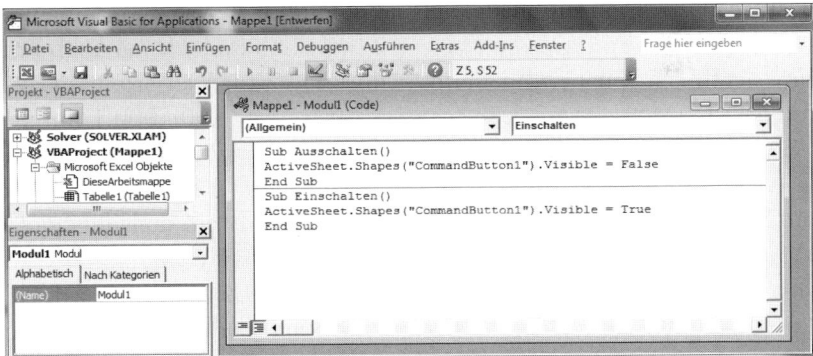

Abb 175 *Die Makro Ausschalten und Einschalten*

14. Sie finden diese Makros in der Arbeitsmappe Ein- und Ausschalten.

6.1.7 Beispiel 75: Was sind Methoden?

1. Eine Methode beschreibt, was das Objekt machen kann. Bezogen auf unseren Schulungsraum kann der Trainer *reden*, ein Stuhl *knarren* und ein Teilnehmer vielleicht *Sopran singen*.

2. Auch hier gibt es - ähnlich wie bei den Eigenschaften - gleichartige Methoden, die aber im Zusammenhang mit dem jeweiligen Objekt unterschiedliche Dinge ausdrücken können. Beispielsweise kann ein Teilnehmer *Fußball spielen*, Franck Ribery kann dies auch, höchstwahrscheinlich jedoch besser.

3. Gemeint ist in Excel eigentlich alles, was man mit den Objekten machen kann. Für jedes Objekt gibt es verschiedene Methoden. Einige kommen häufig vor, wie zum Beispiel *Hinzufügen* (*=Add*) oder *Kopieren* (*=Copy*) oder *Auswählen* (*=Select*).

4. Sie können ein Tabellenblatt (Worksheet) oder einen Zellenbereich (Range) *auswählen*. Die durchgeführte Methode *Auswählen* (*Select*) markiert dabei das betreffende Objekt.

6.1.8 Beispiel 76: Was sind Ereignisse?

1. Ereignisse sind Aktionen, die von Objekten ausgelöst werden, beispielsweise, wenn ein Benutzer auf die Schaltfläche OK klickt.

2. Dann schickt das Objekt *Schaltfläche OK* das Ereignis *Maus geklickt* an das Objekt selbst. Darauf können Sie reagieren, indem Sie mit diesem Ereignis eine Funktion verbinden, die ausgeführt wird, wenn der Benutzer in diesem Objekt die linke Maustaste betätigt.

3. Die VBA-Programmierung nennt man deshalb auch ereignisorientierte Programmierung, weil kein fester Ablauf vorgegeben wird, sondern man darauf wartet, was der Benutzer an bereits definierten Aktionen mit dem Objekt macht, um dann darauf zu reagieren.

6.2 Praktische Kurzeinführung in VBA

Im ersten Abschnitt dieses Kapitels haben Sie erfahren, was Prozeduren, Objekte, Eigenschaften, Methoden und Ereignisse sind. Hier geben wir Ihnen eine Kurzeinführung in VBA (Visual Basic for Application), damit Sie Makros selber programmieren können. Diese Einführung legt keinen Wert auf Vollständigkeit. Verstehen Sie sie vielmehr als Appetit-Anreger.

Sie können mit folgenden Beispielen lernen:

Beispiel 77: Eine MsgBox in ein Makro integrieren

Beispiel 78: Eingabe von Kommentaren

Beispiel 79: Variablen Inhalte zuweisen

Beispiel 80: Die Anweisung If ... then

Beispiel 81: Texte, Werte und Formeln als Range Objekte eingeben und formatieren

Beispiel 82: Verschachtelte If...Then...Else-Anweisungen

Beispiel 83: Die Anweisung Select Case ... End Select

Beispiel 84: Die Dialogbox InputBox

Beispiel 85: Ausgabe der InputBox-Eingabe in eine Zelle

Beispiel 86: Plausibilitätsüberprüfung der InputBox-Eingabe

Beispiel 87: Wiederholung von Befehlsfolgen mit der Do...Until Loop-Schleife

Beispiel 88: Einem Makro einen Kurzbefehl zuweisen

Beispiel 89: Makro schrittweise testen

Beispiel 90: Die Schleifen For...To...Next, Do While...Loop und Do Until...Loop

Beispiel 91: Eine Funktion definieren und anwenden

6.2.1 Beispiel 77: Eine MsgBox in ein Makro integrieren

1. Öffnen Sie in Excel eine neue leere Arbeitsmappe und aktivieren Sie das Register `Ansicht`.

2. Blenden Sie über das Symbol `Fenster einblenden` Ihre persönlichen Arbeitsmappe *Personal.xlsb* ein. `OK`.

3. Wechseln Sie in das Register `Entwicklertools` und klicken Sie auf das Symbol `Makros`.

4. Markieren Sie das Makro *Grau* und klicken Sie dann auf `Bearbeiten`.

Abb 176 *Persönliche Arbeitsmappe einblenden*

5. Der Microsoft Visual Basic-Editor wird geöffnet.

6. Geben Sie unter den Kommentarzeilen *MsgBox "Jetzt wird's grau!"* ein.

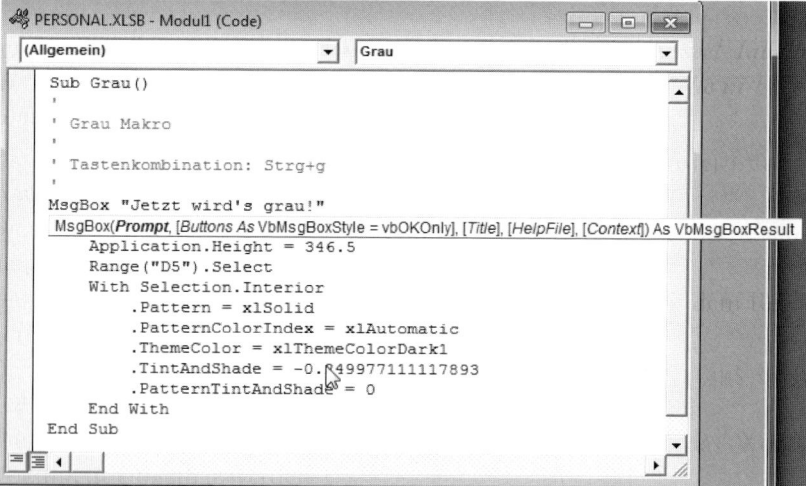

Abb 177 *Das Makro Grau mit einer MsgBox*

7. Während der Eingabe wird die Syntax der MsgBox-Funktion automatisch eingeblendet.

8. Die Syntax lautet: MsgBox "Meldung", Schaltflächenart, "Titelleistentext", wobei zwischen den Argumenten Kommata gesetzt werden.

9. Die Funktion MsgBox zeigt eine Meldung an und wartet darauf, dass der Benutzer auf eine Schaltfläche klickt. Es wird dann ein Wert zurückgegeben, der anzeigt, auf welche Schaltfläche der Benutzer geklickt hat.

10. Nach dem Funktionsnamen wird in Anführungszeichen der Text eingegeben, der als Meldung in der Dialogbox erscheinen soll.

11. Starten Sie das Makro über das Symbol Sub/UserForm ausführen.

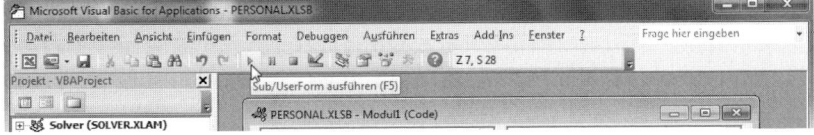

Abb 178 *Makro ausführen*

12. Standardmäßig hat die MsgBox nur eine OK-Schaltfläche. Die Meldung und auch der Inhalt der Titelleiste lassen sich verändern. Zudem können noch andere Schaltflächen und Symbole erzeugt werden.

Abb 179 *Die MsgBox*

13. Sie können alle Optionen einsehen, wenn Sie die Funktion Msgbox markieren, und dann mit (F1) Hilfe anfordern.

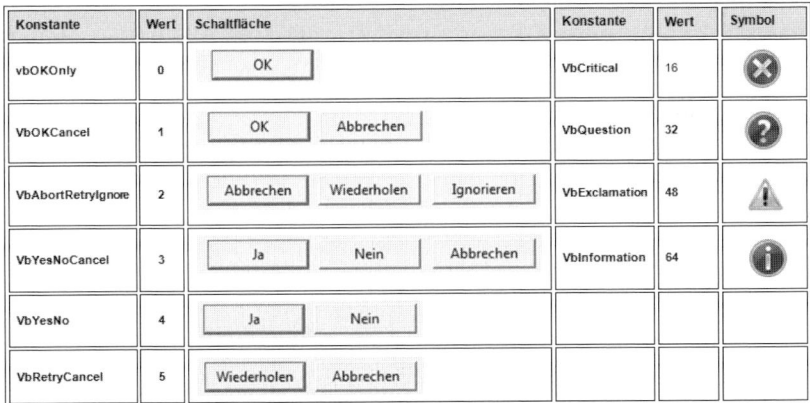

Konstante	Wert	Schaltfläche			Konstante	Wert	Symbol
vbOKOnly	0	OK			VbCritical	16	❌
VbOKCancel	1	OK	Abbrechen		VbQuestion	32	❓
VbAbortRetryIgnore	2	Abbrechen	Wiederholen	Ignorieren	VbExclamation	48	⚠
VbYesNoCancel	3	Ja	Nein	Abbrechen	VbInformation	64	ℹ
VbYesNo	4	Ja	Nein				
VbRetryCancel	5	Wiederholen	Abbrechen				

Abb 180 *Die Einstellungen des Arguments Schaltfläche*

14. Der Wert einer MsgBox mit den Schaltflächen OK *und* Abbrechen ist 1, der Wert einer MsgBox mit dem Symbol *Fragezeichen* ist 32.

15. Durch Addition des Wertes für die Schaltflächen und des Wertes für Symbole lassen sich beliebige Kombinationen erzeugen. Beispielsweise erzeugt der Wert 33 = 1 + 32 die Schaltflächen OK und Abbrechen und das Fragezeichen-Symbol.

16. Hinweis: Zwei Symbole auf einmal lassen sich nicht verwenden; es ist nur die Addition eines Wertes für eine Schaltfläche, eines für ein Symbol und eines für eine Tastenvorbelegung möglich.
17. Verändern Sie die Befehlszeile in MsgBox "Jetzt wird's dunkel!", 33, "Ich bin der Graumacher".
18. Hinweis: Soll später auf den Rückgabewert zugegriffen werden, müssen die Argumente in runde Klammern gesetzt werden.
19. Führen Sie das veränderte Makro aus.

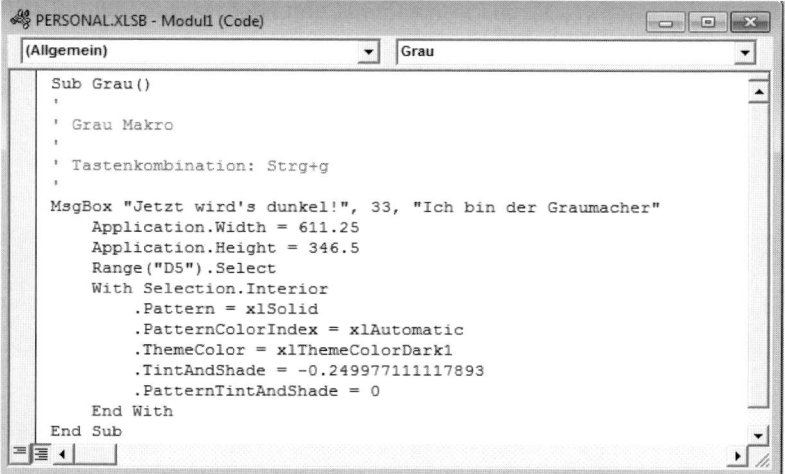

Abb 181 *Das Makro Grau mit der veränderten MsgBox*

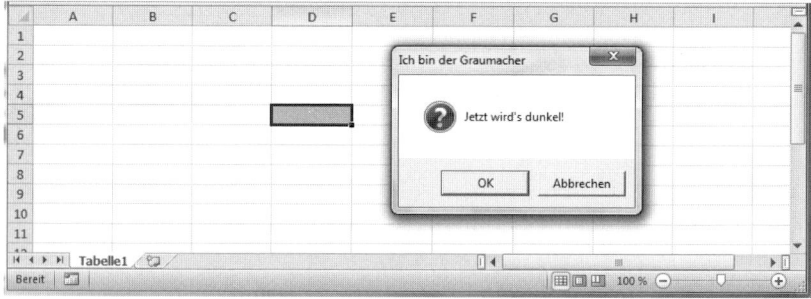

Abb 182 *Die veränderte MsgBox*

20. Je nachdem, ob OK oder Abbrechen gewählt wird, muss das Ergebnis der Funktion MsgBox noch in eine Variable eingelesen und durch eine Verzweigung (If...then) ausgewertet werden.

6.2.2 Beispiel 78: Eingabe von Kommentaren

1. Ein gutes Makro ist ein gut kommentiertes Makro! Kommentare helfen anderen, Ihre Makros leichter zu verstehen.
2. Kommentare werden mit dem Befehl REM oder dem Zeichen ' eingeleitet.
3. Nachfolgender Text wird bei der Makroausführung ignoriert und erscheint in grüner Schrift.
4. Geben Sie oberhalb der MsgBox noch Kommentarzeilen ein.

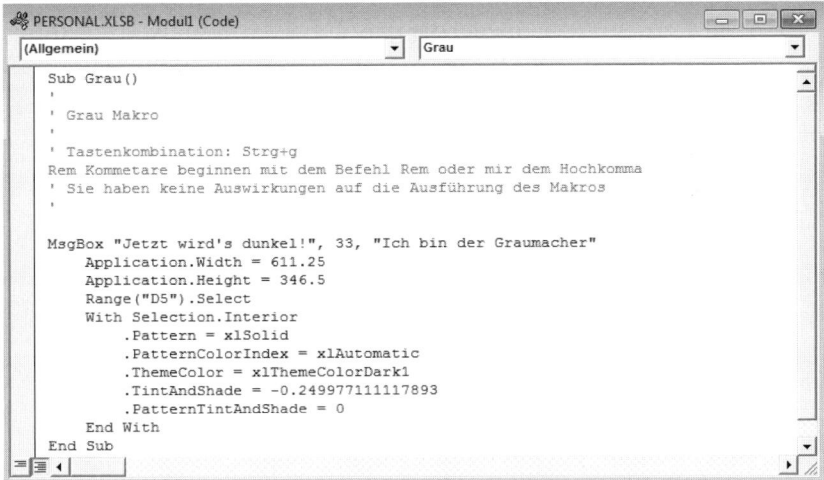

Abb 183 *Kommentare beginnen mit REM oder '*

6.2.3 Beispiel 79: Variablen Inhalte zuweisen

1. Die Funktion Msgbox zeigt eine Meldung in einem Dialogfeld an und wartet darauf, dass der Benutzer auf eine Schaltfläche klickt. Jede Schaltfläche hat einen Wert, der zurückgegeben wird, wenn der Anwender darauf klickt.
2. Je nachdem, ob OK oder Abbrechen gewählt wird, muss das Ergebnis der Funktion Msgbox noch in eine Variable eingelesen und durch eine Verzweigung ausgewertet werden.
3. Um auf den Rückgabewert zugreifen zu können, muss eine Variable deklariert werden.
4. Variablen werden mit einer Dim-Anweisung und einem Variablennamen definiert.
5. Zusätzlich kann ein Datentyp angegeben werden. Ein Datentyp ist die nähere Beschreibung einer Variablen in Bezug auf ihre Speicherfähigkeit.

6. Hinweis: Variablen beginnen mit einem Buchstaben, dürfen nicht länger als 255 Zeichen sein und keine Punkte oder Sonderzeichen enthalten.

7. Um alle Datentypen in der Hilfe anzuzeigen, geben Sie im Visual Basic-Editor die Anweisung *DIM* ein, markieren diese und drücken (F1). Unten finden Sie dann die Datentypen.

8. Da der Rückgabewert nur eine Zahl zwischen 1 und 7 sein kann (siehe nächstes Beispiel) kann der Datentyp *Integer* oder *Byte* gewählt werden.

9. Definieren Sie unterhalb von *Sub Grau* (d. h. unterhalb der Kommentare) mit *Dim z As Integer* die Variable z und schreiben Sie in die gleiche Zeile den Kommentar *' Die Variable ist vom Datentyp Ganz.*

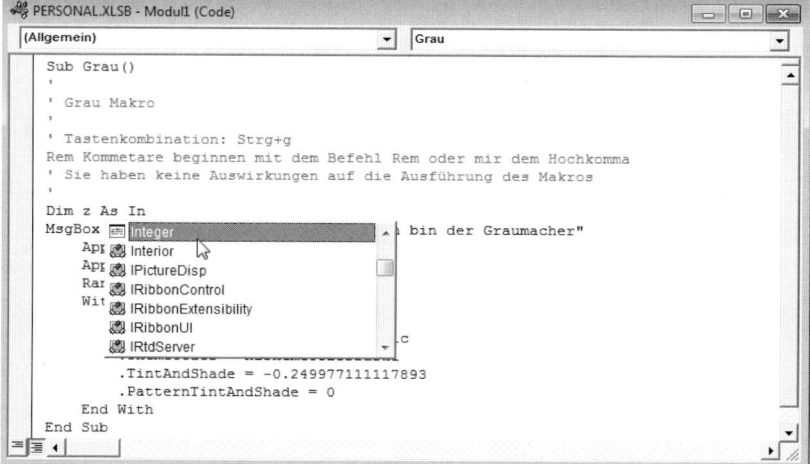

Abb 184 *Während der Eingabe schlägt der Visual Basic-Editor den Datentyp vor*

10. Hinweis: Definieren Sie Ihre Variablen immer unmittelbar unter der Sub-Anweisung Ihrer Prozedur.

11. Durch das Gleichheitszeichen wird einer Variablen der Inhalt zugewiesen. Geben Sie vor der Anweisung MsgBox z = ein.

12. Wird einer Variablen eine MsgBox als Inhalt zugewiesen, müssen die Argumente der MsgBox in runde Klammern gesetzt werden.

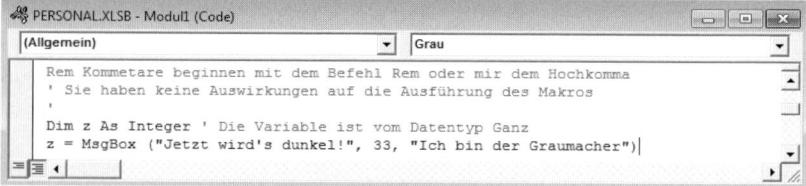

Abb 185 *Der Variablen z wurde die MsgBox als Inhalt zugewiesen*

13. Das Ergebnis der Funktion `MsgBox` wird im nächsten Beispiel durch eine Verzweigung (If...then) ausgewertet.

Datentyp	Speicherbedarf	Wertebereich
Byte	1 Byte	0 bis 255
Boolean	2 Bytes	True oder False
Integer	2 Bytes	-32.768 bis 32.767
Long *lange Ganzzahl*	4 Bytes	-2.147.483.648 bis 2.147.483.647
Single *Gleitkommazahl mit einfacher Genauigkeit*	4 Bytes	-3,402823E38 bis -1,401298E-45 für negative Werte 1,401298E-45 bis 3,402823E38 für positive Werte.
Double *Gleitkommazahl mit doppelter Genauigkeit*	8 Bytes	-1,79769313486231E308 bis -4,94065645841247E-324 für negative Werte; 4,94065645841247E-324 bis 1,79769313486232E308 für positive Werte.
Currency *skalierte Ganzzahl*	8 Bytes	-922.337.203.685.477,5808 bis 922.337.203.685.477,5807
Date	8 Bytes	1. Januar 100 bis 31. Dezember 9999.
String *mit variabler Länge*	10 Bytes + Zeichenfolgenlänge	0 bis ca. 2 Milliarden.
String *mit fester Länge*	Zeichenfolgenlänge	1 bis ca. 65.400

Abb 186 *Die Datentypen und deren Wertebereiche*

6.2.4 Beispiel 80: Die Anweisung If ... then

1. Sie haben das Makro *Grau* zum Bearbeiten geöffnet. Mit der Befehlszeile Z = MsgBox ("Jetzt wird's dunkel!", 33, "Ich bin der Graumacher") erhalten Sie eine Dialogbox mit den Schaltflächen OK und Abbrechen.
2. Nach OK soll das Makro ausgeführt, nach Abbrechen soll das Makro abgebrochen werden.
3. Das Makro soll nur dann ausgeführt werden, wenn der Rückgabewert *1* ist. Geben Sie unterhalb der Anweisung *z* = MsgBox in eine neue Zeile *If z = 1 Then* ein.

Konstante	Rückgabewert für Schaltfläche		Konstante	Rückgabewert für Schaltfläche	
vbOK	1	OK	vbIgnore	5	Ignorieren
vbCancel	2	Abbrechen	vbYes	6	Ja
vbAbort	3	Abbrechen	vbNo	7	Nein
vbRetry	4	Wiederholen			

Abb 187 *Rückgabewerte der Funktion MsgBox*

4. Am Ende der Then-Bedingung muss die If-Anweisung abgeschlossen werden.
5. Geben Sie in einer neuen Zeile nach `End With` *End If* ein.
6. Testen Sie das Makro.
7. Es gibt auch eine zweite Lösungsmöglichkeit. Wenn der Rückgabewert *2* ist, soll das Makro abgebrochen werden, sonst wird es ausgeführt.
8. Korrigieren Sie zuerst die If-Anweisung in: If z = *2* Then.
9. Geben Sie in der Zeile unter der If-Anweisung *Exit Sub*, also "aus dem Makro herausgehen" ein.
10. In einer neuen Zeile geben Sie die Anweisung *Else* ein. Damit legen Sie fest, was geschehen soll, wenn die If-Anweisung nicht zutrifft.

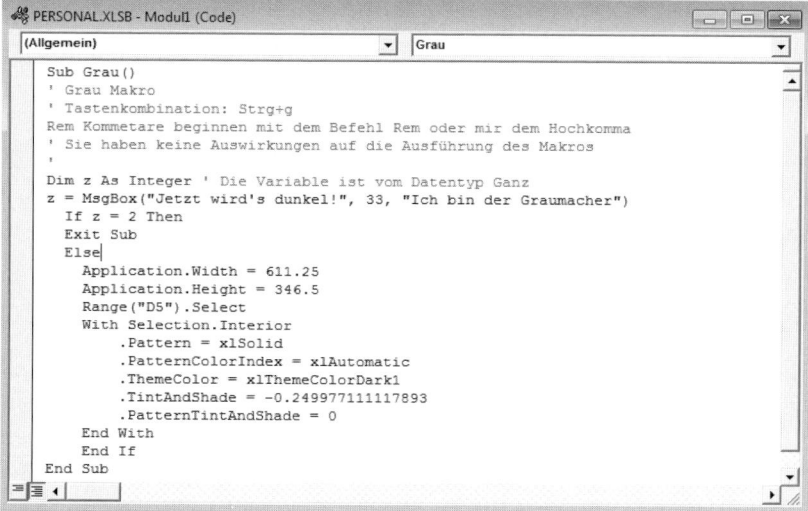

Abb 188 Das Makro mit der zweiten Lösungsvariante

11. Testen Sie das Makro.
12. Schließen Sie den Visual Basic-Editor.

6.2.5 Beispiel 81: Texte, Werte und Formeln als Range Objekte eingeben und formatieren

1. Ein Range-Objekt stellt eine Zelle oder einen Zellbereich dar. Mit `Range(„Zellbereich")`.`Formula` werden Texte, Werte und Formeln eingegeben, mit `Range(„Zellbereich")`.`Eigenschaft` Zellen formatiert.
2. Die Arbeitsmappe `Makros3` ist geöffnet, der Visual Basic-Editor gestartet. Markieren Sie unter `VBAProjekt (Makros3.xlsm)` im Ordner `Microsoft Excel Objekte` *Diese Arbeitsmappe* und klicken Sie auf das Symbol `Code anzeigen`.

3. Das neue Makro soll *RangeObjekte* heißen.

4. Geben Sie deshalb *Sub RangeObjekte* ein.

5. Um in Zelle A1 den Text *Umsatz* einzugeben, schreiben Sie *Range("A1").Formula = "Umsatz"*.

6. Texte und Formeln müssen, Zahlen können in Anführungszeichen eingegeben werden.

7. Dezimaltrennzeichen werden in VBA als Punkt eingegeben. Geben Sie in Zelle A2 die Zahl *3,1* ein: *Range("A2").Formula = "3.1 "*

8. Geben Sie in A3 die Zahl *4* und in A4 die Formel *=A2+A3* ein.

9. Um die Zellen A2 bis A4 mit 2 Dezimalstellen zu formatieren, geben Sie *Range("A2:A4").NumberFormat = "0.00"* ein. Beachten Sie den Dezimalpunkt.

10. Formatieren Sie noch die Zelle A1 mit *Range("A1").Font.Bold = True* fett und mit *Range("A1").Interior.ColorIndex=3* rot.

11. Mit *Range("A5").Select* positionieren Sie den Cursor auf A5.

12. Starten Sie das Makro. Entfernen Sie wieder die Hinterlassenschaften des Makros und beenden Sie Excel. Speichern Sie dabei die Mappe.

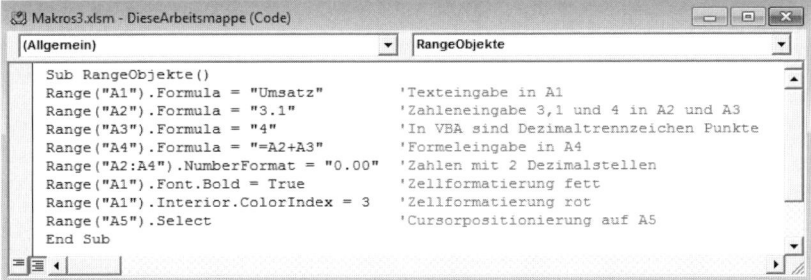

Abb 189 *Eingegebene und formatierte Texte, Werte und Formeln im Code-Fenster*

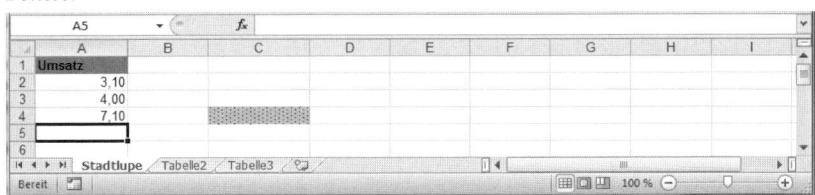

Abb 190 *Eingegebene und formatierte Texte, Werte und Formeln im Tabellenblatt*

6.2.6 Beispiel 82: Verschachtelte If...Then...Else-Anweisungen

1. Die Arbeitsmappe `Makros3` ist geöffnet. Mit (Strg)+r starten Sie das Makro *Rosa*. Es erscheint eine Msgbox mit den Schaltflächen `Ja`, `Nein` und `Abbrechen`.

Abb 191 *MsgBox mit drei Schaltflächen*

2. Auf welche Schaltfläche Sie auch klicken, die ausgewählten Zellen erhalten einen rosa Hintergrund und eine fette Schrift.
3. Markieren Sie nach `Makros` das Makro *Rosa* und klicken Sie auf `Bearbeiten`.

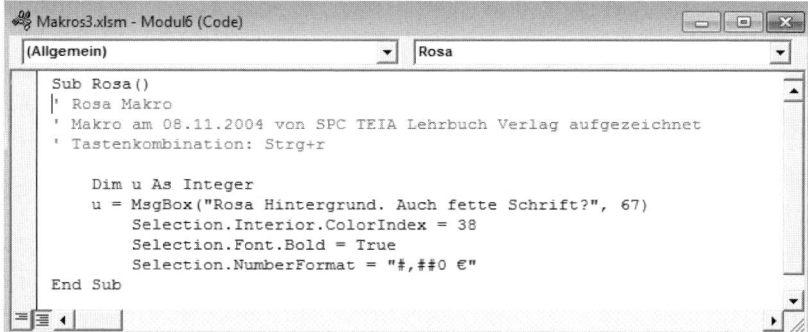

Abb 192 *Das Makro Rosa ohne If... Then... Else-Anweisungen*

4. Der Inhalt der Variablen u ist eine Msgbox. Der Wert *67* ist die Summe von 64 (eine Box mit Ausrufezeichen) und 3 (eine Box mit `Ja`, `Nein` und `Abbrechen`).
5. Der Rückgabewert für die Schaltfläche `Ja` ist 6 und der für `Nein` 7.
6. Wenn auf `Nein` geklickt wird, soll nur ein rosa Hintergrund erscheinen. Geben Sie deshalb in einer neuen Zeile unter u = MsgBox folgendes ein: *If u = 7 Then*

7. Sonst sind noch die Schaltflächen `Ja` und `Abbrechen` möglich. Geben Sie also zunächst in einer neuen Zeile unter der Zeile Selection.Interior.ColorIndex = 38 ein: *Else*
8. Wird auf `Ja` geklickt, soll ein rosa Hintergrund mit fetter Schrift erscheinen. Geben Sie in einer neuen Zeile unter Else *If u = 6 Then* ein.
9. Kopieren Sie darunter die Zeile Selection.Interior.ColorIndex = 38 und löschen Sie die Zeile Selection.NumberFormat = "#,##0 ".
10. Beenden Sie den ersten und den zweiten If-Block jeweils mit *End If*.
11. Eine weitere Bedingung für `Abbrechen` muss nicht eingegeben werden, da die Formatierungen ja nur bei den Rückgabewerten 6 oder 7, nicht aber bei anderen Rückgabewerten erfolgen.

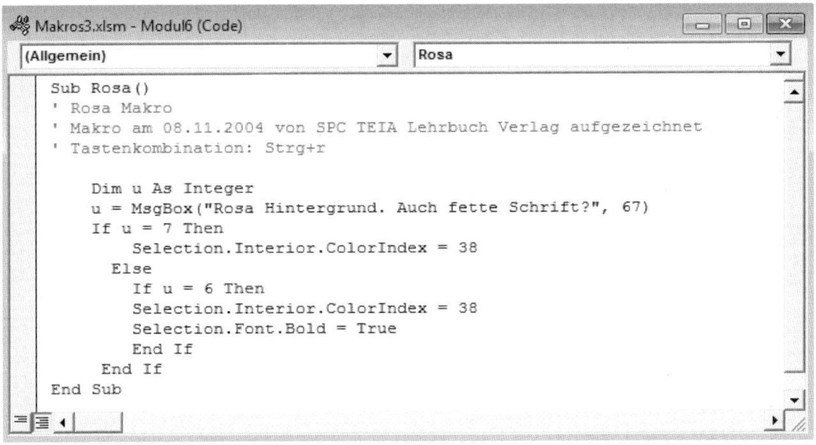

```
Makros3.xlsm - Modul6 (Code)

(Allgemein)                              Rosa

Sub Rosa()
' Rosa Makro
' Makro am 08.11.2004 von SPC TEIA Lehrbuch Verlag aufgezeichnet
' Tastenkombination: Strg+r

    Dim u As Integer
    u = MsgBox("Rosa Hintergrund. Auch fette Schrift?", 67)
    If u = 7 Then
        Selection.Interior.ColorIndex = 38
     Else
        If u = 6 Then
        Selection.Interior.ColorIndex = 38
        Selection.Font.Bold = True
        End If
    End If
End Sub
```

Abb 193 *Das Makro Rosa mit If... Then... Else-Anweisungen*

12. Testen Sie das Makro.

6.2.7 Beispiel 83: Die Anweisung Select Case ... End Select

1. Das Makro *Rosa* aus dem vorigen Beispiel ist im Visual Basic-Editor geöffnet. Statt mit einer verschachtelten `If...Then`-Anweisung kann auf die Auswahl der verschiedenen Schaltflächen auch mit der Anweisung `Select Case ... End Select` reagiert werden.
2. Entfernen Sie zunächst die Zeilen mit den Anweisungen `If`, `Else` und `End If`.
3. Geben Sie unter u = MsgBox in einer eigenen Zeile *Select Case U* ein und darunter *Case 7*.
4. Geben Sie vor der zweiten Formatierung *Case 6* ein und schließen Sie hinter der zweiten Formatierung die Anweisung mit *End Select* ab.

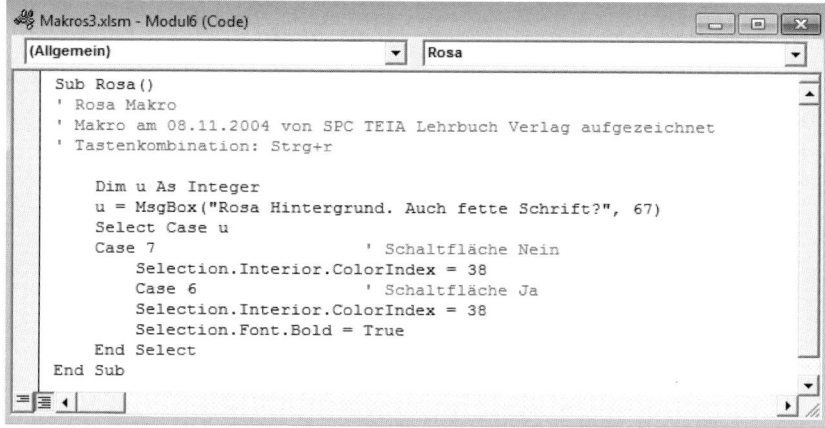

Abb 194 *Das Makro Rosa mit Select Case-Anweisungen*

5. Testen Sie das Makro.

6.2.8 Beispiel 84: Die Dialogbox InputBox

1. Starten Sie das Makro *Geburtstag*, das in der Arbeitsmappe `Makros3` gespeichert ist.
2. Sie erhalten eine Dialogbox mit der Aufforderung, Ihren Geburtstag einzugeben. Diese Dialogbox wurde mit der Funktion `InputBox` erstellt.
3. Klicken Sie auf `Abbrechen` und rufen Sie das Makro zum `Bearbeiten` auf.
4. Die `InputBox` Funktion erzeugt ähnlich der `MsgBox` Funktion eine kleine Dialogbox. Im Unterschied zur MsgBox wird der Benutzer aber zu einer Eingabe aufgefordert.

Abb 195 *Input-Box*

5. Eingabeaufforderungstext und Titelleistenbeschriftung können verändert werden. Die standardmäßig vorgegebenen Schaltflächen OK und Abbrechen lassen sich jedoch nicht verändern, sondern nur um eine Hilfe-Schaltfläche erweitern.

6. Der Inhalt dieses Makros ist bisher nur die Dialogbox. Ob Sie ein Datum, irgendeinen Text oder gar nichts in die Box eingeben und dann auf OK oder Abbrechen klicken, hat noch keine verschiedenen Auswirkungen. Es wird immer die Dialogbox geschlossen und damit das Makro beendet.

7. In den nächsten Beispielen werden wir das Makro so erweitern, dass nach Eingabe des Geburtstags der Wochentag und das Alter in Tagen ausgegeben werden.

8. Deklarieren Sie dafür die Variable *Gtag* als String: *Dim Gtag as String.*

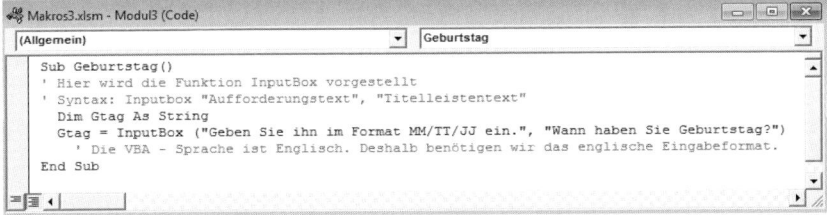

Abb 196 *Variable Gtag mit zugewiesener Input-Box*

9. Weisen Sie der Variablen *Gtag* die Inputbox als Inhalt zu. Wird eine Inputbox einer Variablen als Inhalt zugewiesen, müssen die Argumente in runde Klammern gesetzt werden: *Gtag= InputBox ("Geben Sie ihn im Format MM/TT/JJ ein.", "Wann haben Sie Geburtstag?")*

6.2.9 Beispiel 85: Ausgabe der InputBox-Eingabe in eine Zelle

1. Sie bearbeiten das Makro *Geburtstag* aus dem vorigen Beispiel.
2. Das Wort *Test* soll in Zelle A1 ausgegeben werden. Schreiben Sie unterhalb der Zeile mit der Variablen *Gtag* in eine neue Zeile *Range("A1").Formula = "Test"*.
3. Testen Sie das Makro über das Symbol Sub/Userform ausführen.
4. Jetzt soll der Inhalt der Variablen *Gtag*, also der Eingabetext in der Inputbox, in Zelle A1 ausgegeben werden. Ändern Sie im Makro die gerade eingegebene Zeile in *Range("A1").Formula = Gtag*.
5. Testen Sie das Makro über das Symbol Sub/Userform ausführen.
6. Um das ausgegebene Datum als Wochentag anzuzeigen, fügen Sie die Zeile *Range("A1").NumberFormat = "dddd"* ein.
7. Hinweis: Da wir die englische Sprache benützen, müssen wir vier Mal ein *d* für day eingeben.
8. Soll das Alter in Tagen angegeben werden, benötigen Sie noch das aktuelle Datum und eine Formel, die vom aktuellen Datum Ihr Geburtsdatum abzieht.
9. Geben Sie in einer neuen Zeile *Range("A2").Formula = "=Today()"* ein. Damit erhalten Sie in A2 das aktuelle Datum.
10. Die Berechnung erhalten Sie mit *Range("A3").Formula = "=A2-A1"*.
11. Starten Sie das Makro und geben Sie als Datum *9/9/56* ein. Ist der 9.9.56 wirklich Ihr Geburtstag, so sind Sie ein Sonntagskind und mehr als 19.000 Tage alt.
12. In B1 soll noch *skind* und in B3 *Tage alt* eingetragen werden. Geben Sie also noch die Zeilen *Range("B1").Formula = "skind"* und *Range("B3").Formula = "Tage alt"* ein.

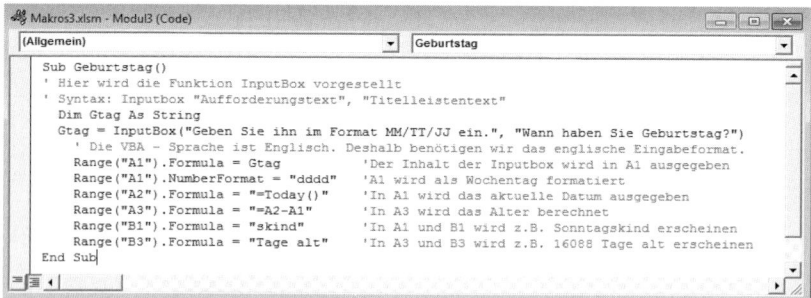

***Abb 197** Makro Geburtstag*

13. Starten Sie nochmals das Makro und geben Sie Ihr Geburtsdatum ein.

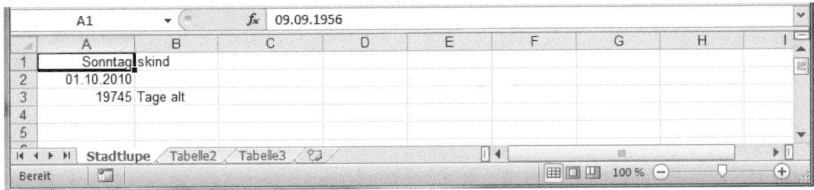

Abb 198 *Ausgeführtes Makro Geburtstag*

6.2.10 Beispiel 86: Plausibilitätsüberprüfung der Input-Box-Eingabe

1. Sie bearbeiten das Makro *Geburtstag* aus dem vorigen Beispiel.

2. Was passiert, wenn nichts oder nur Text in die Inputbox eingegeben wird? Was, wenn auf `Abbrechen` geklickt wird?

3. Starten Sie das Makro und geben Sie nichts in die InputBox ein. Nach OK bleibt die Zelle A1 leer.

4. Starten Sie das Makro ein weiteres Mal und geben Sie Text, beispielsweise *Urlaub*, in die InputBox ein. Nach Ok erscheint in A1 *Urlaub* und in A3 eine Fehlermeldung.

5. Dass eine ungültige Eingabe angenommen wird, ist einfach schlecht. Sie müssen also nicht nur überprüfen, ob die InputBox leer ist, sondern auch, ob ein gültiges Datum eingegeben wurde.

6. Dabei hilft uns eine verschachtelte `If...Then`-Anweisung. Zuerst müssen wir den Sachverhalt *Wenn die Inputbox ungleich leer ist, dann* formulieren. Schreiben Sie in einer eigenen Zeile unter der `InputBox` *If Gtag <> "" Then*.

7. Mit der `IsDate` -Funktion kann überprüft werden, ob die eingegebenen Zeichen ein Datum sind. Geben Sie in einer neuen Zeile unter If Gtag... *If Isdate(Gtag) Then* ein.

8. Wenn in die Inputbox etwas eingegeben wird und das Eingegebene ein Datum ist, wird das Makro ausgeführt. Was soll aber passieren, wenn das Eingegebene kein Datum ist?

9. Dann soll eine MsgBox mit dem Hinweis *Eingabe war kein Datum* erscheinen. Deklarieren Sie dazu unter der Variablen *Gtag* die Variable *Neueingabe*: *Dim Neueingabe as Integer*.

10. Schreiben Sie dann unterhalb aller Anweisungen (aber noch vor End Sub) *Else* und darunter *Neueingabe = MsgBox("Eingabe war kein Datum!")*.

11. Beenden Sie die beiden If-Anweisungen jedes Mal mit *End If*. Rücken Sie die Anweisungen entsprechend ein, damit Sie wissen, welches *If* und *End If* zusammengehören.

12. Testen Sie das Makro ohne Eingabe, mit Eingabe eines ungültigen Datums, mit Eingabe eines gültigen Datums und mit dem Klicken auf die Schaltfläche Abbrechen.

13. Die Prozedur lässt nunmehr keine fehlerhaften Werte mehr zu, aber im Falle einer ungültigen Eingabe wird die Prozedur einfach beendet, anstatt die Eingabe für nunmehr einen korrekten Wert erneut anzufordern.

14. Wie man so etwas lösen kann, sehen Sie im nächsten Beispiel.

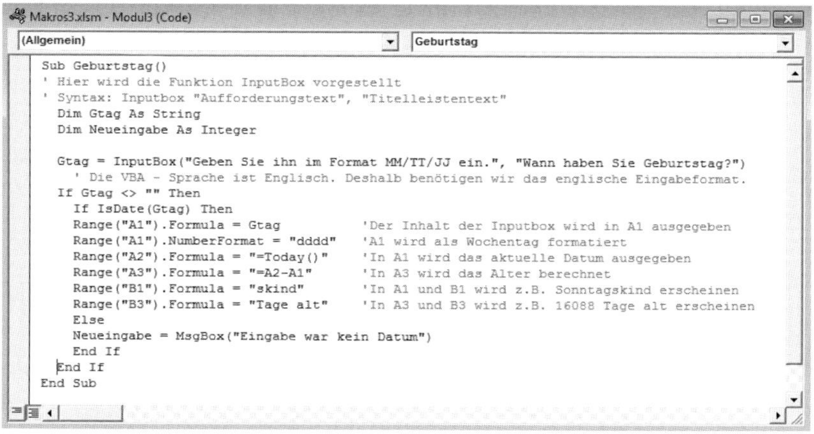

Abb 199 *Makro Geburtstag mit Plausibilitätsüberprüfung*

6.2.11 Beispiel 87: Wiederholung von Befehlsfolgen mit der Do...Until Loop-Schleife

1. Wird im Makro *Geburtstag* ein ungültiges Datum eingegeben, erhalten Sie darüber eine Meldung und das Makro wird beendet.

2. Besser wäre es, dem Anwender wieder die Möglichkeit zu geben, sofort noch einmal das Datum einzugeben.

3. Wir benötigen also eine Schleife: Immer wenn ein ungültiges Datum eingegeben wurde, dann springe nach Bestätigung dieses Hinweises zum Anfang des Makros.

4. In einer Do...Until Loop-Schleife werden die Befehle solange wiederholt, bis (Until) die Bedingung erfüllt ist, oder, anders ausgedrückt, solange der angegebene Ausdruck falsch ist.

5. Geben Sie in einer neuen Zeile vor Gtag = InputBox... *Gtag = ""* ein. Damit setzen Sie die Variable *Gtag* vor der Do-Schleife auf den Anfangswert.

6. Solange der Rückgabewert ungleich des Anfangswertes ist, soll als Inhalt der Variablen die InputBox erscheinen. Geben Sie also in der folgenden Zeile *Do Until Gtag <> ""* ein.

7. Wenn nach einer ungültigen Eingabe die MsgBox *Eingabe war kein Datum* erscheint, muss die Variable wieder auf den Anfangswert gesetzt werden. Geben Sie also unterhalb der Zeile *Neueingabe = MsgBox... Gtag = ""* ein.

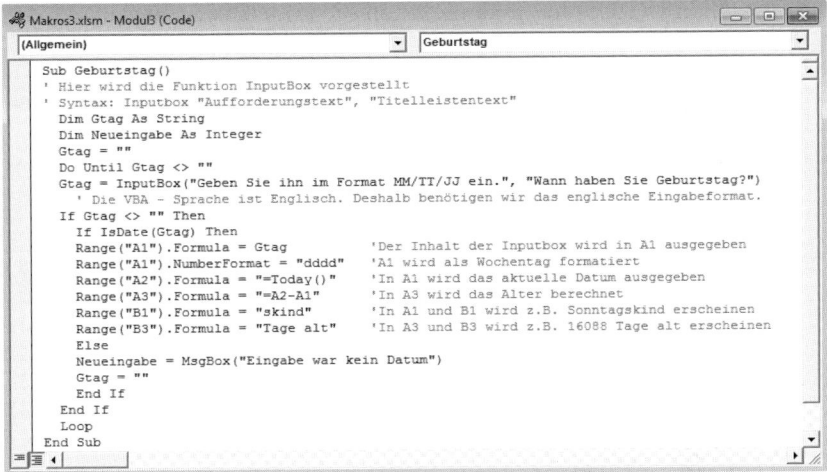

```vba
Sub Geburtstag()
' Hier wird die Funktion InputBox vorgestellt
' Syntax: Inputbox "Aufforderungstext", "Titelleistentext"
    Dim Gtag As String
    Dim Neueingabe As Integer
    Gtag = ""
    Do Until Gtag <> ""
    Gtag = InputBox("Geben Sie ihn im Format MM/TT/JJ ein.", "Wann haben Sie Geburtstag?")
        ' Die VBA - Sprache ist Englisch. Deshalb benötigen wir das englische Eingabeformat.
        If Gtag <> "" Then
            If IsDate(Gtag) Then
            Range("A1").Formula = Gtag          'Der Inhalt der Inputbox wird in A1 ausgegeben
            Range("A1").NumberFormat = "dddd"    'A1 wird als Wochentag formatiert
            Range("A2").Formula = "=Today()"     'In A1 wird das aktuelle Datum ausgegeben
            Range("A3").Formula = "=A2-A1"       'In A3 wird das Alter berechnet
            Range("B1").Formula = "skind"        'In A1 und B1 wird z.B. Sonntagskind erscheinen
            Range("B3").Formula = "Tage alt"     'In A3 und B3 wird z.B. 16088 Tage alt erscheinen
            Else
            Neueingabe = MsgBox("Eingabe war kein Datum")
            Gtag = ""
            End If
        End If
    Loop
End Sub
```

Abb 200 *Makro Geburtstag mit Do... Until Loop-Schleife*

8. Beenden Sie diese Anweisung unterhalb des letzten End If mit *Loop*.
9. Testen Sie das Makro.

6.2.12 Beispiel 88: Einem Makro einen Kurzbefehl zuweisen

1. Sie wollen dem Makro *Geburtstag* aus der Arbeitsmappe `Makros3` einen Kurzbefehl zuweisen. Aktivieren Sie das Register `Entwicklertools`.

2. Markieren Sie nach `Makros` das Makro *Geburtstag* und klicken Sie auf `Optionen`.

3. Geben Sie im Feld `Tastenkombination` einen Buchstaben ein, so können Sie dieses Makro zukünftig mit der angezeigten Tastenkombination (Strg)+Buchstabe starten.

4. Halten Sie bei der Eingabe des Buchstabens die Umschalt-Taste gedrückt, so können Sie dieses Makro zukünftig mit (Umschalt)+ (Strg)+(Buchstabe) aufrufen.

5. Weisen Sie dem Makro *Geburtstag* die Tastenkombination (Umschalt)+ (Strg)+T zu und rufen Sie das Makro über diese Tastenkombination auf.

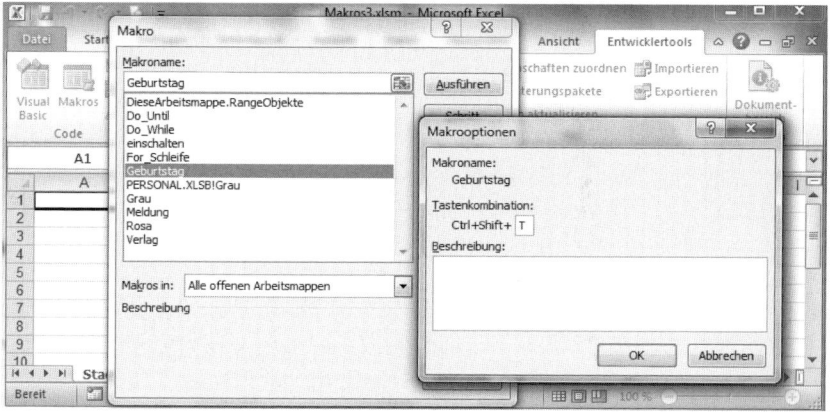

Abb 201 *Einem Makro einen Kurzbefehl zuweisen*

6.2.13 Beispiel 89: Makro schrittweise testen

1. Die Arbeitsmappe `Makros3` ist geöffnet. Öffnen Sie eine neue leere Arbeitsmappe. Sie möchten das Makro *Geburtstag* schrittweise testen.

2. Zeigen Sie nach `Makros` die Makros aller offenen Arbeitsmappen an, markieren Sie das Makro *Geburtstag* und klicken Sie auf `Schritt`.

3. Ordnen Sie das Fenster der leeren Arbeitsmappe und das Fenster Visual Basic nebeneinander an, um die einzelnen Schritte beobachten zu können.

4. Mit (F8) wird Ihre Prozedur schrittweise Anweisung für Anweisung abgearbeitet. Nach Abarbeitung einer Anweisung befindet sich VBA im Haltemodus. Die gelb markierte Anweisung wird als nächstes aufgerufen.

Abb 202 *Makro schrittweise testen*

5. Möchten Sie den aktuellen Inhalt einer Variablen wissen, zeigen Sie im Haltemodus mit dem Mauszeiger auf den betreffenden Variablennamen und der aktuelle Inhalt erscheint als Quickinfo.

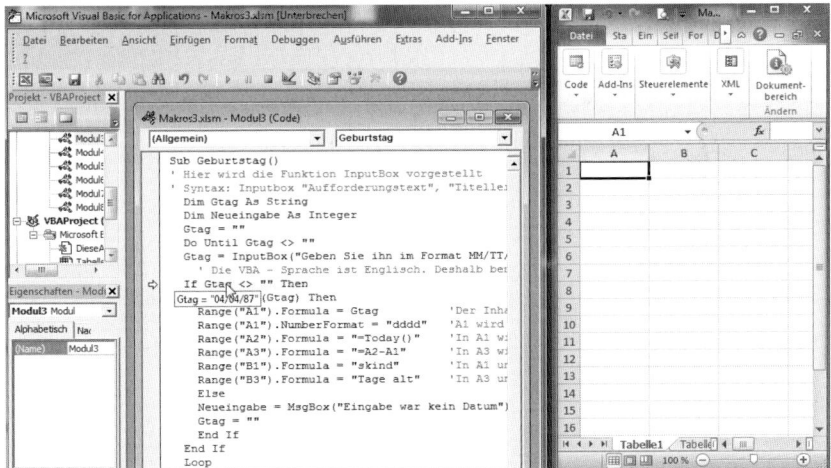

Abb 203 *Der Inhalt der Variablen Gtag erscheint als Quickinfo*

6. Mit (F5) wird die Prozedur vollständig ohne Halt abgearbeitet.
7. Wenn Excel nach einem Halt oder einer Programmunterbrechung nicht ordnungsgemäß weiterlaufen sollte, dann beenden Sie den Haltemodus über Ausführen/Beenden im VisualBasic-Fenster.

6.2.14 Beispiel 90: Die Schleifen For...To...Next, Do While...Loop und Do Until...Loop

1. Schleifen finden dann ihren Einsatz, wenn eine bestimmte Befehlsfolge mehrfach hintereinander ausgeführt werden soll.
2. Die Mappe Makros3 ist geöffnet, der Visual Basic-Editor gestartet.
3. Markieren Sie im Projektfenster im VBAProject (Makros3.xlsm) im Ordner Module das *Modul4* und klicken Sie auf das Symbol Code anzeigen.
4. Sie sehen den Code der Makros *For_Schleife*, *Do_While* und *Do_Until*.
5. Die For...Next-Schleife wiederholt eine Gruppe von Anweisungen so oft wie angegeben. In diesem Beispiel wird sie fünf Mal durchlaufen.
6. Testen Sie das Makro über das Symbol Sub/Userform ausführen.

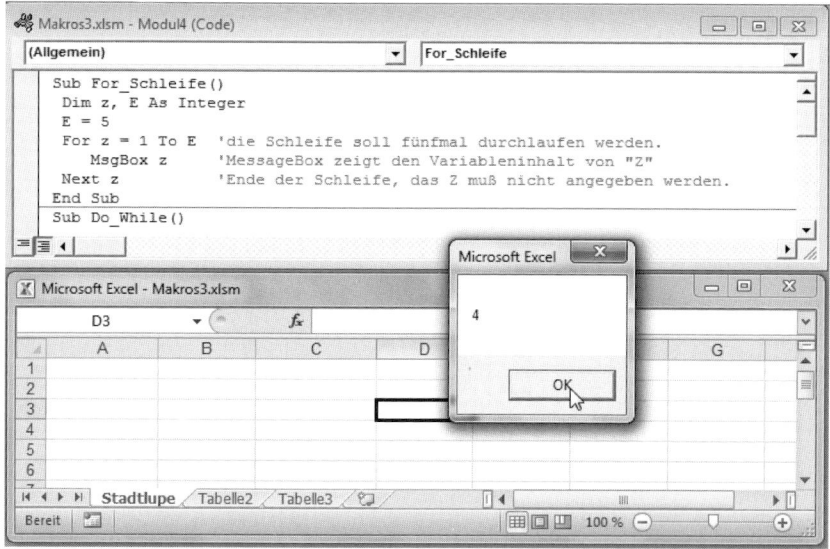

Abb 204 *Die For... Next-Schleife wiederholt eine Gruppe von Anweisungen so oft wie angegeben*

7. In der Do While...Loop-Schleife werden die Befehle so lange wiederholt, bis die Bedingung erfüllt ist oder solange der angegebene Ausdruck wahr ist.
8. Testen Sie das Makro *Do_While*.
9. In der Do Until...Loop-Schleife werden die Befehle so lange wiederholt, bis (until) die Bedingung erfüllt ist oder solange der angegebene Ausdruck falsch ist.

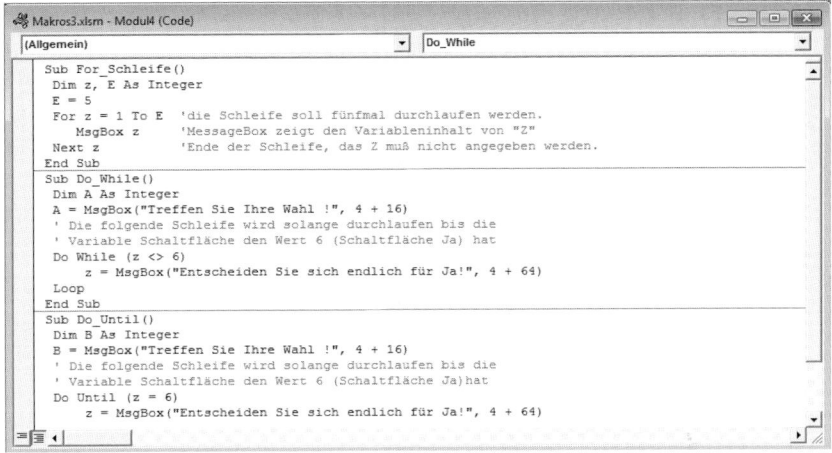

```
Makros3.xlsm - Modul4 (Code)

(Allgemein)                              ▼   Do_While                    ▼

Sub For_Schleife()
  Dim z, E As Integer
  E = 5
  For z = 1 To E     'die Schleife soll fünfmal durchlaufen werden.
      MsgBox z        'MessageBox zeigt den Variableninhalt von "Z"
  Next z              'Ende der Schleife, das Z muß nicht angegeben werden.
End Sub
Sub Do_While()
  Dim A As Integer
  A = MsgBox("Treffen Sie Ihre Wahl !", 4 + 16)
  ' Die folgende Schleife wird solange durchlaufen bis die
  ' Variable Schaltfläche den Wert 6 (Schaltfläche Ja) hat
  Do While (z <> 6)
      z = MsgBox("Entscheiden Sie sich endlich für Ja!", 4 + 64)
  Loop
End Sub
Sub Do_Until()
  Dim B As Integer
  B = MsgBox("Treffen Sie Ihre Wahl !", 4 + 16)
  ' Die folgende Schleife wird solange durchlaufen bis die
  ' Variable Schaltfläche den Wert 6 (Schaltfläche Ja)hat
  Do Until (z = 6)
      z = MsgBox("Entscheiden Sie sich endlich für Ja!", 4 + 64)
```

Abb 205 *Die Schleifen*

6.2.15 Beispiel 91: Eine Funktion definieren und anwenden

1. Die Arbeitsmappe `Euro und Dollar` ist geöffnet. Um auch zukünftig Euros schnell in Dollars umrechnen zu können, soll eine benutzerdefinierte Funktion erstellt werden.

2. Wechseln Sie mit (Alt)+(F11) in den VBA-Editor und fügen Sie über `Einfügen` ein `Modul` ein.

3. Der zu erstellenden Funktion soll als Argument ein Wert, der einen Euro-Betrag repräsentiert, übergeben werden. Als Ergebnis soll der umgerechnete Wert in Dollar ausgegeben werden.

4. Funktionen beginnen immer mit dem Befehl `Function`, dem Funktionsnamen und den dazugehörigen Argumenten und enden mit `End Function`.

5. Geben Sie im Code-Fenster als erste Zeile *Function EuroInDollar(Betrag)* ein. End Function wird automatisch eingefügt.

6. Deklarieren Sie die Variable *Umrechnung* als Gleitkommazahl mit einfacher Genauigkeit: *Dim Umrechnung As Single*.

7. Bestimmen Sie in einer neuen Zeile für die Variable *Umrechnung* als Inhalt den aktuellen Kurs: *Umrechnung = 1.3681*. Als Dezimaltrennzeichen müssen Sie einen Punkt eingeben.

8. Geben Sie zum Abschluss die Rechenvorschrift ein: *EuroInDollar = Betrag * Umrechnung*.

Abb 206 *Die selbstdefinierte Funktion EuroInDollar*

9. Berechnen Sie mit dieser Funktion die Reisekosten in Dollar. Wechseln Sie zur Excelmappe *Euro und Dollar* und positionieren Sie den Cursor auf C5.

10. Klicken Sie im Register `Formeln`, Gruppe `Funktionsbibliothek` auf `Funktion einfügen`.

11. Die Funktion `EuroInDollar` finden Sie unter der `Kategorie` *Benutzerdefiniert* . `OK`.

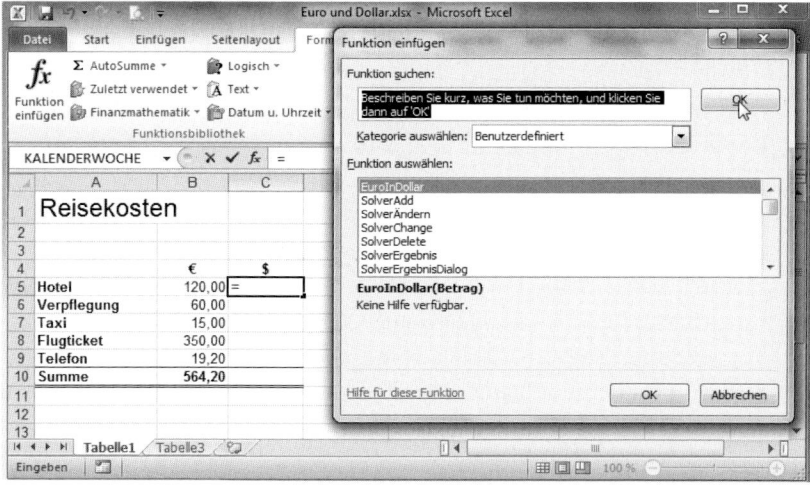

Abb 207 *Die Funktion EuroInDollar einfügen*

12. Um den Betrag in `Funktionsargumente` einzugeben, markieren Sie die Zelle B5. `OK`. Kopieren Sie die Formel ohne Formate nach unten.

13. Die benutzerdefinierte Funktion finden Sie in der Mappe `Euro und Dollar mit Funktion.xlsm`.

6.3 Übungsaufgaben

Sie können mit folgenden Aufgaben üben:

Aufgabe 40: Verschiedene Msgboxen und Fallprüfung mit Select Case

Aufgabe 41: Verschiedene Msgboxen und die Do...Until Loop-Schleife

Aufgabe 42: Im aufgezeichneten Makro Texte, Werte und Formeln als Range-Objekte eingeben und formatieren sowie eine InputBox erstellen

Aufgabe 43: Plausibilitätsüberprüfung einer InputBox: If...Then...Else, Isdate, Msgbox

Aufgabe 44: Wiederholung von Befehlsfolgen mit der Do...Until Loop-Schleife

6.3.1 Aufgabe 40: Verschiedene Msgboxen und Fallprüfung mit Select Case

1. Erstellen Sie das Makro *Fallprüfung*, das mit einer Msgbox beginnt. (*Bsp. 77*)
2. Als Text soll *Entscheiden Sie sich bitte!* erscheinen. (*Bsp. 77*)
3. Die Msgbox soll die Schaltflächen Ja, Nein und Abrechen sowie das Symbol Fragezeichen enthalten. (*Bsp. 77*)

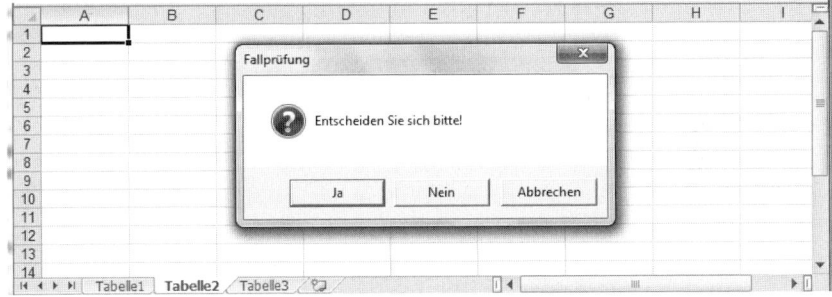

Abb 208 *Msgbox mit Symbol und drei Schaltflächen*

4. In der Titelleiste soll *Fallprüfung* stehen. (*Bsp. 77*)
5. Wird auf Ja geklickt, soll die Msgbox *Sie haben* Ja *gewählt* erscheinen, nach Nein die Msgbox *Sie haben* Nein *gewählt* und nach Abbrechen die Msgbox *Warum wollen Sie* Abbrechen? (*Bsp. 77*) (*Bsp. 79*)
6. Die ersten beiden Msgboxen sollen die OK-Schaltfläche und das Informations-Symbol, die dritte die OK-Schaltfläche und das Fragezeichen enthalten. (*Bsp. 77*)
7. Verwenden Sie zur Überprüfung der drei Fälle Select Case. (*Bsp. 77*) (*Bsp. 83*)
8. Die Lösung finden Sie unter Fallprüfung und Schleife.xlsm.

6.3.2 Aufgabe 41: Verschiedene Msgboxen und die Do...Until Loop-Schleife

1. Erstellen Sie das Makro *Schleife*, das mit einer Msgbox beginnt. (*Bsp. 77*)
2. Die Msgbox mit dem Aufforderungstext *Treffen Sie Ihre Wahl!* soll die Schaltflächen Ja und Nein sowie das Symbol X enthalten. (*Bsp. 77*)
3. Wenn auf Nein geklickt wird, soll die Msgbox *Entscheiden Sie sich endlich für Ja!* mit den Schaltflächen Ja und Nein und dem Ausrufezeichen erscheinen. (*Bsp. 77*) (*Bsp. 79*)
4. Sonst soll das Makro beendet werden. (*Bsp. 86*)
5. Verwenden Sie dazu die Do...Until Loop-Schleife. (*Bsp. 86*)
6. Die Lösung finden Sie unter Fallprüfung und Schleife.xlsm.

Abb 209 *Die Msgbox Entscheiden Sie sich endlich für Ja*

6.3.3 Aufgabe 42: Im aufgezeichneten Makro Texte, Werte und Formeln als Range-Objekte eingeben und formatieren sowie eine InputBox erstellen

1. Sie wollen ein Makro programmieren, das nach Eingabe Ihres ersten Urlaubtages die Anzahl der Tage bis zum Urlaub auswirft.

2. Zeichnen Sie in einer leeren Mappe das Makro *Datum* auf, das über die Tastenkombination (Umschalt)+(Strg)+d aufgerufen werden kann. (*Bsp. 69*)

3. Damit sollen in den Zellen A1 bis A3 die Inhalte *Urlaubsbeginn, Aktuelles Datum* und *Tage bis zum Urlaub* eingetragen werden. Formatieren Sie die Zellen A1 bis A3 noch fett und die Spaltenbreite A optimal. (*Bsp. 69*)

4. Bearbeiten Sie dieses Makro im Visual Basic-Editor. (*Bsp. 77*)

5. Kommentieren Sie alle künftigen Anweisungen. (*Bsp. 78*)

6. Erstellen Sie eine Inputbox. Definieren Sie als Text für die Eingabeaufforderung *Ersten Urlaubstag in MM/TT/JJJJ eingeben* und für die Titelleiste *Urlaub*. (*Bsp. 84*)

7. Deklarieren Sie die Variable *Urlaubsbeginn* als String und weisen Sie ihr den Inhalt der InputBox zu. (*Bsp. 84*)

8. Der Eingabetext in der Inputbox soll in Zelle B1 ausgegeben werden. (*Bsp. 85*)

9. In B2 soll das aktuelle Datum erscheinen. (*Bsp. 85*)

10. Die Datumsangaben in B1 und B2 sollen im benutzerdefinierten Format *DDDD, DD.MM.YYYY* angezeigt werden. (*Bsp. 85*)

11. In B3 soll die Anzahl der Tage bis zum Urlaubsbeginn angezeigt werden. Berechnen Sie die Differenz von B1 und B2 und geben Sie das Ergebnis als Standardzahl aus. (*Bsp. 85*)

12. Testen Sie das Makro mit Eingabe eines gültigen Datums, mit dem Klicken auf die Schaltfläche Abbrechen und mit Eingabe eines ungültigen Datums. (*Bsp. 86*)

13. Das Makro *Datum* finden Sie in der Mappe Datum.xlsm.

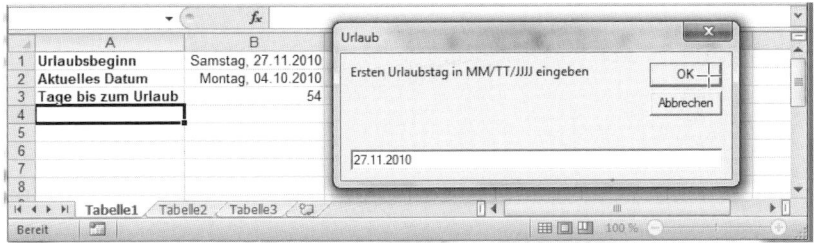

Abb 210 *Die Msgbox Urlaub*

215

6.3.4 Aufgabe 43: Plausibilitätsüberprüfung einer Input-Box: If...Then...Else, Isdate, Msgbox

1. Öffnen Sie die Mappe `Datum.xlsm` und speichern Sie diese Mappe unter *Datum1.xlsm*.
2. Überarbeiten Sie das Makro *Datum* im Visual Basic-Editor. (*Bsp. 77*)
3. Wenn in die Inputbox irgendwelche Zeichen, jedoch kein gültiges Datum eingegeben wird, soll eine Msgbox mit der Meldung *Eingabe war kein Datum!* erscheinen.

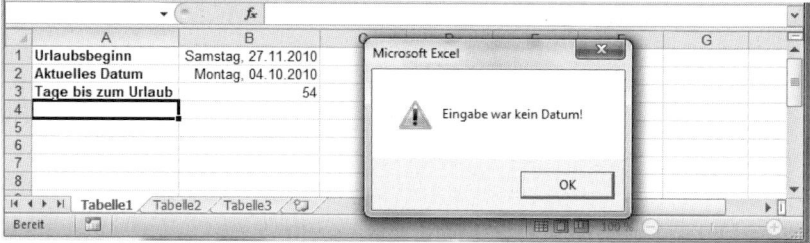

Abb 211 *Meldung Eingabe war kein Datum!*

4. Deklarieren Sie zunächst für die Msgbox die Variable *Meldung* als *Integer*. (*Bsp. 86*)
5. Schreiben Sie mit Hilfe der `If...Then`-Anweisung in der Zeile unterhalb der Inputbox den Sachverhalt *Wenn die Inputbox ungleich leer ist, dann. (Bsp. 86)*
6. Überprüfen Sie in der nächsten Zeile mit einer weiteren `If...Then`-Anweisung und der `Isdate`-Funktion, ob die eingegebenen Zeichen ein Datum sind. (*Bsp. 86*)
7. Wenn die Eingabe ein gültiges Datum war, soll das Makro ausgeführt werden. Wenn das Makro kein gültiges Datum war, soll die Msgbox *Eingabe war kein Datum!* erscheinen. In der Msgbox soll nur die Schaltfläche OK und das Symbol `Ausrufezeichen` erscheinen. (*Bsp. 77*) (*Bsp. 86*)
8. Schreiben Sie also unterhalb der aufgezeichneten Makrozeilen `Else` und darunter den Aufruf der Msgbox. (*Bsp. 86*)
9. Beenden Sie beide IF-Anweisungen mit `End If`. (*Bsp. 86*)
10. Rücken Sie die Anweisungen entsprechend ein, damit Sie wissen, welches `If` und `End If` zusammengehört. (*Bsp. 86*)
11. Testen Sie das Makro mit Eingabe eines ungültigen Datums, mit Eingabe eines gültigen Datums und mit dem Klicken auf die Schaltfläche `Abbrechen`. (*Bsp. 86*)
12. Das veränderte Makro *Datum* finden Sie in der Mappe `Datum1.xlsm`.

6.3.5 Aufgabe 44: Wiederholung von Befehlsfolgen mit der Do...Until Loop-Schleife

1. Öffnen Sie die Mappe `Datum1.xlsm` und speichern Sie diese Mappe unter *Datum2.xlsm*.

2. Überarbeiten Sie das Makro *Datum* im Visual Basic-Editor. (*Bsp. 87*)

3. Wenn in die Inputbox irgendwelche Zeichen, jedoch kein gültiges Datum eingegeben wird, erscheint die Msgbox *Eingabe war kein Datum* und das Makro wird beendet. Geben Sie dem Anwender die Möglichkeit, sofort noch einmal das Datum einzugeben. (*Bsp. 87*)

4. Benutzen Sie dafür die `Do...Until Loop`-Schleife. (*Bsp. 87*)

5. Hinweis1: Setzen Sie die Variable *Urlaubsbeginn* vor der Do-Schleife mit *Urlaubsbeginn = " "* auf den Anfangswert. (*Bsp. 87*)

6. Hinweis 2: Solange der Rückgabewert ungleich des Anfangswertes ist, soll als Inhalt der Variablen die Inputbox erscheinen. Geben Sie also in einer neuen Zeile *Do until Urlaubsbeginn <> " "* ein. (*Bsp. 87*)

7. Hinweis 3: Wenn nach einer ungültigen Eingabe die MsgBox *Eingabe war kein Datum* erscheint, muss die Variable wieder auf den Anfangswert gesetzt werden. Geben Sie also unterhalb der MsgBox die Zeile *Urlaubsbeginn = " "* ein. (*Bsp. 87*)

8. Hinweis 4: Beenden Sie diese Anweisung unterhalb des letzten `End If` mit `Loop`. (*Bsp. 87*)

9. Testen Sie das Makro. Was passiert, wenn Sie auf die Schaltfläche `Abbrechen` klicken? Das Makro wird nicht abgebrochen.

10. Entfernen Sie vor der Datumsüberprüfung *If Isdate* die Zeile *If Urlaubsbeginn <> "" Then* und die Zeile mit dem zugehörigen End If.

11. Fügen Sie unterhalb der Sonst-Bedingung `Else` den Sachverhalt *Wenn die Inputbox leer, dann das Makro abbrechen* ein: *If Urlaubsbeginn = "" Then Exit Sub*.

12. Das veränderte Makro *Datum* finden Sie in der Mappe `Datum2.xlsm`.

6.4 Verständnisfragen

Frage 44: Welche Aussagen über Makros treffen zu? (3)

1. Unter einem Makro versteht man eine Folge von Befehlen, die zu einem einzigen Befehl zusammengefasst werden. Auf diese Weise können Sie Ihre Arbeit automatisieren.

2. Ein Makro können Sie als Symbol in die Symbolleiste für den Schnellzugriff und in einem beliebigen Register in eine beliebige Gruppe integrieren. Außerdem können Sie einem Makro einen Kurzbefehl zuordnen.

3. Sie können häufig verwendete Tastenanschläge bzw. Befehle wie mit einem Recorder als Makro aufzeichnen.

4. Bei komplizierteren Aufgaben können Sie selber Makros schreiben.

5. Aufgezeichnete und programmierte Makros sind nicht kombinierbar.

Frage 45: Markieren Sie im Projektfenster ein Objekt und klicken Sie dann auf das Symbol **Code anzeigen***, so erscheinen im Code-Fenster die Prozeduren des entsprechenden Makros. Welche Aussagen treffen zu? (2)*

1. Prozeduren beginnen immer mit der Anweisung *Main Prozedurname()* und enden immer mit *End Main.*

2. Zwischen den beiden Anweisungen *Sub Prozedurname()* und *End Sub* stehen die Anweisungen und Kommentare. Standardmäßig erscheint der Programmcode in verschiedenen Farben. Diese Farben können über Extras/Optionen Register Editorformat geändert werden.

3. In grüner Schrift werden Kommentare angezeigt. Sie beginnen mit einem Doppelpunkt und enthalten nur kommentierenden Text.

4. Schwarze Schrift stellt standardmäßig den VBA-Code dar, blaue Schrift kennzeichnet Schlüsselworte.

5. Die Programmiersprache ist deutsch.

Frage 46: Die Programmiersprache VBA verwendet Objekte. Deshalb gehört diese Sprache zu den objektorientierten Programmiersprachen. Was sind Excel-Objekte, was sind Eigenschaften? (3)

1. Eine Zelle oder ein Zellenbereich ist ein Range-Objekt, ein Tabellenblatt ist ein Worksheet-Objekt, das Range-Objekte beinhaltet.

2. Eine Arbeitsmappe ist das Objekt Application, das Worksheet-Objekte enthält.

3. Über das Symbol Code anzeigen können Sie eine Übersicht aller Objekte einblenden.

4. Eigenschaften kann man klassifizieren und vergleichen. Ein Objekt hat eine genau bestimmbare Anzahl von Eigenschaften, die dieses Objekt beschreiben und von anderen, gleichartigen Objekten unterscheiden.

5. Die Value-Eigenschaft eines Range-Objektes ist sein Inhalt (Text oder Wert), die Font-Eigenschaft ist die Art der zugewiesenen Schrift und die Name-Eigenschaft eines Worksheet-Objektes ist der Tabellenname.

Frage 47: *Eine Msgbox mit dem Text ‚Daten überschreiben?', den Schaltflächen Ja, Nein und Abbrechen sowie dem Symbol Fragezeichen soll in ein Makro integriert werden. Welche Anweisung geben Sie ein? (1)*

1. MsgBox "Daten überschreiben?", 17
2. MsgBox "Daten überschreiben?"; 35
3. MsgBox "Daten überschreiben?", 35
4. MsgBox Daten überschreiben?, 33
5. MsgBox "Daten überschreiben?", 67

Frage 48: *Eine Msgbox zeigt eine Meldung und verschiedene Schaltflächen an. Jede Schaltfläche hat einen Wert, der zurückgegeben wird, wenn der Anwender darauf klickt. Welche Aussagen treffen zu? (3)*

1. Um auf den Rückgabewert zugreifen zu können, muss eine Variable deklariert werden.
2. Variablen werden mit einer Dim-Anweisung und einem Variablennamen definiert. Zusätzlich kann ein Datentyp angegeben werden.
3. Variablen beginnen mit einem Buchstaben, dürfen nicht länger als 8 Zeichen sein und keine Punkte oder Sonderzeichen enthalten.
4. Da der Rückgabewert nur eine Zahl zwischen 1 und 7 sein kann, muss der Datentyp *Integer* oder *Byte* gewählt werden.
5. Da der Rückgabewert nur eine Zahl zwischen 1 und 7 sein kann, muss der Datentyp *Single* gewählt werden.

Frage 49: *Welche Schaltflächen haben welche Rückgabewerte? (2)*

1. Die Schaltfläche Abbrechen hat den Rückgabewert 3.
2. Die Schaltfläche Nein hat den Rückgabewert 7.
3. Die Schaltfläche Ignorieren hat den Rückgabewert 6.
4. Die Schaltfläche OK hat den Rückgabewert 1.
5. Die Schaltfläche Ja hat den Rückgabewert 8.

Frage 50: Welche Datentypenzuweisungen sind korrekt? (3)

1. Wenn eine Variable Werte zwischen 1 und 100 annehmen kann, kann als Datentyp *Integer* gewählt werden.
2. Wenn eine Variable Werte zwischen 1 und 100 annehmen kann, kann als Datentyp *Byte* gewählt werden.
3. Wenn eine Variable Werte zwischen -1000 und +1000 annehmen kann, kann als Datentyp *Byte* gewählt werden.
4. Soll einer Variablen als Inhalt eine feste Gleitkommazahl (z.B. 1,0495) zugewiesen werden, so muss diese als String definiert werden.
5. Soll einer Variablen als Inhalt die Eingabe in eine InputBox zugewiesen werden, so muss diese als String definiert werden.

Frage 51: Texte, Werte und Formeln werden als Range-Objekte eingegeben und formatiert. Welche Aussagen treffen zu? (2)

1. Mit *Range(„Zellbereich").Formula* werden Texte, Werte und Formeln eingegeben.
2. Mit *Range(„Zellbereich").Eigenschaft* werden Zellen formatiert.
3. Um in Zelle A1 den Text *Umsatz* einzugeben, schreiben Sie *Range(A1).Formula = "Umsatz"*.
4. Zahlen und Formeln müssen, Texte können in Anführungszeichen eingegeben werden.
5. *Range("A1").Formula = 3.1* gibt in Zelle A1 den 3. Januar ein.

Frage 52: Texte, Werte und Formeln werden als Range-Objekte eingegeben und formatiert. Welche Aussagen treffen zu? (3)

1. *Range("A4").Formula "=a2+a3"* gibt in Zelle A4 die Formel =a2+a3 ein.
2. *Range("A2;A4").Numberformat = "0.00"* formatiert die Zellen A2 bis A4 mit 2 Dezimalstellen.
3. *Range("A1").Font.Bold* formatiert die Zelle A1 fett.
4. *Range("A1").Interior.Colorindex=3* formatiert die Zelle A1 rot.
5. Mit *Range("A5").Select* positionieren Sie den Cursor auf A5.

7 Tipps, Tricks und Nichtalltägliches

Im letzten Kapitel zeigen wir Ihnen *Tipps, Tricks und Nichtalltägliches* zum Speichern Ihrer Dateien, zur Gestaltung Ihrer Arbeitsblätter, zum individuellen Einrichten von Excel, zum Erstellen von Grafikobjekten und zum Arbeiten mit benannten Zellen.

Dieses Kapitel umfasst folgende Themenbereiche:

Neues und Anderes

Dateien speichern

Datums- und Zahlenreihen

Zeilen, Spalten und Zellen einfügen und löschen

Kommentare einfügen und löschen

Grafikobjekte einfügen

Zellen benennen

Zellen gestalten, Tabellenblätter bearbeiten

Übungsaufgaben

Verständnisfragen

7.1 Neues und Anderes

Seit der ersten Version von Excel war das Grundgerüst des Programms eigentlich immer gleich. Es gab Menüs, die mit den Programmversionen immer umfangreicher wurden. Dann wurden die Menüs so lang, dass es für Anfänger kurze Menüs gab. Assistenten wurden benötigt. Eine weitere Vergrößerung wäre nicht möglich gewesen. Jetzt wurde Excel radikal umgebaut. Es gibt keine Menüs mehr, nur noch ein Menüband mit Registern. Es gibt keine vom Benutzer einblendbaren Symbolleisten mehr. Es gibt jedoch zusätzliche Register, die aber nur erscheinen, wenn der zugehörige Gegenstand - wie zum Beispiel ein Diagramm - auf dem Tabellenblatt auch eingefügt wurde. Im Folgenden erhalten Sie einen Überblick über die wesentlichen Neuerungen.

Nach dem Start von Excel erhalten Sie sofort einen Eindruck von den Neuerungen des Programms. Fast alle sind sichtbar. Sie erkennen das Menüband und die Symbolleiste für den Schnellzugriff.

Die Bedienphilosophie hat sich grundlegend geändert. Register werden nur noch eingeblendet, wenn die zugehörigen Objekte auch wirklich auf dem "Blatt" vorhanden sind. Erinnern Sie sich noch an die zahllosen Symbolleisten der Vorgängerversionen. Man konnte diese in großer Zahl auf dem Bildschirm einblenden und den Monitor richtig "zupflastern". Dies ist jetzt nicht mehr möglich. Das Programm selbst übernimmt die Anzeige der möglichen Befehle im Menüband.

Eine wesentliche Erleichterung zur Ausführung ganz häufig eingesetzter Befehle ist die Symbolleiste für den Schnellzugriff. In dieser können Sie die wirklich notwendigen Befehle individuell anlegen.

In früheren Versionen von Microsoft Office konnten Sie die bevorzugten Einstellungen für die Ansicht, Anzeige und Bearbeitung über Extras/ Optionen festlegen. Als Teil der Microsoft Office Fluent-Benutzeroberfläche der 2007/2010 Microsoft Office System-Programme Word, Excel, PowerPoint und Access ist der Befehl Optionen aus dem Menü Extras jetzt an einer anderen Position verfügbar. Sie finden ihn jetzt im Register Datei.

Die von Microsoft als wichtig eingestuften Einstellungen finden Sie in den Excel-Optionen an erster Stelle im Register Allgemein.

Das neue Format XML hat nach Darstellung von Microsoft selbst folgende Vorteile:

Kompakte Dateien

XML- Dateien werden automatisch komprimiert und weisen in einigen Fällen eine bis zu 75 % geringere Größe auf. Office-XML-Formate nutzen die ZIP-Komprimierungstechnologie zum Speichern von Dokumenten Beim Öffnen einer Datei wird diese automatisch entzippt; beim Speichern wird sie automatisch wieder gezippt. Die Installation spezieller ZIP-Dienstprogramme zum Öffnen und Schließen von Dateien ist nicht erforderlich.

Verbesserte Wiederherstellung beschädigter Dateien

XML-Dateien sind modular strukturiert, damit die einzelnen Datenkomponenten in der Datei getrennt voneinander bleiben. Dadurch können Dateien auch dann geöffnet werden, wenn eine Komponente in der Datei (beispielsweise ein Diagramm oder eine Tabelle) beschädigt ist.

Einfachere Erkennung von Dokumenten mit Makros

Dateien, die mithilfe des Standardsuffix "x" gespeichert werden (zum Beispiel DOCX und PPTX), können keine VBA-Makros (Visual Basic für Applikationen) oder ActiveX-Steuerelemente enthalten und bergen somit nicht die Sicherheitsrisiken in sich, die ansonsten mit dieser Art von eingebettetem Code in Verbindung gebracht werden. Nur Dateien, deren Dateinamenerweiterungen mit einem "m" enden (z. B. DOCM und

XLSM) können VBA-Makros und ActiveX-Steuerelemente enthalten, die in einem gesonderten Abschnitt der Datei gespeichert werden. Durch die Dateinamenerweiterungen können Dateien mit Makros klar von Dateien ohne Makros unterschieden werden; Antivirusprogramme können Dateien, die potenziell bösartigen Code enthalten, somit einfacher erkennen. Darüber hinaus können IT-Administratoren die Dokumente, die unerwünschte Makros oder Steuerelemente enthalten, blockieren, sodass die restlichen Dokumente risikofrei geöffnet werden können.

Das neue Format hat jedoch auch Nachteile:

Es kann vorkommen, dass Sie Dateien im binären Dateiformat speichern müssen, das in früheren Office-Versionen verwendet wurde, z. B. wenn Sie ein Arbeitsmappe zusammen mit einem anderen Benutzer bearbeiten, der über eine frühere Office-Version verfügt. Sie müssen dann die Datei im Binärformat speichern. Ansonsten kann der Benutzer mit Excel 2003 die Datei nicht verwenden.

Wenn Sie eine Arbeitsmappe in Excel 2010 oder 2007 öffnen, das in Excel 2003, 2002 oder 2000 erstellt wurde, wird der Kompatibilitätsmodus aktiviert und in der Titelleiste des Arbeitsmappenfensters wird der Kompatibilitätsmodus angezeigt. Über den Kompatibilitätsmodus wird sichergestellt, dass beim Bearbeiten einer Arbeitsmappe keine neuen oder erweiterten Features in Excel 2007/2010 zur Verfügung stehen, damit Benutzer, die frühere Excel-Versionen verwenden, über vollständige Bearbeitungsfunktionen verfügen. Sie können im Kompatibilitätsmodus arbeiten oder die Arbeitsmappe zum Dateiformat von Excel 2007/2010 konvertieren. Durch das Konvertieren der Arbeitsmappe können Sie auf die neuen und erweiterten Features in Excel 2010 zugreifen. Benutzer, die frühere Excel-Versionen verwenden, können möglicherweise jedoch nur bedingt bestimmte Bereiche der Arbeitsmappe bearbeiten, die mithilfe neuer oder erweiterter Features in Excel 2010 erstellt wurden.

Es kann nowendig sein, eine Datei in einem Format mit einem festen Layout zu speichern, das problemlos freigegeben und gedruckt, gleichzeitig aber nicht einfach bearbeitet werden kann. In der Praxis kommen solche Dateien beispielsweise als Online-Rechnung vor. Sie können diese zwar lesen und drucken, aber nicht verändern.

Microsoft hat ein kostenloses Zusatzprogramm integriert, mit dem Sie die-sen Dateityp speichern oder exportieren können. Damit ist es nun möglich, eine Datei aus Ihrem Microsoft Office-Programm in den folgenden Forma-ten zu speichern bzw. in diese zu exportieren.

Dokumenttyp	Eigenschaft
PDF (Portable Document Format)	PDF ist ein elektronisches Dateiformat mit festem Layout, mit dem Dokumentformatierungen beibe-halten werden und die Freigabe von Dateien ermög-licht wird. Mit PDF wird sichergestellt, dass eine Datei das beabsichtigte Format behält, wenn die Datei online angezeigt oder gedruckt wird. Außer-dem können die Daten in der Datei nur schwer geändert werden. PDF ist zudem für Dokumente nützlich, die mit professionellen Druckmethoden reproduziert werden.
XPS (XML Paper Specifi-cation)	XPS ist ein elektronisches Dateiformat mit festem Layout, mit dem Dokumentformatierungen beibe-halten werden und die Freigabe von Dateien ermög-licht wird. Mit XPS wird sichergestellt, dass eine Datei das beabsichtigte Format behält, wenn die Datei online angezeigt oder gedruckt wird. Außer-dem können die Daten in der Datei nur schwer geändert werden.

Sie können mit folgenden Beispielen lernen:
Beispiel 92: Das Menüband
Beispiel 93: Die Symbolleiste für den Schnellzugriff
Beispiel 94: Die allgemeinen Excel-Optionen
Beispiel 95: Weitere wichtige Excel-Optionen
Beispiel 96: Mappen mit und ohne VBA-Makros speichern
Beispiel 97: Mappe im neuen oder alten Dateiformat speichern
Beispiel 98: Dateiformat früherer Excel-Versionen in das neue Dateiformat kon-vertieren
Beispiel 99: Dokument als PDF speichern

7.1.1 Beispiel 92: Das Menüband

1. Nach dem Start von Excel wird immer das Menüband (in Office 2007 noch Multifunktionsleiste genannt) mit standardmäßig acht Registerblättern angezeigt. Klicken Sie auf ein Register, werden die Befehle dieses Registers angezeigt.
2. Sie können noch das Register Entwicklertools einblenden, wenn Sie Makros schreiben oder bereits aufgezeichnete Makros ausführen. Sie blenden diese Registerkarte in Datei/Optionen, Register Menüband anpassen über das Kontrollkästchen Entwicklertools ein.

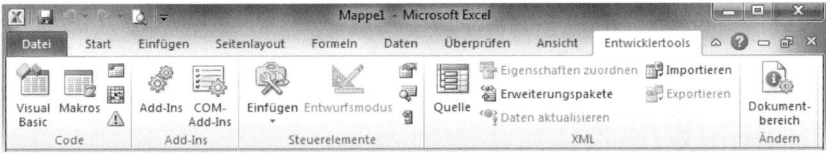

Abb 212 *Das Menüband mit dem Register Entwicklertools*

3. Je nach Größe des Programmfensters ändert sich die Darstellung des Menübandes. Bei kleineren Fenstern werden dann keine einzelnen Symbole mit Texten angezeigt, sondern es wird nur ein Listenfeld oder Listensymbol gezeigt.
4. Das Register Start ist eingeblendet. Ist Ihr Programmfenster maximal, werden in der Gruppe Formatvorlagen drei Listenfelder eingeblendet.
5. Verkleinern Sie Ihr Programmfenster, so wird aus der Gruppe Formatvorlagen das Listenfeld Formatvorlagen. Öffnen Sie dieses.

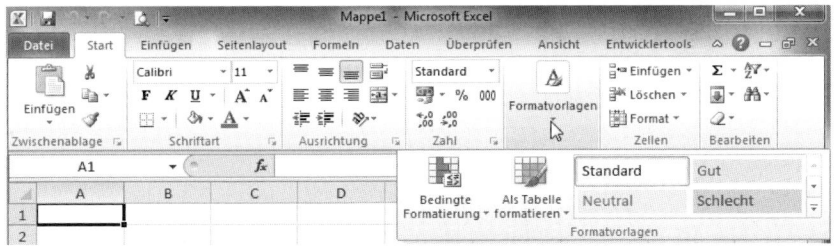

Abb 213 *Das geöffnete Listenfeld Formatvorlagen*

6. Die Register ähneln den Menüs aus den Vorgängerversionen von Excel. Klicken Sie im Register Start, Gruppe Schriftart auf den kleinen Pfeil unten rechts, wird die entsprechende Dialogbox eingeblendet und Sie erhalten Zugriff auf alle vorhandenen Befehle dieser Dialogbox.

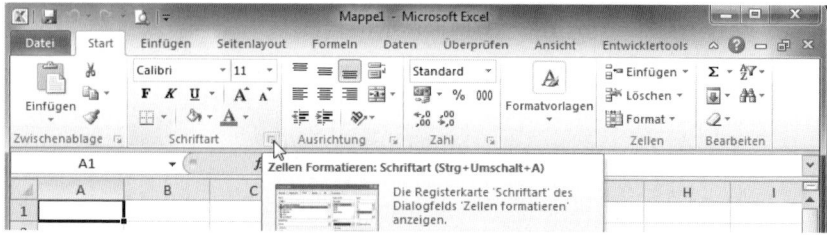

Abb 214 *Die Dialogbox Zellen formatieren aufrufen*

7. In Excel 2003 konnten Sie über das Kontextmenü der Menüleiste die verschiedensten Symbolleisten ein- und ausblenden. Excel 2010 blendet kontextabhängig weitere Registerkarten ein und wieder aus.

8. Wechseln Sie in das Registerblatt Einfügen und fügen Sie beispielsweise ein ClipArt ein. Excel blendet die Bildtools mit dem Register Format ein.

Abb 215 *Das Menüband mit dem Bildtool-Register Format*

9. Klicken Sie in das Tabellenblatt, so wird die Markierung des ClipArt aufgehoben und das Bildtool-Register Format wieder ausgeblendet.

7.1.2 Beispiel 93: Die Symbolleiste für den Schnellzugriff

1. Mit der Symbolleiste für den Schnellzugriff wurde ein universelles Mittel geschaffen, Befehle, die häufig gebraucht werden, mit einem Klick auszuführen.

2. Da jeder Anwender in der Regel unterschiedliche Befehle einsetzt, startet Excel nur mit drei Schaltflächen in der Symbolleiste für den Schnellzugriff: Speichern, Rückgängig, Wiederholen.

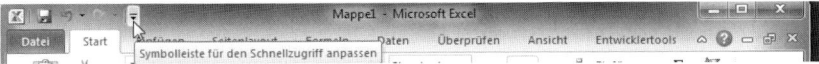

Abb 216 *Symbolleiste für den Schnellzugriff*

3. Über das Symbol ganz rechts können Sie die Symbolleiste für den Schnellzugriff anpassen. Die wichtigsten Befehle zur Erweiterung sind bereits eingetragen und können durch einfaches Anklicken in die Symbolleiste integriert werden.

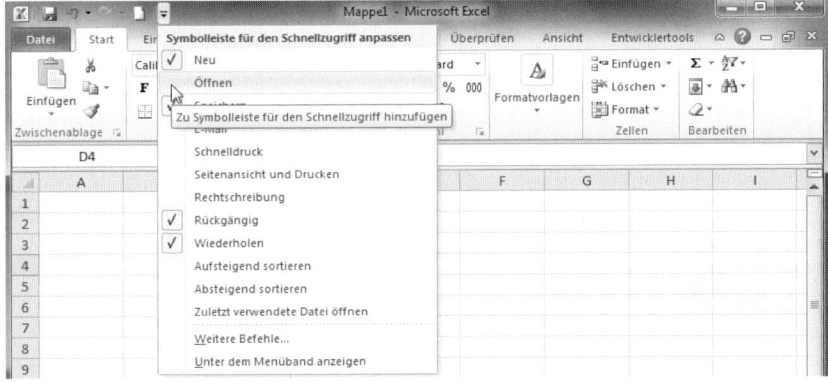

Abb 217 *Symbolleiste für den Schnellzugriff anpassen*

4. Integrieren Sie in die Symbolleiste die Befehle Neu und Öffnen.

5. Benötigen Sie einen Befehl, der nicht in dieser (kurzen) Liste enthalten ist, so wählen Sie Weitere Befehle. Die Excel-Optionen Symbolleiste für den Schnellzugriff anpassen werden eingeblendet.

6. Wählen Sie aus dem linken Listenfeld *Alle Befehle* und bestimmen Sie im rechten Listenfeld, ob die Änderungen für alle Dokumente gelten sollen - dies ist der Standard - oder nur für das aktuelle Dokument.

7. Fügen Sie den Befehl Seitenansicht der Symbolleiste hinzu und schließen Sie dann die Excel-Optionen mit Ok.

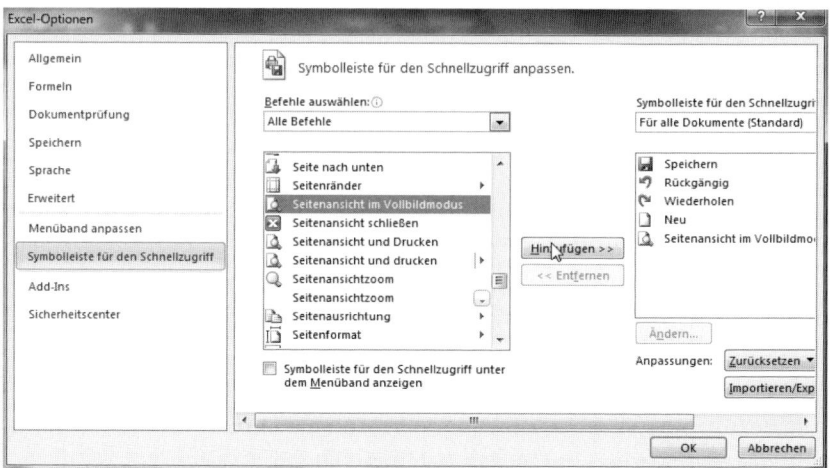

Abb 218 *Die Excel-Optionen Symbolleiste für den Schnellzugriff anpassen*

8. Um die Symbolleiste unterhalb des Menübandes zu verschieben, öffnen Sie wieder das Listenfeld `Symbolleiste für den Schnellzugriff anpassen` und wählen den entsprechenden Befehl.

9. Hinweis: In Excel 2007 konnte man auch über die Symbolleiste für den Schnellzugriff das Menüband (damals noch Multifunktionsleiste genannt) minimieren, so dass nur noch die Registernamen angezeigt wurden. Dies erreichen Sie jetzt über das Symbol `Menüband minimieren` ganz rechts auf der Höhe der Registernamen.

7.1.3 Beispiel 94: Die allgemeinen Excel-Optionen

1. Öffnen Sie über das Register `Datei` die Excel-`Optionen`.
2. Das Register `Allgemein` ist geöffnet.

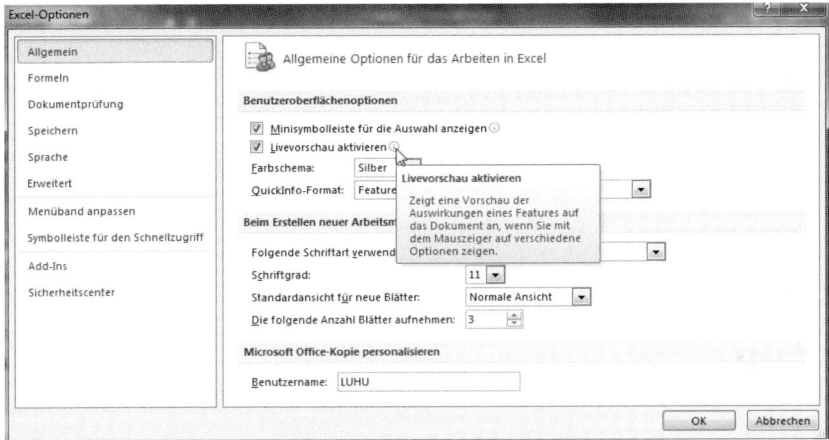

Abb 219 *Das Register Allgemein*

3. Wenn Sie Zellen markieren, sollten Sie eine praktische halbtransparente Symbolleiste im Miniformat anzeigen können, die sog. `Minisymbolleiste`.
4. Darüber hinaus können Sie das `Farbschema` und das `QuickInfo-Format` ändern.
5. Das "i" im Kreis zeigt Ihnen, dass QuickInfos zu den jeweiligen Befehlen vorhanden sind. Zeigen Sie auf den Befehl `Livevorschau aktivieren`.
6. Wenn Sie die Livevorschau aktivieren, erhalten Sie immer eine Vorschau auf die Auswirkungen eines Features, wenn Sie die Maus auf die verschiedenen Optionen bewegen.
7. Sie können festlegen, welche Schriftart und welcher Schriftgrad beim Erstellen neuer Arbeitsmappen verwendet werden.
8. Darüber hinaus können Sie bestimmen, wie viele Tabellenblätter standardmäßig eine neue Arbeitsmappe enthalten soll.

7.1.4 Beispiel 95: Weitere wichtige Excel-Optionen

1. Standardmäßig wird beim Speichern einer Datei der Ordner *Dokumente* vorgeschlagen. In den Excel-Optionen, Register Speichern können Sie diesen Standardspeicherort ändern.

2. Mit der Speicheroption AutoWiederherstellen können Sie festlegen, dass automatisch nach einem bestimmten Zeitintervall immer eine Sicherungskopie angelegt wird. Automatisch gespeicherte Dokumente werden bis zum eigentlichen Speichervorgang in einem speziellen Format und an einer bestimmten Stelle gespeichert. Wenn Sie Excel erneut starten, nachdem vor dem Speichern ein Stromausfall oder ein vergleichbares Problem aufgetreten ist, öffnet Excel alle automatisch gespeicherten Dokumente, so dass Sie diese speichern können.

3. Aktivieren Sie in Datei/Optionen, Registerkarte Speichern das Kontrollkästchen AutoWiederherstellen-Informationen speichern und geben Sie vor Minuten das Intervall ein, in dem Excel Mappen automatisch speichern soll, beispielsweise *10*. Aktivieren Sie auch das Kontrollkästchen Beim Schließen ohne Speichern die letzte automatisch gespeicherte Version beibehalten.

4. Im Register Erweitert können Sie bestimmen, in welcher Richtung die Markierung nach Drücken der (Eingabe)-Taste verschoben wird. Standardmäßig ist *unten* eingestellt.

5. Im Bereich Anzeigen können Sie die Anzahl der im Office-Menü gezeigten Dateien zwischen 0 und 50 einstellen.

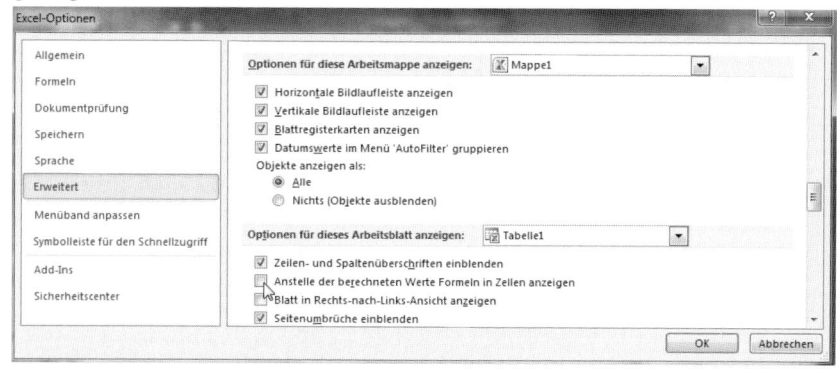

Abb 220 *Excel-Optionen, Register Erweitert*

6. Ebenfalls im Register Erweitert können Sie anstelle der berechneten Werte Formeln in Zellen anzeigen. Schneller geht im Register Formeln, Gruppe Formelüberwachung über das Symbol Formeln anzeigen.

Der Kurzbefehl (Strg)+# funktionierte in der ersten Version von Excel 2010 noch nicht.

7. Excel setzt automatisch eine Reihe von Korrekturen ein. Dazu gehört beispielsweise, dass zwei Großbuchstaben am Wortanfang berichtigt werden, weil es dass orthographisch nicht gibt. Sie finden die Einstellung für diese Optionen in den Excel-Optionen, Register Dokumentprüfung über die Schaltfläche Autokorrektur-Optionen.

7.1.5 Beispiel 96: Mappen mit und ohne VBA-Makros speichern

1. Öffnen Sie über die Office-Schaltfläche die Dialogbox Speichern unter.

2. Im Listenfeld Dateityp sehen Sie als Voreinstellung *Excel-Arbeitsmappe (*.xlsx)*. Dies ist die Standardeinstellung ohne VBA-Makros. Der Dateityp erhält die Endung .xlsx. Öffnen Sie das Listenfeld, um alle Dateitypen zu sehen.

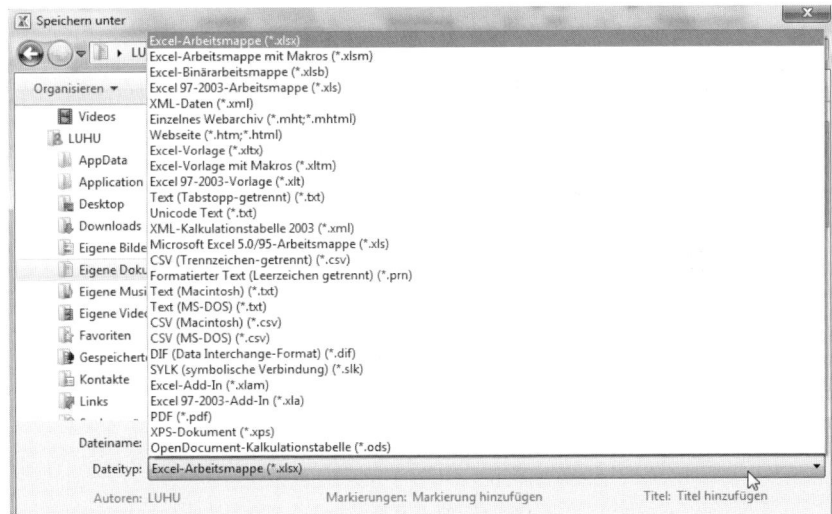

Abb 221 *Dialogbox Speichern unter mit geöffnetem Listenfeld Dateityp*

3. Um in einer Arbeitsmappe VBA-Makros erstellen zu können, müssen Sie diese unter dem Dateityp *Excel-Arbeitsmappe mit Makros (*.xlsm)* abspeichern.

4. Dateien, deren Dateinamenerweiterungen mit einem *x* enden (z.B. *.docx* oder *.xlsx*), können keine VBA-Makros oder ActiveX-Steuerelemente enthalten und bergen somit nicht die Sicherheitsrisiken in sich, die ansonsten mit dieser Art von eingebettetem Code in Verbindung gebracht werden.

5. Nur Dateien, deren Erweiterungen mit einem *m* enden (z. B. *.docm* oder *.xlsm*) können VBA-Makros und ActiveX-Steuerelemente enthalten, die in einem gesonderten Abschnitt der Datei gespeichert werden. Durch die Dateinamenserweiterungen können Dateien mit Makros klar von Dateien ohne Makros unterschieden werden; Antivirusprogramme können Dateien, die potenziell bösartigen Code enthalten, somit einfacher erkennen.

6. Darüber hinaus können IT-Administratoren die Dokumente, die unerwünschte Makros oder Steuerelemente enthalten, blockieren, sodass die restlichen Dokumente risikofrei geöffnet werden können.

7.1.6 Beispiel 97: Mappe im neuen oder alten Dateiformat speichern

1. Das Öffnen einer Excel-Arbeitsmappe, das mit einer der früheren Versionen von Excel wie 97, 2000, XP oder 2003 erstellt wurde, funktioniert mit Excel 2010 ohne Probleme. Excel 2010 wird dann im so genannten Kompatibilitätsmodus ausgeführt.

2. Öffnen Sie die Arbeitsmappe `Reisekosten ohne Wechselkurse.xls`. In der Titelleiste wird hinter dem Dateinamen in eckigen Klammern der Kompatibilitätsmodus angezeigt.

3. Das Öffnen eines Excel-2010-Dokuments mit einer der Vorgängerversionen 97 bis 2003 funktioniert jedoch nur, wenn es im Kompatibilitätsmodus und nicht im Excel 2007-Format gespeichert wurde.

4. Über den *Kompatibilitätsmodus* wird sichergestellt, dass beim Bearbeiten eines Dokuments keine neuen oder erweiterten Features von Excel 2010 genutzt werden, damit Benutzer, die frühere Excel-Versionen verwenden, über vollständige Bearbeitungsfunktionen verfügen.

5. Nach `Datei/Speichern unter` aktivieren Sie die Option `Excel 97-2003-Arbeitsmappe`.

6. Sie können aber auch die Arbeitsmappe über `Datei/Informationen` in das Dateiformat von Excel 2007 `konvertieren`. Durch das Konvertieren der Arbeitsmappe können Sie auf die neuen Features in Excel 2007 zugreifen.

7.1.7 Beispiel 98: Dateiformat früherer Excel-Versionen in das neue Dateiformat konvertieren

1. Excel 2010 kann eine Arbeitsmappe, die mit einer früheren Version von Excel erstellt und gespeichert wurde, in die aktuelle Version konvertieren.
2. Öffnen Sie die Arbeitsmappe `Reisekosten ohne Wechselkurse.xls`. In der Titelleiste wird hinter dem Dateinamen in eckigen Klammern der Kompatibilitätsmodus angezeigt.
3. Wählen Sie über `Datei/Informationen` den Befehl `Konvertieren`. Der Dateinamen erhält den Suffix des neuen Dateifomats *.xlsx*.

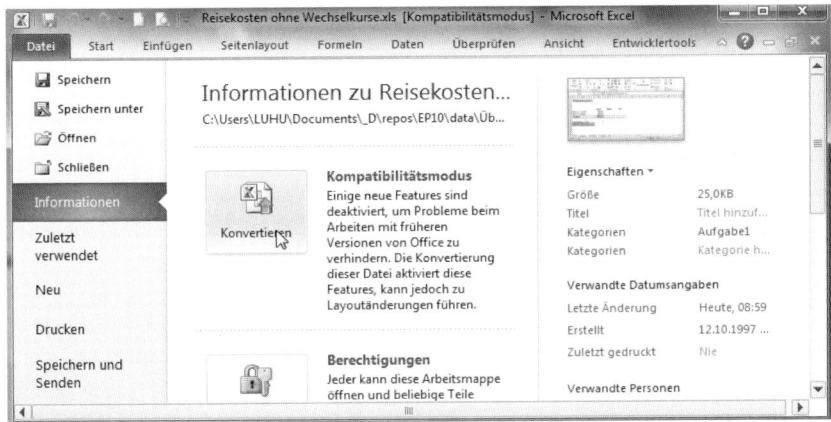

Abb 222 *In das neue Dateiformat konvertieren*

4. Klicken Sie auf `Speichern`. Sie erhalten eine Information, dass die Konvertierung erfolgreich abgeschlossen wurde und dass Sie die Arbeitsmappe schließen und erneut öffnen müssen, um die neuen Features verwenden zu können.

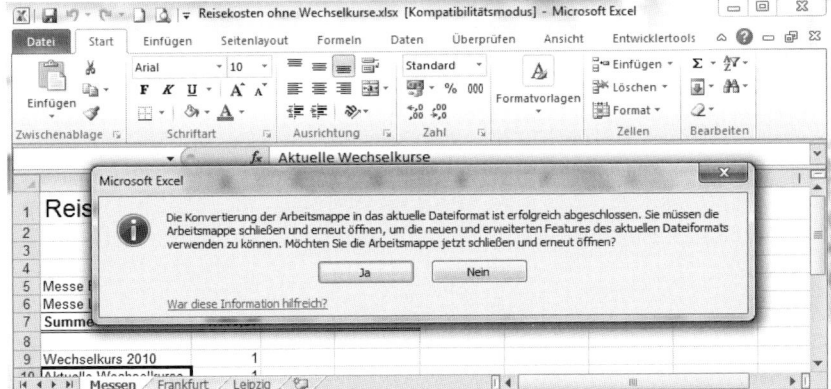

Abb 223 *Informationen zur Konvertierung*

5. Bestätigen Sie die Information mit Ja. Schließen Sie dann die Arbeitsmappe und öffnen Sie diese (Reisekosten ohne Wechselkurse.xlsx) wieder.

6. Durch die Konvertierung können jetzt alle neuen Features verwendet werden. Außerdem wurde durch die Konvertierung die Größe der Datei reduziert.

7. In der Titelleiste wird nicht mehr der *Kompatibilitätsmodus* angezeigt.

7.1.8 Beispiel 99: Dokument als PDF speichern

1. Mit Microsoft Office 2010-Programmen können Sie Dateien ohne zusätzliche Software und Add-Ins in PDF- oder XPS-Formate konvertieren.

2. Öffnen Sie die Arbeitsmappe Landtagswahlen.

3. Um das Dokument als PDF zu veröffentlichen, klicken Sie auf Datei/ Speichern unter. Sie erkennen den Eintrag PDF oder XPS.

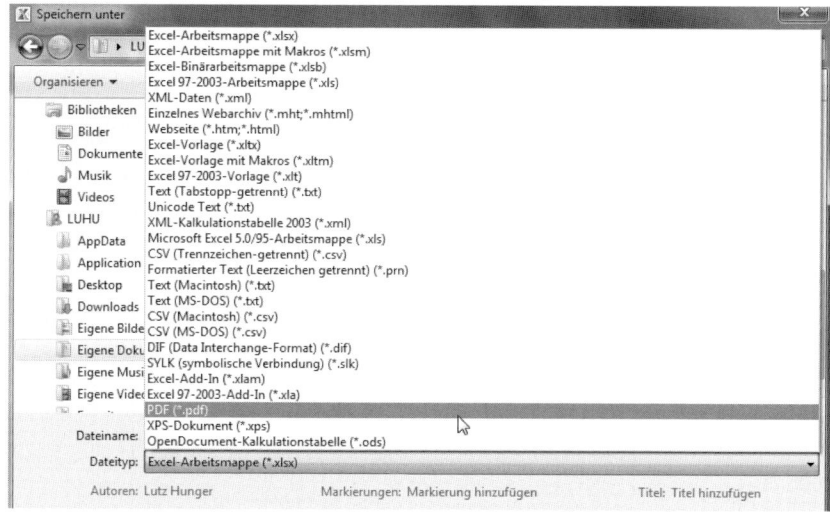

Abb 224 *Eine Kopie des Dokuments als PDF-Datei speichern*

4. Wählen Sie PDF und klicken Sie auf Speichern. Die Datei Landtagswahlen.pdf wird sofort im Adobe Reader geöffnet. Sie können dieses Dokument lediglich betrachten oder ausdrucken, nicht aber verändern.

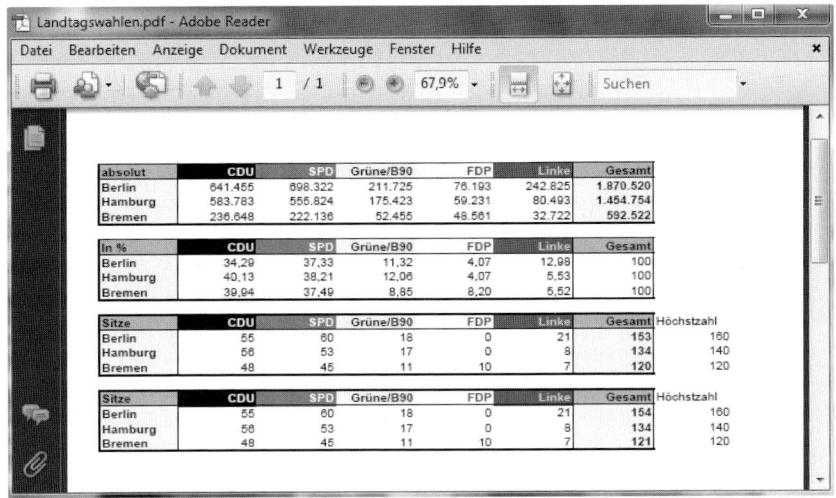

absolut	CDU	SPD	Grüne/B90	FDP	Linke	Gesamt
Berlin	641.455	698.322	211.725	76.193	242.825	1.870.520
Hamburg	583.783	555.824	175.423	59.231	80.493	1.454.754
Bremen	236.648	222.136	52.455	48.561	32.722	592.522

In %	CDU	SPD	Grüne/B90	FDP	Linke	Gesamt
Berlin	34,29	37,33	11,32	4,07	12,98	100
Hamburg	40,13	38,21	12,06	4,07	5,53	100
Bremen	39,94	37,49	8,85	8,20	5,52	100

Sitze	CDU	SPD	Grüne/B90	FDP	Linke	Gesamt	Höchstzahl
Berlin	55	60	18	0	21	153	160
Hamburg	56	53	17	0	8	134	140
Bremen	48	45	11	10	7	120	120

Sitze	CDU	SPD	Grüne/B90	FDP	Linke	Gesamt	Höchstzahl
Berlin	55	60	18	0	21	154	160
Hamburg	56	53	17	0	8	134	140
Bremen	48	45	11	10	7	121	120

Abb 225 *Das PDF-Dokument*

235

7.2 Dateien speichern

Es kann vorkommen, dass ein Microsoft Office-Programm geschlossen wird, bevor Sie Änderungen an der aktuell bearbeiteten Datei speichern können. Derartige Probleme lassen sich zwar nicht immer verhindern, Sie können jedoch Maßnahmen ergreifen, um Ihre Arbeit bei einer unvorhergesehenen Beendigung eines Office-Programms zu schützen.

Die Speicheroptionen `Automatisches Speichern` und `Sicherungs-kopie` sollten Sie in jedem Fall einsetzen. Wie schnell ist durch Stromausfall, versehentliches Überschreiben einer Datei oder Ignorieren der Sicherheitsabfrage beim Schließen von Excel das Ergebnis vieler Arbeitsstunden in Sekundenschnelle dahin. Automatisch gespeicherte Arbeitsmappen werden bis zum eigentlichen Speichervorgang in einem speziellen Format und an einer bestimmten Stelle gespeichert. Wenn Sie Excel erneut starten, nachdem vor dem Speichern ein Stromausfall oder ein vergleichbares Problem aufgetreten ist, öffnet Excel alle automatisch gespeicherten Dateien, so dass Sie diese speichern können. Darüber hinaus können Sie Excel so einrichten, dass beim Schließen ohne Speichern die letzte automatisch gespeicherte Version beibehalten wird.

Sie können Dateien mit einem Kennwort speichern. Das Zuweisen eines Kennworts beim Speichern hindert Unbefugte, diese Datei zu öffnen. Beachten Sie aber, dass Dateien, die mit einem Kennwort gespeichert wurden, ganz normal gelöscht werden können. Sie haben keinen Löschschutz!

Sie können mit folgenden Beispielen lernen:

Beispiel 100: Die Speicheroption AutoWiederherstellen
Beispiel 101: Sicherungskopie immer erstellen
Beispiel 102: Arbeitsmappe mit Kennwort speichern
Beispiel 103: Datei mit Schreibschutzkennwort speichern

7.2.1 Beispiel 100: Die Speicheroption AutoWiederherstellen

1. Sie möchten, dass die Datei, an der Sie gerade arbeiten, in regelmäßigen Abständen gespeichert wird, um einem Datenverlust durch Stromausfall oder Rechnerabsturz vorzubeugen.
2. Blenden Sie in den Excel-Optionen das Register Speichern ein.
3. Aktivieren Sie das Kontrollkästchen AutoWiederherstellen-Informationen... und wählen Sie als Intervall *10* Minuten.
4. Hinweis: Sie können ein Intervall zwischen 1 und 120 Minuten wählen.
5. Aktivieren Sie auch das Kontrollkästchen Beim Schließen ohne Speichern die letzte automatisch gespeicherte Version beibehalten.

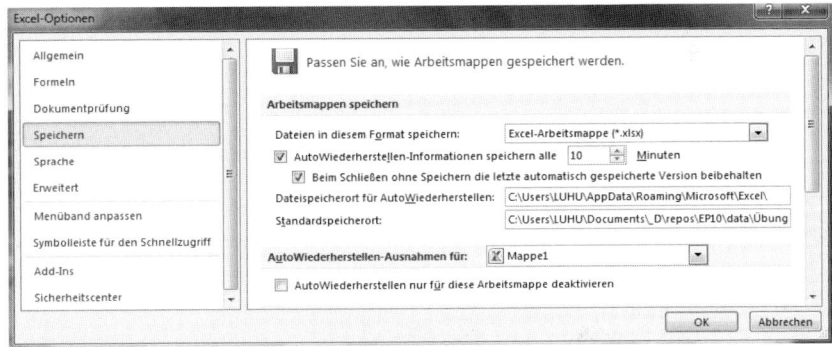

Abb 226 *Excel-Optionen, Register Speichern*

7.2.2 Beispiel 101: Sicherungskopie immer erstellen

1. Die Datei `Zinstabelle` ist geöffnet. Wählen Sie in `Datei/Speichern unter` aus dem Listenfeld `Tools` *Allgemeine Optionen*.

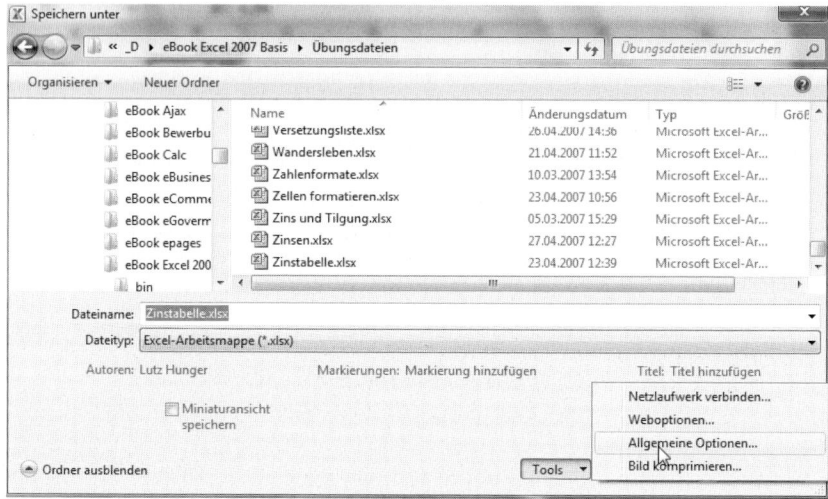

Abb 227 *Dialogbox Speichern unter, Listenfeld Tools*

2. Aktivieren Sie das Kontrollkästchen `Sicherungsdatei erstellen`.
3. Nach `OK` wird ab sofort bei jedem Speichervorgang die vorherige Version der Datei erhalten.
4. Verändern Sie die Darlehenshöhe in B1 auf *240.000*.
5. Speichern und schließen Sie die Datei *Zinstabelle*.
6. Die vorige Version der Datei *Zinstabelle* finden Sie unter *Sicherungskopie von Zinstabelle.xlk*. Öffnen Sie diese und bestätigen Sie dabei, dass diese aus einer vertrauenswürdigen Quelle stammt.

Abb 228 *Sicherungskopien von Excel-Arbeitsmappen erhalten die Endung .xlk*

7.2.3 Beispiel 102: Arbeitsmappe mit Kennwort speichern

1. Sie können Arbeitsmappen mit einem Kennwort speichern. Das Zuweisen eines Kennworts beim Speichern hindert Unbefugte, das Dokument zu öffnen.

2. Hinweis: Beachten Sie aber, dass Dateien, die mit einem Kennwort gespeichert wurden, ganz normal gelöscht werden können: Sie haben keinen Löschschutz!

3. Die Arbeitsmappe `Zinstabelle` ist geöffnet. Wählen Sie nach `Datei/Speichern unter` aus dem Listenfeld `Tools` die Option `Allgemeine Optionen`.

4. Geben Sie im Feld `Kennwort zum Öffnen` *frieda* ein.

5. Hinweis: Ein Excel-Kennwort kann sich aus einer beliebigen Kombination von Buchstaben, Zahlen, Leerzeichen und Sonderzeichen zusammensetzen und bis zu 255 Zeichen umfassen.

6. Bei der Eingabe eines Kennwortes wird für jedes eingegebene Zeichen ein Platzhalter angezeigt. Groß- und Kleinschreibung müssen beachtet werden!

7. Nach OK müssen Sie das Kennwort erneut eingeben und mit OK bestätigen.

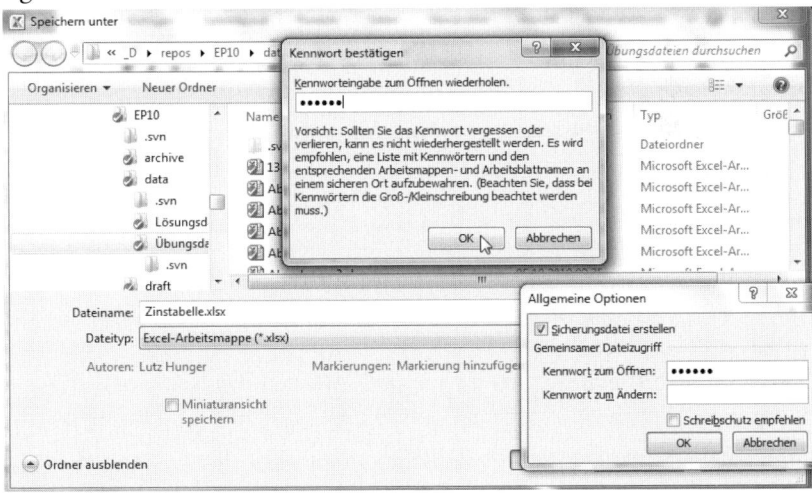

Abb 229 *Kennwort zum Öffnen*

8. Speichern Sie die mit Kennwort geschützte Datei unter *Zinstabelle mit Kennwort* und schließen Sie diese Datei.

9. Achtung: Wenn Sie einem Dokument Kennwortschutz zuweisen und das Kennwort vergessen, können Sie das Dokument weder öffnen noch den Kennwortschutz entfernen!

10. Öffnen Sie die Datei `Zinstabelle mit Kennwort`. Geben Sie dazu das Kennwort *frieda* ein.

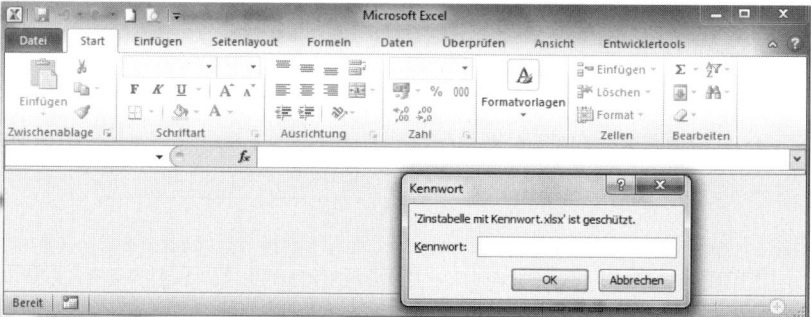

Abb 230 *Kennwortwortgeschütze Datei öffnen*

11. Um den Kennwortschutz wieder aufzuheben, wählen Sie nach `Datei/ Speichern unter` aus dem Listenfeld `Tools` die Option `Allgemeine Optionen` und löschen den Inhalt des Feldes `Kennwort zum Öffnen`. `OK`.

12. Mit dem nächsten Speichern ist der Kennwortschutz entfernt.

7.2.4 Beispiel 103: Datei mit Schreibschutzkennwort speichern

1. Ein Schreibschutzkennwort erlaubt dem Benutzer, eine Arbeitsmappe als schreibgeschützte Datei zu öffnen. Wird die Arbeitsmappe als schreibgeschützte Datei geöffnet und werden Änderungen vorgenommen, kann die Arbeitsmappe nur unter einem anderen Namen gespeichert werden.

2. Die Arbeitsmappe `Zinstabelle` ist geöffnet. Wählen Sie nach `Datei/ Speichern unter` aus dem Listenfeld `Tools` die Option `Allgemeine Optionen`.

3. Geben Sie im Feld `Kennwort zum Ändern` das Kennwort *frieda* ein.

4. Hinweis: Ein Kennwort kann bis zu 255 Zeichen umfassen. Auf Klein- und Großschreibung ist zu achten!

5. Nach `OK` müssen Sie das Kennwort erneut eingeben und mit `OK` bestätigen.

6. Speichern Sie die Datei unter `Zinstabelle mit Schreibschutz` und schließen Sie diese Datei.

7. Beim Öffnen einer schreibgeschützten Datei können Sie nach Eingabe des Kennwortes und OK den Schreibschutz aufheben oder ohne Eingabe des Kennwortes über die Schaltfläche Schreibschutz die Datei schreibgeschützt öffnen.

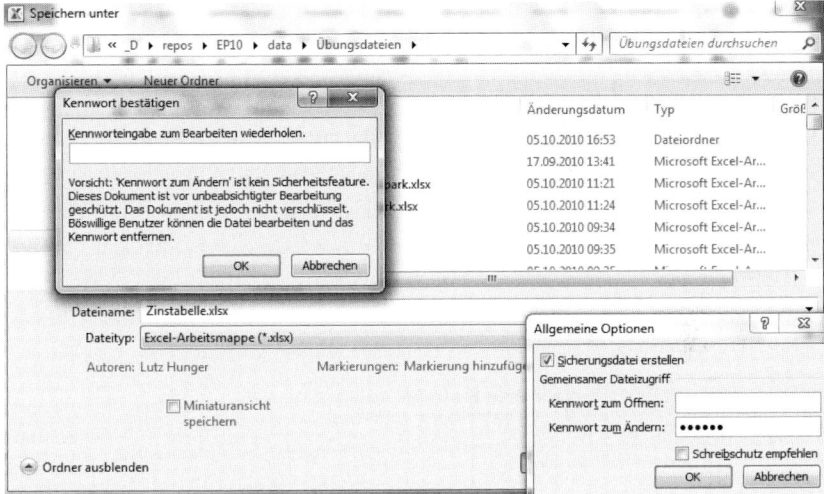

Abb 231 *Kennwort zum Ändern*

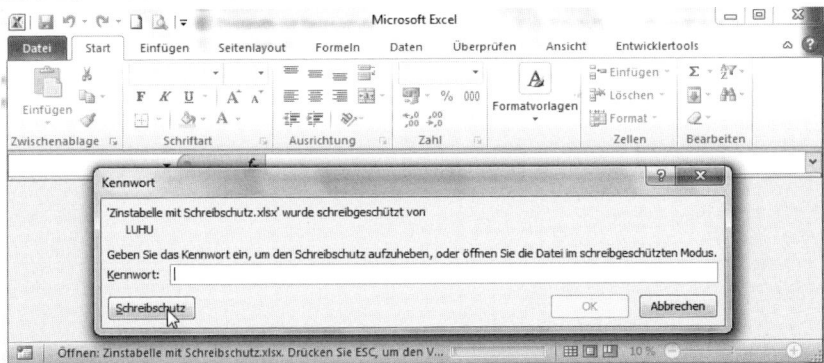

Abb 232 *Datei mit kennwortgesicherten Schreibschutz öffnen*

7.3 Datums- und Zahlenreihen

Eine Zeitreihe kann die Fortsetzung von angegebenen Tagen, Wochen, Monaten oder sich wiederholende Folgen von Wochentagen, Monatsnamen oder Quartalen enthalten. Beim Erstellen einer arithmetischen Reihe vergrößert oder verkleinert Excel Werte um einen konstanten Wert.

Wird das Ausfüllkreuzchen bei einer Zelle, in der ein Datumswert eingetragen ist, gezogen, so wird eine Datumsreihe erzeugt.

Wird das Ausfüllkreuzchen bei einer Zelle, in der ein Datumswert eingetragen ist, bei gedrückter (Strg)-Taste gezogen, so wird ein Datumswert kopiert.

Wird das Ausfüllkreuzchen bei einer Zelle, in der ein Text, eine Zahl oder eine Formel eingetragen ist, gezogen, so wird der Text, die Zahl oder die Formel kopiert.

Wird das Ausfüllkreuzchen bei einer Zelle, in der eine Zahl eingetragen ist, bei gedrückter (Strg)-Taste gezogen, so wird eine Zahlenreihe erzeugt.

Anfangswerte	Erweiterte Reihen
9:00	10:00, 11:00, 12:00, ...
Mo	Di, Mi, Do, ...
Montag	Dienstag, Mittwoch, Donnerstag, ...
Jan	Feb, Mär, Apr, ...
Januar	Februar, März, April, ...
Februar, April	Juni, August, Oktober, Dezember, ...
1. Quartal	2. Quartal, 3. Quartal, 4. Quartal, 1. Quartal...
1996, 1997	1998, 1999, 2000, ...
Stufe 1	Stufe 2, Stufe 3, ...
1, 3	5, 7, 9, 11, ...
80, 75	70, 65, 60, 55, ...

Abb 233 *Beispielreihen*

Sie können mit folgenden Beispielen lernen:

Beispiel 104: Datumsreihen über Menüband erstellen

Beispiel 105: Datumsreihen über das Ausfüllkästchen erstellen

Beispiel 106: Zahlenreihen erstellen

Beispiel 107: Datumswerte kopieren

Beispiel 108: Texte, Zahlen und Formeln kopieren

Beispiel 109: Lineare und geometrische Zahlenreihen

Beispiel 110: Trendberechnung

7.3.1 Beispiel 104: Datumsreihen über Menüband erstellen

1. Die Arbeitsmappe Datumsreihen über Menüband ist geöffnet.
2. Markieren Sie im ersten Arbeitsblatt den Bereich A4 bis A16 und wählen Sie im Register Start, Gruppe Bearbeiten aus dem Listensymbol Füllbereich *Reihe*.
3. Aktivieren Sie den Typ *Datum* und die Zeiteinheit *Tag* und geben Sie als Inkrement *1* ein. Unter Inkrement versteht man die Schrittweite.

Abb 234 *Datumsreihe erzeugen*

4. Nach OK wird die Reihe ausgefüllt: Das Datum wurde jeweils um einen Tag erhöht.
5. Markieren Sie B4 bis B16 und wählen Sie aus dem Listensymbol Füllbereich wieder *Reihe*.
6. Aktivieren Sie den Typ *Datum* und die Zeiteinheit *Wochentag* und geben Sie als Inkrement *1* ein. Excel erhöht das Datum um einen Tag und übergeht Samstage und Sonntage.
7. Markieren Sie den Bereich C4 bis C16 und wählen Sie aus dem Listensymbol Füllbereich wieder *Reihe*. Aktivieren Sie die Zeiteinheit *Monat* mit dem Inkrement *3*. Excel erhöht das Datum jeweils um drei Monate.
8. Markieren Sie den Bereich D4 bis D16 und wählen Sie aus dem Listensymbol Füllbereich wieder *Reihe*. Aktivieren Sie die Zeiteinheit *Jahr* mit dem Inkrement *1*, so erhöht Excel das Datum jeweils um ein Jahr.

9. Markieren Sie den Bereich E4 bis E16 und wählen Sie aus dem Listen-symbol Füllbereich wieder *Reihe*. Aktivieren Sie die Zeiteinheit *Monat* mit dem Inkrement *2* und den Endwert *1.5.2012*. Excel erhöht das Datum um jeweils zwei Monate. Da der Endwert 1.5.2012 eingege-ben wurde, stoppt Excel beim Erreichen des Enddatums.

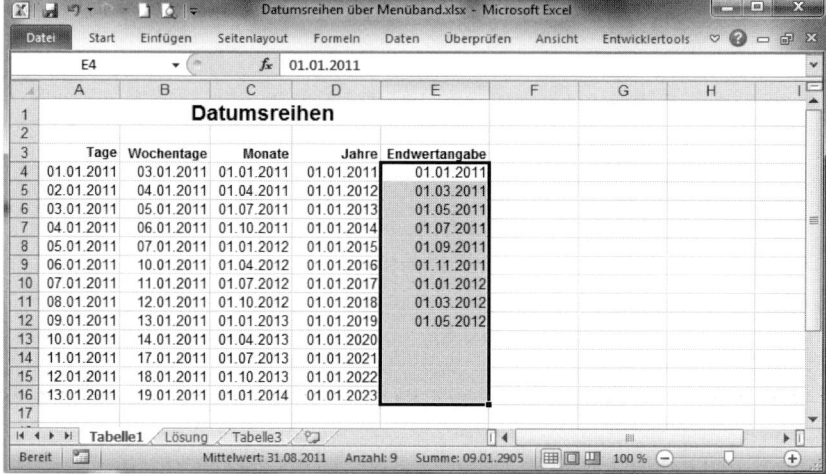

Abb 235 *Die erzeugten Datumsreihen*

7.3.2 Beispiel 105: Datumsreihen über das Ausfüllkästchen erstellen

1. Die Datei `Datumsreihen` ist geöffnet. In den Zellen A1 bis A6 sollen die Tage von Dienstag bis Sonntag eingetragen werden.
2. Halten Sie den Mauszeiger über das Ausfüllkästchen an der rechten unteren Ecke der Zelle A1.
3. Wenn sich der Mauszeiger in ein kleines schwarzes Kreuz verwandelt, klicken Sie mit der linken Maustaste, halten diese gedrückt und ziehen die Maus nach unten.
4. In einem kleinen Fenster erkennen Sie beim Ziehen, bei welchem Tag Sie zwischenzeitlich angekommen sind.
5. Lassen Sie die Maustaste los, wenn Sie bei Sonntag angekommen sind.
6. Über das Symbol `Auto-Ausfülloptionen` können Sie auch andere Ausfülloptionen wählen.

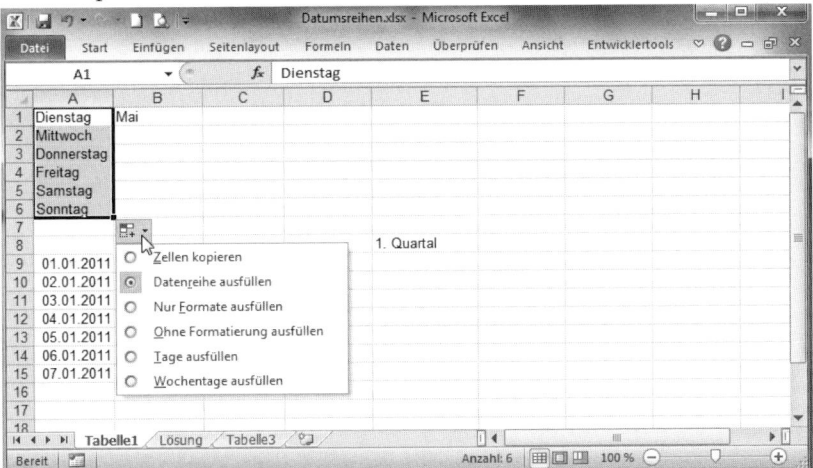

Abb 236 *Auto-Ausfülloptionen*

7. Haben Sie den Bereich zu weit gezogen, so klicken Sie in das Ausfüllkästchen unten rechts in der Markierung und ziehen die Markierung zurück. Dabei löschen Sie die überflüssigen Einträge.
8. In B1 bis F1 sollen die Monate Mai bis September eingetragen werden. Ziehen Sie das Ausfüllkreuzchen der Zelle B1 nach rechts über die Zellen, in denen die weiteren Monatsnamen eingetragen werden sollen.

	A	B	C	D	E	F
1	Dienstag	Mai				
2	Mittwoch					September
3	Donnerstag					

Abb 237 *Ausfüllkreuzchen*

9. Hinweis: Halten Sie beim Ziehen die (Strg)-Taste gedrückt, so wird ein Datumswert kopiert.

10. Doppelklicken Sie auf die untere rechte Ecke des Ausfüllkästchens von B9. Die Reihe wird automatisch so weit nach unten erstellt, wie die Zellen in den Nachbarspalten gefüllt sind.

11. Der Anfangswert kann ein oder mehrere zu erweiternde Elemente enthalten. Wenn der Anfangswert beispielsweise 1.1.2011 lautet, können sowohl der Tag, der Monat als auch das Jahr vergrößert werden.

12. Wählen Sie die Ausfülloption Monate ausfüllen.

13. Wollen Sie große Reihen erzeugen, verwenden Sie am einfachsten die Dialogbox Reihe.

14. Positionieren Sie den Cursor auf C9 und wählen Sie im Register Start, Gruppe Bearbeiten aus dem Listensymbol Füllbereich *Reihe*.

15. Wählen Sie im Bereich Reihe in *Zeilen*, so erzeugen Sie eine horizontale, wählen Sie *Spalten*, eine vertikale Reihe. Aktivieren Sie den Kontrollkreis *Spalten*.

16. Aktivieren Sie den Typ *Datum* und die Zeiteinheit *Monat* und geben Sie als Endwert den *31.12.12* ein. Ok.

17. Der letzte Datumswert ist der 1.12.2012.

18. Hinweis: Markieren Sie vorher die Zellen, in denen die Reihe erscheinen soll, so muss das Feld Endwert nicht ausgefüllt werden.

7.3.3 Beispiel 106: Zahlenreihen erstellen

1. Eine neue, leere Arbeitsmappe ist geöffnet.
2. Geben Sie in Zelle C1 *3* ein und ziehen Sie das Ausfüllkästchen nach unten. Sie erhalten 3, 3, usw. Zahlen werden mit dem Ausfüllkästchen kopiert!
3. Über das nun erscheinende Symbol können Sie auch andere Ausfülloptionen wählen. Entscheiden Sie sich für `Datenreihe ausfüllen`, um eine Zahlenreihe zu erstellen.

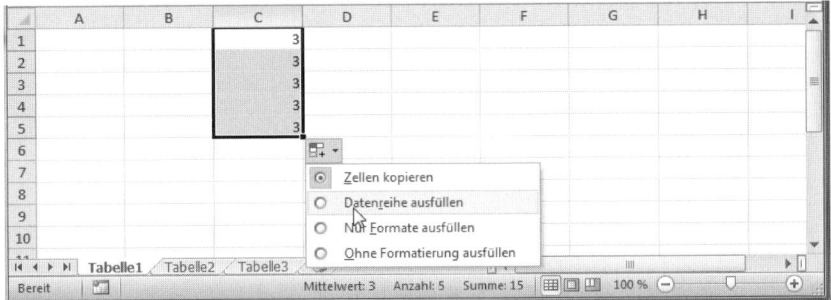

Abb 238 *Ausfülloptionen*

4. Um eine Zahlenreihe zu erzeugen, können Sie das Ausfüllkästchen der Zelle C1 auch bei gedrückter (Strg)-Taste nach unten ziehen.
5. Sie wollen eine Reihe nur mit den ungeraden Zahlen erzeugen? Geben Sie in D1 die Zahl 1 und in D2 die Zahl 3 ein. Markieren Sie dann die Zellen D1 und D2 und ziehen Sie das Ausfüllkästchen der Zelle D2 nach unten. Sie erhalten die Reihe 1, 3, 5, usw.
6. Sie können auch über das Menü Zahlenreihen erzeugen. Verwenden Sie das Menü insbesondere dann, wenn große Zahlenreihen erzeugt werden sollen.
7. Geben Sie in F1 den Anfangswert *6* ein und positionieren Sie dann den Cursor wieder auf F1. Wählen Sie im Register `Start`, Gruppe `Bearbeiten` aus dem Listensymbol `Füllbereich` *Reihe*.
8. Wählen Sie `Reihe` in *Spalten*, Typ *Linear* und *Endwert 500*. Über `Inkrement` können Sie die Schrittweite angeben. Mit 2 wird jeder zweite Wert eingetragen. OK erzeugt die Reihe 6, 8, 10, ... 500.

7.3.4 Beispiel 107: Datumswerte kopieren

1. Eine neue leere Arbeitsmappe ist geöffnet.
2. Geben Sie in eine beliebige Zelle mit (Strg)+(.) das aktuelle Datum ein und ziehen Sie das Ausfüllkästchen nach unten.
3. Sie erhalten eine Datumsreihe.
4. Wählen Sie über das Symbol die Ausfülloption `Zellen kopieren`.

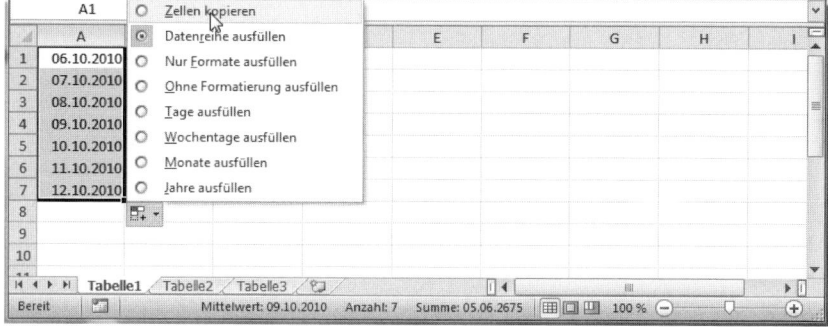

Abb 239 *Ausfülloptionen*

5. Um Datumswerte zu kopieren, können Sie das Ausfüllkästchen auch bei gedrückter (Strg)-Taste nach unten ziehen.

7.3.5 Beispiel 108: Texte, Zahlen und Formeln kopieren

1. Eine neue, leere Arbeitsmappe ist geöffnet.
2. Geben Sie in Zelle A1 *Stufe1* ein und ziehen Sie das Ausfüllkästchen nach unten. Sie erhalten Stufe 2, Stufe 3, usw.
3. Geben Sie in Zelle B1 *Katze* ein und ziehen Sie das Ausfüllkästchen nach unten. Sie erhalten Katze, Katze, usw. Reine Texte werden also mit dem Ausfüllkästchen kopiert!
4. Geben Sie in Zelle C1 *3* ein und ziehen Sie das Ausfüllkästchen nach unten. Sie erhalten 3, 3, usw. Zahlen werden mit dem Ausfüllkästchen kopiert!
5. *Tipp:* Führen Sie auf das Ausfüllkästchen einen Doppelklick aus, so kopieren Sie den Zelleninhalt soweit nach unten, wie die Zellen in den Nachbarspalten gefüllt sind.
6. Geben Sie in D1 *-2* ein.
7. Ziehen Sie das Ausfüllkästchen nach unten und wählen Sie die Ausfülloption `Datenreihe ausfüllen`. Sie erhalten die Zahlenreihe: -2, -1, 0, 1, 2 usw.
8. Geben Sie in E1 die Formel *=C1+D1* ein und ziehen Sie das Ausfüllkästchen nach unten. Sie erhalten 1, 2, 3, 4, usw. Betrachten Sie über das

Symbol `Formeln anzeigen` im Register `Formeln`, Gruppe `Formel-`
`überwachung` die Formelansicht. Auch Formeln werden mit dem Ausfüllkästchen kopiert!

9. Hinweis: Zum Ausfüllen in aufsteigender Reihenfolge ziehen Sie nach
unten oder nach rechts. Zum Ausfüllen in absteigender Reihenfolge ziehen Sie nach oben oder nach links.

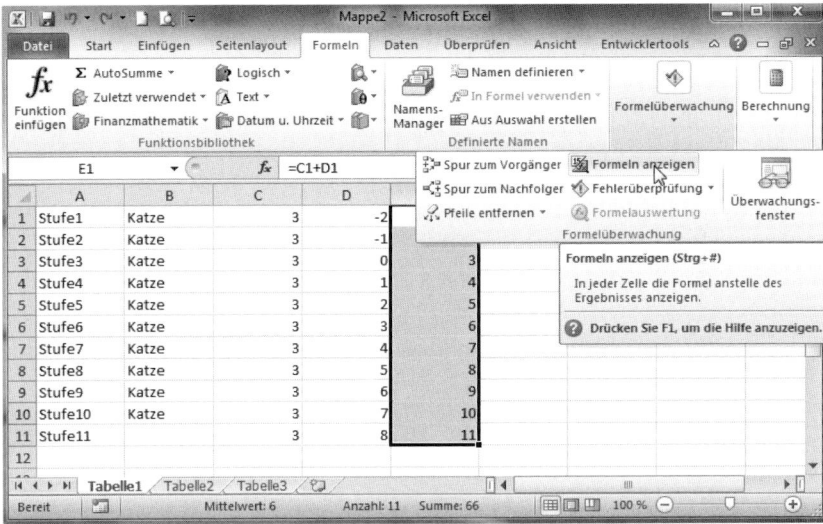

Abb 240 *Zahlenreihen sowie kopierte Texte, Zahlen und Formeln*

7.3.6 Beispiel 109: Lineare und geometrische Zahlenreihen

1. Reihen vom Typ *Linear* sind arithmetische Reihen, bei denen die folgende Zahl durch Addition des Inkrements (Schrittweite) gebildet wird. Bei geometrischen Reihen werden die folgenden Zahlen durch Multiplikation der aktuellen Zahl mit der Schrittweite (Inkrement) gebildet.

2. Die Arbeitsmappe zahlenreihen ist geöffnet. Markieren Sie im ersten Arbeitsblatt die Zellen A3 bis A14 und wählen Sie im Register Start, Gruppe Bearbeiten aus dem Listensymbol Füllbereich *Reihe*.

3. Wählen Sie als Typ *Linear* und als Inkrement *1*. Es ergibt sich die Folge 1, 2, 3, ...

4. Bilden Sie dementsprechend die weiteren linearen Reihen in den Spalten B und C mit den Schrittweiten 2 und 3.

5. Markieren Sie die Zellen E3 bis E14. Bilden Sie eine Reihe vom Typ *Geometrisch* bei einer Schrittweite von 1. Sie erhalten die Reihe 1, 1, 1, ...

6. Bilden Sie die weiteren geometrischen Reihen in den Spalten F und G mit den Schrittweiten 2 und 3.

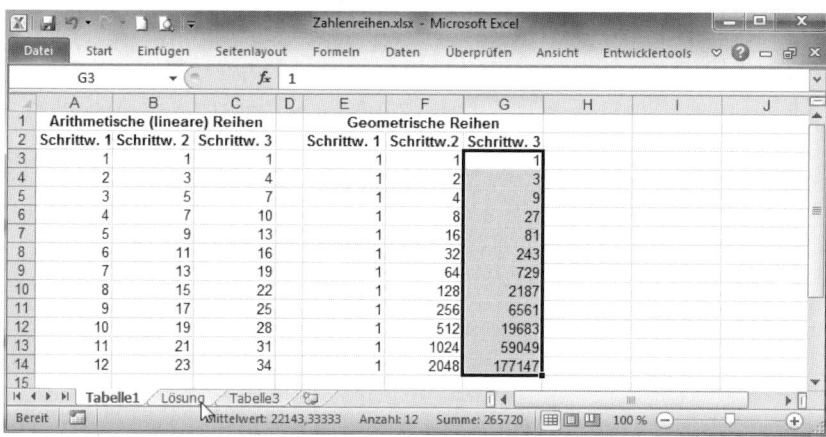

Abb 241 *Lineare und geometrische Reihen*

7. Die Lösung finden Sie im Tabellenblatt *Lösung*.

7.3.7 Beispiel 110: Trendberechnung

1. Die Arbeitsmappe `Umsatzentwicklung Stadtlupe` ist geöffnet. Sie erkennen die Umsatzzahlen von 2004 bis 2010. Sie wollen nun den linearen und den geometrischen Trend der Umsatzentwicklung von 2004 bis 2018 berechnen.
2. Hinweis: Excel berechnet dabei einen linearen oder exponentiellen Zusammenhang mit der mathematischen Methode der „kleinsten quadratischen Abweichung" und setzt die Reihe entsprechend fort.
3. Markieren Sie zunächst die Zellen C4 bis C18 und wählen Sie im Register `Start` aus dem Listensymbol `Füllbereich` *Reihe*.
4. Aktivieren Sie das Kontrollkästchen `Trend` und wählen Sie als `Reihentyp` *Linear*.
5. Excel zeigt den linearen Trend der Jahresumsätze an.
6. Markieren Sie die Zellen D4 bis D18 und wählen Sie aus dem Listensymbol `Füllbereich` wieder *Reihe*.
7. Aktivieren Sie das Kontrollkästchen `Trend` und wählen Sie als `Reihentyp` *Geometrisch*.
8. Excel zeigt den geometrischen Trend der Jahresumsätze an.

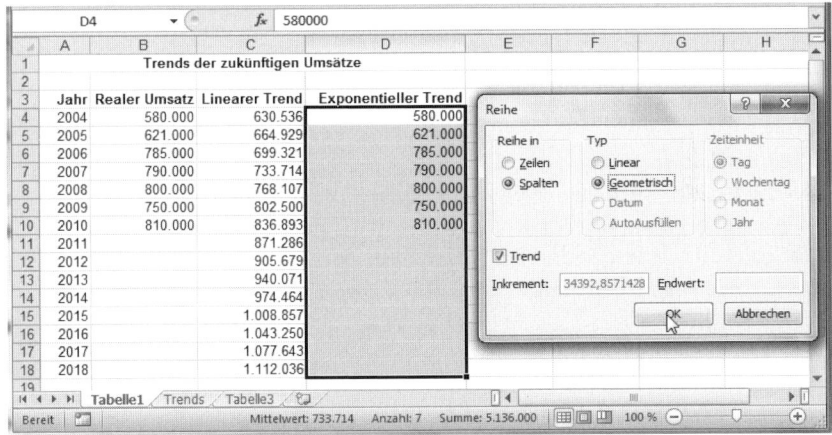

Abb 242 *Reale Umsätze und linearer und geometrischer Trend der Umsätze*

9. Alternativ können Sie die Ausgangswerte markieren und dann mit der rechten Maustaste das Ausfüllkästchen ziehen. Lassen Sie die Maustaste los, können Sie aus dem Kontextmenü `Linearer Trend` bzw. `Exponentieller (geomerischer) Trend` wählen.

7.4 Zeilen, Spalten und Zellen einfügen und löschen

In einem mit Daten gefüllten Zellenbereich können nachträglich Zeilen, Spalten oder Zellen schnell und einfach eingefügt bzw. gelöscht werden. Beachten Sie aber insbesondere, dass Argumente in einer Summe nur dann automatisch angepasst werden, wenn Zeilen eingefügt werden, die zwischen dem ersten und letzten Summanden liegen. Sie werden nicht automatisch angepasst, wenn Zeilen vor dem ersten bzw. hinter dem letzten Summanden eingefügt werden.

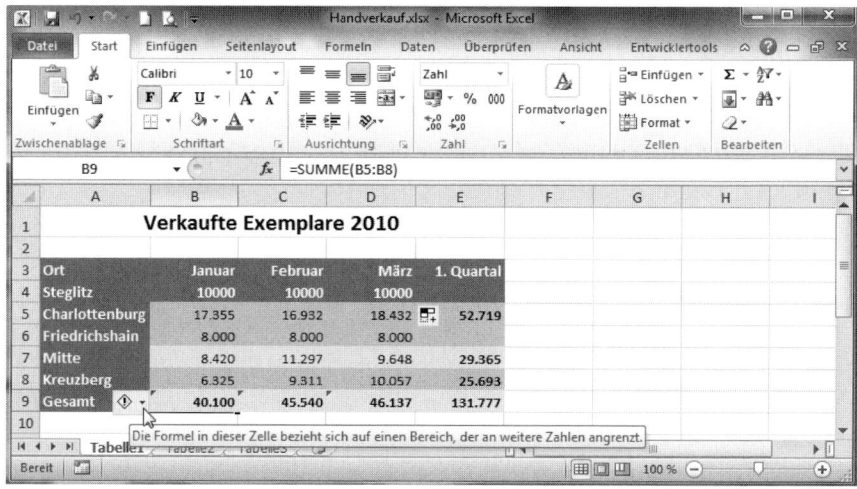

Abb 243 *Zeile wurde vor dem ersten Summanden eingefügt*

Sie können mit folgenden Beispielen lernen:

Beispiel 111: Zeilen, Spalten und Zellen einfügen

Beispiel 112: Zeilen, Spalten und Zellen löschen

Beispiel 113: Leerzellen mit Autoausfüllen erzeugen

7.4.1 Beispiel 111: Zeilen, Spalten und Zellen einfügen

1. Die Mappe `Handverkauf` ist geöffnet.
2. Um Zeilen oder Spalten einzufügen, setzen Sie den Cursor in die Zelle, vor der Zeilen oder Spalten eingefügt werden sollen, und wählen im Register `Start`, Gruppe `Zellen` aus dem Listensymbol `Einfügen` *Blattzeilen* bzw. *Blattspalten einfügen*.
3. Schneller fügen Sie eine Spalte (Zeile) ein, wenn Sie die Spalte (Zeile), vor der eine Spalte (Zeile) eingefügt werden soll, mit einem Klick in den Spalten- bzw. Zeilenkopf vollständig markieren und dann (Strg)+(+) drücken.
4. Sie möchten zwischen *Charlottenburg* und *Mitte* eine Zeile einfügen. Klicken Sie dazu in den Zeilenkopf 5 und drücken (Strg)+(+). Wählen Sie als `Einfügeoption` *Gleiches Format wie Zelle oben.*

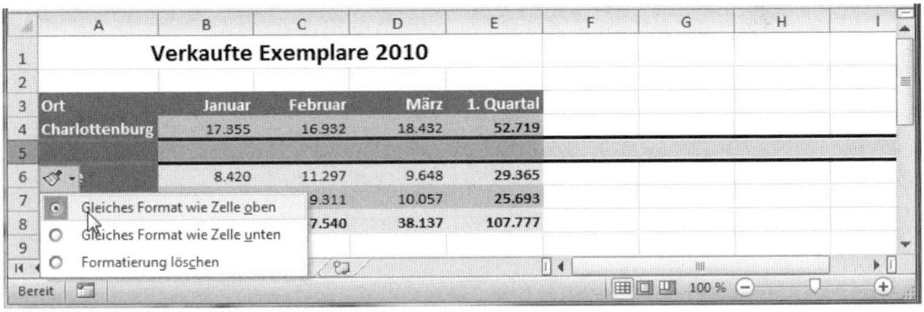

Abb 244 *Einfügeoptionen*

5. Geben Sie als Name *Friedrichshain* und als monatliche Verkaufszahlen jeweils *8000* ein.
6. Beachten Sie: Die neu eingegebenen monatlichen Verkaufszahlen werden unten in der Gesamtsumme berücksichtigt: Positionieren Sie den Cursor auf die Zelle B8. In der Bearbeitungsleiste erkennen Sie, dass die Argumente in der Summe automatisch angepasst wurden.
7. Fügen Sie zwischen *Ort* und *Charlottenburg* eine Zeile ein. Klicken Sie dazu in den Zeilenkopf 4 und drücken (Strg)+(+).
8. Geben Sie als Name *Steglitz* und als monatliche Verkaufszahlen *10000, 10000* und *1000* ein.
9. Beachten Sie: Die neu eingegebenen monatlichen Beträge werden unten in der Gesamtsumme nicht berücksichtigt.
10. Klicken Sie auf B9, dann auf den kleinen Pfeil neben dem Symbol für den Warnhinweis. Lesen Sie die Fehlermeldung. Wählen Sie `Bezug erweitern, um Zellen einzuschliessen`. Korrigieren Sie auch die Formeln in den Zellen C9 und C10.

Abb 245 *Fehlerhinweise*

11. Beachten Sie: Argumente in einer Summe werden nur dann automatisch angepasst, wenn Zeilen eingefügt werden, die zwischen dem ersten und letzten Summanden liegen. Sie werden nicht automatisch angepasst, wenn Zeilen vor dem ersten bzw. hinter dem letzten Summanden eingefügt werden.

12. Um Zellen einzufügen, setzen Sie den Cursor in die Zelle, vor der Zellen eingefügt werden sollen, und wählen aus dem Listensymbol `Einfügen` *Zellen einfügen*. Sie erhalten die Dialogbox `Zellen einfügen`.

13. Hinweis: Diese Dialogbox können Sie auch mit dem Kurzbefehl (Strg)+(+) aufrufen.

14. Speichern Sie die Mappe unter `Handverkauf3`.

7.4.2 Beispiel 112: Zeilen, Spalten und Zellen löschen

1. Die Datei `Handverkauf3` ist geöffnet.

2. Um eine Zeile, Spalte oder Zelle zu entfernen, positionieren Sie den Cursor in die entsprechende Zeile oder Spalte und wählen im Register `Start` aus dem Listensymbol `Löschen` den entsprechenden Befehl.

3. Am schnellsten löschen Sie eine Spalte bzw. Zeile, wenn Sie die Spalte (Zeile), die gelöscht werden soll, mit einem Klick in den Spalten- bzw. Zeilenkopf vollständig markieren und dann (Strg)+(-) drücken.

4. Sie möchten die eingefügte Zeile *Steglitz* löschen. Klicken Sie dazu in den Zeilenkopf 4 und drücken (Strg)+(-).

5. Alternativ dazu klicken Sie mit der rechten Maustaste in die Spalte bzw. Zeile und wählen aus dem Kontextmenü `Zellen löschen`.

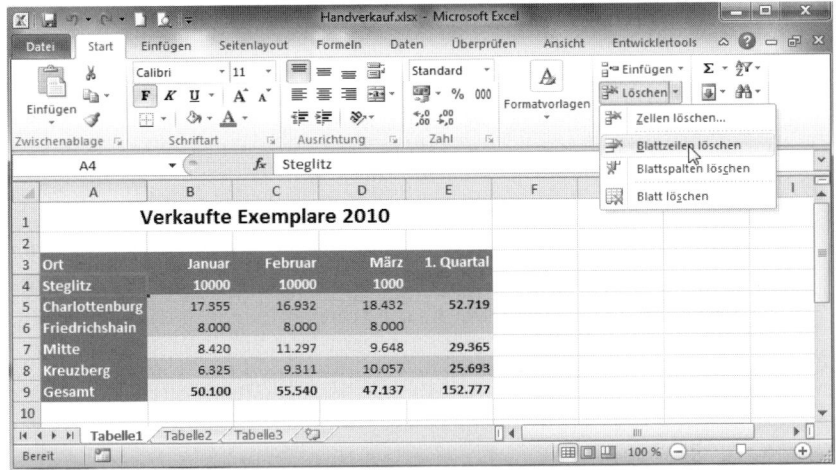

Abb 246 *Zeilen, Spalten oder Zellen löschen*

7.4.3 Beispiel 113: Leerzellen mit Autoausfüllen erzeugen

1. Die Datei `Verkaufszahlen Charlottenburg13` ist geöffnet. In der Auguste-Victoria-Str. 44 gibt es eine weitere Verkaufsstelle. Diese wollen Sie unterhalb der Auguste-Victoria-Str. 3 eintragen.
2. Wenn Sie innerhalb einer Spalte in einer Zahlenreihe eine leere Zelle benötigen, können Sie auch das Ausfüllkästchen verwenden.
3. Markieren Sie die Zellen A5 bis B5 und zeigen Sie mit der Maus auf das Ausfüllkästchen. Der Mauszeiger verwandelt sich in ein Pluszeichen.
4. Halten Sie dazu noch die (Umschalt)-Taste gedrückt, so wird der Mauszeiger zu einem Doppelpfeil.

3	Verkaufsstellen		Statistische Auswertung	
4	Arcostr. 44	8	Gesamtanzahl der verkauften Exemplare	
5	Auguste-Victoria-Str. 3	8	Anzahl der Verkaufsstellen	
6	Auguste-Victoria-Str. 91	45	Durchschnittliche verkaufte Exemplare	
7	Cauerstr. 49	10	Höchste Anzahl der verkauften Exemplare	
8	Damaschkestr. 24	56	Niedrigste Anzahl der verkauften Exemplare	
9	Eosanderstr. 14	22		
10	Frauenhoferstr. 1	11		
11	Friedbergstr. 5	123		

Tabelle1 / Tabelle2 / Tabelle3 /

Abb 247 *Bei gedrückter (Umschalt)-Taste können Sie über das Ausfüllzeichen Leerzellen einfügen*

5. Ziehen Sie dann das Ausfüllkästchen eine Reihe tiefer.
6. Lassen Sie zuerst die Maustaste und dann die (Umschalt)-Taste los, fügt Excel leere Zellen ein.

7.5 Kommentare einfügen und löschen

Ein Kommentar ist eine Anmerkung, die Sie einer Zelle separat von anderen Zellinhalten hinzufügen. Kommentare sind z. B. nützlich, wenn Sie sich daran erinnern möchten, wie eine komplexe Formel funktioniert, oder wenn Sie anderen Benutzern ein Feedback geben möchten.

Zellen mit Kommentaren verfügen über Indikatordreiecke in der rechten oberen Ecke. Wenn Sie den Zeiger über eine Zelle mit einem Indikator bewegen, wird der zugehörige Kommentar angezeigt. Sie können Kommentare (entweder einzelne Kommentare oder alle Kommentare im Arbeitsblatt) auch ständig anzeigen.

Kommentare sind mit dem jeweiligen Benutzernamen gekennzeichnet, sodass Sie erkennen können, wer einen Kommentar in einer freigegebenen oder weitergeleiteten Arbeitsmappe eingegeben hat.

> **Sie können mit folgenden Beispielen lernen:**
>
> *Beispiel 114: Hinzufügen eines Kommentars zu einer Zelle*
> *Beispiel 115: Ein- oder Ausblenden von Kommentaren*

7.5.1 Beispiel 114: Hinzufügen eines Kommentars zu einer Zelle

1. Sie möchten in der Arbeitsmappe Mediazahlen Stadtmagazine zu einer Zelle einen Kommentar einfügen.
2. Klicken Sie auf die Zelle D4 und wechseln Sie in das Register Überprüfen.
3. Klicken Sie auf Neuer Kommentar und geben Sie im sich öffnenden Textfeld den Kommentar *Nur mit der Stadtlupe geht es aufwärts!* ein.

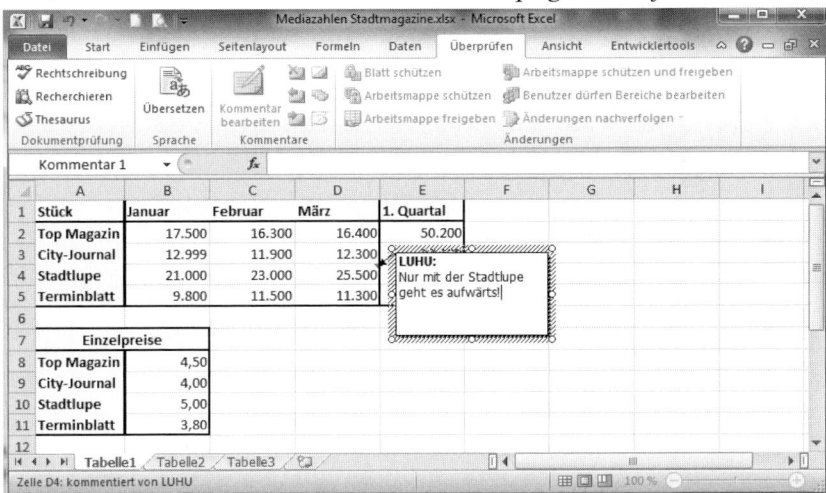

Abb 248 *Über das Symbol Neuer Kommentar kann in einem Textfeld der Kommentar zu einer markierten Zelle eingegeben werden*

4. Klicken Sie außerhalb der Textbox, um den Kommentar der Zelle endgültig zuzuweisen.
5. Zellen, denen Kommentare hinzugefügt wurden, werden am oberen rechten Zellenrand mit einem roten Dreieck gekennzeichnet. Zeigen Sie mit dem Mauszeiger auf eine so gekennzeichnete Zelle, so wird Ihnen der Kommentar eingeblendet.
6. Kopieren Sie die Zelle D4 in die Zwischenablage, um den Kommentar zu kopieren.
7. Klicken Sie in die Zelle E16.
8. Fügen Sie über Einfügen/Inhalte einfügen den Kommentar hinzu.
9. Kommentare können über das Kontextmenü bearbeitet und gelöscht werden.

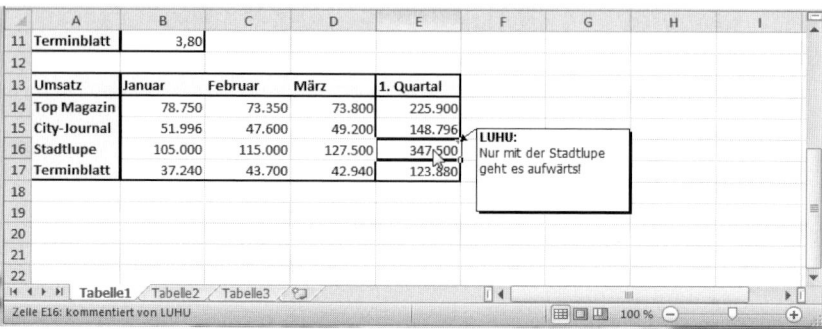

Abb 249 *Eingeblendeter Kommentar*

7.5.2 Beispiel 115: Ein- oder Ausblenden von Kommentaren

1. Die Datei `Mediazahlen Stadtmagazine1` ist geöffnet.
2. Sie können die Kommentare ausblenden, Kommentare und Indikatoren oder nur die Indikatoren anzeigen, einzelne oder alle Kommentare löschen.
3. Öffnen Sie in den `Excel-Optionen` die Registerkarte `Erweitert`.
4. Aktivieren Sie den Kontrollkreis `Keine Kommentare und Indikatoren`, werden die Kommentare und die roten Kommentarindikatoren selbst dann ausgeblendet, wenn Sie mit der Maus auf die entsprechenden Zellen zeigen.

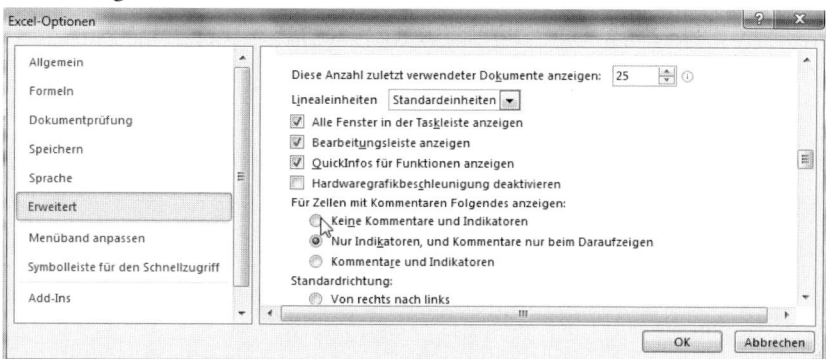

Abb 250 *Excel-Optionen, Register Erweitert*

5. Aktivieren Sie `Nur Indikatoren, und Kommentare nur beim Daraufzeigen`, wird der Kommentar wieder eingeblendet, sobald Sie mit der Maus auf die entsprechenden Zellen zeigen.
6. `Kommentare und Indikatoren` blendet die Kommentare und die Indikatoren unabhängig von der Position des Mauszeigers ein.

7. Um einen einzelnen Kommentar ein- und auszublenden, zu bearbeiten oder zu löschen, klicken Sie mit der rechten Maustaste auf die entsprechende Zelle und wählen dann aus dem Kontextmenü den entsprechenden Menüpunkt.

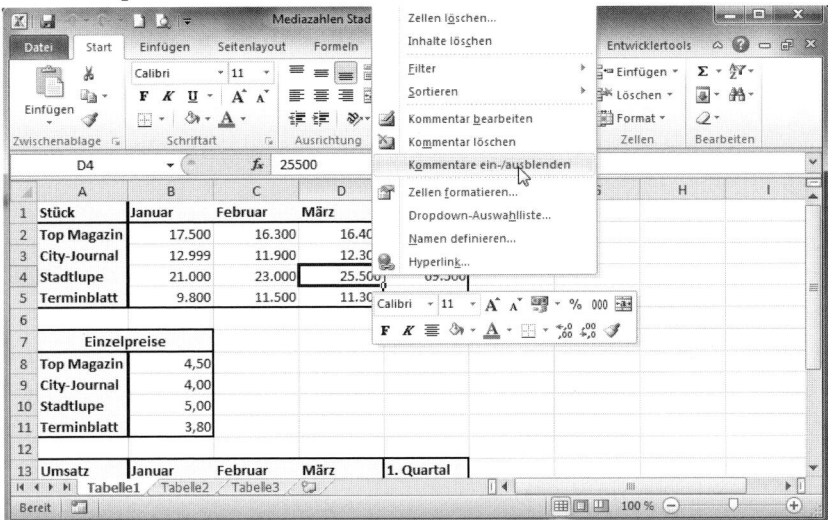

Abb 251 *Kontextmenü einer Zelle mit Kommentar*

8. Wenn Sie alle einzeln ausgeblendeten Kommentare einblenden möchten, klicken Sie im Register Überprüfen auf `Alle Kommentare anzeigen`.

9. Um alle Kommentare aus einem Tabellenblatt zu entfernen, markieren Sie zunächst alle Zellen, denen Kommentare hinzugefügt wurden. Klicken Sie dann im Register Überprüfen auf `Kommentar löschen`.

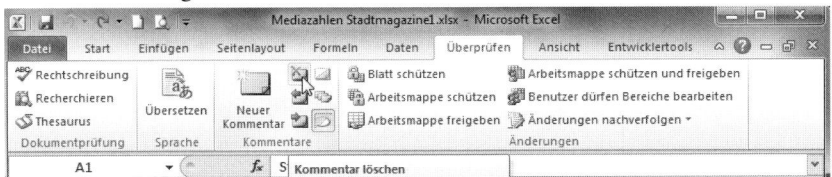

Abb 252 *Kommentare löschen*

10 Hinweis: Wenn Sie auf eine Zelle klicken und anschließend (Entf) drücken, entfernt Excel lediglich den Zellinhalt (Formeln oder Daten), nicht jedoch Kommentare oder Zellformate.

7.6 Grafikobjekte einfügen

Excel besitzt viele Möglichkeiten, eigene Zeichnungen zu erstellen sowie Bilder aus anderen Programmen zu importieren und zu bearbeiten. Es gibt Zeichnungs- und Grafiktools, die Sie verwenden können, um Texte und Grafiken mit dreidimensionalen Effekten (3D-Effekten), Schattierungen, Füllmustern oder AutoFormen auszuschmücken.

ClipArts sind vorgefertigte Zeichnungen oder Bilder, die Sie in Ihren Dokumenten einfügen können. Die Microsoft Office-Sammlungen sind unterteilt in verschiedene Kategorien, in denen sich unterschiedliche Grafiken befinden. Sie können Clips in benutzerdefinierten Kategorien zusammenstellen, Clips Stichwörter zuweisen und Clips in Ihre Office-Dokumente ziehen.

Excel stellt eine Reihe von Werkzeugen zur Verfügung, eigene Zeichnungen zu erstellen. Linien, Rechtecke (Quadrate) und Ellipsen (Kreise) sind die Grundelemente jeder Zeichnung. Alle Zeichnungen nur aus diesen Elementen zusammenzusetzen, würde allerdings viel Zeit, Geduld und Fingerspitzengefühl erfordern. Damit die Erstellung von Zeichnungen etwas schneller geht, bietet Excel zusätzlich noch viele vorgefertigte Zeichnungsobjekte - so genannte AutoFormen - an.

Zum Zeichnen eines Objektes klicken Sie einmal kurz auf das entsprechende Symbol und bewegen dann den Mauszeiger in den Textbereich. Der Mauszeiger zeigt Ihnen durch eine veränderte Form an, dass Sie mit dem Zeichnen beginnen können. Versuchen Sie nicht, das gewünschte Symbol in der Symbolleiste anzuklicken und in den Textbereich zu ziehen, um dann zu zeichnen. Durch das Ziehen deaktivieren Sie das Werkzeug gleich wieder - es passiert nichts!

Das Zeichnen von Objekten erfolgt mit der Maus. Durch die zusätzliche Benutzung von (Umschalt) und/oder (Strg) aktivieren Sie besondere Zeichenmodi. Durch Drücken von (Umschalt) zeichnen Sie proportionale Objekte. Ein Rechteck wird zum Beispiel zu einem Quadrat. Durch Drücken von (Strg) zeichnen Sie ein Objekt aus der Mitte heraus. Beispielsweise ist beim Zeichnen eines Rechtecks der erste Punkt, den Sie zeichnen, dann der Mittelpunkt des Rechtecks und nicht die linke obere Ecke.

Ein Zeichnungsobjekt können Sie verschieben, indem Sie mit dem Mauszeiger direkt auf das Objekt (und nicht auf die Ziehpunkte) klicken und es bei gedrückter linker Maustaste ziehen. Um ein Objekt zu kopieren, verfahren Sie wie beim Verschieben, halten dabei aber (Strg) gedrückt.

Wenn Sie gleichartige oder auch verschiedenartige Zeichnungsobjekte ausrichten wollen, stehen Sie häufig vor folgendem Problem: Wie bekomme ich die Objekte „auf Kante"?

Um mehrere Objekte wie ein Objekt zu behandeln, können Sie diese Objekte vorübergehend gruppieren, um sie z. B. wie ein Objekt zu verschieben, zu drehen, zu färben oder sonst wie zu bearbeiten.

Zeichnungsobjekte (oder auch Clip Arts, nicht aber Diagramme oder Tabellen) können gekippt und gedreht werden. Zeichnungsobjekte (oder auch Organigramme, Clipart, Diagramme) können gestaucht, verkleinert oder vergrößert werden. Unter Stauchen versteht man eine nicht-proportionale Veränderung der Größe.

SmartArt bietet eine Fülle von vordefinierten graphischen Elementen, die Sie ganz einfach durch Anklicken verwenden können. Was ist SmartArt? Unter diesem Begriff werden Schaubilder zusammengefasst. In diesen kann man Strukturen, Abläufe, Prozesse oder Einzelschritte aufzeigen. Im Unterschied zu Diagrammen werden jedoch keine Zahlen dargestellt.

Einen Überblick über die Möglichkeiten erhalten Sie, wenn Sie im Register Einfügen, Gruppe Illustrationen auf die Schaltfläche Smart-Art klicken.

Sie können mit folgenden Beispielen lernen:

Beispiel 116: Inhalt der Zwischenablage als Grafik einfügen

Beispiel 117: ClipArt einfügen und bearbeiten

Beispiel 118: Zeichnungsobjekte einfügen und gestalten

Beispiel 119: Objekte überarbeiten

Beispiel 120: Screenshots erstellen und einfügen

Beispiel 121: Organigramm erstellen

7.6.1 Beispiel 116: Inhalt der Zwischenablage als Grafik einfügen

1. Die Arbeitsmappe `Kopieren und Einfügen` ist geöffnet. Kopieren Sie die Zellen E1:E5 in die Zwischenablage.
2. Um den Inhalt der Zwischenablage als Werte mit der Quellformatierung in B8 einzufügen, wählen Sie aus dem Listenfeld `Einfügen` den entsprechenden Befehl.

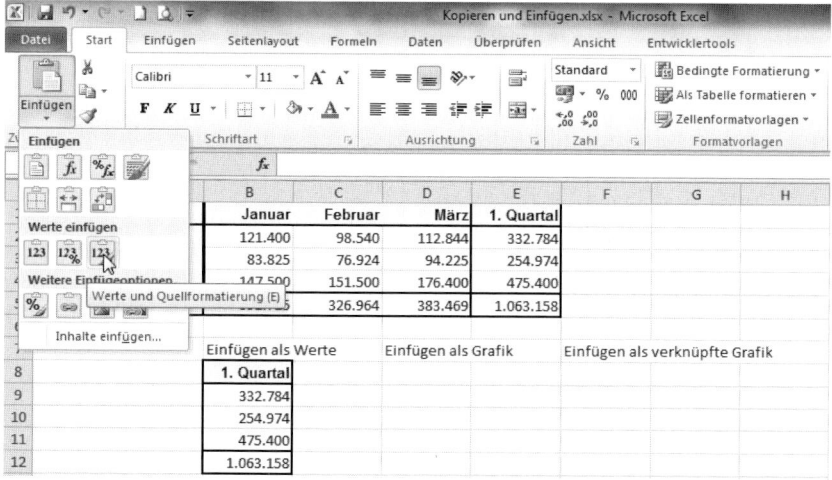

Abb 253 *Einfügeoptionen*

3. Fügen Sie nun den Inhalt der Zwischenablage in D8 als Grafik und in F8 als verknüpfte Grafik ein.

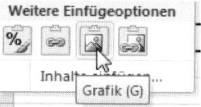

Abb 254 *Inhalt der Zwischenablage als Grafik einfügen*

Abb 255 *Inhalt der Zwischenablage als verknüpfte Grafik einfügen*

4. Verändern Sie den Wert der Zelle B2 und betrachten Sie die eingefügten Grafiken.

	A	B	C	D	E	F	G	H
1	Umsatz	Januar	Februar	März	1. Quartal			
2	Verkaufte Exemplare	0	98.540	112.844	211.384			
3	Kleinanzeigen	83.825	76.924	94.225	254.974			
4	Anzeigen	147.500	151.500	176.400	475.400			
5	Gesamt	231.325	326.964	383.469	941.758			
6								
7		Einfügen als Werte		Einfügen als Grafik		Einfügen als verknüpfte Grafik		
8		1. Quartal		1. Quartal		1. Quartal		
9		332.784		332.784		211.384		
10		254.974		254.974		254.974		
11		475.400		475.400		475.400		
12		1.063.158		1.063.158		941.758		

Abb 256 *Die verknüpfte Grafik hat die Veränderung übernommen*

7.6.2 Beispiel 117: ClipArt einfügen und bearbeiten

1. Eine neue, leere Arbeitsmappe ist geöffnet. Wechseln Sie in das Register `Einfügen` und klicken Sie auf `ClipArt`.
2. Rechts erscheint der Aufgabenbereich `ClipArt`. Geben Sie im Feld `Suchen nach` *Formel* ein und wählen Sie im Feld `Ergebnisse` *Alle Mediadateitypen* aus.
3. Nach `OK` erhalten Sie eine Auswahl von ClipArts in der Miniaturansicht.
4. Wenn Sie mit der Maus über einen ClipArt fahren, erscheint am Rand ein kleiner Pfeil. Wählen Sie aus dem Auswahlmenü die Option `Einfügen`.

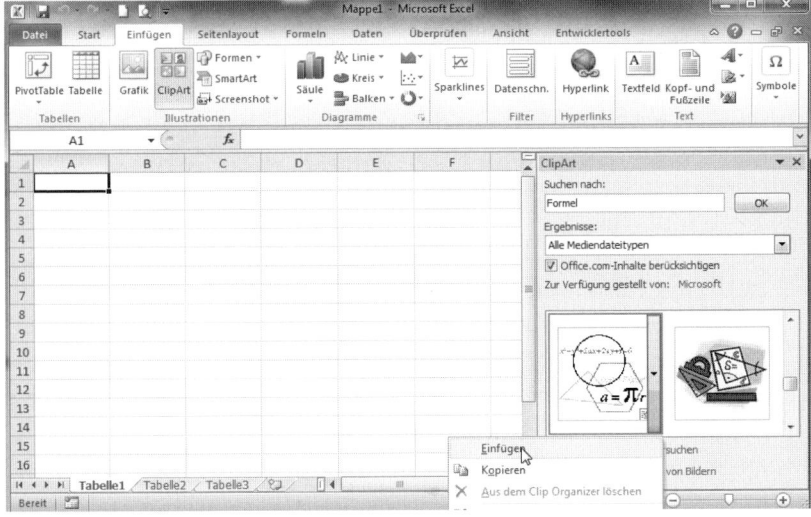

Abb 257 *Eine Auswahl von ClipArts in der Miniaturansicht*

5. Vergrößern Sie die Grafik, indem Sie mit dem Mauszeiger auf einen Eckpunkt zeigen. Der Mauszeiger wird zu einem Doppelpfeil. Klicken

Sie einen Eckpunkt an und verändern Sie die Größe durch Ziehen mit gedrückter Maustaste.

6. Ist eine Grafik markiert, wird die Registerkarte `Format` eingeblendet. Die Auswirkungen der Befehle in den Gruppen `Anpassen` und `Bildformatvorlagen` können Sie vor der endgültigen Auswahl eines Befehls in einer Vorschau betrachten.

7. In der Gruppe `Anpassen` können Sie über `Korrekturen` die `Helligkeit` und den `Kontrast` einstellen und über `Farbe` mit `Neu einfärben` die Farbmodi festlegen.

8. Geben Sie der Grafik weniger Helligkeit und eine andere Farbe.

9. Im Bereich *Bildformatvorlagen* können Sie den `Grafikrahmen` und die `Bildeffekte` festlegen. Außerdem können Sie eine Reihe von vorgefertigten `Bildformatvorlagen` einsetzen.

10. Klicken Sie auf den Erweiterungspfeil `Weitere` der Bildformatvorlagen und wählen Sie *Gedreht, weiß*.

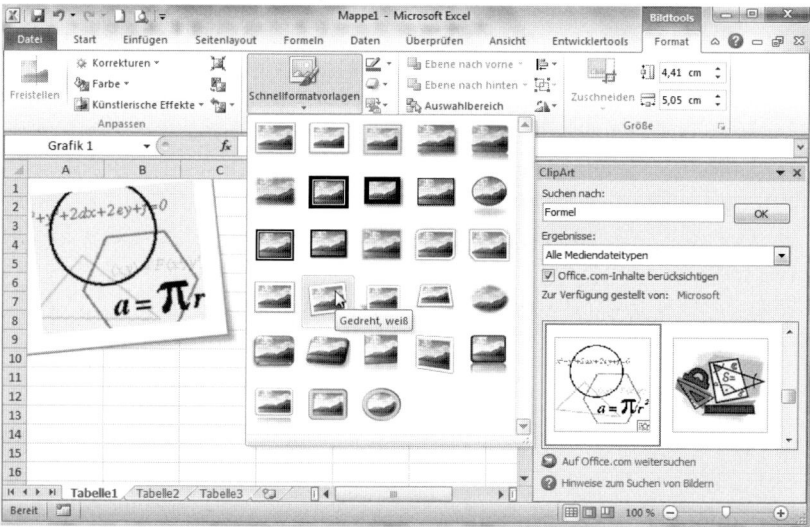

Abb 258 *Bildformatvorlage Gedreht, weiß*

11. Wählen Sie einen *dunkelroten* `Grafikrahmen`.

12. Unter `Bildeffekte` verbergen sich umfangreiche vorgefertigte Gestaltungsmöglichkeiten. Spielen Sie damit.

13. Sie können Ihre Grafik `Zuschneiden`, um unerwünschte Teile zu entfernen. Über Freistellen können Sie unerwünschte Teile des Bildes entfernen.

14. Um die Ursprungsform der Grafik wieder zu erhalten, klicken Sie in der Gruppe `Anpassen` auf `Bild zurücksetzen`.

15. Klicken Sie außerhalb der Grafik, wird das Register `Format` wieder ausgeblendet und die Markierung aufgehoben: Die Anfasserpunkte verschwinden.

7.6.3 Beispiel 118: Zeichnungsobjekte einfügen und gestalten

1. Eine neue Arbeitsmappe ist geöffnet, das Register `Einfügen` eingeblendet.
2. Wählen Sie aus dem Listenfeld `Formen` den ersten `Blockpfeil`. Klicken Sie dann in Ihr Tabellenblatt und zeichnen Sie bei gedrückter Maustaste einen Blockpfeil. Das Zeichentools-Register `Format` wird eingeblendet.
3. Klicken Sie mit der rechten Maustaste in Ihr Zeichnungsobjekt und wählen Sie aus dem Kontextmenü `Text bearbeiten`.
4. Geben Sie einen beliebigen Text ein und formatieren Sie diesen mit den Befehlen im Register `Start`, Gruppe `Schriftart` und Gruppe `Ausrichtung`.
5. Heben Sie die Markierung des Zeichenobjektes auf und fügen Sie als weiteres Zeichenobjekt aus dem Listenfeld `Formen` einen `Stern` ein.
6. Vergeben Sie diesem über `Form formatieren` aus dem Kontextmenü ein `3D-Format` und eine gelbe `Füllung`.
7. Verschieben Sie den Stern dann auf den Blockpfeil und legen Sie ihn eine `Ebene nach hinten`.

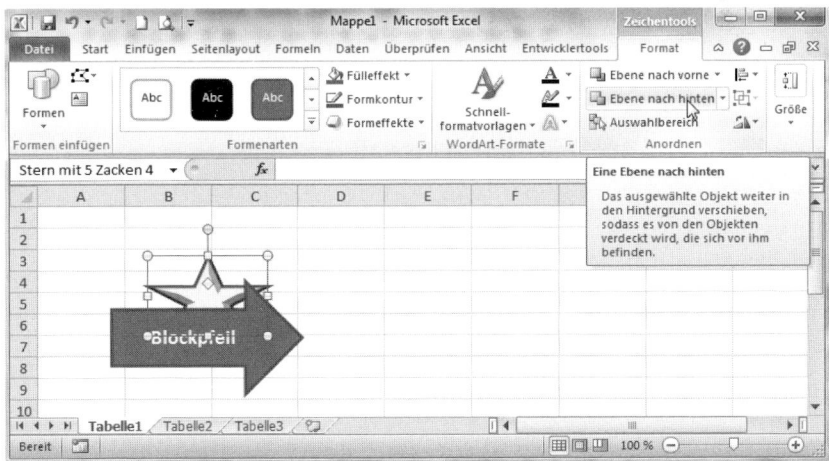

Abb 259 *Zeichnungsobjekte anordnen*

7.6.4 Beispiel 119: Objekte überarbeiten

1. Die Übungsdatei Zeichnungsobjekte ist geöffnet. Klicken Sie auf den Blockpfeil. Es erscheinen acht weiße, ein grüner und vier gelbe Anfasserpunkte. Das Objekt ist markiert.

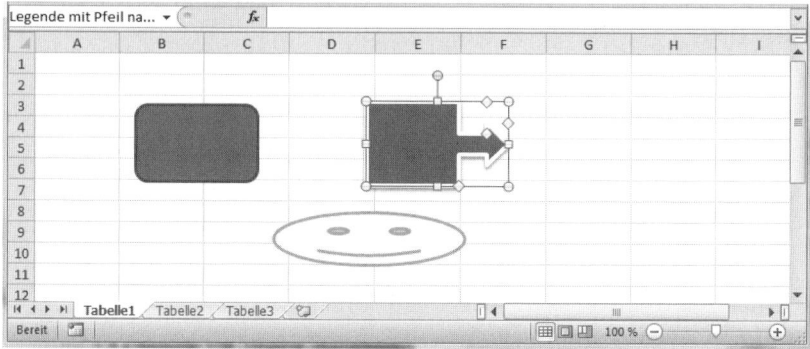

Abb 260 *Die verschiedenen Anfasserpunkte*

2. Halten Sie den Mauszeiger über das markierte Objekt, wird er zu einem Vierfachpfeil. Klicken Sie dann das Objekt an, halten Sie die Maustaste gedrückt und verschieben Sie das Objekt.
3. Mit dem grünen Anfasser können Sie das Objekt frei drehen. Bewegen Sie den Mauszeiger auf diesen Anfasser, verwandelt er sich in ein spezielles Drehsymbol. Bei gedrückter linker Maustaste können Sie das Objekt nun um einen beliebigen Winkel drehen. Durch gleichzeitiges Drücken von der (Umschalt)-Taste drehen Sie das Objekt in 15°-Schritten.
4. Zum Drehen eines Objektes können Sie auch im Zeichtools-Register Format aus der Gruppe Anordnen das Listensymbol Drehen verwenden.
5. Mit den gelben Anfassern können Sie die Größe von Teilbereichen des Objekts verändern.
6. Durch ein Ziehen an den vier quadratischen weißen Anfassern wird das Objekt in *eine* Richtung vergrößert oder verkleinert (gestaucht).
7. Ziehen Sie dagegen an einen runden weißen Anfasser, also einen Eckpunkt, vergrößert oder verkleinert sich das Objekt in *zwei* Richtungen.
8. Um ein Objekt proportional zu vergrößern oder zu verkleinern, ziehen Sie einen Eckpunkt und halten während des Ziehens (Umschalt) gedrückt. Um das Objekt aus der Mitte heraus zu vergrößern oder zu verkleinern, halten Sie während des Ziehens (Strg) gedrückt.
9. Um mehrere Objekte zu markieren, klicken Sie bei gedrückter (Umschalt)-Taste die Objekte nacheinander an.

10. Die Markierung eines Objektes heben Sie wieder auf, indem Sie dieses bei gedrückter (Umschalt)-Taste ein zweites Mal anklicken. Die Markierung aller Objekte heben Sie auf, indem Sie auf die Zeichnungsebene klicken.

11. Um Objekte auszurichten, markieren Sie diese und wählen aus der Gruppe `Anordnen` den Befehl `Ausrichten`. Brechen Sie den Befehl mit (Esc) ab.

12. Sie können Objekte gruppieren, so dass sie wie ein einzelnes Objekt behandelt werden können. Markieren Sie alle Objekte und wählen Sie im Register `Format` aus der Gruppe `Anordnen` den Befehl `Gruppieren`.

13. Jetzt können Sie die gruppierten Objekte gemeinsam verschieben, kopieren und gestalten. Füllen Sie alle markierten Objekte mit der Farbe *Gelb*.

14. Um die Gruppierung wieder aufzuheben, wählen Sie aus der Gruppe `Anordnen` den Befehl `Gruppierung aufheben`.

7.6.5 Beispiel 120: Screenshots erstellen und einfügen

1. In einer Office-Datei können Sie schnell und problemlos Screenshots hinzufügen, um die Lesbarkeit zu verbessern oder um Informationen zu erfassen, ohne das Programm zu verlassen, in dem Sie arbeiten. Diese Bildschirmabbilder können in gedruckten Dokumenten leicht gelesen werden.

2. Bildschirmabbilder sind hilfreich beim Erfassen von Momentaufnahmen von Informationen, die sich ändern oder ihre Aktualität verlieren können.

3. Es können nur Fenster oder Ausschnitte von Fenstern erfasst werden, die nicht in der Taskleiste als minimiert angezeigt werden.

4. In Excel ist die Mappe `Landtagswahlen` geöffnet, das Programmfenster ist maximiert.

5. In Ihrem Browser haben Sie nach *Landtagswahlumfragen* gesucht und die entsprechenden Werte gefunden.

6. Öffnen Sie das Listenfeld `Screenshot`, werden alle verfügbaren Fenster, die als Screenshot aufgenommen werden können, angezeigt. Darüber hinaus könenn Sie auch einen `Bildschirmausschnitt` wählen.

7. Wählen Sie Ihr Browserfenster.

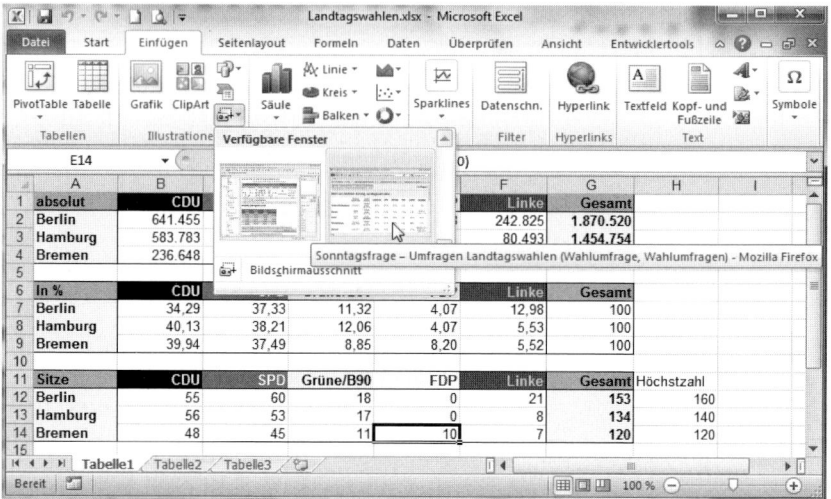

Abb 261 *Screenshot erstellen*

8. Das Fenster wird aufgenommen und das Screenshot auf Ihrem Tabellenblatt eingefügt.

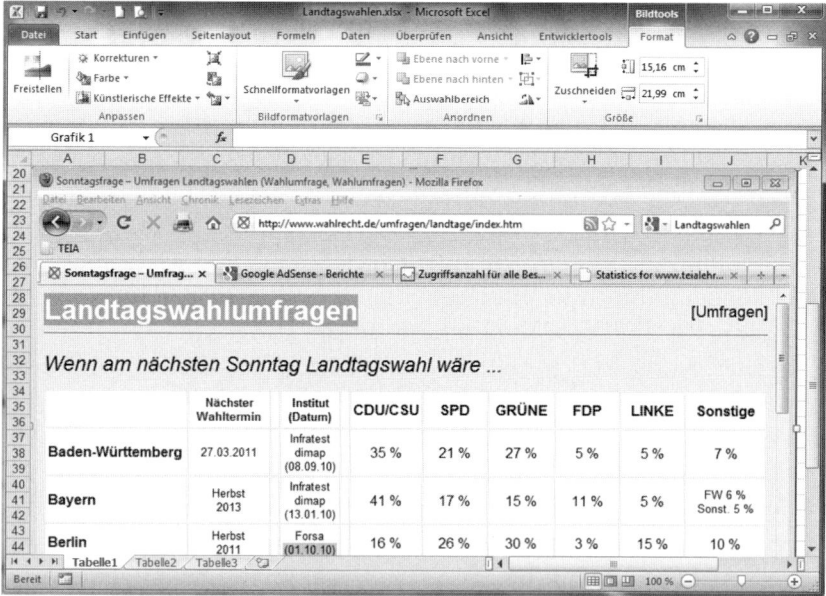

Abb 262 *Eingefügter Screenshot*

7.6.6 Beispiel 121: Organigramm erstellen

1. Die Strukturen von Unternehmen oder Arbeitsgruppen werden in Organigrammen, auch Organisationsdiagramme genannt, dargestellt. Aus dieser Struktur werden auch Aufgaben und Arbeitsteilung der einzelnen Abteilungen oder Personen ersichtlich.
2. Eine neue, leere Arbeitsmappe ist geöffnet. Die Struktur der Stadtlupe soll dargestellt werden.
3. Klicken Sie im Register Einfügen auf das Symbol SmartArt und wählen Sie als Typ Hierarchie.
4. Verschiedene Hierarchietypen werden angezeigt. Klicken Sie auf das Symbol Organigramm und bestätigen Sie mit OK.

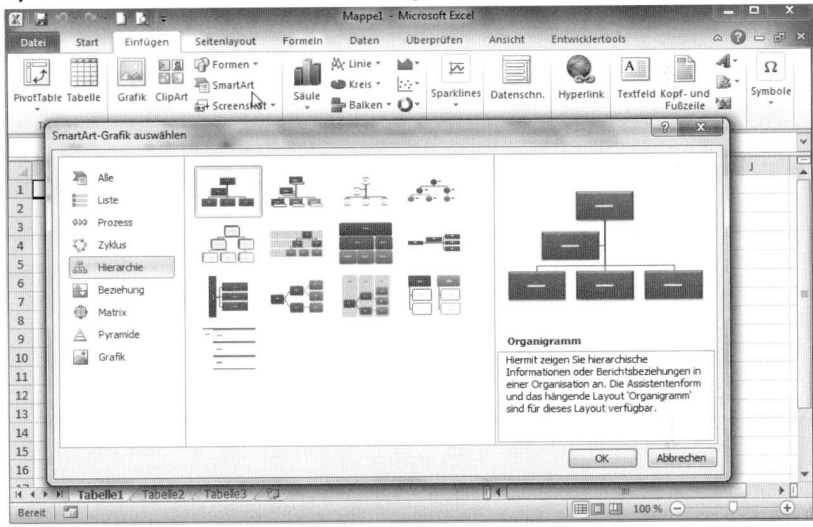

Abb 263 SmartArt-Grafik auswählen

5. Ein Musterorganigramm mit Platzhaltern erscheint.
6. Ein einzelnes Kästchen löschen Sie, indem Sie auf dessen Rahmen klicken und dann auf (Entf) drücken. Belassen Sie die vorgegebenen Kästchen.
7. Wechseln Sie in das SmartArt-Tools-Register Entwurf. Über das Symbol Textbereich in der Gruppe Grafik erstellen können Sie den Textbereich ein- und ausblenden. Blenden Sie ihn ein.
8. Sie können den Text direkt im Kästchen oder im Textbereich eingeben. Geben Sie ganz oben *Arno von Söckingen* ein.
9. Drücken Sie dann bei gedrückter (Umschalt)-Taste auf die (Eingabe)-Taste, um einen Zeilenumbruch zu erzeugen, und geben Sie *Geschäftsführer* ein.

10. Klicken Sie auf die nächste Zeile im Texteingabefeld oder drücken Sie auf [Unten]. Geben Sie *Nina Jocke, Chefsekretärin* ein.

11. Geben Sie in den nächsten drei Feldern *Ingo Albers, EDV, Hilde Pfeil, Buchhaltung* und *Klaudia Müller, Layout* ein.

12. Um weitere Felder einzufügen, klicken Sie in eine Form und rufen im Kontextmenü den Befehl Form hinzufügen auf. Hinweis: Alternativ können Sie im SmartArt-Tools-Register Entwurf auch das Listensymbol Form hinzufügen nutzen.

13. Sie Können eine Form danach, davor, darüber oder darunter hinzufügen sowie einen Assistent hinzufügen. Der Assistent steht, wie Sie bei *Nina Jocke* sehen, zwischen den Hierarchien. Klicken Sie in die Form von *Klaudia Müller* und fügen Sie eine neue Form danach hinzu.

14. Geben Sie in das neue Feld *Nora Moritz, Marketing* ein und schließen Sie dann den Textbereich.

15. Speichern Sie die Datei unter Organigramm.

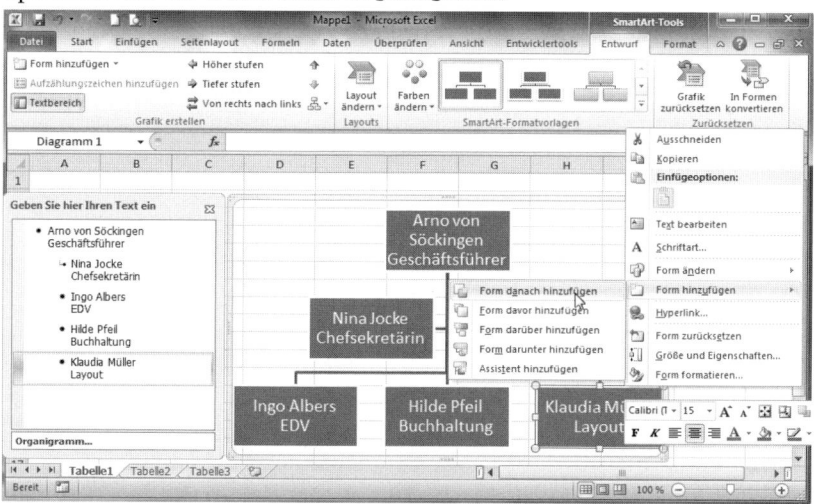

Abb 264 *Das Organigramm mit geöffnetem Textbereich und dem Kontextmenü einer Form*

7.7 Zellen benennen

Sie können die Beschriftungen der Spalten und Zeilen in einem Arbeitsblatt verwenden, um einen Bezug auf Zellen innerhalb dieser Spalten und Zeilen zu erstellen. Sie können auch beschreibende Namen für Zellen, Zellbereiche, Formeln oder konstante Werte erstellen. Beschriftungen können in Formeln verwendet werden, die auf Daten desselben Arbeitsblattes verweisen. Wenn Sie einen Bereich eines anderen Arbeitsblattes darstellen möchten, verwenden Sie einen Namen.

Benannte Zellen haben viele Vorteile: Man kann schnell zu entfernten Zellen des Tabellenblatts gelangen, wenn diese benannt wurden. Außerdem lassen sich Zellennamen leichter merken als Zellenkoordinaten, *GehaltJanuar* besser als *EF138*. Darüber hinaus hilft der Einsatz von Namen Fehler zu vermeiden.

Sie können mit folgenden Beispielen lernen:

Beispiel 122: Vorteile benannter Zellen vs Zellkoordinaten

Beispiel 123: Zellen benennen

Beispiel 124: Namen erstellen, die auf Spalten- und Zeilentiteln beruhen

Beispiel 125: Löschen eines Zellnamens

Beispiel 126: Arbeiten mit benannten Zellen

7.7.1 Beispiel 122: Vorteile benannter Zellen vs Zellkoordinaten

1. Die Arbeitsmappe `Abrechnung4` ist geöffnet. Einzelnen Zellen wurden Namen zugewiesen. Die Vorteile sind mannigfaltig.
2. Man kann schnell zu entfernten Zellen des Tabellenblatts gelangen, wenn diese benannt wurden. Außerdem lassen sich Zellennamen leichter merken als Zellenkoordinaten, *GehaltJanuar* besser als *C38*.
3. Öffnen Sie links oben das `Namenfeld` und gehen Sie zur Zelle *GehaltJanuar*.
4. Der Einsatz von Namen hilft Fehler vermeiden. Wenn Sie sich bei der Eingabe eines Namens vertippen, etwa GehalJanuar statt GehaltJanuar, erscheint eine Fehlermeldung.
5. Wenn Sie sich dagegen bei der Eingabe von Koordinaten vertippen, etwa B4 statt B5, werden falsche Daten verarbeitet.
6. Formeln werden leichter verständlich.
7. Beispielsweise ist *=B12*StdLohnWerktags* eingängiger als *=B12*B4*.
8. Sie können Namen einfach mit Hilfe der Funktionstaste (F3) in Formeln einfügen.
9. Positionieren Sie dazu den Cursor in die Zelle C36. Geben Sie ein Gleichheitszeichen = ein und klicken Sie auf B36.
10. Geben Sie danach ein Malzeichen * ein und drücken Sie (F3). Wählen Sie *StdLohnWerktags* aus. Ok.
11. Beenden Sie die Formeleingabe mit der (Eingabe)-Taste.

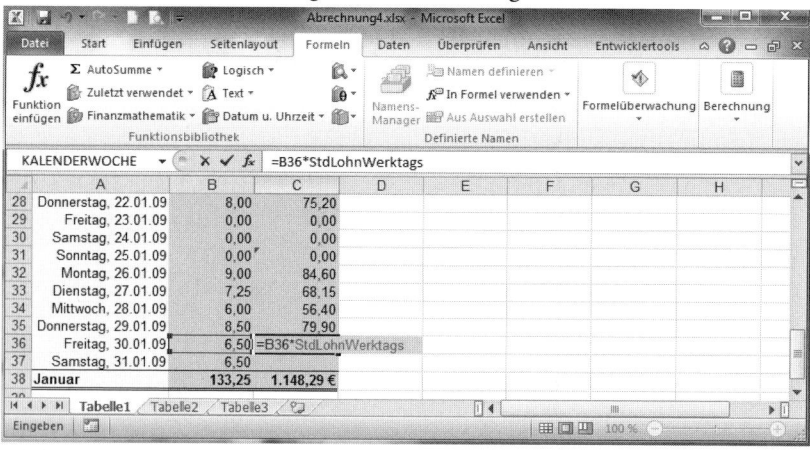

Abb 265 *Formeleingabe*

7.7.2 Beispiel 123: Zellen benennen

1. Die Datei `Abrechnung` ist geöffnet. Sie möchten einzelnen Zellen bzw. Zellbereichen Namen zuweisen.
2. Markieren Sie die Zelle B4. Geben Sie in das Namenfeld ganz links auf der Bearbeitungsleiste den Namen *StdLohnWerktags* ein. Beenden Sie diese Eingabe mit der (Eingabe)-Taste.

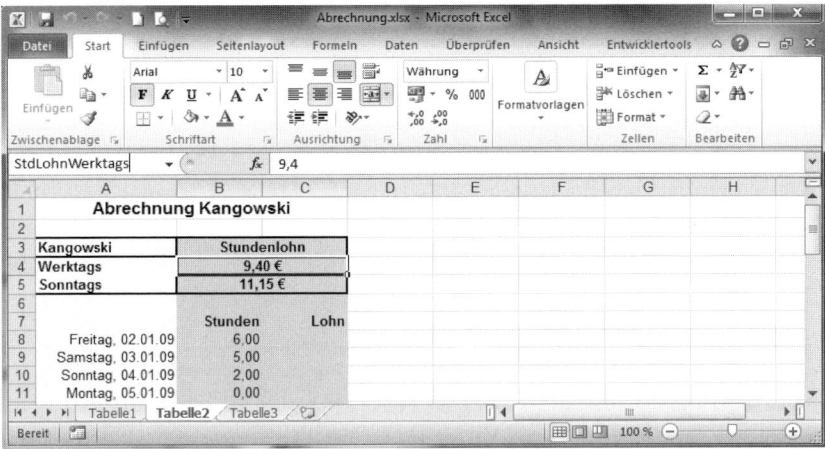

Abb 266 *Zellen werden oben links im Namenfeld benannt*

3. Vergeben Sie für die Zelle B5 den Namen *StdLohnSonntags*.
4. Alternativ rufen Sie mit (Strg)+(F3) oder im Register `Formel` den `Namens-Manager` auf. Über `Neu` erhalten Sie dann die Dialogbox `Neuer Name`.

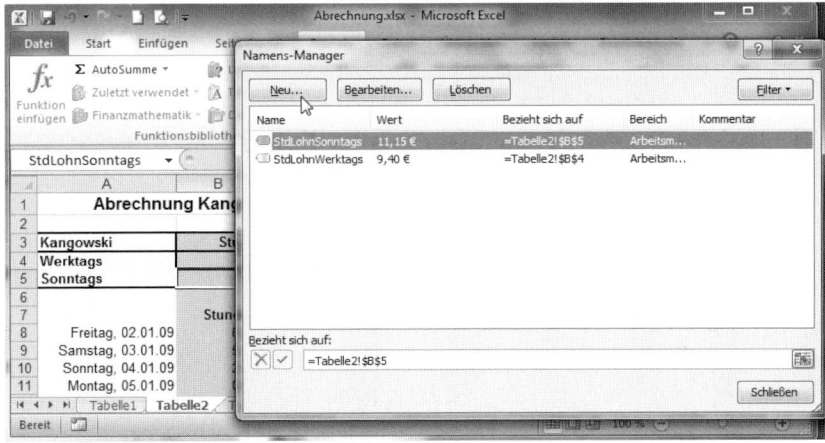

Abb 267 *Dialogbox Names-Manager*

5. Die maximal zulässige Länge eines Namens beträgt 255 Zeichen, wobei das erste Zeichen ein Buchstabe oder ein Unterstrichsein muss. Leerzeichen innerhalb eines Namens sind nicht erlaubt. Natürlich muss sich der Name von der Schreibweise eines Bezugs (z.B. B21) unterscheiden.

6. Geben Sie der Zelle C38 den Namen *GehaltJanuar*.

7. Markieren Sie den Bereich B8 bis B37 und nennen ihn *StundenJanuar*.

8. Speichern Sie die Datei unter `Abrechnung1`.

7.7.3 Beispiel 124: Namen erstellen, die auf Spalten- und Zeilentiteln beruhen

1. Sie können auch die Spaltentitel als Namen verwenden, indem Sie den zu benennenden Bereich einschließlich der Spaltentitel markieren.

2. Die Datei `Abrechnung1` ist geöffnet. *Markieren Sie den Bereich von B7 bis C10.*

3. Wählen Sie im Register `Formeln`, Gruppe `Definierte Namen` den Befehl `Aus Auswahl erstellen`.

4. Diese Dialogbox können Sie auch mit (Strg)+(Umschalt)+(F3) aufrufen.

5. Aktivieren Sie das Kontrollkästchen `Oberster Zeile`, um anzugeben, welche Beschriftungen für die Namen verwendet werden sollen.

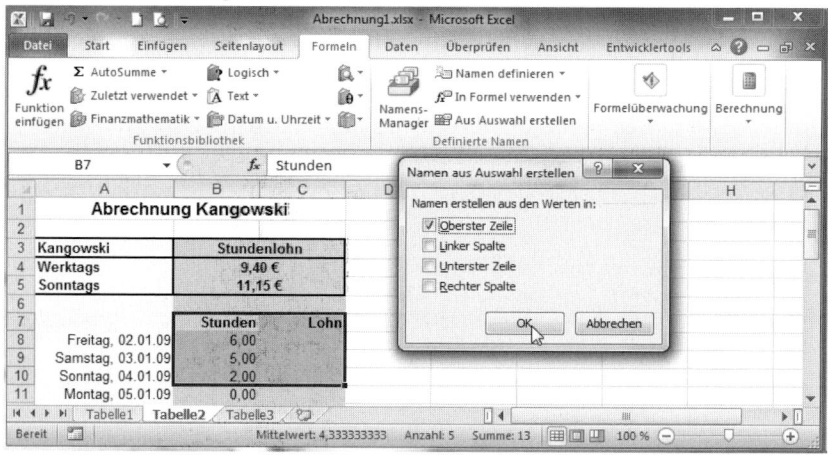

Abb 268 *Dialogbox Name aus Auswahl erstellen*

6. Betrachten Sie im `Namenfeld` die vergebenen Namen.

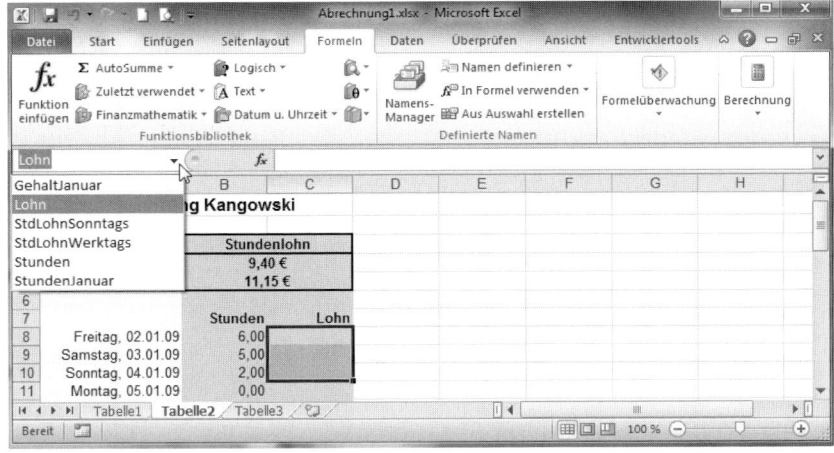

Abb 269 *Der Zellenbereich Lohn*

7. Gehen Sie zum Zellenbereich *Stunden*.
8. Speichern Sie die Datei unter `Abrechnung2`.

7.7.4 Beispiel 125: Löschen eines Zellnamens

1. Die Arbeitsmappe `Abrechnung2` ist geöffnet.
2. Sie möchten die im vorigen Beispiel vergebenen Namen wieder löschen.
3. Rufen Sie mit (Strg)+(F3) im Register `Formeln`, Gruppe `Definierte Namen` den `Namens-Manager` auf.
4. Markieren Sie den Zellennamen *Lohn* und klicken Sie auf `Löschen`.

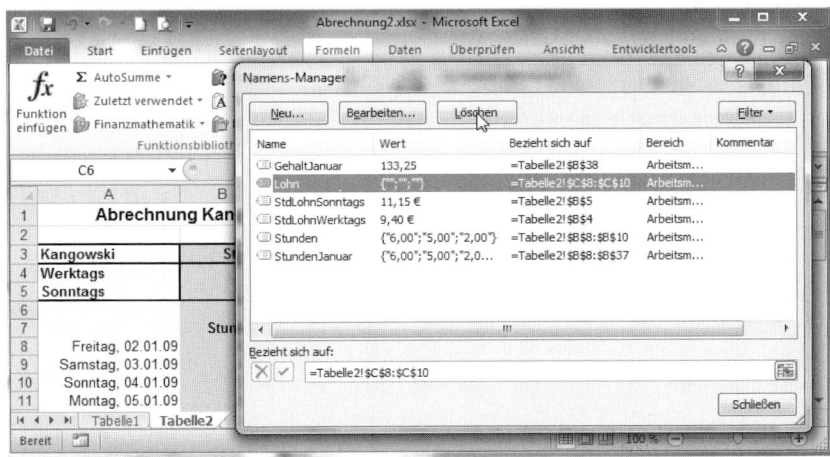

Abb 270 *Namens-Manager*

5. Löschen Sie ebenso den Zellennamen *Stunden* und speichern Sie die Arbeitsmappe unter `Abrechnung3`.

7.7.5 Beispiel 126: Arbeiten mit benannten Zellen

1. Die Arbeitsmappe Abrechnung3 ist geöffnet. Gehen Sie über das Namen-feld zur Zelle *GehaltJanuar*. Ebenso können Sie mit (F5) den Befehl Gehe zu aufrufen und dort auf einen Zellennamen doppelklicken.

Abb 271 *Geöffnetes Namenfeld*

2. Positionieren Sie den Cursor auf Zelle C8, um dort die fehlende Formel einzugeben. Der Lohn ist das Produkt der Stundenanzahl und des Stundenlohns.
3. Geben Sie =*B8** ein und rufen Sie mit (F3) die Dialogbox Namen einfügen auf. Wählen Sie mit einem Doppelklick *StdLohnWerktags* aus und bestätigen Sie die Formel mit der (Eingabe)-Taste.

Abb 272 *Namen für Formel übernehmen*

4. Berechnen Sie dementsprechend auch die weiteren Formeln.
5. Speichern Sie die geänderte Arbeitsmappe unter Abrechnung4.

7.8 Zellen gestalten, Tabellenblätter bearbeiten

Sie können Zellinhalte beliebig drehen, um die Tabelle platzsparend zu gestalten. Soll ein Deckblatt eingefügt werden, ist eine Änderung der Anfangsseitennummer möglich.

In manchen Situationen wünschen Sie sich vielleicht, dass der Inhalt bestimmter Zeilen, Spalten oder Zellen nicht angezeigt oder ausgedruckt wird, aber bei Berechnungen dennoch darauf zugegriffen werden kann. Sie können Zeilen und Spalten ausblenden, indem Sie deren Höhe bzw. Breite auf den Wert Null setzen. Schneller geht es aber über das Kontextmenü.

Wenn Sie in einem Netzwerk eine Mappe öffnen, die bereits von einem anderen Anwender geöffnet wurde, erscheint die Meldung *Dokument wird verwendet*. Dies bedeutet, dass die betreffende Mappe bereits bearbeitet wird und sie von Ihnen nur schreibgeschützt geöffnet werden kann. Änderungen können so nur unter einem anderen Namen gespeichert werden.

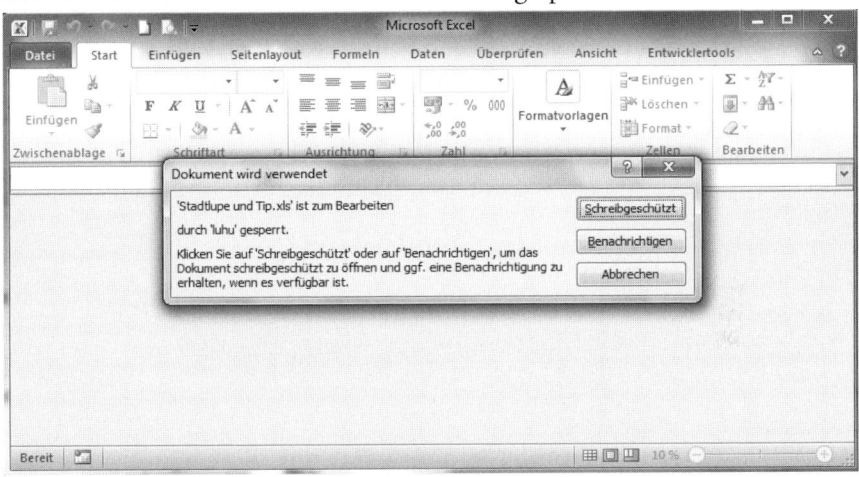

Abb 273 *Dokument wird verwendet*

Geben Sie Mappen frei, damit auch andere Benutzer im Netzwerk diese Arbeitsmappe zum selben Zeitpunkt ändern können. Die vorgenommenen Änderungen können hervorgehoben und protokolliert werden.

So können Sie die Arbeitsmappe zusammen mit anderen Benutzern öffnen und bearbeiten. Wenn Sie die freigegebene Arbeitsmappe speichern, macht Excel Sie darauf aufmerksam, dass Änderungen von anderen Benutzern aufgenommen wurden. Die aktualisierten Zellen werden durch einen dünnen Rahmen und einer Notiz, wer die Zelle wann verändert hat und welcher Inhalt ausgetauscht wurde, hervorgehoben. Die Notiz erscheint, wenn Sie mit den Cursor auf die geänderte Zelle zeigen.

Sie können mit folgenden Beispielen lernen:

Beispiel 127: Zellinhalte drehen

Beispiel 128: Anfangsseitennummer und Gesamtseitenzahl ändern

Beispiel 129: Zeilen und Spalten aus- und einblenden

Beispiel 130: Zellen aus- und einblenden

Beispiel 131: Arbeitsmappen freigeben

Beispiel 132: Änderungen an Arbeitsmappen verfolgen, annehmen oder ablehnen

7.8.1 Beispiel 127: Zellinhalte drehen

1. Geben Sie in einer leeren Arbeitsmappe in Zelle A2 *Montag* ein. Füllen Sie die Zellen der Spalte bis A6 automatisch mit den Wochentagen aus.
2. Geben Sie in die Zellen B1 bis D1 die Namen *Herbst*, *Katzwang* und *Moritz* ein. Um einen platzsparenden Tabellenaufbau zu ermöglichen, möchten Sie den Inhalt der Zellen B1 bis D1 drehen.
3. Markieren Sie B1 bis D1 und rufen Sie im Register `Start` über die Gruppe `Ausrichtung` die Dialogbox `Zellen formatieren` auf.
4. Geben Sie *90* `Grad` ein. Sie können die Gradzahl manuell eingeben, über die Dreiecke auswählen oder mit der Maus „den Text im Halbkreis drehen".
5. Verkleinern Sie noch die Breite der Spalten B bis D.

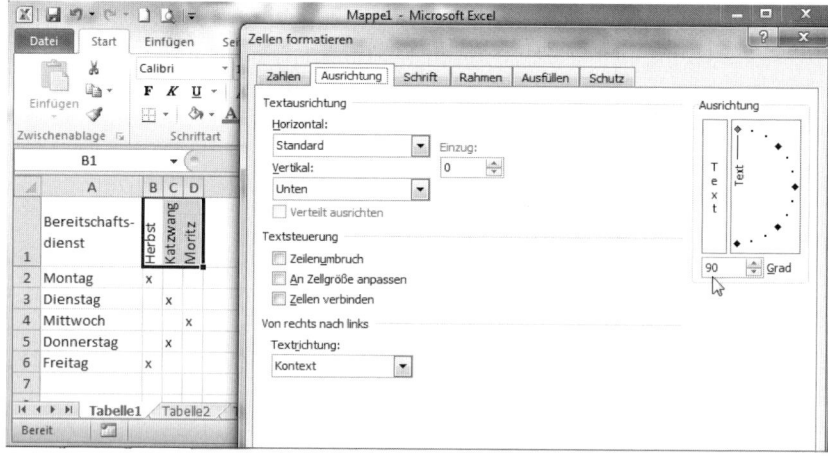

Abb 274 *Zellinhalt drehen*

7.8.2 Beispiel 128: Anfangsseitennummer und Gesamtseitenzahl ändern

1. Die Arbeitsmappe Träume5 ist in der Seitenansicht geöffnet. In der Fußzeile rechts erkennen Sie die Seitennummerierung *1 von 4*.

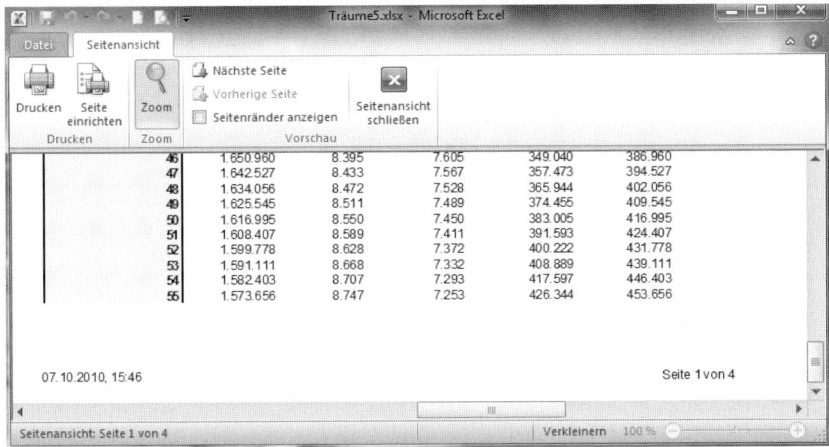

Abb 275 *Fußzeile in der Seitenansicht*

2. Hinweis: Diesen Befehl können Sie über die Excel-Optionen in die Symbolleiste für den Schnellzugriff integrieren.

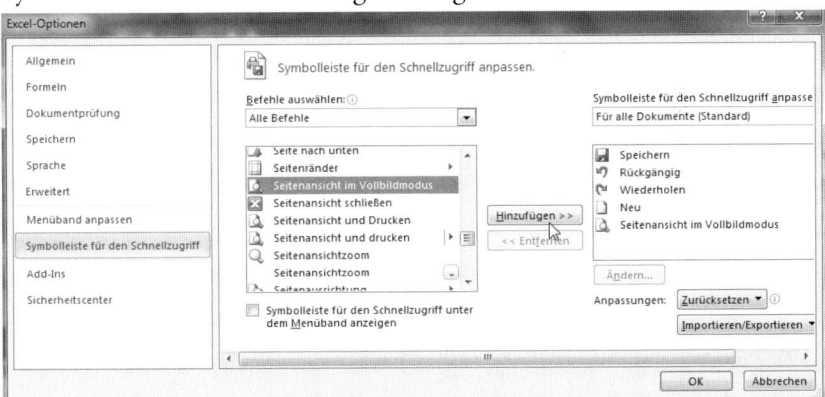

Abb 276 *Excel-Optionen/Symbolleiste für den Schnellzugriff*

3. Da zu dieser Datei noch ein Deckblatt kommen soll, wollen Sie die Seitennummerierung auf *2 von 5*, *3 von 5* usw. ändern.
4. Klicken Sie auf die Schaltfläche Seite einrichten und wählen Sie das Register Kopf-/Fusszeile.
5. Klicken Sie auf die Schaltfläche Benutzerdefinierte Fusszeile und betrachten Sie den rechten Abschnitt.

279

6. &[Seite] wurde über das Symbol `Seitenanzahl`, &[Seiten] über das Symbol `Anzahl der Seiten` eingefügt.

7. Geben Sie direkt hinter &[Seite] *+1* ein, so erhöht sich die Seitennummer um 1. Da auch die Gesamtseitenzahl um 1 höher sein soll, geben Sie direkt hinter &[Seiten] ebenfalls *+1* ein.

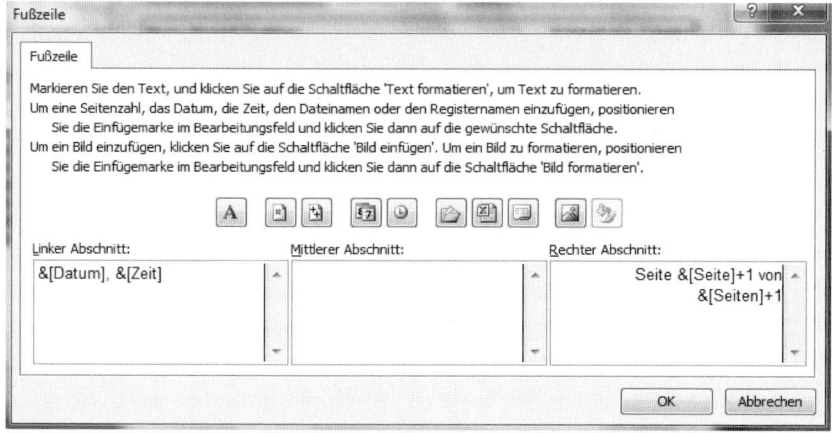

Abb 277 *Benutzerdefinierte Fußzeile*

8. Geben Sie nach +1 noch ein Leerzeichen ein, da die Zahl sonst nicht hinzuaddiert wird, Sie also 41 erhalten.

9. Hinweis: Anfangsseitennummer ändern: &[Seite]+n, wobei n = natürliche Zahl.

10. Bestätigen Sie die Änderungen zweimal mit OK und betrachten Sie in der Seitenansicht die veränderte Fußzeile.

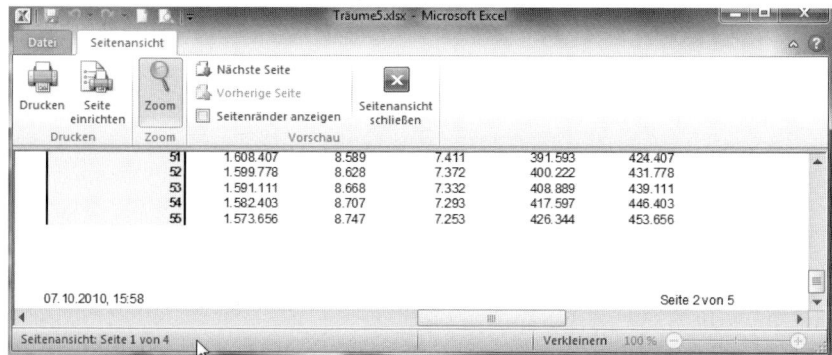

Abb 278 *Fußzeile in der Seitenansicht*

7.8.3 Beispiel 129: Zeilen und Spalten aus- und einblenden

1. Die Datei `Kleinanzeigen privat5` ist geöffnet. Sie möchten bestimmte Zeilen und Spalten ausblenden.
2. Markieren Sie die Zeilen *12 bis 15*.
3. Wählen Sie im Register `Start`, Gruppe `Zellen` aus dem Listenfeld `Format` den Befehl `Ausblenden & Einblenden/Zeilen ausblenden`.
4. Schneller geht es über das Kontextmenü. Klicken Sie mit der rechten Maustaste auf den Spaltenkopf der Spalte C und wählen Sie `Ausblenden`.
5. Um ausgeblendete Zeilen anzuzeigen, markieren Sie die Zeile oberhalb und die Zeile unterhalb der ausgeblendeten Zeilen und wählen aus dem Kontextmenü `Einblenden`.

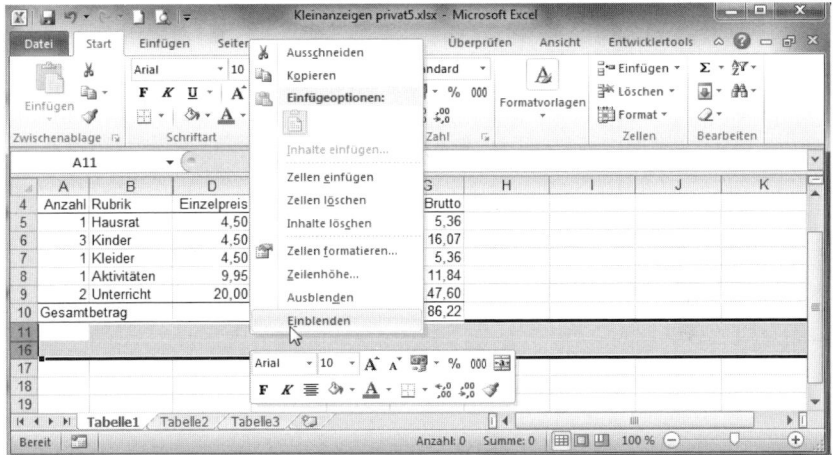

Abb 279 Ausgeblendete Zeilen über das Kontextmenü wieder einblenden

6. Nach dem gleichen Prinzip blenden Sie natürlich auch ausgeblendete Spalten wieder ein.
7. Wurde die Spalte A bzw. die Zeile 1 ausgeblendet, können Sie keine Spalten bzw. Zeilen davor markieren. Zeigen Sie dann mit dem Mauszeiger auf die linke Begrenzungslinie des Spaltenkopfs B bzw. die obere Begrenzungslinie des Zeilenkopfs 2. Der Mauszeiger wird zum Doppelpfeil. Klicken, festhalten und Spalte bzw. Zeile hervorziehen.

7.8.4 Beispiel 130: Zellen aus- und einblenden

1. Die Datei `Kleinanzeigen privat5` ist geöffnet. Sie möchten einzelne Zellen ausblenden.
2. Markieren Sie die Zellen *E12* und *F12* und ändern Sie die Schriftfarbe in *Weiß*. Der Inhalt der Zellen wird nicht mehr angezeigt.
3. Wechseln Sie in die Formelansicht (Register `Formeln`, Gruppe `Formel-überwachung`, Symbol `Formeln anzeigen`). Auch hier werden die Angaben nicht angezeigt.
4. Wechseln Sie wieder in die Normalansicht und ändern Sie die Schriftfarbe in `Automatisch`.
5. Sollen die ausgeblendeten Zellen in der Formelansicht angezeigt werden, so formatieren Sie die Zellen über ein benutzerdefiniertes Format.
6. Markieren Sie E12:F12 und rufen Sie im Register `Start` über die Gruppe `Zahl` die Dialogbox `Zellen formatieren` auf.
7. Wählen Sie als `Kategorie` *Benutzerdefiniert* und geben Sie in das Feld `Typ` drei Semikolons (;;;) ein.
8. Um ausgeblendete Zellen wieder sichtbar zu machen, geben Sie diesen ein anderes Format, etwa Standard.

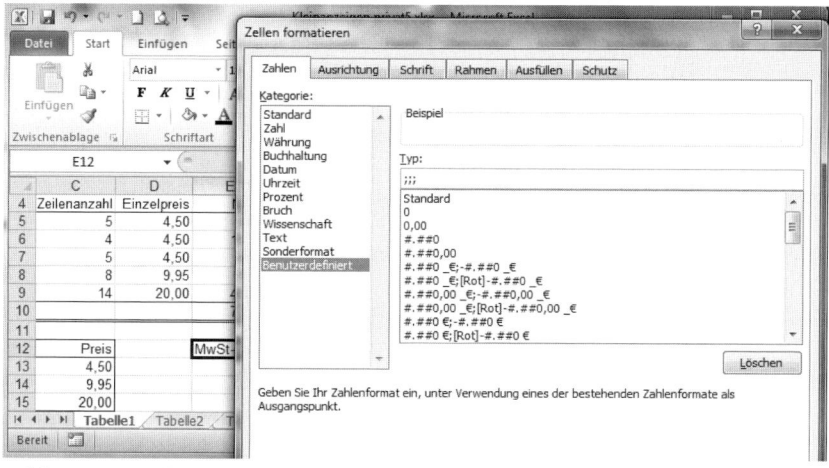

Abb 280 *Das benutzerdefinierte Format ;;; blendet Zelleninhalte aus*

7.8.5 Beispiel 131: Arbeitsmappen freigeben

1. Bei *freigegebenen* Mappen können andere Benutzer im Netzwerk eine Arbeitsmappe zum selben Zeitpunkt ändern. Die Arbeitsmappe `Stadt-lupe und Tip.xls` ist geöffnet und soll freigegeben werden.

2. Hinweis: Sie könnten natürlich auch eine Excel-Mappe mit dem neuen Format freigeben, wenn alle Mitarbeiter, die auf diese Mappe zugreifen müssen, schon Excel 2007 bzw. 2010 installiert haben.

3. Klicken Sie im Register `Überprüfen` auf `Arbeitsmappe freigeben` und aktivieren Sie im Register `Status` das Kontrollkästchen `Bearbeitung ...zulassen`.

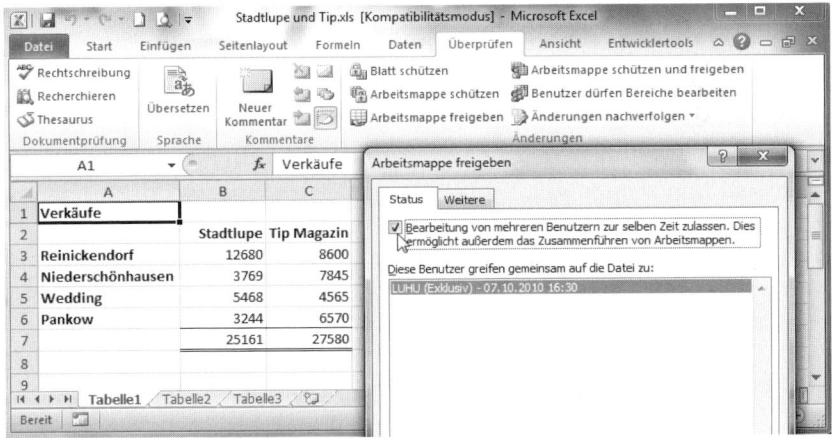

Abb 281 *Arbeitsmappe freigeben*

4. Aktivieren Sie auf der Registerkarte `Weitere` die Optionen, die Sie zum Verfolgen und Aktualisieren von Änderungen verwenden möchten.

5. Bestätigen Sie mit `OK` und bejahen Sie die Sicherheitsabfrage.

6. Die Mappe wird gespeichert und in der Titelleiste erscheint der Hinweis [Freigegeben].

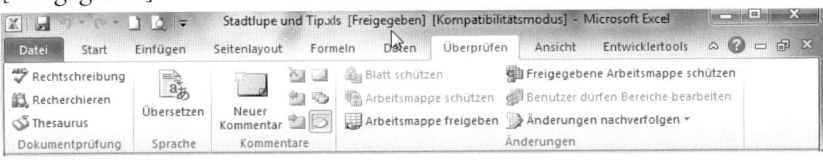

Abb 282 *Freigegebene Arbeitsmappe*

7. Sie können nun die Arbeitsmappe zusammen mit anderen Benutzern öffnen und bearbeiten. Wenn Sie die freigegebene Arbeitsmappe speichern, macht Excel Sie darauf aufmerksam, dass Änderungen von anderen Benutzern aufgenommen wurden.

7.8.6 Beispiel 132: Änderungen an Arbeitsmappen verfolgen, annehmen oder ablehnen

1. Geben Sie die Arbeitsmappe `Stadtlupe und Tip für alle.xls` im Register Überprüfen frei.

2. Sie möchten festlegen, wie Sie von Excel auf Änderungen aufmerksam gemacht werden sollen, die Sie oder andere Benutzer einer freigegebenen Mappe vornehmen.

3. Rufen Sie Änderungen `nachverfolgen/Änderungen hervorheben` auf. Das Kontrollkästchen `Änderungen während der Eingabe proto...` muss aktiviert sein.

4. Im Listenfeld `Wann` bestimmen Sie, zu welchem Zeitpunkt die Änderungen hervorgehoben werden. Wählen Sie *Seit der letzten Speicherung*.

5. Im Feld `Wer` bestimmen Sie, wessen Änderungen markiert werden. Wählen Sie *Jeder*.

6. Im Feld `Wo` können Sie einen Bereich angeben, auf den das Hervorheben beschränkt werden soll. Ist das Kontrollkästchen nicht aktiviert, wird die gesamte Arbeitsmappe ausgewählt.

7. Lassen Sie die Änderungen `am Bildschirm hervorheben`. OK.

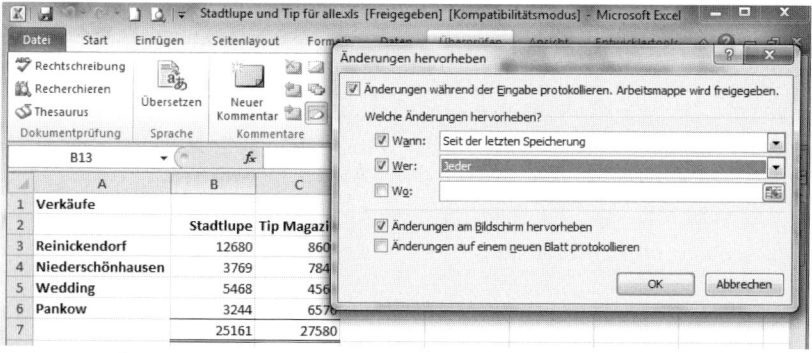

Abb 283 *Änderungen hervorheben*

8. Ändern Sie die Zelle C3 von *8600* zu *8601*. Die Information über die Aktualisierung erscheint, wenn Sie den Cursor auf die geänderte, nun gerahmte Zelle stellen.

9. Die Änderungen der anderen Nutzer der Arbeitsmappe werden beim Speichern eingeblendet.

10. Rufen Sie Änderungen `nachverfolgen/Änderungen annehmen, ablehnen` auf. Dieser Vorgang führt zu einer Speicherung. Fahren Sie mit OK fort.

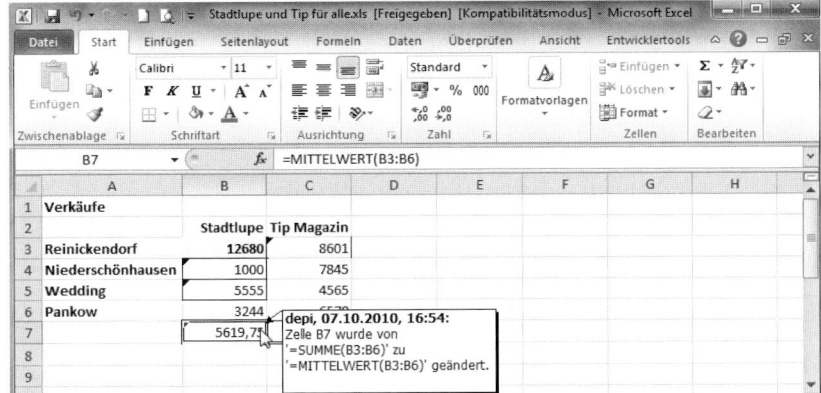

Abb 284 *Geänderte Zellen werden durch einen Rahmen und eine Notiz gekennzeichnet*

11. Im Feld `Wann` legen Sie fest, welche Änderungen und wessen Änderungen Sie einsehen wollen. Wählen Sie *Noch nicht überprüft*.

12. Im Feld `Wer` wählen Sie *Jeder*.

13. Ebenso können Sie im Feld `Wo` einen Bereich angeben, in dem Änderungen verfolgt werden.

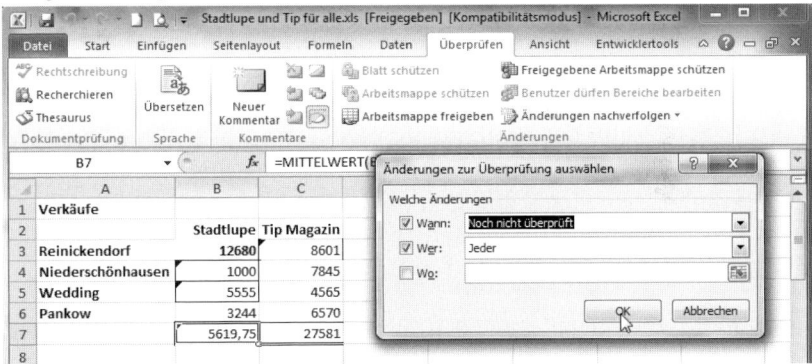

Abb 285 *Änderungen zur Überprüfung auswählen*

14. Anschließend werden die Änderungen einzeln aufgelistet. Sie können diese entweder `Annehmen` oder `Ablehnen`.

15. Formatierungen werden immer übernommen. Sie werden nicht als Änderungen protokolliert und können so weder abgelehnt noch angenommen werden.

16. Eingesehene und akzeptierte Änderungen sind endgültig und können nicht rückgängig gemacht werden.

7.9 Übungsaufgaben

Sie können mit folgenden Aufgaben üben:

Aufgabe 45: Menüband, Symbolleiste und Startmenü

Aufgabe 46: Excel individuell einrichten

Aufgabe 47: Arbeiten mit neuen und alten Dateiformaten

Aufgabe 48: Excel individuell einrichten, Datei mit Kennwort speichern

Aufgabe 49: Reihen eingeben

Aufgabe 50: Trend berechnen

Aufgabe 51: Zellen einfügen, Kommentare hinzufügen

Aufgabe 52: Zellen benennen und mit benannten Zellen arbeiten

Aufgabe 53: Zeichnungsobjekte erstellen - Zeichnen eines grauen Reifens

Aufgabe 54: Organigramm erstellen

7.9.1 Aufgabe 45: Menüband, Symbolleiste und Startmenü

1. Blenden Sie die Registerkarte Entwicklertools ein. (*Bsp. 92*)
2. Minimieren Sie die Multifunktionsleiste. (*Bsp. 93*)
3. Integrieren Sie in die Symbolleiste die Befehle Schnelldruck, Seitenansicht und Zeilenabstand. (*Bsp. 93*)
4. Verschieben Sie die Symbolleiste unter die Multifunktionsleiste. (*Bsp. 93*)
5. Entfernen Sie aus der Symbolleiste wieder den Befehl Zeilenabstand. (*Bsp. 93*)
6. Blenden Sie das Menüband komplett wieder ein.

7.9.2 Aufgabe 46: Excel individuell einrichten

1. Blenden Sie die Registerkarte Entwicklertools aus. (*Bsp. 92*)
2. Testen Sie die Farbschemata in Excel. (*Bsp. 94*)
3. Aktivieren Sie die Livevorschau, um immer eine Vorschau auf die Auswirkungen eines Features zu erhalten, wenn Sie die Maus auf die verschiedenen Optionen bewegen. (*Bsp. 94*)
4. Ändern Sie den Standardspeicherort. (*Bsp. 95*)
5. Richten Sie Excel so ein, dass automatisch immer eine Sicherheitskopie angelegt wird. (*Bsp. 101*)
6. Bestimmen Sie, dass nach Drücken der (Eingabe)-Taste die Cursorposition eine Zelle nach rechts verschoben wird. (*Bsp. 95*)
7. Bestimmen Sie, dass anstelle der berechneten Werte Formeln in den Zellen angezeigt werden. (*Bsp. 95*) (*Bsp. 108*)

7.9.3 Aufgabe 47: Arbeiten mit neuen und alten Dateiformaten

1. Konvertieren Sie die Übungsdatei `Reisekosten ohne Wechselkurse.xls` in das neue Dateiformat. (*Bsp. 98*)
2. Öffnen Sie die Übungsdatei `Disneypark Paris.xlsx` und speichern Sie diese im Dateiformat früherer Excel-Versionen. (*Bsp. 97*)
3. Öffnen Sie die Übungsdatei `Landtagswahlen.xlsx` und speichern Sie diese Datei so, dass sie VBA-Makros und ActiveX-Steuerelemente enthalten kann. (*Bsp. 96*)
4. Öffnen Sie die Übungsdatei `Prämien.xlsx` und speichern Sie diese im PDF-Dateiformat. (*Bsp. 99*)

7.9.4 Aufgabe 48: Excel individuell einrichten, Datei mit Kennwort speichern

1. Erstellen Sie im Ordner *Dokumente* den Ordner *Übungen* und richten Sie diesen als Standardarbeitsordner ein. (*Bsp. 95*)
2. Wählen Sie die Speicheroption `Autowiederherstellen` und geben Sie als Speicherintervall 15 ein. (*Bsp. 95*) (*Bsp. 100*)
3. Richten Sie Excel so ein, dass automatisch Sicherungskopien erstellt werden. (*Bsp. 101*)
4. Deaktivieren Sie wieder die Funktion `Autowiederherstellen`. (*Bsp. 100*)
5. Öffnen Sie eine Übungsdatei und speichern Sie diese mit dem Schreibschutzkennwort *Ursula99* in den Ordner *Dokumente\Übungen*. (*Bsp. 103*)

7.9.5 Aufgabe 49: Reihen eingeben

1. Öffnen Sie die Mappe `Reihen eingeben`. Geben Sie in Spalte A die ersten 31 Tage des Jahres 2011 ein. (*Bsp. 104*) (*Bsp. 105*)
2. Geben Sie in Spalte B alle Wochentage des Jahres 2011 ein. (*Bsp. 104*) (*Bsp. 105*)
3. Erstellen Sie in Spalte C die Zahlenreihe 1, 2, 3, ... 261. (*Bsp. 106*)
4. Erstellen Sie in Spalte D die Zahlenreihe 1, 4, 7, ... 781. (*Bsp. 106*)
5. Addieren Sie in E2 die Werte von C2 und D2 und kopieren Sie diese Formel mit einer einzigen Aktion von E2 bis nach E262. (*Bsp. 108*)
6. Geben Sie in F2 das heutige Datum ein. Kopieren Sie es über das Ausfüllkästchen bis nach F262. (*Bsp. 107*)

7. Erstellen Sie in G2 bis G12 eine lineare Zahlenreihe mit dem Anfangswert 2 und mit der Schrittweite 2. (*Bsp. 109*)
8. Erstellen Sie in H2 bis H12 eine geometrische Zahlenreihe mit dem Anfangswert 2 und mit der Schrittweite 2. (*Bsp. 109*)
9. Die Lösung dieser Aufgabe finden Sie unter `Reihen eingegeben`.

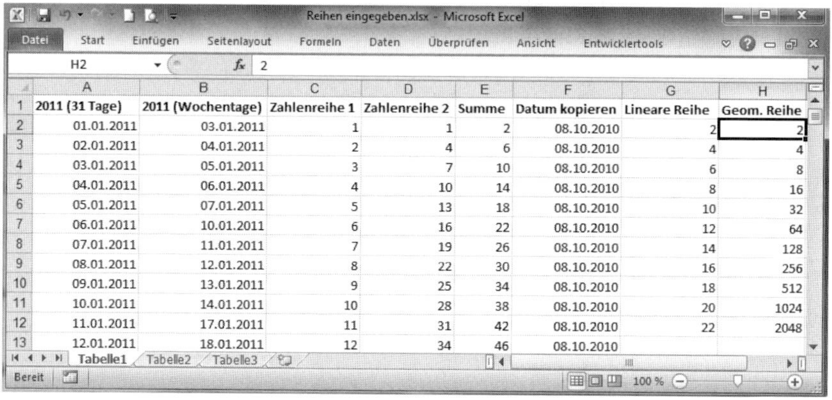

	A	B	C	D	E	F	G	H
1	2011 (31 Tage)	2011 (Wochentage)	Zahlenreihe 1	Zahlenreihe 2	Summe	Datum kopieren	Lineare Reihe	Geom. Reihe
2	01.01.2011	03.01.2011	1	1	2	08.10.2010	2	2
3	02.01.2011	04.01.2011	2	4	6	08.10.2010	4	4
4	03.01.2011	05.01.2011	3	7	10	08.10.2010	6	8
5	04.01.2011	06.01.2011	4	10	14	08.10.2010	8	16
6	05.01.2011	07.01.2011	5	13	18	08.10.2010	10	32
7	06.01.2011	10.01.2011	6	16	22	08.10.2010	12	64
8	07.01.2011	11.01.2011	7	19	26	08.10.2010	14	128
9	08.01.2011	12.01.2011	8	22	30	08.10.2010	16	256
10	09.01.2011	13.01.2011	9	25	34	08.10.2010	18	512
11	10.01.2011	14.01.2011	10	28	38	08.10.2010	20	1024
12	11.01.2011	17.01.2011	11	31	42	08.10.2010	22	2048
13	12.01.2011	18.01.2011	12	34	46	08.10.2010		

***Abb 286** Reihen eingegeben*

7.9.6 Aufgabe 50: Trend berechnen

1. Öffnen Sie die Mappe `Trend berechnen`. Berechnen Sie in Spalte C den linearen Trend der Umsätze bis Dezember 2011. (*Bsp. 110*)
2. Berechnen Sie in Spalte D den geometrischen Trend der Umsätze bis Dezember 2011. (*Bsp. 110*)
3. Die Lösung dieser Aufgabe finden Sie unter `Trend berechnet`.

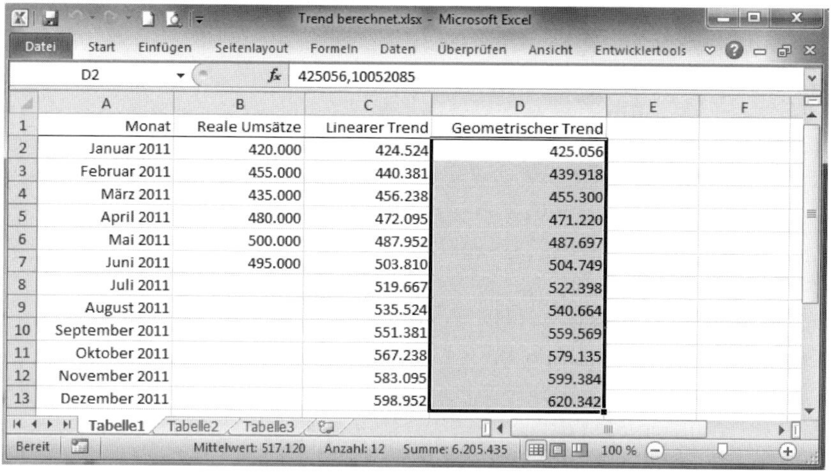

	A	B	C	D
1	Monat	Reale Umsätze	Linearer Trend	Geometrischer Trend
2	Januar 2011	420.000	424.524	425.056
3	Februar 2011	455.000	440.381	439.918
4	März 2011	435.000	456.238	455.300
5	April 2011	480.000	472.095	471.220
6	Mai 2011	500.000	487.952	487.697
7	Juni 2011	495.000	503.810	504.749
8	Juli 2011		519.667	522.398
9	August 2011		535.524	540.664
10	September 2011		551.381	559.569
11	Oktober 2011		567.238	579.135
12	November 2011		583.095	599.384
13	Dezember 2011		598.952	620.342

***Abb 287** Trend berechnet*

7.9.7 Aufgabe 51: Zellen einfügen, Kommentare hinzufügen

1. Öffnen Sie die Mappe `Versetzungsliste 10a`.
2. Die Zelle C11 wurde versehentlich gelöscht. Fügen Sie in C11 eine Leerzelle ein und geben Sie in diese Zelle dann die Zahl 5 ein. (*Bsp. 111*)
3. Margot Werbe hat kurz vor den Zeugnissen die Schule gewechselt. Entfernen Sie deshalb die entsprechenden Zeilen. (*Bsp. 112*)
4. Hanns Friede ist noch nicht in die Versetzungsliste aufgenommen worden. Er hat in Deutsch eine 5 und in allen anderen Fächern eine 2 erzielt. Fügen Sie entsprechende Zeilen (Variante 1 und Variante 2) ein und überprüfen Sie die automatisch eingefügten Formeln in den Spalten G, H, I und J. (*Bsp. 111*)
5. Fügen Sie zur Zelle H4 den Kommentar *Schüler, die einen Notenschnitt >=4 erzielen, werden nicht in die 11. Klasse versetzt* hinzu. (*Bsp. 114*)
6. Kopieren Sie den Kommentar auf Zelle H24. (*Bsp. 114*)
7. Verändern Sie den Kommentar zu H24 dahin, dass *Schüler, die in einem Fach eine 6 oder in zwei Fächern eine 5 erzielen, nicht in die 11. Klasse versetzt werden*. (*Bsp. 114*)
8. Fügen Sie zur Zelle J23 den Kommentar *Die Funktion KGRÖSSTE(Zellbereich;n) liefert den n-größten Wert des Zellbereichs* hinzu. (*Bsp. 114*)
9. Kopieren Sie diesen Kommentar auf Zelle J24. (*Bsp. 114*)
10. Entfernen Sie den Kommentar von Zelle J23. (*Bsp. 114*)
11. Die Lösung finden Sie unter `Versetzungsliste 10a Lösung`.

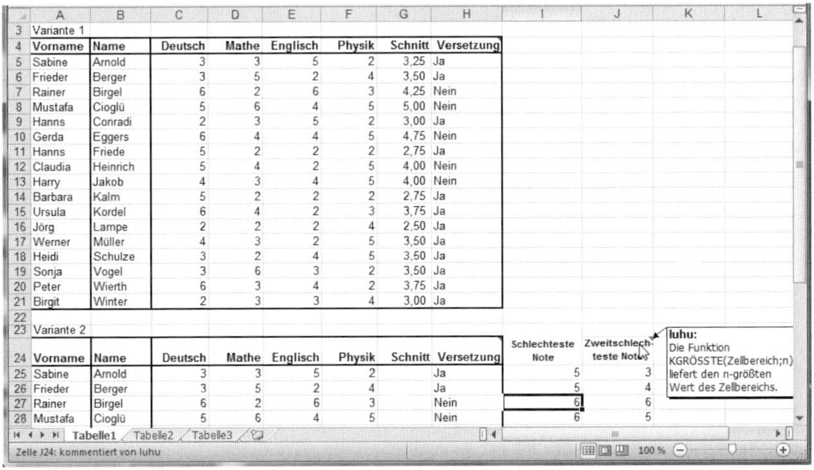

	A	B	C	D	E	F	G	H	I	J
3	Variante 1									
4	Vorname	Name	Deutsch	Mathe	Englisch	Physik	Schnitt	Versetzung		
5	Sabine	Arnold	3	3	5	2	3,25	Ja		
6	Frieder	Berger	3	5	2	4	3,50	Ja		
7	Rainer	Birgel	6	2	6	3	4,25	Nein		
8	Mustafa	Cioglü	5	6	4	5	5,00	Nein		
9	Hanns	Conradi	2	3	5	2	3,00	Ja		
10	Gerda	Eggers	6	4	4	5	4,75	Nein		
11	Hanns	Friede	5	2	2	2	2,75	Ja		
12	Claudia	Heinrich	5	4	2	5	4,00	Nein		
13	Harry	Jakob	4	3	4	5	4,00	Nein		
14	Barbara	Kalm	5	2	2	2	2,75	Ja		
15	Ursula	Kordel	6	4	2	3	3,75	Ja		
16	Jörg	Lampe	2	2	2	4	2,50	Ja		
17	Werner	Müller	4	3	2	5	3,50	Ja		
18	Heidi	Schulze	3	2	4	5	3,50	Ja		
19	Sonja	Vogel	3	6	3	2	3,50	Ja		
20	Peter	Wierth	6	3	4	2	3,75	Ja		
21	Birgit	Winter	2	3	3	4	3,00	Ja		
22										
23	Variante 2									
24	Vorname	Name	Deutsch	Mathe	Englisch	Physik	Schnitt	Versetzung	Schlechteste Note	Zweitschlechteste Note
25	Sabine	Arnold	3	3	5	2		Ja	5	3
26	Frieder	Berger	3	5	2	4		Ja	5	4
27	Rainer	Birgel	6	2	6	3		Nein	6	6
28	Mustafa	Cioglü	5	6	4	5		Nein	6	5

Abb 288 *Versetzungsliste 10a Lösung*

7.9.8 Aufgabe 52: Zellen benennen und mit benannten Zellen arbeiten

1. Öffnen Sie die Mappe `Zinsen`.
2. Geben Sie in B3 die Formel für den Monatszins ein.
3. Nennen Sie die Zelle A127 *Zehn_Jahre* und die Zelle A187 *Fünfzehn_Jahre. (Bsp. 123)*
4. Erstellen Sie für die Zellen B1 bis B4 die Namen aus der linken Spalte. B1 erhält als Name also *Darlehen*, B2 *Jahreszins* usw. (*Bsp. 124*)
5. Geben Sie in den Zellen B8 bis D9 die Formeln ein. Verwenden Sie dazu die Namen der Zellen B3 und B4! (*Bsp. 126*)
6. Kopieren Sie die Formeln aus B9 bis D9 nach unten. (*Bsp. 108*)
7. Gehen Sie zu den Zellen *Zehn_Jahre* bzw. *Fünfzehn_Jahre* und betrachten Sie das Restdarlehen. (*Bsp. 126*)
8. Entfernen Sie den Zellnamen *Fünfzehn_Jahre.* (*Bsp. 125*)
9. Die Lösung dieser Aufgabe finden Sie unter `Zinsen Lösung`.

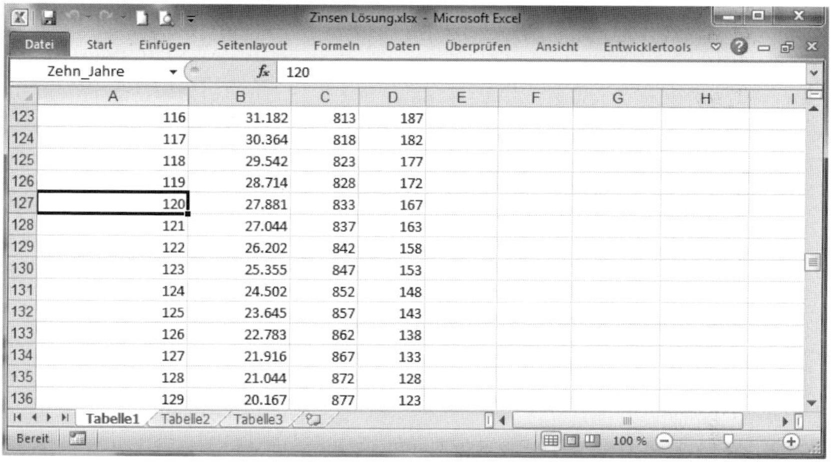

	A	B	C	D
123	116	31.182	813	187
124	117	30.364	818	182
125	118	29.542	823	177
126	119	28.714	828	172
127	120	27.881	833	167
128	121	27.044	837	163
129	122	26.202	842	158
130	123	25.355	847	153
131	124	24.502	852	148
132	125	23.645	857	143
133	126	22.783	862	138
134	127	21.916	867	133
135	128	21.044	872	128
136	129	20.167	877	123

Abb 289 *Zinsen Lösung*

7.9.9 Aufgabe 53: Zeichnungsobjekte erstellen - Zeichnen eines grauen Reifens

1. Öffnen Sie eine neue leeres Arbeitsmappe.
2. Erstellen Sie eine horizontale Hilfslinie. Tipp: Halten Sie dann während des Ziehens die (Umschalt)-Taste gedrückt, so erhalten Sie horizontale, vertikale Linien oder Linien unter einem Winkel von 15°. (*Bsp. 118*)
3. Ziehen Sie eine vertikale Hilfslinie, die die horizontale Linie etwa in der Mitte schneidet. Hinweis: Die Hilfslinien sollen nur aus Übungsgründen eingerichtet werden. (*Bsp. 118*)
4. Klicken Sie dann auf den Schnittpunkt der beiden Hilfslinien und ziehen Sie dann bei gedrückter (Umschalt)- und (Strg)-Taste einen Kreis aus dem Mittelpunkt heraus. (*Bsp. 119*)
5. Vergeben Sie dem Kreis das Grafikformat *Farbige Kontur - Schwarz, Dunkel 1*.
6. Legen Sie den markierten Kreis über Anordnen *In den Hintergrund*. Die beiden Hilfslinien sind wieder vollständig sichtbar.
7. Zeichnen Sie einen weiteren, kleineren Kreis, wiederum aus dem Mittelpunkt heraus: Halten Sie (Umschalt) und (Strg) gedrückt und ziehen Sie den Kreis vom Schnittpunkt der Hilfslinien aus auf.
8. Vergeben Sie auch diesem Kreis das Grafikformat *Farbige Kontur - Schwarz, Dunkel 1*.
9. Markieren Sie mit einem Klick den größeren Kreis. Geben Sie diesem Kreis eine graue Füllfarbe.
10. Entfernen Sie die Hilfslinien an.
11. Die Lösung dieser Aufgabe finden Sie unter Grauer Reifen.

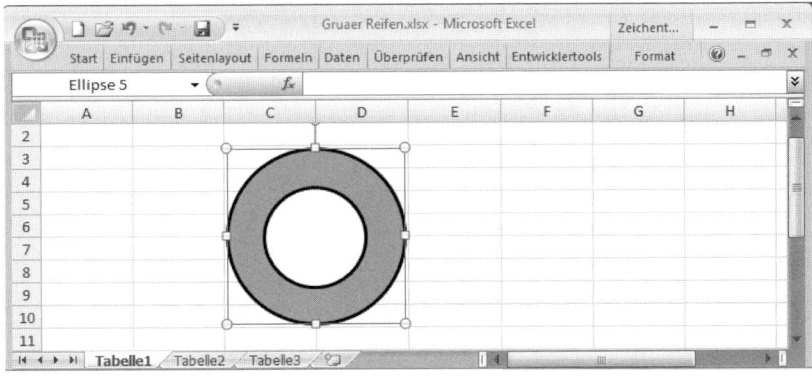

Abb 290 *Grauer Reifen*

7.9.10 Aufgabe 54: Organigramm erstellen

1. Geben Sie in einer neuen Arbeitsmappe in A1 *Die Firmenstruktur* ein.
2. Fügen Sie eine SmartArt-Grafik ein und wählen Sie dabei aus dem Register `Hierarchie` *Organigramm*. Verschieben Sie die Grafik unterhalb der Zelle A1. (*Bsp. 121*)
3. Geben Sie im ersten Rechteck *Felicia Laubach* und in die nächste Zeile des gleichen Rechtecks *Geschäftsführerin* ein.
4. Entfernen Sie das nächste Rechteck. (*Bsp. 121*)
5. Geben Sie in den ersten beiden Rechtecken der zweiten Zeile *Günther Wieland, Prokurist* und *Irene Laubach, Stellv. GF* ein. Das dritte Rechteck entfernen Sie.
6. Herr Wieland hat die Mitarbeiter *Dirk Fiedler, Marketing* und*Klaus Peter, Vertrieb*. Tipp: Wählen Sie im Register `Entwurf`, Gruppe `Grafik erstellen` aus dem Listensymbol `Organigrammlayout` *Standard* und fügen Sie dann eine `Form` *darunter* hinzu. Markieren Sie dann das neue Rechteck und fügen Sie eine `Form` *da*nach hinzu. Blenden Sie dann den `Textbereich` ein und geben Sie die jeweiligen Texte ein.
7. Irene Laubach hat den Mitarbeiter *Harald Mutschler, Abt. Technik*. Mitarbeiter von Harald Mutschler sind *Matthias Hansen, Kelterung* und *Karen Borchert, Anlagentechnik*. (*Bsp. 121*)
8. Günther Wieland bekommt noch eine Assistentin: *Meriem Remmo, Chefsekretärin*. (*Bsp. 121*)
9. Verändern Sie gegebenenfalls das Layout im Smarttools-Register `Entwurf`, Gruppe `SmartArt-Formatvorlagen`. Verändern Sie auch Größe des Organigramms.
10 Die Lösung dieser Aufgabe finden Sie unter `Organigramm Laubach`.

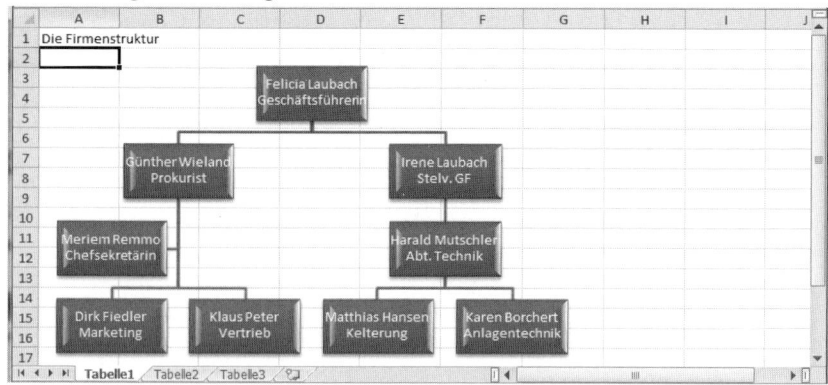

Abb 291 *Organigramm Laubach*

7.10 Verständnisfragen

Frage 53: Welche Aussagen über das Menüband treffen zu? (3)

1. Das Menüband hat standardmäßig sechs Registerblätter.
2. Das Register `Makros` kann über die Excel-Optionen zusätzlich eingeblendet werden.
3. Excel 2010 blendet kontextabhängig weitere Registerkarten ein und wieder aus.
4. Je nach Größe des Fensters ändert sich ihre Darstellung.
5. Das Menüband kann minimiert werden.

Frage 54: Welche Aussagen über die Symbolleiste für den Schnellzugriff treffen zu? (2)

1. Die Symbolleiste für den Schnellzugriff kann ausgeblendet werden.
2. Die Symbolleiste für den Schnellzugriff kann unter dem Menüband angezeigt werden.
3. Standardmäßig startet Excel nur mit drei Schaltflächen in der Symbolleiste für den Schnellzugriff: `Neu`, `Öffnen`, `Speichern`.
4. Die Symbolleiste für den Schnellzugriff kann für alle Dokumente oder nur für das aktuelle Dokument angepasst werden.
5. In die Symbolleiste für den Schnellzugriff können bis zu 10 Symbole integriert werden.

Frage 55: In den `Excel-Optionen`, *Register* `Allgemein` *können Sie (2)*

1. die Anzeige der Minisymbolleiste für die Auswahl (Markierung) aktivieren und deaktivieren.
2. bestimmen, welche Formatierungszeichen immer auf dem Bildschirm angezeigt werden sollen.
3. bestimmen, dass die (Einfg)-Taste zum Steuern des Überschreibmodus verwendet wird.
4. die Registerkarte `Entwicklertools` ein- und ausblenden.
5. das `QuickInfo-Format` bestimmen.

Frage 56: In den `Excel-Optionen`, *Register* `Erweitert` *können Sie (3)*

1. die Anzeige der Minisymbolleiste für die Auswahl (Markierung) aktivieren und deaktivieren.
2. die Anzahl der zuletzt verwendeten Dokumente festlegen, die in der Liste der zuletzt verwendeten Dokumente angezeigt werden.
3. anstelle der berechneten Werte Formeln in Zellen anzeigen

4. bestimmen, welche Formatierungszeichen immer auf dem Bildschirm angezeigt werden sollen.

5. Optionen-Schaltfläche beim Einfügen kopierter Daten anzeigen

Frage 57: Welche Aussagen über das neue Dateiformat von Excel2010 treffen zu? (2)

1. Dateien ohne Makros im neuen Dateiformat haben die Endung *.xls*.

2. Dateien mit Makros im neuen Dateiformat haben die Endung *.xlm*.

3. In Excel 2010 können Dateien so abgespeichert werden, dass diese auch mit Excel 2003 bearbeitet werden können.

4. Exceldateien mit dem neuen Dateiformat können in Excel 2003 nur im Lesemodus geöffnet werden.

5. Excel 2010 kann eine Datei, das mit Excel 2000 erstellt und gespeichert wurde, in die aktuelle Version konvertieren.

Frage 58: Ein Ordner kann als Standardordner bestimmt werden in (1)

1. der Dialogbox `Datei/Speichern unter`.

2. der Dialogbox `Datei/Öffnen`.

3. der Dialogbox `Excel-Optionen`, Registerkarte `Speichern`.

4. der Mustervorlage *Mappe.xlt*x.

5. der `Systemsteuerung`.

Frage 59: Ein Lese- und Schreibschutzkennwort vergibt man nach `Datei/Speichern unter` in `Tools/Allgemeine Optionen`. Welche Aussagen sind richtig? (2)

1. Eine Datei mit Lese- und Schreibschutzkennwort kann nicht umbenannt oder gelöscht werden.

2. Eine Datei mit Lese- und Schreibschutzkennwort kann nur nach Eingabe des Kennwortes geöffnet werden.

3. Eine Datei mit Lese- und Schreibschutzkennwort kann normal geöffnet und somit gelesen werden, nicht aber verändert werden.

4. Eine Datei mit Lese- und Schreibschutzkennwort kann normal geöffnet und verändert werden, die Veränderungen nicht aber unter dem Originalnamen gespeichert werden.

5. Ein Lese- und Schreibschutzkennwort kann sich aus einer beliebigen Kombination von Buchstaben, Zahlen, Leerzeichen und Sonderzeichen zusammensetzen und bis zu 255 Zeichen umfassen.

Frage 60: Sie können ein Lese- und Schreibschutzkennwort vergeben, um zu verhindern, dass andere Personen eine Arbeitsmappe öffnen. Welche Aussagen sind richtig? (2)

1. Kennwörter dürfen aus bis zu 31 Zeichen bestehen.
2. Kennwörter dürfen aus bis zu 15 Zeichen bestehen.
3. Kennwörter dürfen Leerzeichen enthalten.
4. Auf Groß- und Kleinschreibung muss geachtet werden.
5. Kennwortgeschützte Dateien können nicht gelöscht werden.

Frage 61: Ein Schreibschutzkennwort vergibt man nach `Datei/Speichern unter` *in* `Tools/Allgemeine Optionen`*. Welche Aussagen sind richtig? (2)*

1. Eine Datei mit Schreibschutzkennwort kann nicht umbenannt oder gelöscht werden.
2. Eine Datei mit Schreibschutzkennwort kann nur nach Eingabe des Kennwortes geöffnet werden.
3. Eine Datei mit Schreibschutzkennwort erkennen Sie an dem Zusatz [Schreibgeschützt] in der Titelleiste.
4. Eine Datei mit Schreibschutzkennwort kann geöffnet und verändert werden, die Veränderungen aber nicht unter dem Originalnamen gespeichert werden.
5. Ein Schreibschutzkennwort kann sich aus einer beliebigen Kombination von Buchstaben, Zahlen, Leerzeichen und Sonderzeichen zusammensetzen und bis zu 31 Zeichen umfassen.

Frage 62: Im Register `Datei` *sind die zuletzt geöffneten Dateien sichtbar. Bis zu wie viele Dateien können Sie in den* `Excel-Optionen`*, Register* `Erweitert` *anzeigen lassen? (1)*

1. 4
2. 9
3. 16
4. 50
5. 64

Frage 63: Welche Aussagen hinsichtlich der Verwaltung und des Umgangs mit Dateien sind richtig? (2)

1. AutoWiederherstellen-Informationen speichert zuletzt geöffnete Arbeitsmappen in regelmäßigen Abständen. In den Excel-Optionen, Register Speichern können Sie die Zeitspanne dieses automatischen Speicherns einrichten.

2. AutoWiederherstellen-Informationen speichert zuletzt geöffnete Arbeitsmappen in regelmäßigen Abständen. Sie können in der Dialogbox Datei/Öffnen unter Tools das automatische Speichern einrichten.

3. AutoWiederherstellen-Informationen speichert zuletzt geöffnete Arbeitsmappen in regelmäßigen Abständen. Nach Datei/Speichern können Sie unter Tools das automatische Speichern einrichten.

4. Sicherungsdateien erstellen ist ein Zusatzprogramm, ein sogenanntes *Add-In,* und muss erst mit dem *Add-In-Manager* installiert werden.

5. Nach Datei/Speichern unter können Sie unter Tools/Allgemeine Optionen bestimmen, dass Sicherungsdateien erstellt werden.

Frage 64: Wie fügen Sie Tabellenzeilen ein? (3)

1. Zeile vollständig markieren, (Strg)+(#).
2. Zeile vollständig markieren, (Strg)+(+).
3. Zeile vollständig markieren, (Strg)+(-).
4. Im Register Start, Gruppe Zellen über Einfügen/Blattzeilen einfügen.
5. Mit rechter Maustaste in Zeilenkopf klicken und Zellen einfügen wählen.

Frage 65: Wie entfernen Sie Tabellenspalten? (2)

1. Spalte vollständig markieren, (Strg)+(#).
2. Spalte vollständig markieren, (Strg)+(+).
3. Spalte vollständig markieren, (Strg)+(-).
4. Spalte vollständig markieren, dann im Register Start, Gruppe Bearbeiten über Löschen/Alle löschen.
5. Mit rechter Maustaste in Spaltenkopf klicken und Zellen löschen wählen.

Frage 66: *Welche Aussagen über das Erstellen von Datums- und Zahlenreihen sind richtig? (3)*

1. Wird das Ausfüllkreuzchen bei einer Zelle, in der ein Datumswert eingetragen ist, gezogen, so wird eine Datumsreihe erzeugt.
2. Wird das Ausfüllkreuzchen bei einer Zelle, in der ein Datumswert eingetragen ist, bei gedrückter (Strg)-Taste gezogen, so wird eine Datumsreihe erzeugt.
3. Wird das Ausfüllkreuzchen bei einer Zelle, in der ein Text, eine Zahl oder eine Formel eingetragen ist, gezogen, so wird der Text, die Zahl oder die Formel kopiert.
4. Wird das Ausfüllkreuzchen bei einer Zelle, in der eine Zahl eingetragen ist, bei gedrückter (Strg)-Taste gezogen, so wird eine Zahlenreihe erzeugt.
5. Das Ausfüllkreuzchen kann nur nach unten oder nach rechts gezogen werden, um eine Reihe zu erstellen.

Frage 67: *Wie kann der Trend einer bestehenden Zahlenreihe prognostiziert werden? (3)*

1. Der Trend kann im Register `Daten` über die `Zielwertsuche` berechnet werden.
2. Der Trend kann über die Funktion `Summewenn` berechnet werden.
3. Der Trend kann im Register `Start` über `Füllbereich/Reihe` berechnet werden.
4. Der Trend kann über die Befehle `Kopieren` und `Einfügen/Inhalte einfügen` berechnet werden.
5. Der Trend kann über das Ausfüllkästchen berechnet werden, wenn mit der rechten Maustaste gezogen wird.

Frage 68: *Wie fügen Sie leere Zellen ein? (3)*

1. Zellen, vor den Zellen eingefügt werden, markieren, (Strg)+(+).
2. Zellen, vor den Zellen eingefügt werden sollen, markieren, (Strg)+(-).
3. Zellen, vor den Zellen eingefügt werden sollen, markieren, dann im Register `Start`, Gruppe `Zellen` über `Einfügen/Zellen einfügen`.
4. Zellen, vor den Zellen eingefügt werden sollen, markieren, Mauszeiger auf Ausfüllkästchen und nach unten ziehen.
5. Zellen, unter denen Zellen eingefügt werden sollen, markieren, Mauszeiger auf Ausfüllkästchen und bei gedrückter (Umschalt)-Taste nach unten ziehen.

Frage 69: Wie entfernen Sie einzelne Zellen? (1)

1. Zellen markieren, (Strg)+(+).
2. Zellen markieren, (Strg)+(-).
3. Zellen markieren, dann im Register Start, Gruppe Bearbeiten über Löschen/Alle löschen.
4. Zellen markieren, Mauszeiger auf das Ausfüllkästchen und nach oben ziehen.
5. Zellen markieren, Mauszeiger auf das Ausfüllkästchen und bei gedrückter (Umschalt)-Taste nach oben ziehen.

Frage 70: Zellnamen haben gegenüber Zellkoordinaten folgende Vorteile: (2)

1. Zellnamen lassen sich leichter merken als Zellkoordinaten.
2. Zellnamen lassen sich in Formeln schneller eingeben als Zellkoordinaten.
3. Formeln mit Zellnamen sind leichter verständlich.
4. Der Einsatz von Zellnamen in Formeln ist fehlerträchtiger als die Eingabe reiner Zellkoordinaten.
5. Nur die Zellnamen, nicht aber die Zellkoordinaten von einer markierten Zelle werden oben links im Namenfeld angezeigt.

Frage 71: Welche Aussagen über das Benennen von Zellen sind richtig? (3)

1. Zellen können über das Kontextmenü benannt werden.
2. Zellen können im Register Formeln, Gruppe Definierte Namen über Namen definieren benannt werden.
3. Zellen können im Register Start, Gruppe Bearbeiten über Namen erstellen benannt werden.
4. Der Name muss mit einem Buchstaben oder Unterstrich beginnen und darf kein Leerzeichen enthalten.
5. Leerzeichen innerhalb eines Namens sind erlaubt.

Frage 72: Welche Aussagen über Kommentare sind richtig? (3)

1. Kommentare können über das Kontextmenü einer Zelle oder im Register Überprüfen über Neuer Kommentar eingefügt werden.
2. Um einen Kommentar zu kopieren, kopieren Sie zunächst die Zelle in die Zwischenablage. Den Kommentar fügen Sie dann der Zielzelle im Register Start, Gruppe Bearbeiten über Ausfüllen hinzu.
3. Zellen, denen Kommentare hinzugefügt wurden, werden am oberen linken Zellenrand mit einem roten Dreieck gekennzeichnet.

4. Zeigen Sie mit dem Mauszeiger auf eine mit einem roten Dreieck gekennzeichnete Zelle, so wird Ihnen der Kommentar eingeblendet.
5. Um einen Kommentar zu kopieren, kopieren Sie zunächst die Zelle in die Zwischenablage. Den Kommentar fügen Sie dann der Zielzelle im Register Start, Gruppe Zwischenablage über Einfügen/Inahlte einfügen hinzu.

Frage 73: Welche Aussagen über Kommentare sind richtig? (3)

1. Kommentare können über das Kontextmenü bearbeitet und gelöscht werden.
2. Kommentare können im Register Start, Gruppe Zellen bearbeitet und gelöscht werden.
3. Um Kommentare und die roten Kommentarindikatoren selbst dann auszublenden, wenn Sie mit der Maus auf die entsprechenden Zellen zeigen, aktivieren Sie in den Excel-Optionen, Registerkarte Erweitert den Kontrollkreis Kommentare und Indikatoren.
4. Um alle Kommentare aus einem Tabellenblatt zu entfernen, markieren Sie zunächst das Tabellenblatt und klicken dann im Register Überprüfen, Gruppe Kommentare auf Löschen.
5. Im Register Überprüfen über Alle Kommentare anzeigen können Sie alle Kommentare ein- bzw. wieder ausblenden.

Frage 74: Welche Aussagen über das Ausrichten von Zellinhalten sind richtig? (4)

1. Zellen können horizontal zu einer Zelle verbunden werden.
2. Zellen können vertikal zu einer Zelle verbunden werden.
3. Zellen können horizontal zu mehreren Zellen unterteilt werden.
4. Zellinhalte können bis zu 90 Grad gedreht werden.
5. Zellinhalte können umbrochen werden.

Frage 75: Wie können Zeilen bzw. Spalten ausgeblendet werden? (3)

1. Zeile bzw. Spalte vollständig markieren, (Strg)+(-).
2. Höhe bzw. Breite auf den Wert Null setzen.
3. Zeile bzw. Spalte vollständig markieren, aus dem Kontextmenü Ausblenden wählen.
4. Es können nur bis zu 32 einzelne Zellen ausgeblendet werden.
5. Im Register Start, Gruppe Zellen über Format/Ausblenden & Einblenden.

Frage 76: Sie haben die Spalte A ausgeblendet. Wie blenden Sie diese wieder ein? (3)

1. Cursor in Spalte B, (Strg)+(+).
2. Cursor in Spalte B, im Register `Start`, Gruppe `Zellen` über `Format/Ausblenden & Einblenden`.
3. Mit (F5) zur Zelle A1 gehen, im Register `Start`, Gruppe `Zellen` über `Format/Ausblenden & Einblenden`.
4. Mauszeiger auf linke Begrenzung des Spaltenkopfs der Spalte B halten, Mauszeiger wird zum Doppelpfeil mit zwei Linien. Anklicken, nach rechts ziehen.
5. Gesamtes Tabellenblatt markieren, im Register `Start`, Gruppe `Zellen` über `Format/Ausblenden & Einblenden`.

Frage 77: Wie können einzelne Zellen ausgeblendet werden? (1)

1. Zellen markieren, (Strg)+(-).
2. Zellen markieren, Höhe bzw. Breite auf den Wert Null setzen.
3. Zellen markieren, in Dialogbox `Zellen formatieren`, Register `Zahlen`, `Sonderformat` *Ausgeblendet*.
4. Zellen markieren, in Dialogbox `Zellen formatieren`, Register `Zahlen`, `Benutzerdefiniert` ;;;.
5. Inhalte einzelner Zellen können nicht ausgeblendet werden.

Frage 78: ClipArts können (4)

1. in der Größe geändert werden.
2. nicht frei gedreht werden.
3. zugeschnitten werden.
4. mit Zeichenobjekten gruppiert werden.
5. überarbeitet werden, beispielsweise eine andere Bildform erhalten.

Frage 79: Wie können Sie einen Kreis zeichnen? (2)

1. Sie öffnen im Register `Einfügen` das Listenfeld `Formen` und ziehen dann das Symbol `Ellipse` bei gedrückter (Umschalt)-Taste in das Tabellenblatt.
2. Sie öffnen im Register `Einfügen` das Listenfeld `Formen` und klicken auf das Symbol `Ellipse`. Dann klicken Sie in das Tabellenblatt und ziehen einen Kreis auf.
3. Sie öffnen im Register `Einfügen` das Listenfeld `Formen` und klicken auf das Symbol `Kreis`. Dann klicken Sie in das Tabellenblatt und ziehen einen Kreis auf.

4. Sie öffnen im Register Einfügen das Listenfeld Formen und klicken auf das Symbol Ellipse. Dann klicken Sie in das Tabellenblatt und ziehen bei gedrückter (Umschalt)-Taste einen Kreis auf.

5. Sie öffnen im Register Einfügen das Listenfeld Formen und klicken auf das Symbol Ellipse. Dann klicken Sie in das Tabellenblatt und ziehen bei gedrückter (Strg)- und (Umschalt)-Taste einen Kreis auf.

Frage 80: Wie können Sie die Größe eines Objektes, beispielsweise eines Rechtecks, proportional verändern? (2)

1. Sie ziehen an einem Eckpunkt.
2. Sie ziehen an einem Kantenpunkt.
3. Sie ziehen bei gedrückter (Umschalt)-Taste an einem Eckpunkt.
4. Sie ziehen bei gedrückter (Strg)-Taste an einem Eckpunkt.
5. Sie ziehen bei gedrückter (Strg)- und (Umschalt)-Taste an einem Eckpunkt.

Frage 81: Wie können Sie mehrere gezeichnete Objekte markieren? (3)

1. Sie wählen im Register Start, Gruppe Bearbeiten aus dem Listenfeld Suchen und Auswählen den Befehl Objekte markieren und klicken dann auf die einzelnen Objekte.
2. Sie klicken bei gedrückter (Strg)-Taste auf die einzelnen Objekte.
3. Sie klicken bei gedrückter (Umschalt)-Taste auf die einzelnen Objekte.
4. Sie wählen im Register Start, Gruppe Bearbeiten aus dem Listenfeld Suchen und Auswählen den Befehl Objekte markieren und ziehen dann einen Rahmen um die einzelnen Objekte.
5. Sie wählen im Register Start, Gruppe Bearbeiten aus dem Listenfeld Suchen und Auswählen den Befehl Alles markieren.

Frage 82: Welche der folgenden Aussagen über Zeichnungsobjekte und Cliparts treffen zu? (4)

1. Gezeichnete Objekte wie Ellipsen und Quader können gedreht werden.
2. ClipArts haben neun Ziehpunkte und einen Drehpunkt.
3. Gezeichnete Objekte und ClipArts können kopiert werden..
4. Gezeichnete Objekte können beschriftet werden.
5. Gezeichnete Objekte können ausgerichtet werden.

Frage 83: Welche Aussagen über Organigramme treffen zu? (2)

1. Die Strukturen von Unternehmen oder Arbeitsgruppen werden in Organigrammen, auch Organisationsdiagramme genannt, dargestellt.

2. Ein Organigramm kann im Register Einfügen über Andere Diagramme/Organigramm erstellt werden.

3. Ein Organigramm kann im Register Einfügen über Organigramm erstellt werden.

4. Ein Organigramm kann im Register Einfügen über SmartArt/Hierarchie/Organigramm erstellt werden.

5. Ein Organigramm muss in Word erstellt und dann nach Excel exportiert werden.

Frage 84: Welche Aussagen über Zeichnungsobjekte treffen zu? (3)

1. Formen sind Vektorgrafiken, die das Erstellen grafischer Objekte erleichtern.

2. Excel verfügt über 1000 vorgefertigte Formen.

3. Sie können Formen in der Größe anpassen und verschieben.

4. Die Formen sind in Kategorien geordnet.

5. Zur Verfügung stehen Formen u.a. in den Kategorien: Zuletzt verwendete Formen, Diagramme, Rauten, Trapeze, Blockpfeile.

Anhang A Tastaturbefehle

Tabelle 1 *Bewegen in Tabellenblättern und Arbeitsmappen*

(Pfeiltaste)	Zur nächsten Zelle in Pfeilrichtung
(Strg)+(Pfeiltaste)	An das Ende des aktuellen bzw. an den Anfang des nächsten Datenbereichs in Pfeilrichtung.
(Tab)	Bewegen zwischen nichtgesperrten Zellen in einem geschützten Tabellenblatt
(Pos1)	Anfang der Zeile
(Strg)+(Pos1)	Anfang des Tabellenblatts
(Strg)+(Ende)	Tabellenende, d.h. der Zelle am Schnittpunkt der am weitesten rechts liegenden Spalte mit der letzten verwendeten Zeile
(Bild ab)	Bildschirmseite nach unten
(Bild auf)	Bildschirmseite nach oben
(Alt)+(Bild ab)	Bildschirmseite nach rechts
(Alt)+(Bild auf)	Bildschirmseite nach links
(Strg)+(Bild ab)	Wechseln zum nächsten Blatt in der Arbeitsmappe
(Strg)+(Bild auf)	Wechseln zum vorherigen Blatt in der Arbeitsmappe
(Strg)+(F6)	Wechseln zur nächsten offenen Arbeitsmappe
(Strg)+(Umschalt)+(F6)	Wechseln zur vorherigen offenen Arbeitsmappe
(F6)	Wechseln zum nächsten Ausschnitt
(Umschalt)+(F6)	Wechseln zum vorherigen Ausschnitt

Tabelle 2 *Markieren in Tabellenblättern und Arbeitsmappen*

(Umschalt)+(Pfeiltaste)	Erweitern der Markierung um eine Zelle
(Strg)+(Umschalt)+ (Pfeiltaste)	Erweitern der Markierung bis zur letzten nicht-leeren Zelle in derselben Spalte oder Zeile wie die aktive Zelle
(Umschalt)+(Pos1)	Erweitern der Markierung bis zum Anfang der Zeile
(Strg)+(Umschalt)+(Pos1)	Erweitern der Markierung bis zum Anfang des Tabellenblatts
(Strg)+(Umschalt)+(Ende)	Erweitern der Markierung bis zur letzten verwendeten Zelle des Tabellenblatts (rechte untere Ecke)
(Umschalt)+(Bild ab)	Erweitern der Markierung um eine Bildschirmseite nach unten
(Umschalt)+(Bild auf)	Erweitern der Markierung um eine Bildschirmseite nach oben
(Strg)+(Umschalt)+(*)	Markieren des aktuellen Bereichs um die aktive Zelle (der aktuelle Bereich ist ein Bereich, der von leeren Zeilen und leeren Spalten eingeschlossen ist)
(Strg)+(Leer)	Markieren der gesamten Spalte
(Umschalt)+(Leer)	Markieren der gesamten Zeile
(Strg)+(A)	Markieren des gesamten Tabellenblatts

Tabelle 3 *Eingeben von Daten*

(Alt)+(Eingabe)	Beginnt eine neuen Zeile in derselben Zelle
(Eingabe)	Abschließen der Eingabe in einer Zelle und Bewegen in der Markierung nach unten
(Umschalt)+(Eingabe)	Abschließen der Eingabe in eine Zelle und Bewegen in der Markierung nach oben
(Tab)	Abschließen der Eingabe in eine Zelle und Bewegen in der Markierung nach rechts
(Umschalt)+(Tab)	Abschließen der Eingabe in eine Zelle und Bewegen in der Markierung nach links
(Esc)	Abbrechen der Eingabe in einer Zelle
(Rücklösch)	Löschen des Zeichens links von der Einfügemarke oder Löschen einer Markierung
(Entf)	Löschen des Zeichens rechts von der Einfügemarke oder Löschen einer Markierung
(=)	Beginnt eine Formel
(Alt)+(=)	Fügt Summenformel ein
(Strg)+(.)	Fügt Datum ein
(Strg)+(:)	Fügt Uhrzeit ein
(F4)	Vergibt in der Bearbeitungsleiste einem markierten Zellverweis eine absolute Adressierung bzw. wiederholt letzte Aktion.
(F2)	Bearbeiten einer Zelle
(Umschalt)+F2	Bearbeiten eines Zellkommentars
(Strg)+(Umschalt)+F3	Erstellen von Namen aus Zeilen- und Spaltenbeschriftungen

Tabelle 4 Formatieren von Daten

(Alt)+(Umschalt)+(#)	Dialogbox `Formatvorlage`
(Strg)+(1)	Dialogbox `Zellen formatieren`
(Strg)+(Umschalt)+($)	Währung (Euro) mit zwei Dezimalstellen
(Strg)+(Umschalt)+(%)	Prozent ohne Dezimalstellen
(Strg)+(Umschalt)+(!)	Zahl mit zwei Dezimalstellen, einem 1.000er-Trennzeichen und einem - bei negativen Werten
(Strg)+(Umschalt)+(-)	Gesamtrahmen
(Strg)+(Umschalt)+(Alt)+(-)	Entfernen aller Rahmen
(Strg)+(Umschalt)+(F)	Fett (ein/aus)
(Strg)+(Umschalt)+(K)	Kursiv (ein/aus)
(Strg)+(Umschalt)+(U)	Unterstreichen (ein/aus)
(Strg)+(5)	Durchgestrichen (ein/aus)
(Strg)+(9)	Ausblenden von Zeilen
(Strg)+(Umschalt)+(9)	Einblenden von Zeilen
(Strg)+(8)	Ausblenden von Spalten
(Strg)+(Umschalt)+(8)	Einblenden von Spalten

Anhang B Funktionstasten

Tabelle 5 *Die wichtigsten Funktionstasten*

Taste	pur	(Umschalt)	(Strg)	(Alt)
F1	Online-Hilfe, Office-Assistent		Menüband ein- und ausblenden	erstellt mit Daten im aktuellen Bereich ein Diagramm
F2	aktive Zelle bearbeiten	Zellkommentar bearbeiten	Datei/Drucken	Speichern unter
F3	Namen einfügen	Funktion einfügen	Namens-Manager	
F4	Wiederholen letzte Aktion		Fenster schließen	Beenden
F5	Gehe zu	Suchen	Wiederherstellen Fenstergröße	
F6	Wechselt zw. Arbeitsblatt, Menüband, Aufgabenbereich	Wechselt zw. Arbeitsblatt, Menüband, Aufgabenbereich	Wechselt zur nächsten Arbeitsmappe	
F7	Rechtschreibung		Fenster verschieben, wenn nicht maximiert	
F8	Markierung erweitern		Fenstergröße ändern, wenn nicht maximiert	Makro
F9	Alle Mappen berechnen	Tabellenblatt berechnen	Arbeitsmappe minimieren	

Taste	pur	(Umschalt)	(Strg)	(Alt)
F10	Menüleiste aktivieren	Kontextmenü anzeigen	Mappenfenster maximieren	
F11	Erstellen eines Diagramms	Tabellenblatt einfügen		Visual Basic-Editor
F12	Speichern unter	Speichern	Öffnen	

Anhang C Lösungen zu den Verständnisfragen

1) 1, 5
2) 1, 3, 4
3) 3
4) 1, 4, 5
5) 3, 4, 5
6) 1, 2, 3
7) 1, 3, 5
8) 1, 3, 4
9) 1, 2, 3
10) 1, 3, 4
11) 3, 4
12) 4
13) 2, 5
14) 1, 4, 5
15) 1, 2, 4
16) 3, 4
17) 1, 2, 5
18) 1, 5
19) 2, 3, 5
20) 1, 3
21) 3
22) 1, 3
23) 1, 3, 4
24) 1, 5
25) 2, 4
26) 1, 2, 5
27) 3
28) 1, 2
29) 2, 3
30) 3
31) 3, 5
32) 3, 5
33) 2, 3
34) 2, 3, 5
35) 4, 5
36) 2

37) 2
38) 3
39) 1, 4
40) 1, 5
41) 1, 5
42) 1, 2, 5
43) 3
44) 1, 3, 4
45) 2, 4
46) 1, 4, 5
47) 3
48) 1, 2, 4
49) 2, 4
50) 1, 2, 5
51) 1, 2
52) 1, 4, 5
53) 3, 4, 5
54) 2, 4
55) 1, 5
56) 2, 3, 5
57) 3, 5
58) 3
59) 2, 5
60) 3, 4
61) 3, 4
62) 4
63) 1, 5
64) 2, 4, 5
65) 3, 5
66) 1, 3, 4
67) 2, 3, 5
68) 1, 3, 5
69) 2
70) 1, 3
71) 1, 2, 4
72) 1, 4, 5

73) 1, 4, 5
74) 1, 2, 4, 5
75) 2, 3, 5
76) 3, 4, 5
77) 4
78) 1, 3, 4, 5
79) 4, 5
80) 3, 5
81) 2, 3, 4
82) 1, 3, 4, 5
83) 1, 4
84) 1, 3, 4

Index

A

Abfrage, 104
Abrunden, 23
Access, 170
Access-Datenbank, 129
ActiveCell, 187
ActiveSheet, 188
ActiveX-Steuerelement Befehls-
schaltfläche, 188
Add, 190
Aenderungen verfolgen, 284
Alle Spuren entfernen, 34
Anfangsseitennummer ändern,
279
Application, 187
Arbeitsmappe freigeben, 283
Arbeitstag, 29
Arbeitstag.intl, 29
Aufrunden, 23
Ausblenden, 281
  Zellen, 282
Ausfüllen, 249
Ausfüllkästchen, 245
Ausrichtung, 278
Autofilter mit zwei Suchkriterien
und einer oder-Verknüpfung, 102
Autofilter mit zwei Suchkriterien
und einer und-Verknüpfung, 103
automatisch speichern, 230
AutoWiederherstellen, 237
AutoWiederherstellen-Info spei-
chern alle ... Minuten, 230

B

Bedienphilosophie, 221
Befehlsschaltfläche,
  ActiveX-Steuerelement, 188
Benannte Zellen, 276
Benutzerdefiniert, 212
Bildformatvorlagen, 264
Byte, 196

C

Clipart, 263
ClipArt,
  Bildformatvorlagen, 264
  Format, 264
  Helligkeit, 264
  Kontrast, 264
  vergrößern, 264
Code anzeigen, 187
Copy, 190

D

Datei,
  mit Kennwort speichern, 239
  Speichern unter, 232
Dateityp, 157
Daten,
  importieren, 129, 130
Daten als Tabelle formatieren, 81
Daten konsolidieren, 124, 125,
126
Datenbereich filtern, 99, 101
Datenbereich selektieren, 87
Datenbereich sortieren, 87
Datensatz, 84
Datensätze,

E

F

[TEIA] INTERNET
AKADEMIE
LEHRBUCH
VERLAG

Die TEIA AG ist mit Büchern, Lernprogrammen, eBooks und SCORM-WBTs zu MS Office, MS Navision, Internet-Technologie, Wirtschaft, E-Business und Management am Bildungsmarkt vertreten. Geschrieben von Fachleuten, Professoren oder Pädagogen. Genutzt von Einzelpersonen, Unternehmen, Schulen, Bildungsinstituten, Universitäten.

Zu fast alle Themen existieren kostenlose Onlinekurse:
www.teialehrbuch.de
Werktäglicher Zugriff von mehr als 16.000 Personen auf 80.000 Seiten. Zu den kostenfreien Onlinekursen können kostenpflichtige Präsenz- und Onlineprüfungen gebucht werden.

Lernprogramme zu
— **MS Office 2010, 2007 und 2003**
— **Website-Entwicklung**
— **Wirtschaft und Management**

Installation:
Keine Installation notwendig.
Einfach wie im Internet. Sie starten das Digitale Seminar von der CD-ROM oder Sie kopieren alle Dateien von der CD in Ihr Dateisystem und starten es von dort. Sie benötigen nur einen Flashplayer für die Videos und einen der aufgezählten Browser:

Firefox 2.0 oder höher, Internet Explorer 7.0 oder höher, Opera 10, Safari
Browsereinstellungen: Javascript aktivieren
Einfacher, schneller Abruf von Informationen über die Stichwortsuche im Kurs.

Videos:
Nur in den Lernprogrammen zu MS Office 2007 und 2003 führen Videosequenzen durch den Übungsteil.

Wichtig!
Bei der Erstellung dieses digitalen Seminars sind wir mit größter Sorgfalt vorgegangen. Das verwendete Framework ist seit Jahren bewährt und wurde kontinuierlich weiterentwickelt.
Die CD-ROM wurde unmittelbar vor der Produktion mit dem aktuellsten Virencheck-Programm getestet.
Für Verbesserungsvorschläge und Hinweise auf Fehler sind wir dankbar.

Verlagsprogramm

MS Office 2010: Lehrbücher und Lernprogramme

Word 2010 Basis	Lehrbuch + Daten-CD	14,95	978-3-942151-12-2
	Lernprogramm (Digitales Seminar)	14,95	978-3-942151-13-9
Word 2010 Professional	Lehrbuch + Daten-CD	16,95	978-3-942151-33-7
	Lernprogramm (Digitales Seminar)	16,95	978-3-942151-34-4
Excel 2010 Basis	Lehrbuch + Daten-CD	14,95	978-3-942151-15-3
	Lernprogramm (Digitales Seminar)	14,95	978-3-942151-16-0
Excel 2010 Professional	Lehrbuch + Daten-CD	16,95	978-3-942151-30-6
	Lernprogramm (Digitales Seminar)	16,95	978-3-942151-31-3
Access 2010 Basis	Lehrbuch + Daten-CD	16,95	978-3-942151-21-4
	Lernprogramm (Digitales Seminar)	16,95	978-3-942151-22-1
Outlook 2010	Lehrbuch + Daten-CD	14,95	978-3-942151-36-8
	Lernprogramm (Digitales Seminar)	14,95	978-3-942151-37-5
PowerPoint 2010	Lehrbuch + Daten-CD	14,95	978-3-942151-18-4
	Lernprogramm (Digitales Seminar)	14,95	978-3-942151-19-1
Gesamtausgabe			
MS Office 2010	7 Lehrbücher	98,00	978-3-942151-50-4
	7 Lernprogramme	98,00	978-3-942151-51-1

MS Office 2007: Lehrbücher und Lernprogramme

Word 2007 Basis	Lehrbuch + Daten-CD	14,95	978-3-939520-21-4
	Lernprogramm (Digitales Seminar)	19,95	978-3-939520-42-9
Word 2007 Professional	Lehrbuch + Daten-CD	16,95	978-3-939520-22-1
	Lernprogramm (Digitales Seminar)	24,95	978-3-939520-43-6
Excel 2007 Basis	Lehrbuch + Daten-CD	14,95	978-3-939520-23-8
	Lernprogramm (Digitales Seminar)	19,95	978-3-939520-44-3
Excel 2007 Professional	Lehrbuch + Daten-CD	16,95	978-3-939520-24-5
	Lernprogramm (Digitales Seminar)	24,95	978-3-939520-45-0
Access 2007 Basis	Lehrbuch + Daten-CD	14,95	978-3-939520-25-2
	Lernprogramm (Digitales Seminar)	19,95	978-3-939520-46-7
Outlook 2007	Lehrbuch + Daten-CD	14,95	978-3-939520-27-6
	Lernprogramm (Digitales Seminar)	19,95	978-3-939520-48-1
PowerPoint 2007	Lehrbuch + Daten-CD	14,95	978-3-939520-28-3
	Lernprogramm (Digitales Seminar)	19,95	978-3-939520-49-8
Gesamtausgabe			
MS Office 2007	7 Lehrbücher	98,00	978-3-939520-73-3
	7 Lernprogramme	128,00	978-3-939520-74-0

Ältere Versionen auf Anfrage (www.teialehrbuch.de)
Preise für Netzwerklizenzen auf Anfrage

MS Office 2003: Lehrbücher und Lernprogramme

Word 2003 Basis	Lehrbuch + Daten-CD	12,95	978-3-935539-30-2
	Lernprogramm (Digitales Seminar)	19,95	978-3-933084-74-3
Word 2003 Professional	Lehrbuch + Daten-CD	14,95	978-3-935539-36-4
	Lernprogramm (Digitales Seminar)	24,95	978-3-933084-82-8
Excel 2003 Basis	Lehrbuch + Daten-CD	12,95	978-3-935539-31-9
	Lernprogramm (Digitales Seminar)	19,95	978-3-933084-76-7
Excel 2003 Professional	Lehrbuch + Daten-CD	14,95	978-3-935539-37-1
	Lernprogramm (Digitales Seminar)	24,95	978-3-933084-84-2
Access 2003 Basis	Lehrbuch + Daten-CD	12,95	978-3-935539-38-8
	Lernprogramm (Digitales Seminar)	19,95	978-3-933084-80-4
Access 2003 Professional	Lehrbuch + Daten-CD	19,95	978-3-935539-39-5
	Lernprogramm (ohne Videos)	16,95	978-3-939520-14-6
Outlook 2003	Lehrbuch + Daten-CD	12,95	978-3-935539-41-8
	Lernprogramm (Digitales Seminar)	19,95	978-3-933084-90-3
PowerPoint 2003	Lehrbuch + Daten-CD	14,95	978-3-935539-40-1
	Lernprogramm (Digitales Seminar)	24,95	978-3-933084-88-0
Gesamtausgabe			
MS Office 2003	8 Lehrbücher	98,00	978-3-935539-34-0
	7 Lernprogramme	128,00	978-3-935539-27-2

MS Navision: Lehrbücher

Flexible Auswertungen mit Jet Reports® für Microsoft Navision (Microsoft® Dynamics NAV)	39,90	978-3-939520-15-3
Expertenwissen zu Microsoft Dynamics NAV 4.0	39,90	978-3-939520-16-0
101 Geschäftsvorfälle: MS Dynamics NAV 5.0/ NAV 2009 CC	39,90	978-3-942151-00-9
Expertenwissen: MS Dynamics NAV 5.0/ NAV 2009 CC	39,90	978-3-939520-29-0

Website-Entwicklung: Lehrbücher und Lernprogramme

Arbeiten mit Photoshop CS5 und CS4	Buch	24,95	978-3-942151-41-2
	Lernprogramm	24,95	978-3-942151-42-9
Der beispielhafte Weg zur Website mit Dreamweaver CS5 und CS4	Buch	24,95	978-3-942151-45-0
	Lernprogramm	24,95	978-3-942151-46-7
Der beispielhafte Weg zur Website mit Dreamweaver CS4	Buch	24,95	978-3-939520-96-2
	Lernprogramm	24,95	978-3-939520-97-9
Datenbankentwicklung mit PostgreSQL 9	Buch	24,95	978-3-942151-06-1
	Lernprogramm	24,95	978-3-942151-08-5

Alle Preise verstehen sich in Euro inkl. MwSt.

AUF DEN PUNKT GEBRACHT

Wirtschaft und Management: Lernprogramme

Wirtschaft und Management: Lehrbücher

Impressum: Inhalt, Text und Buch: TEIA AG-Internet Akademie und Lehrbuch Verlag, www.teialehrbuch.de
Gestaltung, Satz & Litho: Steenbrink Vormgeving, Berlin
Copyright Hinweise: ©2010 TEIA AG-Internet Akademie und Lehrbuch Verlag, Salzufer 13/14, 10587 Berlin,
Tel. 030/726 298-50, Fax 030/726 298-510